雨花年鉴

2017

YUHUA ALMANAC

南京市雨花台区地方志编纂委员会

方志出版社
Publishing House of Local Records

图书在版编目（CIP）数据

雨花年鉴. 2017 / 南京市雨花台区地方志编纂委员会办公室编. —北京：方志出版社，2017. 12
ISBN 978-7-5144-2819-3

Ⅰ.①雨… Ⅱ.①南… Ⅲ.①区（城市）—南京—2017—年鉴 Ⅳ. ①Z525.34

中国版本图书馆CIP数据核字（2017）第308846号

雨花年鉴（2017）

编　　者：南京市雨花台区地方志编纂委员会办公室
责任编辑：张　颢

出 版 人：冀祥德
出 版 者：方志出版社
地址　北京市朝阳区潘家园东里9号（国家方志馆4层）
邮编　100021
网址　http://www.fzph.org
发　　行：方志出版社发行中心
电话（010）67110500
经　　销：各地新华书店
印　　刷：南京茂华彩色印务有限公司

开　　本：889×1194　1/16
印　　张：24.5
字　　数：666千字
版　　次：2017年12月第1版　2017年12月第1次印刷
印　　数：001～650册

ISBN 978-7-5144-2819-3　定价：200.00元

雨花台区地方志编纂委员会

主　　任：李世峰

副 主 任：余　清

委　　员：张亚军　黄伟国　朱盘江　钱　军　翟高峰　俞　蓉　许　慎　蒋　红　朱天燕　李　睿
张心坚　程道伟　刘善海　宋海红　贾乐实　梁　汶　张　波　王　强　王瑞荣　朱向东
褚堂琴　陈志康　蒋朝晖　徐美如　金　晖　张　峰　姜莱斌　王桃之　刘建功　伍葵阳
张海毅　魏　平　刘　佳　钱扬才　郭治宇　戴　俊

办公室主任：俞建宁

《雨花年鉴》编辑部

主　　编：俞建宁

执行主编：李　静

编　　辑：杨静珺　张　玄　陈佳佳

封面设计：张南海

《雨花年鉴》主审

黄　河　中共南京市雨花台区委书记

李世峰　南京市雨花台区人民政府区长

杨　明　南京市雨花台区人大常委会主任

黄唯佳　政协南京市雨花台区委员会主席

余　清　南京市雨花台区人民政府副区长

雨花台区政区图

江北新区
浦口区
长江
建洲
京沪高速铁路
绕城高速公路
G42
G25
G42
长江五桥(在建)
长江三桥
大胜关长江大桥
大胜关大桥
双闸桥
板桥汽渡
兰花立交
子母洲
金陵凤凰台
鱼嘴湿地公园
三桥湿地生态园
水利公园
天后
西窟
板桥河闸
国睿金陵大酒店
板桥河大桥
雨花汽贸园
弘阳装饰城
天保
刘村立交
史村桥
天保桥
古遗址
古遗址
江苏三鸿食品
中兴大桥
明发工业原料城
宏图高科产业制造基地
江苏洋河酒厂研发中心
雨花经济开发区
雨润食品集团
城南污水处理厂
雨花经济开发区管委会
板桥
凤集大桥
古雄
柿子树
华江船舶修造公司
三山
近华
板桥小学
板桥医院
板桥
G4211
古雄站
板桥中学
板桥装饰城
磊博石材市场
板桥新城管委会
花生唐
莲花湖公园
梅利达特种材料厂
上海梅山钢铁集团
梅山第一中学
上怡新村
梅山小学
新林
金地自在城
大方
梅山
梅清苑
古雄小学
梅山宾馆
汪海国际大酒店
新建
绿洲新村
绿洲机器厂技工学校
江宁河闸
二十四号路
中兴路
梅山医院
孟北桥
双学桥
孙家中学
孙家
宁芜铁路
老虚大桥
宁芜高速公路
永安
G4211
江宁
谷里汽车站
南京生态

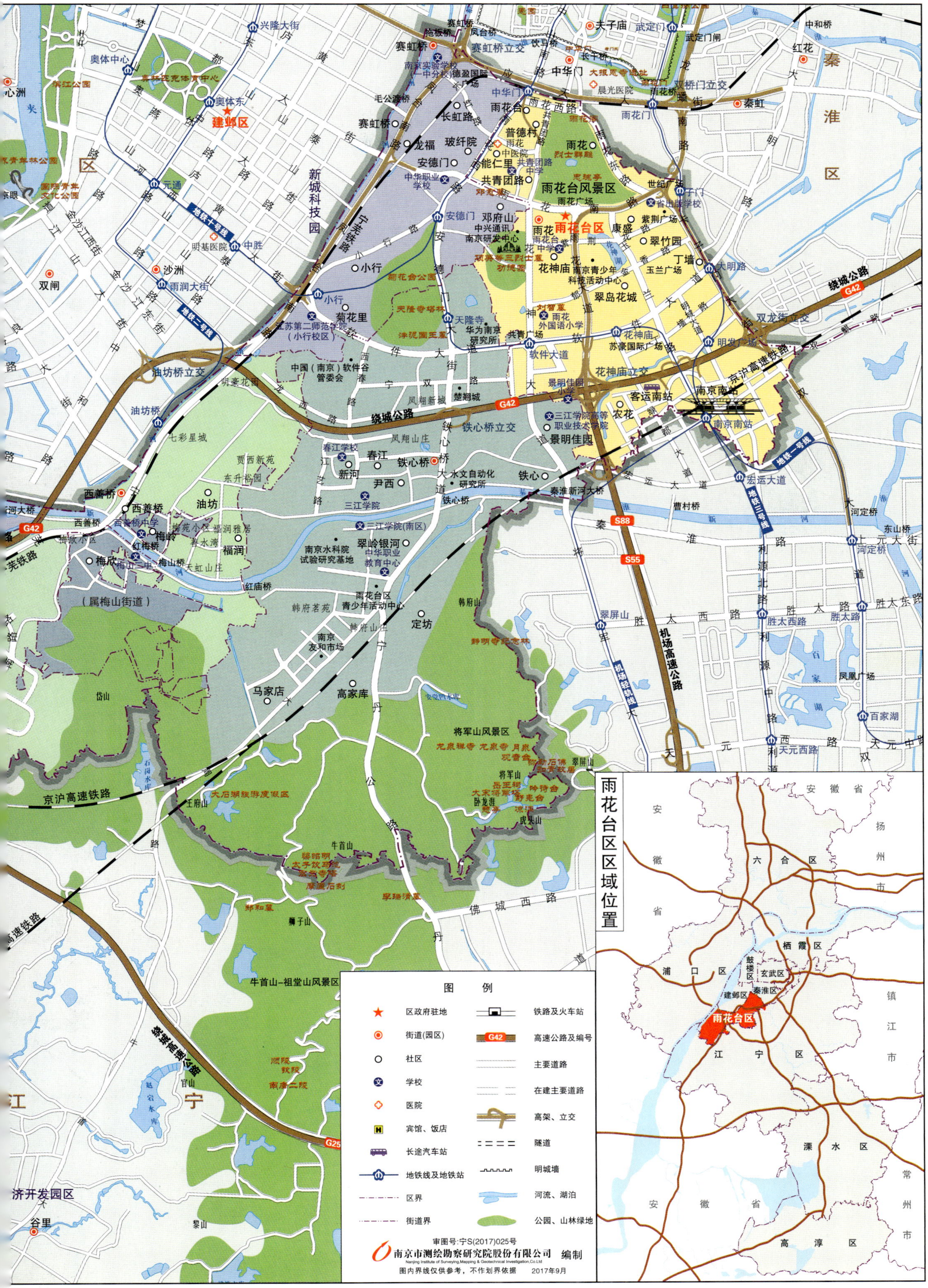
雨花台区区域位置
雨花台区
建邺区
秦淮区
江宁
雨花台风景区
新城科技园
宁芜铁路
绕城公路
G42
京沪高速铁路
机场高速公路
S88
S55
G25
宁丹公路
佛城西路
软件大道
秦淮新河
南京南站
客运南站
雨花门
中华门
赛虹桥
赛虹桥立交
双桥门立交
油坊桥立交
花神庙立交
铁心桥立交
双龙街立交
夫子庙
武定门
秦虹
红花
中和桥
奥体东
奥体中心
元通
中胜
沙洲
雨润大街
双闸
油坊桥
西善桥
梅山
安德门
小行
天隆寺
花神庙
大明路
明发广场
宏运大道
河定桥
胜太西路
天元西路
百家湖
翠屏山
长虹路
龙福
玻纤院
安德门
邓府山
普德村
雨花
共青团路
康盛
紫荆广场
翠竹园
丁墙
玉兰广场
花神庙
翠岛花城
菊花里
春江
铁心桥
尹西
新河
铁心
板桥
西善桥
梅欣
油坊
福润
翠岭银河
定坊
马家店
高家庫
景明佳园
农花
华为南京研究所
中国（南京）软件谷管委会
三江学院
南京水科院试验研究基地
江苏第二师范学院（小行校区）
将军山风景区
牛首山-祖堂山风景区
韩府山
天虹山庄
梅山街道
（属梅山街道）
牛首山
将军山
岱山
狮子山
机场轻轨线
地铁一号线
地铁二号线
地铁三号线
地铁十号线
安徽省
六合区
扬州市
栖霞区
浦口区
鼓楼区
玄武区
建邺区
秦淮区
江宁区
镇江市
溧水区
高淳区
常州市
图例
区政府驻地
街道(园区)
社区
学校
医院
宾馆、饭店
长途汽车站
地铁线及地铁站
区界
街道界
铁路及火车站
高速公路及编号
主要道路
在建主要道路
高架、立交
隧道
明城墙
河流、湖泊
公园、山林绿地
审图号:宁S(2017)025号
南京市测绘勘察研究院股份有限公司 编制
Nanjing Institute of Surveying, Mapping & Geotechnical Investigation, Co.Ltd
图内界线仅供参考，不作划界依据
2017年9月

编纂说明

一、《雨花年鉴（2017）》以马克思列宁主义、毛泽东思想、邓小平理论、“三个代表”重要思想、科学发展观、习近平新时代中国特色社会主义思想为指导，坚持辩证唯物主义和历史唯物主义的立志、观点和方法。全面贯彻落实科学发展观，系统载录2016年雨花台区自然、政治、经济、文化和社会发展情况，为各级领导决策提供依据，为各行各业、中外人士了解和研究雨花台区提供资料。

二、《雨花年鉴（2017）》按分类编辑法，设类目、分目、条目三个层次，部分分目下设副分目，以条目为基本层次。2017年卷设特载、专文、概览、中国（南京）软件谷、经济、经济管理与监督、城市建设与管理、公共服务、政治、街道、人物和荣誉、大事记、附录共13个类目。

三、为便于阅读，类目、分目、副分目、条目标题及相关链接、附表，按照不同字体、字号全彩印刷。

四、全书记述的地域范围以现行雨花台区行政区划为界，一些驻区企事业单位发生在外地，但与雨花台区关系密切的重要信息也予记载；为便于读者查找和了解事物的连续性，对于2016年以前的个别重大事件仍予简略追溯；“特载”类目中《政府工作报告》为跨年度记述。

五、本年鉴采用的稿件均由雨花台区党政部门、各单位专人撰写，经主管负责人审核，区四套班子领导审查。组织机构及负责人名单由区委组织部和各部门、各单位提供并审核，“大事记”由区档案馆提供，“统计资料”由区统计局提供。由于统计口径、方法、时间不同，有些单位提供的数据与统计局数据有差异，一般以统计局资料为准。

六、为方便读者检索，《雨花年鉴》卷首有目录和英文简目，卷末有索引。索引采用主题索引方法，依据主题词首字汉语拼音字母顺序排列。

七、为避免与国家风景名胜区“雨花台”产生歧义，故书名《雨花年鉴》不以行政区域名称谓。

Leadership inspection
领导视察

9月3日，省委书记李强（中）走访第十二届中国（南京）国际软件产品和信息服务交易博览会上参展企业 （软件谷　供稿）

10月14日，省委副书记、市委书记吴政隆（中）专题调研中国（南京）软件谷创新发展工作 （软件谷　供稿）

7月8日，省委常委、市委书记黄莉新（中）视察板桥新城防汛救灾工作

（板桥新城　供稿）

7月9日，市委副书记、市长缪瑞林（前排左二）视察板桥老街防汛工作

（板桥新城　供稿）

6月29日，市委副书记龙翔（右排中）专题调研区委党校工作

（区委党校　供稿）

6月1日，副市长华静（右）视察南京南站地区防汛工作

（南站综管办　供稿）

10月17日，副市长谢志成（左二）检查铁心桥街道城东三期污水干管切换点建设工作

（铁心桥街道　供稿）

4月7日，中国法律援助基金会理事长张彦珍（中）视察区公共法律服务中心

（区司法局　供稿）

8月11日，团中央基层组织建设部部长张向群（右二）到西善桥街道西善花苑社区调研基层团建和青年之家综合服务平台建设运行情况
（团区委　供稿）

5月5日，全国妇联发展部部长崔卫燕（左一）到南京（雨花）软件外包产业园调研妇女发展工作
（区妇联　供稿）

Government affairs activity

政务活动

10月26日，区委书记黄河（中）调研板桥新城柿子树黄丝带助残项目

（板桥新城　供稿）

1月27日，区委副书记、区长李世峰（中）检查梅山街道农贸市场安全生产工作

（区安监局 供稿）

5月24日，区人大常委会主任杨明（中）检查铁心桥街道樱花谷建设情况

（铁心桥街道　供稿）

10月18日，区政协主席黄唯佳（前排右一）调研“两桥”更新改造龙翔大道一期项目

（区政协办　供稿）

9月3日，中国（南京）软件谷管委会主任谢祖国（左二）走访第十二届中国（南京）国际软件产品和信息服务交易博览会上参展企业
（软件谷　供稿）

6月3日，区委副书记袁传军（右一）视察古雄社区家风家训教育馆
（板桥新城　供稿）

9月22日，区委常委、常务副区长孙中华（前排左一）检查板桥街道建通片区安全生产工作

（区安监局　供稿）

7月7日，区委常委、宣传部部长谢山（中）检查西善桥街道防汛工作

（西善桥街道　供稿）

6月2日，区委常委、副区长艾长青（左三）调研板桥新城防汛工作

（板桥新城　供稿）

11月8日，区委常委、区纪委书记仲兆林（左二）调研板桥街道三山社区

（板桥街道　供稿）

7月29日，区委常委、副区长蒋冰（右二）检查板桥新城开发建设情况

（区志办　供稿）

7月8日，区委常委、区人武部政委金宏（左二）视察西善桥街道南河河堤防汛

（西善桥街道　供稿）

7月27日，区委常委、政法委书记凌向前（中）调研区检察院预防职务犯罪教育基地

（区委政法委　供稿）

11月16日，区委常委、组织部部长袁迅（左一）调研板桥街道大学生村官创业园

（板桥街道　供稿）

7月3日，副区长薛国安（右一）在区防汛指挥部会议室召开全区防汛工作会商会议

（区水利局　供稿）

2月1日，副区长汪东明（左二）在南京南站检查食品安全卫生工作

（南站综管办　供稿）

3月10日，副区长余清（右一）指导岱山社区卫生服务中心信息化建设工作

（区卫计局　供稿）

7月19日，副区长江磊（右四）检查全区安全生产工作

（区安监局　供稿）

Highlighted News Collection

要事集萃

1月13日，雨花台区第十七届人民代表大会第五次会议在区召开

（区人大办　供稿）

1月11日，中国人民政治协商会议南京市雨花台区第八届委员会第五次会议在区召开

（区政协办　供稿）

1月19日，雨花台区妇联十届五次执委（扩大）会议在区召开

（区妇联 供稿）

2月24日，“崇德尚法，圆梦人生”农民工现场法律咨询活动在安德门民工市场举办

（区司法局 供稿）

3月2日，雨花台区红十字会第六届理事会第六次会议在区召开

（区红十字会　供稿）

3月24日，全区人大建议政协提案交办会在区召开

（区政协办　供稿）

4月17日，2016年“多彩雨花·和谐文化社区行”暨板桥街道读书节启动仪式在板桥文化广场举行

（区文化局　供稿）

4月21日，南京市雨花台区人民政府法律顾问委员会成立大会在区召开

（区法制办　供稿）

4月28日，“放歌雨花　劳动最美”雨花台区庆“五一”职工合唱汇演在雨花学术报告厅举行

（区总工会　供稿）

5月3日，雨花台区纪念“五四”运动97周年暨“雨花有为青年”表彰大会在雨花学术报告厅举行

（团区委　供稿）

5月9日，全区防汛防旱工作会议在区召开

（区水务局　供稿）

7月9日，区政务办在雨花街道翠竹园社区开展“12345”政务热线进社区活动

（区政务办　供稿）

7月13日，南站综管办党支部举行“两学一做”送党课进社区活动

（区志办　供稿）

9月9日，台湾省佛光山常务副住持慧传法师率中华人间佛教联合总会代表团一行参访天隆寺

（区民宗局　供稿）

9月9日，雨花台区2016年“世界急救日”主题活动暨心肺复苏广场宣传健身操大赛在紫荆广场举行

（区红十字会　供稿）

9月13日，武警江苏省总队第二支队精准帮扶西善桥少儿家庭“橄榄爱心行”暨西善桥街道与武警江苏省总队第二支队双拥共建启动仪式在区举行

（区双拥办　供稿）

10月4日，交警八大队组织民警对渣土车隔离交通违法行为进行集中整治

（交警八大队　供稿）

11月9日，南站综管办组织站区12家成员单位开展消防联动演练

（南站综管办　供稿）

11月12日，由区关工委、区教育局联合主办，共青团路中学承办的“千人重走长征路”活动在南京市十月军校举行

（区关工委　供稿）

11月28日，雨花台区2016年社区书记培训班在区委党校开班

（区委党校　供稿）

12月7日，2016年雨花台区残疾人农业实用技术培训班在板桥新城古雄社区举办

（区残联　供稿）

12月14日，区检察院举行首批21名员额检察官颁证暨宪法宣誓仪式

（区检察院　供稿）

The Rise of Software

软件崛起

8月26日，区委书记黄河（前排左三）陪同省委常委、市委书记黄莉新（前排左二）调研中兴通讯股份有限公司 （软件谷 供稿）

9月28日，中国（南京）软件谷管委会主任谢祖国（前排左三）陪同国家行政学院副院长杨克勤（前排左二）考察中国（南京）软件谷 （软件谷 供稿）

11月8日，副市长谢志成（中）调研中国（南京）软件谷产业发展情况

（软件谷　供稿）

10月26日，中国侨联经济科技部部长赵红英（右五）参观考察中国（南京）软件谷

（区侨办　供稿）

12月20日，国家知识产权局及同济大学、中国社科院领导专家一行对中国（南京）软件谷国家级知识产权集群管理试点进行中期检查 （软件谷 供稿）

1月25日，港澳台媒体看江苏采访团一行参观考察中国（南京）软件谷软件产业发展情况 （软件谷 供稿）

7月23日，第五届中国（南京）软件谷T16足球联赛在莲花湖体育公园足球场开幕

（区方志办　供稿）

8月31日，中国（南京）软件谷举办HR智享会第六期——目标管理与绩效考核

（区方志办　供稿）

9月3日，第十二届中国（南京）国际软件产品和信息服务交易博览会重大项目签约仪式在博览中心举行
（软件谷　供稿）

10月19日，中国（南京）软件谷管委会与中兴通讯股份有限公司举行光电子项目、智慧城市项目签约签约仪式
（软件谷　供稿）

1月5日，斯洛文尼亚扎莱茨市市长杨科·考斯（右三）一行参观访问中国（南京）软件谷

（软件谷　供稿）

11月8日，亚美尼亚共和党干部考察团一行参观访问中国（南京）软件谷

（软件谷　供稿）

楚翘城

（软件谷　供稿）

南京软件产业博览馆

（软件谷　供稿）

南京大学软件学院软件谷分院

（软件谷　供稿）

华为软件技术有限公司

（软件谷　供稿）

中兴通讯股份有限公司

（软件谷　供稿）

中国电子科技集团第十四研究所

（软件谷　供稿）

雨花街道

地址：南京市花神大道3号 电话：025-52885733 邮编：210012

1月23日，雨花街道召开2015年度社区党组织书记抓党建工作述职评议会

3月15日，雨花街道开展“清洁家园，美化环境”活动

3月23日，雨花街道开展突发事件新闻发布——舆论危机应对技巧舆情培训

3月25日，情满雨花 魅力花神——花神之韵·春之声系列活动在阅城国际花园小区广场举办

5月9日，雨花街道召开“两学一做”学习教育工作座谈会

10月12日，雨花街道人大换届选举工作会议在街道召开

赛虹桥街道

地址：南京市应天大街8号 电话：025-52468927 邮编：210012

11月8日，区委书记黄河（左二）调研赛虹桥街道社区建设工作

8月17日，区委副书记、区长李世峰（左二）视察赛虹桥街道中华新村改造情况

5月25日，赛虹桥街道召开街企对接座谈会

7月13日，赛虹桥街道召开街道党工委扩大会议

8月2日，赛虹桥街道召开中华职校代征道路拆迁协调会

8月9日，赛虹桥街道召开创卫迎复审迎查工作部署会

铁心桥街道

地址：南京市铁心桥大街 电话：025-52355899 邮编：210012

7月16日，区委书记黄河（中）调研铁心桥街道雨南市场

9月29日，区委副书记、区长李世峰（中）检查铁心桥街道消防安全工作

1月19日，铁心桥街道召开2015-2016年度党员冬训工作动员部署会

3月1日，铁心桥街道召开清明祭扫布置会

4月21日，铁心桥街道组织街道政协委员参观小村经济适用房

5月27日，首届“铁心好少年”表彰大会暨《铁心文史》进课堂活动启动仪式在楚翘城举行

板桥街道

地址：南京市振兴路59号 电话：025-86732287 邮编：210039

11月8日，区委书记黄河（中）调研板桥街道

9月26日，区委副书记、区长李世峰（中）调研工农河黑臭河治理情况

3月5日，“学党章党规 学系列讲话 做合格党员”板桥街道党工委“统一活动日”暨春季广场便民服务活动在板桥市民广场举行

3月28日，板桥街道召开2016年第一季度区域党建工作联席会

7月1日，板桥街道召开庆祝中国共产党成立95周年大会

西善桥街道

地址：南京市西善桥北街68号 电话：025-52815700 邮编：210041

12月10日，区委书记黄河（前排右二）调研西善桥街道“两桥”建设工作

7月4日，区委副书记、区长李世峰（左五）视察南河河堤防汛情况

1月25日，西善桥街道在油坊社区组织召开“两桥”地区“三集中”房屋项目培训会

7月4日，西善桥街道召开防汛工作专题会议

9月19日，西善桥街道举办2016年教师节庆祝活动“我的教育故事”演讲会

10月12日，西善桥街道人大换届选举工作会议在街道召开

梅山街道

地址：南京市中华门外新建 电话：025-86364770 邮编：210039

1月19日，梅山街道召开2015-2016年度党员冬训工作动员会

2月22日，梅山街道召开2015年度总结表彰暨作风建设大会

8月5日，梅山街道召开2016年上半年工作总结大会

9月22日，梅山街道召开成立梅山街道总工会暨第一次会员代表大会

10月28日，梅山街道召开第六届社区居委会换届选举动员培训会

12月28日，梅山街道召开学习贯彻党的十八届六中全会精神专题报告会

雨花经济开发区

地址：南京市龙飞路16号 电话：025-86728040 邮编：210039

7月7日，省委常委、市委书记黄莉新（右二）视察雨花经济开发区防汛工作

1月27日，雨花经济开发区召开社区书记抓基层党组织述职大会并开展党组织形象展示活动

10月9日，“畅想、舞动、腾飞”重阳节文艺演出在西寇社区市民广场举行

11月3日，雨花经济开发区政协工委组织片组委员调研园区企业项目建设情况

7月1日，雨花经济开发区举办纪念建党95周年表彰大会和庆祝“七一””两学一做“知识竞赛

板桥新城

地址：南京市板古路1号 电话025—86726907 邮编：210039

1月25日，板桥新城召开“三严三实”专题民主生活会

2月19日，板桥新城在便民服务中心会议室召开板桥新城作风建设暨2015–2016年度党员冬训动员大会

3月17日，板桥新城召开党建工作例会

4月6日，板桥新城室召开“拆、清、治、绿”环境整治动员大会

5月6日，板桥新城召开“两学一做”学习教育工作座谈会暨2016年度“双过半”推进会

7月1日，板桥新城举办庆祝建党95周年大会暨“两学一做”学习教育专题党课

2012-2016年地区生产总值及增长速度

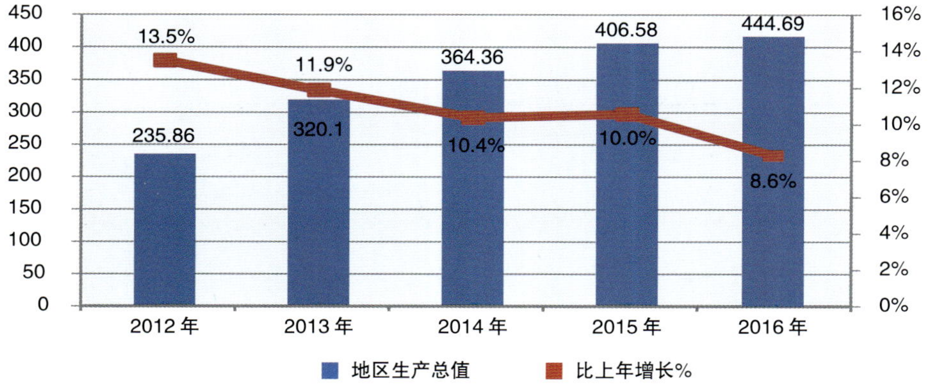

2012-2016年地方财政收入

2012-2016年全社会固定资产投资

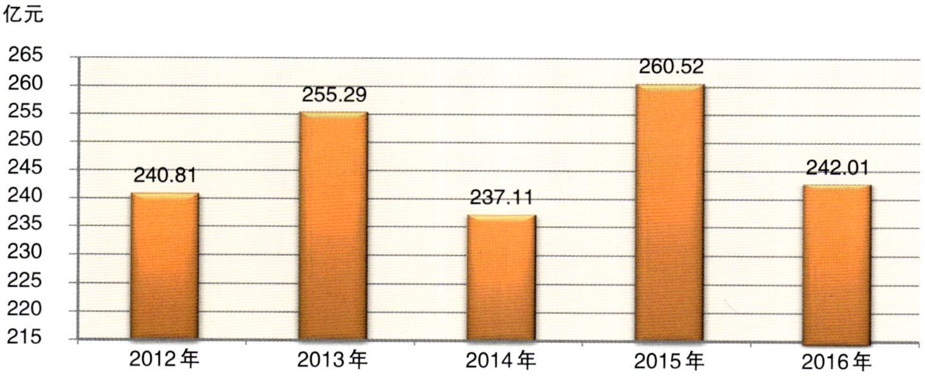

2012-2016年城乡可支配收入增幅

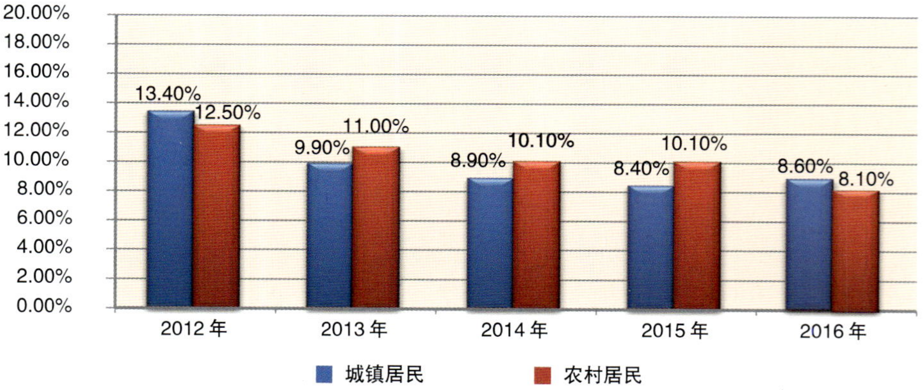

简称、全称对照

简　　称	全　　称
区委	中国共产党南京市雨花台区委员会
区委办	中国共产党南京市雨花台区委员会办公室
区人大常委会	南京市雨花台区人民代表大会及其常务委员会
区人大办	南京市雨花台区人大常委会办公室
区政府	南京市雨花台区人民政府
区政府办	南京市雨花台区人民政府办公室
区政协	中国人民政治协商会议南京市雨花台区委员会
区政协办	政协南京市雨花台区委员会办公室
区纪委	中国共产党南京市雨花台区纪律检查委员会
区老龄委	南京市雨花台区老龄工作委员会办公室
区民宗局	南京市雨花台区民族宗教事务管理局
区关工委	南京市雨花台区关心下一代工作委员会
区文明办	南京市雨花台区精神文明建设指导委员会办公室
区委政法委	中共南京市雨花台区委员会政法委员会
区编办	南京市雨花台区机构编制委员会办公室
区级机关工委	中共南京市雨花台区委区级机关工作委员会
团区委	中国共产主义青年团南京市雨花台区委员会
区妇联	南京市雨花台区妇女联合会
区发改局	南京市雨花台区发展改革局
区住建局	南京市雨花台区住房和建设局
区科技局	南京市雨花台区科学技术局
区人社局	南京市雨花台区人力资源和社会保障局
区安监局	南京市雨花台区安全生产监督管理局
区环保局	南京市雨花台区环境保护局
区城管局	南京市雨花台区城市管理局
区交通局	南京市雨花台区交通运输局
区食药监局	南京市雨花台区食品药品监督管理局
区人口计生局	南京市雨花台区人口和计划生育局
区人防办	南京市雨花台区人民防空办公室
区爱卫办	南京市雨花台区爱国卫生运动委员会办公室
区残联	南京市雨花台区残疾人联合会
区委党史工办	中共南京市雨花台区委员会党史工作办公室
区方志办	南京市雨花台区地方志编纂委员会办公室
区科协	南京市雨花台区科学技术协会
区法制办	南京市雨花台区人民政府法制办公室

简　　称	全　　称
区台办	南京市雨花台区人民政府台湾事务办公室
区侨办	南京市雨花台区人民政府侨务办公室
区工商联	南京市雨花台区工商业联合会
区政务中心	南京市雨花台区暨中国(南京)软件谷政务服务中心
区征拆办	南京市雨花台区征收拆迁安置办公室
区法院	南京市雨花台区人民法院
软件谷	中国(南京)软件谷
科创特区	科技创业社区
数字基地	江苏国家数字出版基地(南京园区)
国开雨花公司	南京国开雨花城市更新发展有限公司
南站综管办	南京市铁路南京南站地区市政管养与综合服务中心
区人武部	南京市雨花台区人民武装部
区国土分局	南京市国土资源局雨花台分局
区公安分局	南京市公安局雨花台分局
区国税局	南京市雨花台区国家税务局
区地税分局	南京市地方税务局雨花台分局
区市场监管局	南京市雨花台区市场监督管理局
交警八大队	南京市公安局交通管理局第八大队
区消防大队	南京市公安消防支队雨花台区大队
烟草四分局	南京市烟草专卖局四分局(分公司)
梅山钢铁	上海梅山钢铁股份有限公司
梅山矿业	南京梅山冶金发展有限公司矿业分公司
南京华润	南京华润热电有限公司
中船绿洲	南京中船绿洲机器有限公司
徐工汽车	南京徐工汽车制造有限公司
南高齿	南京高精传动设备制造集团有限公司
南高船	南京高精船用设备有限公司
南京玻纤院	南京玻璃纤维研究设计院
旭建新材	南京旭建新型建材股份有限公司
乾元浩南京厂	乾元浩生物股份有限公司南京生物药厂
自来水板桥公司	南京市自来水板桥有限责任公司

总　　目

Main Contents

目　录

经济管理与监督

政　治

街 道

索　引

Contents

Special Issue

Special Articles

Overview

China (Nanjing) Software Valley

Economy

Ecological Environment and Construction

Urban Construction and Management

Public Service

Politics

Subdistricts

Figures and Glory

Major Events

Appendix

Index

特载

2017 YUHUA ALMANAC

Special Issue

打好攻坚战　建设新雨花
为高水平全面建成小康社会而努力奋斗

——在区委十一届三次全体(扩大)会议上的报告

黄　河

(2016年12月)

这次全会的主要任务是:深入学习贯彻党的十八大和十八届三中、四中、五中、六中全会精神,以及习近平总书记系列重要讲话特别是视察江苏重要讲话精神,全面落实省、市委决策部署,回顾总结今年工作,部署安排明年任务,组织动员全区上下在新的发展起点上,打好攻坚战,建设新雨花,为高水平全面建成小康社会而努力奋斗。

一、今年工作回顾

今年以来,在以习近平同志为核心的党中央和省、市委坚强领导下,全区上下深入贯彻习近平总书记系列重要讲话特别是视察江苏重要讲话精神,积极践行“创新、协调、绿色、开放、共享”新发展理念,全面展开“十三五”工作布局,扎实推进建设新雨花实践,推动经济、政治、文化、社会、生态文明和党的建设取得了新的进步,预计全面完成今年目标任务。

*一是科学发展展开新的局面。*区委十届二十二次全会以来,尤其是区第十一次党代会以来,全区上下凝心聚力、团结拼搏,按照发展的新目标、新要求,大力实施三大攻坚战,实现了“十三五”发展良好开局,综合实力跃上了新的平台。主要指标平稳增长。预计实现地区生产总值445.3亿元,同比增长8.5%;一般公共预算收入69.2亿元,增长13%;社会消费品零售总额367亿元,同比增长10%;全社会固定资产投资242亿元;实际利用外资2.7亿美元;外贸出口总额21.1亿美元。项目建设有序推进。100个区人代会项目全部按序推进,其中,科创城Q3Q4地块等41个项目建成,完成金证南京研发中心等42个项目主体建设和亚信华东总部暨产业互联网基地等17个项目基础建设。24个市重大项目投资超过原计划约30%,推进度位居全市前列。转型创新成效明显。预计实现高新技术产业销售收入1920亿元,新增高新技术企业和创新型企业65家,培育创新型企业家3人,引进高层次创业人才12人、高端人才团队2个,通灵珠宝11月在主板首发上市,易司拓等12家优质科技企业在“新三板”成功挂牌。商务商贸业、文化产业蓬勃发展,服务业比重达到82.4%,较去年提高2.4个百分点,文化产业增加值占GDP比重提高到5.5%。

*二是软件产业迈上新的台阶。*积极贯彻市委打造国际软件名城的战略部署,抓住软件产业发展机遇,全面加快产业转型升级,软件谷实现新的发展,获得2016年度“中国软件园区最佳产业环境奖”“中国互联网行业领军产业

园区奖”等多项荣誉。产业规模不断扩大。预计实现软件和信息服务业收入1900亿元，占全市比重达到40%，新增涉软企业130家、总数达到904家，新增软件产业建筑面积60万平方米、总量达到665.4万平方米，新增软件从业人员2.5万人、总数达到20.3万人。园区运作更加成熟。围绕“大众创业、万众创新”，集聚各类众创空间20家，其中8家获得省级认定，建成加速器、孵化器20家。信息安全产业园主体结构封顶，人才公寓A、B区竣工交付，楚翘城、创业创新城企业签约入驻率分别达到100%和92%。软件谷发展公司累计形成有效资产突破70亿元。发展后劲切实增强。引进中兴光电子、大族能源等各类项目近百个，其中重大项目25个。天溯自动化、中兴物联具备入驻条件，华为二期、步步高、丰盛商汇C区开始内外装修，金证股份、万博科技、圣迪奥主体封顶，中兴三区一期、宇龙酷派、花神科技广场开工建设，先锋、元征、大族激光等一批新签约项目全面启动土地招拍挂工作。

三是城市形象得到新的提升。坚决贯彻中央和省、市委关于城市工作的决策部署，以“两桥”地区城市更新改造为突破，大力提升雨花的城市功能和品质。规划编制科学推进。强化规划引领作用，大力推进“多规合一”，促进各类规划有序衔接。“两桥”片区控详修编顺利完成，产业规划、城市设计、交通系统等6项专项规划全面启动，安德门地块城市设计及控详调整、天隆寺——花神庙文化旅游区规划及天隆寺地块规划调整等按序推进。道路建设加快实施。高标准推进杨家坟地块内部道路、机场二通道北段地面段等一批道路基础设施建设，其中，国土分局西侧道路、龙翔路地面段一期等项目竣工。征收拆迁力度加大。全力推动“两桥”地区“三集中”房屋收(退)回工作，圣戈班片区等一批重点难点搬迁项目取得阶段性成效，全区完成拆迁100万平方米、拆违8.8万平方米。生态环境持续改善。大气和水环境治理取得新的成效，节能降耗工作稳步推进，单位工业增加值能耗下降3.2%，主要污染物减排超额完成年度目标任务。生态建设和环境保护工作成效明显，全区绿化覆盖率达到48.71%，林木覆盖率达到30.05%。

四是社会事业取得新的进展。高度重视做好民生工作，扎实办好各项民生实事，努力使发展成果更多普惠于民。积极推动就业创业。坚持就业优先战略，实施更加积极的就业政策，鼓励以创业带就业，预计全年新增城镇就业1.1万人，创业带动就业8200人，城镇居民人均可支配收入达到48267元，同比增长8.5%，增幅位居全市前列。着力办好民生实事。紧紧围绕群众最关心最直接最现实的利益问题，集中力量抓了一批群众热切期盼的民生实事。学校建设加快推进，区实验小学东校区扩建工程竣工交付，宁南规划小学等一批工程加快推进，雨花台中学高考二本达线率达到81.4%，小行小学成功加入南师附小教育集团。医疗服务体系进一步完善，建成3个区域医疗联合体，4个科室通过市级社区卫生服务中心特色科室评估，“家庭医生签约服务联盟”模式被中央电视台《新闻联播》报道，铁心桥社区卫生服务中心荣获“全国百强社区卫生服务中心”称号。文化体育活动蓬勃开展。保障性住房开工建设22万平方米，竣工52.2万平方米。切实维护社会和谐稳定。积极推进社会组织助力社区治理，每万人拥有社会组织数位居全市前列，被评为“全国社会工作服务综合示范区”，顺利完成“全国社区治理和服务创新实验区”

结项验收。紧紧围绕全国两会、G20峰会等敏感节点，扎实开展社会稳定风险评估，健全完善"大调解"机制，稳妥有效推进信访积案化解，平安雨花、法治雨花建设取得明显成效。全力抓好安全生产、防汛抗灾等工作，确保了群众生命财产安全。

*五是全面从严治党有力推进。*认真贯彻党要管党、从严治党要求，把责任牢牢扛在肩上，坚持真管真严、敢管敢严、长管长严，全面从严治党迈上新的台阶，为事业发展提供了坚强政治保证。认真做好换届各项工作。常委会切实担负起换届工作领导责任，严格按照中央"九个严禁、九个一律"纪律规定和省、市委要求，以"零容忍"态度正风肃纪，圆满完成了党委班子换届、社区党组织换届和社区居委会换届，区人大、区政府、区政协班子换届工作有序推进。扎实开展"两学一做"学习教育。加强组织领导，坚持以上率下，通过各级党员领导干部带头讲党课、带头学习研讨，推动学习教育深入开展。突出加强理想信念教育，认真组织习近平总书记"七一"重要讲话精神的学习宣传和贯彻执行，广大党员干部的政治意识、大局意识、核心意识、看齐意识进一步明显增强。大力夯实党的基层组织基础。抓住换届契机，严把人选政治关、作风关、能力关和廉洁关，选优配强了社区党组织"带头人"队伍。注重发挥软件产业党委的引领示范作用，切实抓好园区党建工作，不断推进"两新"组织党的组织覆盖和工作覆盖，润和党委"四全五新"工作法形成品牌影响。坚定不移推进党风廉政建设和反腐败斗争。建立了区委巡察工作领导小组办公室，明确了机构编制和人员，单设街道(园区)纪工委书记。坚决落实党委主体责任和纪委监督责任，严格执行党章党规党纪，刚性执行中央八项规定和省、市委系列规定精神，推动党风政风和行风进一步好转。坚持有案必查、有腐必惩，加强权力运行监管，坚决遏制腐败蔓延势头，营造了风清气正的良好政治环境。

这些成绩的取得，凝聚了全区各级党政机关、广大干部群众的心血和汗水。在此，我代表区委常委会，向大家表示衷心的感谢，致以崇高的敬意！

回顾我们共同开启的历程，成绩来之不易，经验弥足珍贵。一是得益于目标思路的科学谋划。按照省、市委决策和部署，按照雨花"十三五"规划内容和要求，我们立足阶段实际、突出问题导向，切实找准制约雨花发展的薄弱环节和明显短板，针对性提出全力以赴打好"抓产业发展、促城市建设、补民生短板"三大攻坚战的口号，既兼顾面上，又突出重点，已逐步成为全区上下的思想共识和自觉行动。二是得益于全区上下的共同努力。今年大事多，难事也多。尤其是在防汛抗灾、"双清"暨征收拆迁、瑞尔项目认购户清退攻坚等急难险重的任务面前，全区上下各级各部门团结一心、奋力拼搏，经受住了考验，展现出了良好的工作作风和精神风貌。三是得益于工作策略的积极主动。今年，尤其是区党代会以来，我们切实把"精神振、作风实、节奏快、胸襟宽"作为全区党员干部改进作风、力行实干的自觉要求，立足主动、加快节奏、加大力度，在经济社会各项事业中早谋划、早部署、早行动，牢牢掌握了工作的主动权。四是得益于氛围环境的平和宽容。雨花历来就有有利于干事创业、有利于各级积极性主动性充分发挥的良好政治生态和工作氛围。我们一以贯之坚定坚持，树立更加鲜明的干事创业导向，全区干部的精神状态进一步提振，担当作为的自觉和行动进一步增强，这在监督执纪越来越严的大背景下，显得尤为难能可贵。

与此同时，我们也清醒地看到，对照发展的新目标、高要求，我们还存在着一些问题和不足。主要是：产业结构有待进一步优化，自主创新能力还不足，产业核心竞争力还不够强；城市建设存在明显短板，道路基础设施欠账较多，公共服务资源配置还很不足，城市功能品质有待进一步提高，生态环境质量改善任务繁重；制约发展的体制机制障碍仍然存在，发展环境需进一步优化完善；党风廉政建设和反腐败斗争任务依然艰巨，部分同志执行中央八项规定精神不坚决、不到位，"四风"问题树倒根在，违纪违规现象时有发生，少数党组织主体责任落实不到位，一些干部不担当、不作为、不负责的情绪和现象有所蔓延，甚至在局部区域和行业领域还十分严重，全面从严治党还需付出更大努力。对此，我们必须始终保持清醒头脑，始终保持奋斗精神，始终保持务实作风，在高水平全面建成小康社会进程中持续用力、久久为功。

二、明年目标任务

2017 年，是落实省、市、区党代会精神的关键之年，也是雨花在高水平全面建成小康社会进程中加快步伐、奋力赶超的关键之年。做好明年工作，必须坚定地以习近平总书记系列重要讲话精神为指引。深入学习、全面领会习近平总书记系列重要讲话蕴含的新思想新观点新论断新要求，切实用讲话精神武装头脑、指导实践、推动工作，把讲话精神贯彻落实到建设新雨花的各个领域，体现到党的建设各个方面，作为做好一切工作的根本遵循。必须准确把握雨花的阶段特征和目标定位。深入践行"创新、协调、绿色、开放、共享"新发展理念，把加快建设"强富美高"新雨花作为总体目标，着力在现代化城区建设、新载体和新平台搭建、新项目布局和新产业形成等方面，实现新突破，增创新优势。持续推进软件谷建设，争当南京国际软件名城建设的排头兵、主阵地、核心区。必须紧紧围绕高水平全面建成小康社会的总体要求。高水平建成一个贯彻新发展理念、体现"强富美高"要求、惠及全省人民的小康社会，是省委提出的明确要求。市委提出的"一个高水平建成、六个显著"奋斗目标，与之一脉相承。我们必须认真对照高水平全面小康的要求，进一步聚焦问题和短板，努力回应群众诉求和期盼，扎实提高全面建成小康社会的质量和水平，加快把美好蓝图变为发展现实，不断增强雨花群众的获得感和幸福感。

站在新的起点，面向未来发展，我们要科学研判面临的形势任务。从宏观上看，12 月 9 日中共中央政治局会议研究 2017 年经济工作，释放出六大信号：一是明确稳中求进工作总基调是治国理政重要原则；二是供给侧结构性改革步入"深化之年"；三是加快推进一批基础性关键性改革；四是大力振兴实体经济；五是加快研究建立符合国情、适应市场规律的房地产平稳健康发展长效机制；六是多举措释放扩大开放积极信号。12 月 14 日至 16 日召开的中央经济工作会议，在党的十八大以来初步确立的适应经济发展新常态的经济政策框架下，对我国经济下一阶段工作重点作出了安排。这六大信号和中央经济工作会议的相关部署，为我们深化改革扩大开放、推进经济结构调整和产业转型升级提供了重要遵循，也提出了新的更高要求。从中观上讲，"一带一路"、长江经济带、"互联网+"行动计划、苏南国家自主创新示范区建设，以及南京“四个城市”建设等国家和省、市多重战略部署，将在较长一段时期内对雨花的发展产生深远的影响和较强的引领作用。从微观上讲，我们在产业、政策、空间、生态、人才等方面的优势仍然存在，尤其是随着“两桥”地区城市更新改造的深入推进，空间优势、产业优势将会得到进一步巩固和放大，交通条件改善、载体平台建设将成为雨花未来新的增长点、新的竞争力所在。当然，可以预见，面对全面深化改革进入深水期、经济发展进入新常态、全面从严治党提出的新要求，我们在新一轮的发展中也会面临许多困难和挑战。但是，总体而言，办法总比困难多，只要我们咬牙坚持、知难而进，弯道超车、乘势而上，就一定能够把挑战转变为机遇，把劣势转化为优势！

明年工作的指导思想是：深入学习贯彻党的十八大和十八届三中、四中、五中、六中全会精神，以及习近平总书记系列重要讲话特别是视察江苏重要讲话精神，紧紧围绕“五位一体”总体布局和“四个全面”战略布局，积极贯彻新发展理念，坚决执行省、市委决策部署，以富民为导向，以创新为动力，全力以赴打好“抓产业发展、促城市建设、补民生短板”三大攻坚战，在高水平全面建成小康社会进程中创造出新的更大业绩，加快建设经济强、百姓富、环境美、社会文明程度高的新雨花。

明年发展的主要目标是：力争区域总体发展水平和重点工作走在全市前列。地区生产总值增长 8.5%以上；一般公共预算收入同口径增长 10%以上；完成全社会固定资产投资 260 亿元以上；社会消费品零售总额增长 10%以上；软件和信息服务业收入达到 2130 亿元；城镇居民人均可支配收入增长 8.5%以上。

重点要打好三大攻坚战：

（一）全力以赴打好“抓产业发展”攻坚战，增创转型发展新优势

产业是发展的永恒主题。按照“产城融合、全域统筹、一体发展”理念，以软件谷为依托，深入实施创新驱动战略，加快发展动能转换，推动产业转型升级，提升经济发展的质量和效益。

加快产业集聚。倍加珍惜当前产业集聚的大好形势，进一步做优做强通信服务、服务外包、电子商务、信息安全等传统优势产业，大力推动基础软件、云计算、大数据、物联网、文化创意、集成电路设计等关键领域实现突破，积极培育虚拟现实、互联网金融、移动互联网、智慧产业、智慧制造等新兴产业，壮大软件特色产业集群，全年新增涉软企业 270 家、涉软从业人员 1.5 万人、软件产业建筑面积 80 万平方米。坚持把高端商务商贸业作为雨花的潜力所在，依托南站高铁枢纽，加快“新引擎、新地标、新中心”建设，推进证大喜马拉雅三期、瀚威城市综合体等重点项目，加强绿地之窗、金轮星立方等项目二次招商，吸引更多大型总部企业入驻，形成较强辐射带动。尽快启动和推进“两桥”新中心、莲花湖商业中心和安德门地区中心建设，形成多层级、多中心的商务商贸发展格局。全年新增商务商贸设施面积 70 万平方米、总部企业 7 家。突出抓好文化旅游、休闲娱乐、科技研发、房地产等符合现代城市发展特点、契合雨花产业发展需要的产业形态，着力推进天隆寺复建等重点项目，加快产业集聚、融合、互动发展，使雨花的产业焕发新活力，形成新优势。

推动创新发展。坚持把创新摆在全局发展的核心位置，加快推进以科技创新为核心的全面创新，努力培育发展创新型经济，塑造更多

依靠创新驱动、更多发挥先发优势的引领型发展的骨干企业。创新体制机制，完善政策举措，积极构建有利于促进创新的制度框架和政策体系，打通科技创新和经济社会发展之间的通道，营造良好的创新生态。加大对科技创新的投入，发挥好财政资金的撬动作用，积极引导各类社会资源投入创新，形成政府资金、金融资本、社会资本多方投入的新格局。强化企业创新的主体地位和主导作用，提升北大南京研究院、南京超级云计算中心等公共服务平台的效能，大力推动产学研协同创新，实现关键领域核心技术的攻关突破，落实一批高新技术产业化项目。激发科技人员的主动性，实施更加积极的创新人才培育和引进政策，努力为各类人才创造良好的创新创业环境。全年引进“创业南京”高层次人才 14 人、高端人才团队 2 个，新增科技创业投资额 5 亿元，培育上市挂牌企业 5 家，实现高新技术产业销售收入 2150 亿元。

做强园区载体。统筹完善软件谷北园、南园和西园开发区的功能布局，争当南京国际软件名城建设的排头兵、主阵地、核心区。在排头兵建设上，力争政策先行先试、载体先行打造，抓住南京国际软件名城和中国“互联网+”名城建设的机遇，积极争取和探索出台一批更加符合现代产业方向、更能促进产业发展的政策体系，做强大数据产业基地、信息安全产业园、智慧城市产业园等一批专业园区，全面提升软件谷的功能、品质和服务，促进产业、人才、企业、资本等各类要素涌流集聚。在主阵地建设上，加快吸引、集聚更多强企优企大企，重点招引全球软件百强企业、国内软件百强企业、国内互联网百强企业，设立区域总部、研发中心、交付中心、结算中心或营销总部等，增强软件谷的发展后劲。在核心区建设上，着力集聚、培育更多具有自主知识产权、核心技术、核心竞争力的产业、产品和企业，加快把软件谷打造成为创新的高地、人才的高地、产业的高地。

增强改革动力。坚持以供给侧结构性改革为主线，认真贯彻中央和省、市委全面深化改革的部署和要求，切实增强改革的自觉性和坚定性，真正做到以改革促发展、以改革增动力。重点深化软件谷体制机制改革，进一步规范软件谷发展公司治理架构，建立健全权责对等、协调运转、有效制衡的决策监督机制，理顺母公司与子公司之间的关系，提升公司专业化、规范化、科学化运作的成效。深化街道(园区)和社区体制改革，牢固树立“产业一盘棋”思想，加大资源全域整合力度，发挥各专业园区、载体和平台的辐射带动作用，统筹推进好各个功能板块的产城融合，提高全区街道(园区)和社区发展的整体水平。积极探索创新举措，加快启动开发区人居森林（南京国际足球小镇）项目，打造产城融合的高端示范片区，形成新的增长点。深化现有改革试点工作，协调推进教育领域综合改革、医药卫生体制改革、文化体制改革、城管体制改革等，切实用改革创新的办法推动全区各项事业发展。

(二)全力以赴打好“促城市建设”攻坚战，构建宜居宜业新空间

城市是发展的空间承载。牢固树立精明增长理念，以“两桥”地区城市更新改造为重点，全面提升规划建设管理的水平，推动特色、绿色、集约发展，着力改善雨花的城市形象。

加快“两桥”片区改造。重视规划的战略引领作用，完成“两桥”片区产业规划、城市设计、交通系统等专项规划，进一步增强规划的前瞻性、科学性，切实发挥规划的生产力和软实力

作用。坚持把征收拆迁工作作为急难险重的任务，大力发扬敢啃“硬骨头”、敢碰“硬钉子”的精神，完成龙翔南片区、圣戈班片区等沿线9个重点片区拆迁，基本完成重点建设区域拆迁任务。调整优化五年土地收储和上市计划，加快龙翔启动区A8地块、吴尚一组A地块等土地挂牌出让。加大公建配套设施建设力度，开工建设马家店保障性住房、龙翔启动区公办小学，加快实施铁心桥社区卫生服务中心改造并完成搬迁。全面启动道路基础设施工程，开工建设机场二通道跨秦淮新河大桥、龙翔西立交、龙翔路二期等7条道路，完成管道路西段等9条道路征地拆迁及前期研究。加快绿色智慧、产城融合的落地，强化招商选资和运营管理，力争引进一批品牌项目。

完善城市基础设施。针对道路交通这个制约雨花发展的最大短板，抓住宁芜铁路外绕搬迁等有利契机，加大谋划布局、建设投入以及对上争取的力度，制定近期、中期、远期实施计划，重点排出2017年、2018年、2019年三年交通基础设施行动计划，下大力气加快一批道路基础设施建设，构建快速、便捷、高效、安全的互联互通综合交通网络，从根本上改善雨花的投资环境和居住出行环境。明年全区基础设施建设投资超过100亿元，与“两桥”主路框架协同推进，加快滨江大道雨花段、板霞线、岱山东路北延等重点项目建设，确保马定路、中兴路北延跨秦淮新河大桥等路桥建成通车，铁心桥、梅山九号路等项目完成改造。推进安德门地块、曹家洼等18个棚户区和危旧房片区改造，逐步消除城中村、危旧房。完成能仁里、雨花新村等18个老旧小区的整治出新，切实改善居民的居住水平。

加强生态环境保护。牢固树立“绿水青山就是金山银山”的强烈意识，认真落实中央环保督察整改要求和省、市委决策部署，以更高标准、更严要求深入开展“两减六治三提升”专项行动，持续改善雨花的生态环境质量。高度重视水污染治理，完成农花河等24条黑臭河道整治，改善河道水环境质量，提升河道两岸环境。加快铁心桥、雨花、西善桥等排水达标区建设，实施南河西善桥老街段、板桥河老街段等9项防洪除涝项目，完成金叶花园、板桥市场群等5个雨污管网改造项目。严格控制城市扬尘污染和机动车尾气污染，强化各类施工扬尘、道路扬尘监管和工业废气污染防治，确保全区二氧化硫、氮氧化物排放量逐年下降，大气环境质量明显改善。加快梅山片区工业布局调整，推动一批落后产能中小工业企业整治关停。大力实施增绿、补绿工程，新增绿地面积10万平方米，完成绿化造林200亩，全区绿化覆盖率和林木覆盖率分别达到49.04%和30.1%。

提高城市治理水平。坚持综合整治和长效管理相结合，依托数字化管理平台，建立用数据说话、用数据决策、用数据管理、用数据创新的新机制，进一步提高精细化水平，实现城市管理全覆盖。加强城市治理标准化建设，全面深化网格化管理，推动社会工作网格化和城市治理网格化有机融合。积极提升老旧小区和经济适用房小区物业管理和保洁水平，加大城市综合执法力度，强化城市常态化、长效化管理。以凤台南路沿线环境综合整治等为重点，扎实推进一批道路整治、片区整治和绿化游园建设工程，促进雨花环境面貌全面提升。强化源头管控，对新增违法建筑、违规户外广告“零容忍”，拆除率达到100%，切实把雨花的城市管理好、维护好。进一步强化城市抗风险的基础功能，着力提升城市应急处置能力。

（三）全力以赴打好"补民生短板"攻坚战，标注全面小康新高度

民生是发展的最终目标。坚持把增进群众福祉、促进人的全面发展作为一切工作的出发点和落脚点，切实加大民生工作投入，扎扎实实办好民生实事，努力让群众有更多获得感、更高满意度。

着力保障改善民生。坚持把就业作为民生之本，进一步优化环境、改进服务、强化政策支持，充分调动创新创业的积极性，实现更加充分、更高质量的就业，全年新增城镇就业 8300 人以上，大学生创业 280 人以上。坚持把"百姓富"作为改善民生的重中之重，鼓励全区百姓依靠自身努力和智慧创造财富，实现政府有形之手、市场无形之手、群众勤劳之手、干部辛劳之手共同发力，确保城镇居民人均可支配收入达到 52370 元以上。建立健全更加公平、更可持续的社会保障制度，推动城乡社会保障一体化建设，不断提升社会保障水平。加快构建以居家养老为基础、社区为依托、机构为补充、医养结合发展的养老服务体系，新建 32 个医养融合型社区居家养老服务中心，不断提升养老服务品质。高度重视和关心困难、弱势群体的生活，坚持每年有针对性地办好一批群众要求强烈、感受明显的民生实事，让群众得到看得见、摸得着的实惠。积极构建新型社会救助体系。大力发展人口和计划生育、残疾人、慈善、红十字等事业，关心下一代健康成长，切实做好物价、人防、食品药品安全等事关民生和发展的工作。

大力优化民生服务。秉持"公平、普惠、群众满意"的原则，扎扎实实做好教育、医疗、住房、体育等各项工作，促进社会事业协调发展。坚持教育优先发展，优化教育资源布局，大力推进优质教育资源引进、培育及整合、放大，启动南外雨花国际学校、软件谷规划小学建设，小行小学异地新建工程竣工并交付使用，加快推进板桥中学三期、区实验小学西校区扩建等项目，努力让群众享有更好的教育。把群众健康放在优先发展的战略地位，以普及健康生活、优化健康服务、完善健康保障、建设健康环境、发展健康产业为重点，大力推进健康雨花建设。深入实施"院府合作"，积极推广"家庭医生签约服务联盟"新模式，通过"国家慢性病综合防控示范区"复审，新建 3 个医疗联合体，创建 6 个省、市级特色专科，推进岱山南社区卫生服务中心等项目建设，大力提高基层医疗机构服务能力。进一步完善住房保障体系，开工建设绿洲南路经济适用房二期等项目。完成古雄泵站改扩建、菊花里小区积水点改造等 10 项积淹水片区改造工程。广泛开展全民健身运动，加快莲花湖体育产业基地建设，促进群众体育和竞技体育全面发展，确保人均公共体育设施面积达到 3.23 平方米。

积极创新社会治理。深入实施社会治理创新工程，健全网格化服务管理体系，强化社区服务功能，充分发挥社会组织作用，提升社区治理现代化水平。扎实开展精品社区建设，创建雨花和谐社区建设品牌。强化平安雨花、法治雨花建设，建立社会风险预警机制，创新和完善立体化现代化社会治安防控体系，坚决防止重特大公共安全事件发生。严格落实安全生产责任制，抓好重点领域安全生产工作，坚决防止重特大安全生产事故发生。完善社会矛盾排查预警和调处化解综合机制，带着感情做好群众工作，从源头上减少和化解不稳定因素，坚决防止大规模群体性事件发生。坚持把信访历史遗留问题的解决作为重要的民生工作，认

真落实“信访积案攻坚年”行动计划，落实领导包案责任制，通过法治手段从源头上、根本上稳妥化解，夯实社会和谐稳定的基础，确保全区法治满意率达到90%以上，群众公共安全感达到92%以上。

提高社会文明程度。加强党对意识形态工作的领导，深化中国特色社会主义和以习近平同志为核心的党中央治国理政新理念新思想新战略的宣传教育，引导全区党员干部和群众进一步坚定道路自信、理论自信、制度自信和文化自信。加快区委党校新址建设，提升教育培训水平，充分发挥党校“三阵地、一熔炉”作用。深入践行社会主义核心价值观，把社会主义核心价值观主题教育实践活动融入精神文明建设全过程，落实到文明城市建设、公民道德建设各环节，充分发挥社会主义核心价值观的整合力、凝聚力和塑造力。切实加强文化遗产保护利用，深入挖掘本土特色文化内涵，用好用活身边的红色资源，让雨花台革命烈士崇高的理想信念、高尚的道德情操、为民牺牲的大无畏精神，激发起全区人民不断开拓前进的强大精神力量。积极推动文化与旅游、科技、金融及互联网融合发展，发展新型文化业态，打造具有震撼力的文化品牌和文艺精品。加大文化惠民力度，加快推进雨花文化大厦建设，广泛开展“和谐文化社区行”“书香雨花”读书节等群众喜闻乐见的文化活动，丰富群众精神文化生活，倡导形成文明和谐、健康向上的良好风尚。

三、坚定不移推进全面从严治党

实现高水平全面建成小康社会的奋斗目标，关键在党，关键在党要管党、从严治党。今年10月24日至27日召开的党的十八届六中全会，是我们党历史上具有里程碑意义的一次重要会议。全会专题研究全面从严治党问题，就新形势下加强党的建设作出新的重大部署，进一步完善了“四个全面”战略布局，更加鲜明、更加系统、更加全面地诠释了党中央治国理政的总体部署，为全党全军全国各族人民指明了前进方向和奋斗路径。全会正式确立了习近平同志在全党的核心地位，制定了新形势下党内政治生活的若干准则，修订了党内监督条例，对维护党的团结和集中统一领导，凝聚全党全国人民力量，不忘初心、继续前进，具有重大而深远的意义。要深入学习贯彻十八届六中全会精神，不断增强全面从严治党的责任感和紧迫感，切实把全面从严治党要求贯彻于全面小康建设全过程，落实到党的建设各方面，使各级党组织始终成为坚强

9月30日，国家第三个烈士纪念日，江苏省暨南京市各界向雨花台烈士纪念碑敬献花篮活动在雨花台烈士纪念碑广场举行　　（雨花台烈士陵园　供稿）

有力的领导核心，为高水平全面建成小康社会、加快建设“强富美高”新雨花提供坚强政治保证。

切实加强党的领导。突出把方向、管大局、作决策、保落实，完善党委全会、常委会、党组会议工作机制，充分发挥党委总揽全局、协调各方的领导核心作用。加强和改进党对人大及政协工作的领导，支持人大、政府、政协、司法机关依照法律和各自章程，独立负责、协调一致地开展工作，保证党委决策和雨花发展的各项部署贯彻落实。精心组织、扎实推进，保证人大、政府、政协换届工作顺利进行、圆满完成。加强和改进党对工会、共青团、妇联等群团组织的领导，更好地组织动员群众、教育引导群众、联系服务群众、维护群众合法权益，充分激发蕴藏在群众中的巨大创造力。加强统战工作，巩固和壮大爱国统一战线。健全和落实党管武装制度，积极支持部队建设和改革，推进国防动员和后备力量建设，深化双拥共建，加快军民深度融合发展，巩固和发展军政军民团结。

强化思想教育根本。政治上的坚定源于理论上的清醒。全区各级党组织要把认真学习、广泛宣传、全面贯彻六中全会精神和习近平总书记系列重要讲话精神作为重大政治任务抓紧抓好，确保广大党员干部进一步领会精神实质、把握核心要义，切实增强“四个意识”特别是核心意识、看齐意识，更加自觉地在思想上政治上行动上同以习近平同志为核心的党中央保持高度一致。六中全会通过的《准则》和《条例》，是推动新形势下从严治党的纲领性文件。要根据六中全会新部署新要求，紧贴雨花党的建设新实践新情况，紧紧抓住严肃党内政治生活这个关键，有效用好加强党内监督这个手段，不断提高党的建设科学化水平。全区各级党员领导干部尤其是党组织的主要负责同志，要坚持以身作则、率先垂范，增强政治定力，提高党性修养，做到在大是大非面前旗帜鲜明、在各种错误思想面前敢于亮剑，对理想信念忠贞不渝，为全区党员干部群众带好头、作示范，为雨花发展指好向、领好航。

打造干事创业队伍。严格执行《干部选拔任用条例》，坚持德才兼备、以德为先，坚持好干部标准，强化党组织的领导和把关作用，加强和改进对干部“德”和政绩的考核，进一步拓宽选拔视野，真正让忠诚干净担当、为民务实清廉、奋发有为、锐意改革、实绩突出的干部得到褒奖和重用。深化干部人事制度改革，大力推进干部能上能下，营造“能者上、庸者下、劣者汰”的用人环境。遵循干部成长规律，完善干部交流机制，优化干部培养路径，鼓励年轻干部到基层一线和艰苦岗位锻炼成长。要关心爱护干部，完善党内激励、关怀、帮扶机制，积极探索建立容错纠错机制，旗帜鲜明地为敢于担当的干部担当、为敢于负责的干部负责，大力营造想干事、能干事、干成事的浓厚氛围。全区党员干部要坚持用 20 字好干部标准激励自己，切实把“精神振、作风实、节奏快、胸襟宽”的要求落实到行动中，牢记新使命，确立新标杆，争创新业绩，积极争当全区各条战线上的“攻坚之星”。

夯实基层组织基础。党的执政根基在基层，基础不牢，地动山摇。强化基层党组织政治功能，牢固树立阵地意识和责任意识，在引领发展、服务群众、凝聚人心、促进和谐中，推动基层党组织建设全面进步、全面过硬。针对“两新”组织发展新变化，进一步完善软件产业党委党群服务中心、园区党建工作站、“两新”组织党建服务中心等载体，推动党的组织和工作向商务街区、产业园区、科技众创空间等领域有效覆盖。加强基层党组织"带头人"队伍建设，大力整顿软弱涣散基层党组织，不断增强基层党组织的凝聚力、战斗力。严格党员发展、教育、管理和服务工作，把政治标准放在首位，严把入口、畅通出口，提高党员发展质量，从严加强党员日常管理，推动党员更好地发挥先锋模范作用。把联系服务群众、做好群众工作作为基层党组织和党员干部的基本职责，切实提高服务群众的能力，进一步密切同群众的血肉联系，为雨花高水平全面建成小康社会凝聚最广泛的力量。

营造风清气正环境。党风廉政建设和反腐败斗争是一项长期复杂艰巨的任务，必须常抓不懈、警钟长鸣。认真落实党委主体责任和纪委监督责任，严格执行党章党规，执行《中国共产党党内监督条例》，强化自上而下的组织监督，改进自下而上的民主监督，发挥同级相互监督作用，不断增强自我净化、自我完善、自我革新、自我提高能力。坚持把纪律挺在前面，用好监督执纪"四种形态"，突出抓早抓小、防微杜渐，用纪律管住大多数。毫不松懈抓好中央八项规定和省、市委系列规定精神的落实，坚决整治"四风"突出问题，防止"四风"问题反弹回潮。尽快启动全区巡察工作，制定巡察工作方案，明确巡察范围和内容。持续保持惩治腐败的高压态势，坚持有腐必反、有贪必肃，切实解决好群众身边的不正之风和腐败问题。加强反腐倡廉教育和廉政文化建设，抓住"人财物"等关键环节和征收拆迁、工程建设等重点领域，健全权力运行制约监督机制，全方位扎紧制度的笼子，形成不敢腐、不能腐、不想腐的体制机制。

同志们，高水平全面建成小康社会的历史使命已经落在了我们身上，我们这一代雨花人重任在肩、责无旁贷。让我们更加紧密地团结在以习近平同志为核心的党中央周围，深入贯彻习近平总书记系列重要讲话特别是视察江苏重要讲话精神，在省、市委坚强领导下，团结带领全区党员和干部群众，继往开来，勇攀高峰，为高水平全面建成小康社会，建设经济强、百姓富、环境美、社会文明程度高的新雨花而努力奋斗，以优异成绩迎接党的十九大胜利召开！

生态莲花湖　　　　（板桥新城　供稿）

雨花台区人民政府工作报告

——雨花台区第十七届人民代表大会第五次会议

李世峰

（2017年1月）

本届政府工作回顾

2012年以来，在市委、市政府和区委的正确领导下，在区人大、政协的监督和支持下，全区上下认真学习贯彻党的十八大和十八届三中、四中、五中、六中全会精神，以及习近平总书记系列重要讲话特别是视察江苏重要讲话精神，紧紧围绕发展主线，开拓创新，务实奋进，高质量完成区十七届人大确定的目标任务，顺利实现"十二五"圆满收官和"十三五"良好开局，全区经济社会发展各项事业取得显著成绩，在全市综合考核中连续位列第一方阵。

——综合实力显著增强。主动适应和把握经济发展新常态，统筹推进稳增长、调结构等各项任务，经济发展质量和效益全面提升。经济运行稳中向好。2016年，预计地区生产总值同比增长8.5%，达445.3亿元，是2011年的2.2倍，年均增长17.1%；一般公共预算收入增长13%，达69.2亿元，五年连跨四个十亿台阶，年均增长21.6%，增速居全市前列；社会消费品零售总额同比增长10%，达367亿元，是2011年的2.4倍，年均增长18.8%。累计注册外资实际到账11亿美元，实现外贸出口总额105亿美元，引进注册项目1339个，完成全社会固定资产投资1236亿元，新建人代会重点项目393个，怡化研发中心、江苏科技金融等项目建成运营，华为二期、亚信华东总部等项目加快建设。润和软件、通灵珠宝分别在创业板、主板上市，泰通科技等20家企业在"新三板"挂牌。软件谷建设成效明显。成功打造通信软件、服务外包、大数据等特色产业集群，建成大数据产业基地、科创城、创业创新城等特色载体，汇聚世界500强及世界软件百强企业9家、国内软件及电子信息百强企业25家。软件谷积极争当南京国际软件名城建设的排头兵、主阵地、核心区，实力跻身国内同类软件园区前三强。先后获得全国首批国家软件和信息服务业示范基地、中国软件和信息服务领军产业园区、全国产业集群区域品牌建设试点地区等国家级荣誉。创新能力不断增强。累计培育高新技术企业136家，培养国家"千人计划""万人计划"*人才6人、科技创业家19人，引进领军型科技创业人才240人、高端人才团队5个。建成北大南京创新研究院等多个联合创新载体，创建市级以上工程技术研究中心43家，建成众创空间载体21家、孵化器30家，雨花科技创业社区综合绩效位居全市前列，雨花科技成果转化服务中心获评全国A类优秀孵化器。2016年，预计每万人发明专利拥有量达24件，科技研发经费支出占GDP比重达3.62%，高新技术产业销售收入达1920

亿元。

——转型升级成效明显。坚持走以现代服务业为主导的城市经济发展道路，形成充满活力的现代产业体系。软件和信息服务业高速发展。2016 年预计实现软件和信息服务业收入 1900 亿元，五年接近翻两番，年均增长近 30%，占全市比重提高到 40%。累计新增软件产业建筑面积 435 万平方米，总量达 665.4 万平方米；新增涉软企业 627 家，总数达 904 家；新增涉软从业人员 14 万人，总数达 20.3 万人。中兴、华为等龙头企业保持良好发展势头，润和软件、诚迈科技、万圣伟业等本土企业迅速壮大。商务商贸业提档升级。累计新增商务商贸项目 80 个，新建商务商贸设施面积 329 万平方米。南站高铁枢纽经济区加快建设，绿地之窗、证大喜玛拉雅等重大项目快速推进，吸引一批总部型企业入驻，国际化的南京南部新中心初具雏形。国际汽贸园、板桥市场群等加快建设。虹悦城、花样年、楚翘城、紫荆广场等城市综合体建成运营。经济结构持续优化。大力推进“退二进三”，累计关停搬迁高污染、低效益企业 60 家。大力发展文化创意、电子商务等新兴产业，建成国家数字出版基地，2016 年预计文化产业销售收入达 105 亿元，年均增长 21.3%。三次产业比例从 0.2:44.8:55 优化调整为 0.2:17.4:82.4，第三产业比重提高 27.4 个百分点。

——城市面貌不断改善。紧扣城市建设管理薄弱环节，加快基础设施建设，着力推进环境综合整治，城市功能不断完善。“两桥”地区更新改造快速推进。2014 年 5 月市委市政府正式批准实施以来，按照“雨花中心、产城融合、一流社区”的总体定位，积极探索政府主导、社会参与、市场运作的新模式，完成控制性详细规划，深入开展产业规划、城市设计、绿色智慧等规划编制。征收拆迁、道路建设、保障房项目等重点工作有序推进，片区建设框架全面拉开。2016 年在全市率先启动并高效实施“三集中”房屋收(退)回工作。城市建设全面提速。加强区域重点规划编制实施，基本实现区域规划全覆盖。五年累计实施征拆 442 万平方米，新建道路 310 公里，大胜关跨秦淮新河大桥等建成通车，龙翔大道、机场二通道、滨江大道南延、中兴路北延跨秦淮新河大桥等一批重点工程加快推进，完成安德门大街、宁丹路等拓宽改造。实施 25 个小区二次供水改造，完成 12 个老旧小区出新，建成保障性住房 4.8 万套 543 万平方米，完成 172 个公共自行车布点。累计实施棚户区改造项目 35 个332 万平方米，2016 年改造推进率全市第一。坚持科学高效使用土地资源，2014 年度、2015 年度连续获评省级国土资源节约集约模范区，2016 年获评国家级国土资源节约集约模范区，共获得 1200 亩新增建设用地奖励指标。生态环境持续优

虹悦城 （区商务局 供稿）

化。大力实施“迎青奥”“9322”*等多轮环境综合整治，累计投入50亿元以上。完成107个552公顷的排水达标区建设，推进42条河道清淤清杂工程，完成长江堤防防洪能力提升工程。编制《雨花台区水环境综合规划》，加快部署实施全域水环境治理，高标准完成工农河黑臭河道整治。大力推进节能减排，2016年单位工业增加值能耗下降控制在市目标以内，$PM_{2.5}$均值较2013年下降32.9%，全年优良天数达230天，优良率62.8%。大力推进环梅山防护林、三桥湿地公园等生态工程，累计新增造林面积4581亩，森林覆盖率达26.55%，林木覆盖率达30.05%，建成区绿化覆盖率达48.71%。城市治理更富成效。建立区街联动、重心下移、属地管理的城市管理体系，完善城管综合执法机制，加快智慧城管建设和运用，城市管理标准化水平整体提升。南站地区城市治理在全市考核窗口组中连续位居前列。强化拆违控违、渣土管理、门前三包等工作，累计拆违86.9万平方米，处理渣土违法案件3465起，主次干道机械清扫率达90%。

12月4日，中兴路北延跨秦淮新河大桥实现合拢　　（开发区　供稿）

——人民生活持续向好。大力实施五项民生社会事业改革发展提升工程，完成211个为民办实事项目，民生领域投入超过全区财政支出的75%。保障体系更加健全。累计新增城镇就业5.33万人，2016年预计城镇居民人均可支配收入达48267元，年均增长10.5%。城乡基本社会保险覆盖率达98%以上，完成3万被征地人员刚性进保工作，城乡居民低保标准提高50%，累计发放低保金1.5亿元。社区居家养老实现全覆盖，每千名老人拥有床位数达44张。教育事业快速发展。优化教育资源配置，大力实施集团化办学，引进名校联合办学，新建中小学7所、幼儿园21所，新增省特级教师9名，培养市级骨干教师58名，获评全国义务教育基本均衡区，雨花台中学连续三年获市教育质量突出贡献奖。卫生事业不断进步。全面强化基层医疗卫生服务，建成雨花医院板桥新城院区等一批重点项目，加快推进“院府合作”*，建成10个区域医疗联合体、9个市级基层医疗机构特色专科，公共卫生和社区卫生服务水平均居全市前列，2016年顺利通过全国基层中医药工作先进单位复审，铁心桥社区卫生服务中心获评全国百强。文体事业蓬勃发展。大力提升公共文化服务能力，建成牛首山遗址公园圣象广场，加快推进天隆寺复建，启动浡泥国王墓海上丝绸之路国家非物质遗产申报工作，创作《花神赋》等优秀文化作品，举办全国航模公开赛等文体活动5500余场，获评全国群众体育先进单位、全国首批青少年校园足球试点区，中小学足球队在“省长杯”连续获得优异成

牛首山遗址公园圣象广场　　　　(区志办　供稿)

绩。社区治理特色明显。社区标准化、精品化建设快速推进，社会组织助力社区治理的创新探索卓有成效，全区登记类社会组织累计达842家，每万人拥有数居全市前列。2016年被评为全国社会工作服务综合示范区，顺利完成全国社区治理和服务创新实验区结项验收。社会秩序和谐稳定。深入推进平安雨花、法治雨花建设，健全安全生产监管责任体系，依法妥善处理一批历史遗留问题，成功抗击2016年历史特大汛情，人民群众生命财产安全得到有效保障，连续获评省级社会治安安全区。同时，档案、人武、人防、双拥、助残、对台、侨务、外事、民族宗教、人口计生、妇女儿童等工作，坚持围绕中心、服务大局，取得新的成绩。

——深化改革攻坚突破。全面推进以经济体制改革为主轴的各项改革，发展活力进一步增强。供给侧结构性改革深入实施。加快落实去产能任务，关停雨花钢铁厂、板桥水泥厂等产能过剩行业企业，推动梅钢智能化转型升级。全面落实降成本措施，大力实施“营改增”税制改革，落实各类税收优惠政策，清理规范中介服务机构和事项，实施失业保险支持企业稳岗政策，有效降低企业运行成本。重点领域改革扎实推进。顺利完成新一轮机构改革，有序推进事业单位分类改革，编制实施责任清单、行政权力清单，实现清单之外无权力。深化财政国资领域改革，累计落实政策性债券资金28.3亿元，开展直接融资28亿元。稳步推进软件谷建设、“两桥”地区城市更新改造体制机制创新，有序实施社会发展、科技创新、生态文明建设等领域改革，积极推进农村集体资产管理、医疗卫生“三个一”工程*等改革试点，体制机制红利不断释放。市场主体活力不断增强。协同推进简政放权、放管结合、优化服务改革，激发经济发展活力和社会创造力。全面承接295项市级下放行政事权，在全市率先向街道(园区)下放117项事权。编制行政审批事项清单，减少74项行政审批事项。全面落实“先照后证”“多证合一”“一照一码”等改革。累计新增民营企业1万余户，实现翻番；新增注册资本632亿元，增长3倍。

——自身建设取得实效。强化为民服务宗旨意识，深入开展党的群众路线教育实践活动、“三严三实”专题教育、“两学一做”学习教育，全面建设法治、创新、廉洁和服务型政府。依法行政能力不断提高。始终坚持“法定职责必须为、法无授权不可为”，实施依法行政年度报告、重大合同审查、重大行政处罚备案等制度，健全政府法律顾问机制，依法行政体系更加完备。自觉接受人大工作监督、法律监督和政协民主监督，累计办理省、市、区人大建议

631 件、政协提案 1001 件，满意率、基本满意率达 100%。服务效能全面提升。推进“智慧雨花”建设，建成“一网一平台”智慧政务系统，实现市、区、街和社区四级政务网络并网运行。区政务服务中心建成运行，262 项行政审批和公共服务事项顺利进驻，平均办件时间由法定 22 个工作日缩减为 1.5 个工作日，“12345”政务热线办理和政务服务工作在全市考核中位居前列。廉政建设持续深入。严格执行中央八项规定和省、市、区委关于党风廉政建设责任制各项要求。认真执行民主生活会、领导干部述责述廉述法和重大事项报告制度。全面落实公务用车改革，从严规范因公出国（境）管理，扎实推进政府投资项目审计全覆盖。严控三公经费支出，2016 年同比压缩 24.9%。

各位代表，回顾五年的历程，我们深刻认识到，新时期做好政府工作：必须把坚持党的领导作为为政之要，坚决贯彻落实中央、省市和区委决策部署，推动各项事业迈上新台阶。必须把增进人民福祉作为工作之本，以群众期盼为奋斗目标，全面提高人民生活水平。必须把转型发展作为强区之路，牢牢把握发展第一要务，推进经济社会全面转型。必须把改革创新作为活力之源，加快破除体制机制障碍，激发社会创新创业活力。必须把勤政务实清廉作为行动之准，以更严和更实的作风推进工作，努力使各项工作经得起群众和实践的检验。

各位代表，过去五年取得的成绩，是市委、市政府和区委正确领导、科学决策的结果，是区人大、区政协有效监督、大力支持的结果，是全区上下主动作为、狠抓落实的结果，是全区人民群策群力、共同奋斗的结果。在此，我谨代表雨花台区人民政府，向在各个领域和岗位上辛勤劳动的全区人民，向区人大代表、政协委员，向各民主党派、工商联、无党派人士、各人民团体和各界人士，向驻区企事业单位、解放军、武警官兵和公安干警，向离退休老同志表示衷心的感谢！

各位代表，在总结成绩的同时，我们也看到，我区发展过程中还存在不少短板和困难。主要是：经济发展基础不够厚实。软件和信息服务业不够高端，新生龙头企业偏少，本土软件企业总体规模不大。高端商务商贸业处于起步阶段，区域消费活力不强。新兴产业尚未形成有效支撑，金融、咨询等产业配套相对不足。城市建设治理欠账较多。基础设施配套滞后，互联互通的现代交通网络亟需完善，部分区域城郊形象有待改观。梅山地区工业布局调整任务艰巨，大板桥片区发展面临诸多制约，区域发展协调性还不强。公共服务水平有待提升。教育、医疗、文化、体育等公共事业处于补短板、提品质阶段，公共服务资源总体数量不足、配置不均、功能不全，尚不能满足雨花人民对更高品质的物质与文化生活的追求。发展制约因素仍然存在。财政收支矛盾突出，区、谷、街道（园区）间联动发展还不够顺畅，束缚发展的体制机制障碍仍然较多。同时，少数政府部门的责任意识、工作标准和作风效能有待进一步提高。对此，我们将高度重视，采取有效措施切实加以解决。

今后五年发展思路和目标

未来五年，是雨花高水平全面建成小康社会决胜阶段，也是建设“强富美高”新雨花的关键时期。站在新的起点上，我们面临新的发展形势和机遇。从发展形势看，世界经济在深度调整中缓慢复苏，国内经济总体缓中趋稳、稳中向好。省委"聚力创新、聚焦富民"双向发力，市委"六个显著"精准部署，奋力开启高水平全面建成小康社会的新征程，为我们创造了良好的外部环境。从战略机遇看，国家省市重大发展规划相继实施，以智能互联为代表的新技术、新业态、新服务不断涌现，特别是南京市要努力建成首位度高的省会城市、影响力强的特大城市、国际化程度高的历史文化名城和幸福感强的宜居宜业城市，为我们产业升级、城市发展带来新的机遇。从内生动力看，雨花生态环境优美，文化底蕴深厚，发展潜力巨大。科技创新人才荟萃，创业创新环境优越，主导产业发展前景广阔。软件谷产业集聚力持续增强，"两桥"地区城市更新改造全面推进，南站高铁枢纽经济区快速建设，板块引领、以点带面、协调联动的发展格局日趋成型。外部发展机遇和内生动力的叠加融合，必将转化为推动雨花经济社会健康快速发展的强大动力。

各位代表，我们深知，雨花人民期待我们进一步提升综合实力，创造更多更好的就业机会，有更多的财力物力投入到富民惠民事业中；期待我们加快基础设施建设，改善城市环境面貌，让生活更舒适、出行更便捷、环境更优美；期待我们建立更加公平高效的社会保障体系，提供更加优质的教育、医疗、文化、体育等公共服务；期待我们促进社会公平正义，维护好社会和谐稳定，人人能够安居乐业。人民群众对美好生活的向往，就是我们的奋斗目标；人民群众的所需所盼，就是我们的努力方向。

未来五年，区政府工作总体思路是：全面落实党的十八大和十八届三中、四中、五中、六中全会精神，深入贯彻习近平总书记系列重要讲话特别是视察江苏重要讲话精神，统筹推进"五位一体"总体布局，协调推进"四个全面"战略布局，深入践行创新、协调、绿色、开放、共享发展理念，紧扣"两聚一高"和"一个高水平建成、六个显著"奋斗目标，在区委的正确领导下，全力以赴打好"抓产业发展、促城市建设、补民生短板"三大攻坚战，高水平全面建成小康社会，加快建设经济强、百姓富、环境美、社会文明程度高的新雨花。

未来五年，区政府工作目标是：以高水平全面建成小康社会为主攻方向，以民生福祉为根本，以转型升级为主线，以产城融合为路径，以改革创新为动力，努力实现以人为本的全面、协调、可持续发展，使雨花经济社会发展"更强、更好、更优、更美、更高"。具体为：

综合实力更强。经济保持中高速增长，地区生产总值年均增长8%以上，一般公共预算收入年均增长10%以上，社会消费品零售总额年均增长10%以上，累计全社会固定资产投资1200亿元以上。以新一代信息产业为核心、以高端商务商贸业为提升、以新兴产业为补充的现代产业体系更加完善。软件谷排头兵、主阵地、核心区作用更加显著。区域科技创新能力、开放型经济发展水平、城市综合竞争力持续增强。

人民生活更好。保基本、广覆盖、可持续的民生保障体系更加健全。城镇居民人均可支配收入年均增长8%以上，城乡基本社会保障覆盖率达到99%以上。教育、医疗、文化、体育等公共服务水平不断提高。居民平均预期寿命达到83岁以上，每千人拥有执业医师数达4.5人，人均公共文化体育设施面积达3.44平方米以上。群众获得感、幸福感明显提升。

城市功能更优。加快城市更新改造步伐，

构建互联互通的现代交通网络，城市空间布局、功能配套更加优化。高标准建设南站高铁枢纽经济区，展现南京南部新中心形象；基本完成“两桥”地区城市更新改造，打造雨花新地标；优化大板桥片区功能布局，区域发展更加协调。城市化率达到95%以上，产城融合、智慧集约发展水平显著提升。

生态环境更美。全面提升绿色发展水平，实现人口增长、经济发展和环境保护的协调统一。科学高效的生态保护机制更加健全，污染企业得到有效整治，节能降耗深入推进，单位工业增加值能耗持续下降，区域黑臭河道基本消除，大气主要污染源得到有效控制，水体水质、空气质量显著提升。区域绿化率进一步提高，林木覆盖率达30.25%以上。雨花山水城林的城市特质和绿树成荫的生态优势更加彰显。

文明程度更高。弘扬和践行社会主义核心价值观，推动社会文明风尚建设，城市文明程度和群众认同感显著提升。社会规范有序，民主法治更加健全，公平正义更有保障，人民生活更有尊严。社会建设和管理机制更加完善，每万人拥有社会组织数达22个，社会治理能力大幅提升。平安雨花、法治雨花建设深入人心，人民群众安全感更强。政府务实清廉，群众勤劳质朴，全区上下凝心聚力、团结奋斗的干事创业氛围更加浓烈。

各位代表，高水平全面建成小康社会是我们共同的奋斗目标，“更强、更好、更优、更美、更高”是加快建设“强富美高”新雨花的具体体现，凝聚着雨花人民的美好期盼。在区委坚强领导下，只要我们抢抓机遇、务实拼搏，就一定能够实现宏伟目标，就一定能够推动雨花经济社会发展更上新台阶、再创新辉煌！

2017年主要目标任务

2017年是实施“十三五”规划的重要之年，也是新一届政府的开局之年。我们将坚决贯彻落实中央、省市和区委决策部署，坚持稳中求进工作总基调，主动适应和把握经济发展新常态，紧紧围绕打好“三大攻坚战”，攻坚克难、奋勇争先，确保经济社会发展提质增效，以优异成绩迎接党的十九大胜利召开。

全年经济社会发展的主要目标是：地区生产总值增长8.5%，其中服务业增加值增长10%；一般公共预算收入同口径增长10%；全社会固定资产投资260亿元；社会消费品零售总额增长10%；软件和信息服务业收入2130亿元；城镇居民人均可支配收入增长8.5%；新增城镇就业8300人以上；城镇登记失业率控制在3.5%以内。为实现上述目标，新一届政府在第一年里将坚持做好六个方面重点工作：

（一）坚持创新驱动，加快产业转型升级

坚定不移推动软件谷争当南京国际软件名城排头兵、主阵地、核心区，促进产业转型升级，提升经济发展质量和效益。

全力推进软件谷发展。积极推动软件谷创建省级高新技术开发区，提升园区资源整合和科技创新能力。优化园区功能布局，提升软件谷北园产业层次，加快南园产业集聚，推进西园产业转型，促进各板块协调发展。大力推进软件和信息服务业转型升级，促进产业跨界融合，推进云计算、大数据、信息安全、互联网金融等产业发展，积极培育虚拟现实、智慧产业、芯片设计、光通讯等新兴产业，着力打造智慧城市产业园、云计算产业园等特色载体，不断壮大软件特色产业集群。加快中兴光电子、海能达、中兴通讯三区等重点项目建设，确保宇龙通讯、华商科技等新项目开工建设，华为二期、步步高软件等项目竣工入驻。全年新增软件产业建筑面积80万平方米，涉软企业270家，涉软从业人员1.5万人。

推动服务业高端化发展。强化现代服务业集聚区建设，提升服务业发展水平。加快南站高铁枢纽经济区建设，着力推进证大喜玛拉雅三期、瀚威城市综合体、中交万正等项目，加强绿地之窗、金轮星立方等项目二次招商，吸引更多大型总部企业入驻。加快推进省供销合作经济产业园、普迪市场、国际汽贸园等重点项目。全年新增商务商贸设施面积70万平方米，总部企业7家。积极培育发展新兴服务业，挖掘放大文化旅游资源禀赋，大力发展休闲旅游、数字创意、健康服务等新兴产业，加快推进天隆寺复建等重点项目，实现文化产业销售收入110亿元，文化产业增加值占GDP比重达5.7%。

加快集聚创业创新要素。打造良好的创业创新环境，促进人才、技术、资本、信息等创新要素快速集聚。用足用好国家、省、市和区各类产业扶持政策，加大中小型企业扶持力度，培育壮大创新型企业集群。完善科技创新投入机制，引进更多创业投资、天使投资，推进企业股权融资，壮大企业上市梯队。积极引进创新创业人才，提升北大南京创新研究院、南京超级云计算中心等重点平台服务效能，支持规模以上企业建设研发机构，发挥各类科技孵化器功能，加大知识产权保护力度，进一步激发创新创业活力。全年引进"创业南京"高层次人才14人、高端人才团队2个，新增孵化器面积4万平方米，完成科技创业投资5亿元，培育上市挂牌企业5家，科技研发经费支出增长15%，实现高新技术产业销售收入2150亿元。

强化招商引资和服务贸易。完善区谷联动招商机制，集中全区招商优势资源，发挥软件谷、高铁枢纽、"两桥"新中心等重点载体功能，抢抓金洽会、软博会等重点招商节会，突出产业链招商、载体招商，着力招引大项目、好项目，全年引进重大项目30个，注册项目总投资200亿元，注册外资实际到账1.8亿美元。推进外贸综合服务体系建设，鼓励外贸企业扩大出口，深度挖掘外贸增长潜力，提升开放型经济规模和质量，全年实现外贸进出口总额32.1亿美元，其中出口总额21亿美元。

（二）坚持全域统筹，提升城市建设水平

全力以赴加快"两桥"地区城市更新改造，强化基础设施建设，推动城市功能不断完善。

加快"两桥"更新改造。深入实施各类专项规划，提升统筹建设能力，以更快速度、更高标准全面拉开建设框架。强力推进龙翔南、圣戈班等沿线9个重点片区拆迁，基本完成重点建设区域拆迁任务。集中力量推进道路框架建设，确保机场二通道绕城公路互通、龙翔西立交、龙翔路二期等7条道路按期开工建设，完成管道路西段、兴梅路、竹苑路等9条道路征地和前期手续，实现龙翔路一期建成通车。加快公建配套项目建设，确保马家店保障房全面开工，龙翔启动区公办小学等项目有序推进。科学安排片区改造资金，探索小公募、债券发行等直接融资模式。加快片区开发运作和产业布局，稳步推进龙翔启动区A8地块、吴尚一组A地块等土地挂牌上市。

完善城市功能配套。大力推进"多规合一"，促进各类规划有序衔接，加快《雨花南路以北地区控制性详细规划》等重点规划编制，不断优化区域空间功能布局。加快基础设施建设，全年城建预算投入增长一倍。实施开发区人居森林、宁南汽配城一期等23个项目拆迁，确保全年完成拆迁100万平方米以上。与“两桥”主路框架协同推进，加快滨江大道雨花段、板霞线、岱山西路北延等重点项目建设，实施凤台南路、雨花南路等主干道改造和道路两侧形象提升工程，确保马定路、中兴路北延跨秦淮新河大桥等项目建成通车。推进中兴通讯人才公寓二期、绿洲南路经济适用房二期等保障房项目，确保开工建设保障性住房22.43万平方米。

提升城市治理水平。深入推进环境综合整治三年行动计划，全面实施265个环境综合整治项目。扎实推进科学化、法治化、标准化城市治理体系建设，优化执法力量配置，强化服务能力建设，加大精细化管理力度，拓宽公众参与渠道，完善数字城管平台建设，进一步提高城市管理效率。加大背街小巷保洁力度，推进沿街商铺门头广告升级改造。建成渣土管理数字监控系统，全面加强渣土管理。强化源头管控，对新增违法建筑、违规户外广告“零容忍”，拆除率达到100%。

（三）坚持生态优先，着力建设美丽雨花

持之以恒地加强生态文明建设，深入开展“两减六治三提升”*专项行动，打造宜居宜业新雨花。

加大环境保护力度。严格落实中央环保督查整改要求和省、市工作部署，坚守耕地保护、生态保护和城市开发边界“三条红线”，加强环境监管责任体系建设，健全三级环境执法监管网络，综合使用法律、行政、市场等手段，全面提升依法控污治污水平。完善环境执法“双随机”制度，严厉查处环境违法行为，确保群众投诉按期办结率100%、综合办结率90%以上。持续加大重污染和高耗能企业整治力度，年度工业企业能耗控制目标完成率达100%。

着力治理环境污染。强化统筹协调，突出岸上岸下一体化整治，全力推进24条黑臭河道整治，加快污水管网、河道清淤等重点项目建设，完成工农河等2条河道蓝线环境整治，确保农花河顺利通过国家环保部考核。实施秦淮新河流域148个515.9公顷排水达标区建设，加强畜禽养殖污染治理，全区水环境质量明显提升。加强土壤污染防治，严格污染场地监管，规范固废处置管理，坚决打击违规非法倾倒行为。突出大气环境治理，严控建设工地扬尘、挥发性有机物、机动车尾气污染，对规模以上餐饮企业实施油烟在线监控。大力推进垃圾分类，全面推进清洁化改造，强化重污染天气应急响应，确保二氧化硫、氮氧化物排放量逐年下降，大气环境质量明显改善。

巩固生态雨花优势。高标准编制实施《绿色雨花建设发展规划》，突出沿江、沿河、沿山、

花神湖　　（区商务局　供稿）

沿路重点绿色走廊建设,强化将军山、牛首山、花神湖、莲花湖等特色山水保护性开发,统筹高效利用全域绿色资源。加快实施软件大道、花神大道等重点主干道绿化提升工程,推进西春路、望江矶等小游园建设,完成新亭郊野公园一期、天隆寺、菊花台外侧等园林绿化项目,全年造林13.33公顷,新增绿地面积10万平方米,林木覆盖率达30.1%,建成区绿化覆盖率达49.04%。

(四)坚持以人为本,全力增进民生福祉

大力实施五项民生事业改革发展提升工程,继续加大民生投入,进一步扩面、提优、补弱,持续提高人民生活水平。

切实为民办实事。改善和方便群众生活,推进安德门地块、曹家洼等18个棚户区和危旧房片区改造;完成能仁里、雨花新村等18个老旧小区出新;实施板桥老街、西善桥老街、梅山体育场等积淹水片区改造;推进康盛花园等26个小区二次供水改造;全面完成45座公厕改造出新;加大公共自行车、新能源充电桩建设力度;新建中兴路、康润园小区等停车设施,推进道路停车智能管理系统建设;加快D9、182路等公交场站改造,改善板桥新城片区公共出行条件。

提高民生服务能力。完善创业就业服务体系,鼓励以创业带动就业,强化岗位开发、服务保障、政策激励、资金扶持等措施,积极创建省示范创业街道、示范社区,实施高校毕业生就业促进计划、青年大学生创业引领计划,全年新增大学生创业280人以上,城镇居民人均可支配收入达52370元以上。深入开展社会保险扩面工作,城镇养老保险覆盖率保持在99%以上,新增被征地人员参保率和各类养老补贴发放率均达100%。提升养老服务品质,新增养老机构床位100张,提档升级医养融合型社区居家养老服务中心20个,创建省级日间照料中心2个、AAA级社区居家养老服务中心5个。

加快社会事业发展。推进学前教育优质普惠发展,促进义务教育优质均衡发展,巩固提升集团化办学成效,启动南外雨花国际学校建设,加快实验小学西校区、板桥中学三期等改扩建项目建设,完成小行小学异地新建,不断增强全区教育事业软硬件力量。深入实施“院府合作”,建成2-3个医联体,创建4~6个市级特色专科,积极推行远程医疗服务,加快岱山南社区卫生服务中心建设,完成铁心桥社区卫生服务中心升级搬迁,持续提升基本医疗服务能力,确保顺利通过国家慢性病综合防控示范区复审。繁荣艺术创作,深入开展文化惠民和全民阅读活动,编制《雨花台区文化遗产保护规划》,高标准推进“海丝申遗”各项工作,加快文化大厦、莲花湖体育产业基地等项目建设,着力提升校园足球特色品牌,积极开展群众性文化体育活动,文化体育事业软实力不断提升。

保持社会安全稳定。激发社会组织活力,强化基层社区精品化、服务化、法治化建设,着力构建科学化、多元化的社会治理体系。加强食品药品监管,推进国家食品安全城市创建工作。着力推进平安雨花、法治雨花建设,突出安全生产监管责任体系建设,夯实安全生产工作基础,增强全民安全生产意识,坚决杜绝重特大安全生产事故发生,完善社会矛盾源头预防和调处化解机制,落实重大决策社会稳定风险评估制度,强化社会治安防控体系建设。全区法治满意率达90%以上,人民群众公共安全感达92%以上。

(五)坚持蹄疾步稳,深化重点领域改革

统筹推进重点改革任务,为企业松绑、为

市场腾位,激发社会发展活力,让改革成果更多更好惠及群众。

深化重点领域改革。深化供给侧结构性改革,着力推进"三去一降一补"重点任务,加快梅山地区产业转型升级,持续淘汰落后产能。深化政府职能转变,完善街道(园区)行政管理机制,进一步理顺区、街、部门职能。深化行政审批制度和商事制度改革,创新行政审批流程,优化投资服务环境。深化财政国资体制改革,推进预算绩效管理,完善预决算信息公开制度,优化整合各类融资平台,加强政府性债务风险管控。深化科技体制改革,建立科技扶持政策评价体系,统筹全区众创空间建设管理,进一步释放创业创新活力。

探索改革实践创新。重点围绕软件谷、"两桥"建设发展,积极探索创新举措,建立更加科学、合理、高效的联动和绩效评价机制。完善专业化、企业化、市场化运作模式,创新融资方法和运作思路,有效破解发展瓶颈,提升重点平台对全区发展支撑作用。扎实推进国家和省市改革试点任务,深入实施农村集体资产股份制、"三多四联"*等试点改革,努力形成具有雨花特色的成果和经验。

全面提升改革成效。坚持问题导向、需求导向、成效导向,强化责任落实和跟踪督查,组织重点领域改革"回头看",确保已经落地改革全面推进、改有所成。把方便企业和群众办事作为判断改革成效的重要标准,继续加大简政放权力度,精简事前审批,强化事中事后监管,深化政务服务领域改革,突破中梗阻,打通"最后一公里",切实帮助企业松绑减负、轻装上阵,有效解决群众办事难的问题。

(六)坚持从严从实,狠抓政府自身建设

全面落实从严治党新要求,始终做到勤政、为民、务实、清廉,以更严标准和更实举措全力打造群众满意的服务型政府。

严格做到依法行政。坚持运用法治思维和法治方式推动工作,坚决执行区人大及其常委会的决议和决定,支持政协参政议政,认真办理人大代表建议、政协提案,坚持重大事项报告制度,主动听取各方意见建议。深入推进政务公开,完善依法行政责任体系,让权力在阳光下运行。深入开展"七五"普法,依法妥善化解信访积案,打造文明执法先进典型,树立依法行政岗位标兵,进一步营造依法行政良好氛围。

始终做到廉洁高效。牢固树立"四个意识",全面落实"一岗双责",做到抓廉政、促发展"两手抓、两手硬"。严格执行中央"八项规定"和省、市、区委有关要求,坚持思想不松、标准不降、力度不减,推进党风廉政建设常态化、长效化,加强权力运行监督制约,健全督查问责机制。严肃查处有令不行、有禁不止和不作为、慢作为、乱作为等行为,严肃纠正重点领域不正之风。加强审计监督,对公共资金、国有资产、国有资源和领导干部履行经济责任情况实行审计全覆盖。加强政府服务能力建设,着力提升政府效能,全面提高为民服务水平和效率。

坚决做到务实担当。坚持以人民为中心的工作导向,时刻牢记人民重托,时刻不忘群众期待,牢固树立务实为民和责任担当意识,以"精神振、作风实、节奏快、胸襟宽"的面貌,以更加奋发有为的担当,久久为功狠抓政府执行力和公信力建设,着力打造敢于负责、勇于创新和真抓实干的政务环境,努力为群众做实事、做好事。坚决在勤政务实上树新风,大力弘扬干事创业的精气神,以公共服务需求为导向,让企业和群众办事更方便、更快捷。坚决在敢于担当上作表率,大力提升攻坚克难、争创一流的执行力，以群众满意为标准，全力以赴抓执行、抓落实、抓成效，确保各项决策部署和目标任务不折不扣落到实处。

各位代表，新的目标激励人心，新的任务艰巨光荣，新的征程催人奋进，让我们在市委市政府和区委的坚强领导下，团结和依靠全区人民，坚定信心、鼓足干劲、开拓创新、扎实工作，为高水平全面建成小康社会、建设“强富美高”新雨花而努力奋斗！

★**链接** 国家“千人计划”、“万人计划”：国家“千人计划”指海外高层次人才引进计划，国家“万人计划”指高层次人才特殊支持计划。

“9322”：即2013年南京市启动的新一轮城市环境综合整治三年行动计划，包括开展“九整治、三规范、两集中、两提升”行动。

“院府合作”：区政府与省、市三甲医院签订紧密型合作协议，引进、放大、培育优质医疗资源，不断提高基层医疗机构服务能力和水平，逐步形成“基层首诊、双向转诊、急慢分治、上下联动”的分级诊疗就医新格局。

“三个一”工程：即江苏省卫计委提出的发展目标，2020年实现每个家庭拥有一名合格的家庭医生、每个居民拥有一份动态管理的电子健康档案和一张服务功能完善的居民健康卡。

“两减六治三提升”：即2016年12月省委、省政府部署的“两减六治三提升”专项行动。“两减”指减少煤炭消费总量、落后化工产能；“六治”指治理太湖水环境、生活垃圾、黑臭水体、畜禽养殖污染、挥发性有机物污染、环境隐患。“三提升”指提升生态保护水平、环境经济政策调控水平、环境执法监管水平。

“三多四联”：指多规合一、多评合一、多图联审、联合勘验、联合测绘、联合验收、区域性联合评价等制度。

赛虹桥立交桥夜景 （赛虹桥街道 供稿）

专文

2017 YUHUA ALMANAC

Special Article

夯实基础　创新举措　不断开创人大工作新局面

区人大办

（2016 年 8 月）

新形势下人大工作如何更好地适应经济社会发展的现实需要和人民群众的热切期盼，不断提升工作水平与实效，开创人大工作新局面？通过近年来的工作实践与探索，我们认为人大工作必须始终遵循“五个坚持”，统筹协调“五个关系”，重点抓好“两个加强”，即以加强代表工作和加强自身建设为切入点，不断夯实履职基础，推动人大工作的与时俱进。

一、始终遵循“五个坚持”，保持人大工作正确的政治方向

1.要坚持党的领导。地方人大及其常委会必须主动维护党委的领导核心地位，不断增强人大干部的政治意识、大局意识和责任意识，切实把党的领导贯穿于人大履职全过程。坚持重要工作和重大事项及时向党委请示报告，紧紧围绕党委的决策意图安排工作，认真完成党委交办的工作任务，确保党的大政方针和党委的决策部署在人大工作中得到全面落实。

2.要坚持服务大局。自觉融入地区中心工作，确保人大各项工作始终紧紧围绕大局，服从服务大局，全力保障大局。今年，我区积极发挥人大科学决策、民主决策、依法决策的优势，把实现区委决策与促进政府有关工作顺利推进有机结合起来，将区委高度重视、代表高度关注、事关地区发展大局的软件谷建设、“两桥”地区更新改造、重大项目推进、“十二五”规划执行及“十三五”规划编制等重要事项纳入监督范畴，并通过视察、调研、审议专项报告等多种方式加以推进，全力保障和支持地区经济社会的和谐健康发展。

3.要坚持履职为民。自觉把实现好、维护好、发展好最广大人民群众的根本利益作为人大工作的出发点和落脚点，切实发挥人大工作联系代表、联系群众、体察民情、排忧解难的重要作用。今年，我区把学前教育、养老服务、公共卫生服务均等化、环境保护、物业管理等的热点、难点问题作为监督重点，积极督促和支持政府解决好关系群众切身利益的这些现实问题，确保了人大各项工作始终贴近民生、反映民意、顺应民心。

4.要坚持依法治区。充分认识人大在全面推进依法治区、维护宪法和法律权威、弘扬社会主义法治精神进程中肩负的重大责任和重要使命。我们抓住“六五”普法工作规划检查验收的契机，通过多种渠道督促和推动规划的有效实施，进一步提高全民法律意识和全区法治化管理水平。同时，继续完善人大监督机制，进一步做好听取和审议专项工作报告、执法检查、规范性文件备案审查等工作，规范和增强法律监督和工作监督的实效性，推动“一府两院”依法行政、公正司法。

5.要坚持与时俱进。以“革故鼎新”、“推陈出新”的精神，不断推动人大工作在理念、方式、载体等方面的创新。今年，我区将重点推进人大信息化建设工作，集中力量把区人大

网站、微博、微信打造成为人大代表和人民群众了解人大工作、参与人大工作的互动平台，进一步拓宽听取民声、汇聚民意、集中民智的渠道。

二、统筹协调“五个关系”，全面夯实人大工作基础

1.要处理好继承和创新的关系。继承和创新是履行好人大各项工作职责、提升工作水平、开创人大工作服务发展、服务民生新局面的基础。只有继承好“一个载体，两项制度”、审议意见跟踪问效、代表建议滚动督办等这些好的经验做法，才能夯实人大工作的创新基础。而创新人大工作方式方法，则是适应时代要求，提升人大工作活力的本质。今年，我们将按照“有为、有度、有效”的工作思路，在继承创新中不断拓宽监督渠道，丰富监督内容，完善监督方式，积极探索运用询问、工作评议、任后监督、信息化监督等方式，实现工作监督与法律监督相结合、专项监督与综合监督相结合、初次监督与跟踪问效相结合、重点监督与一般监督相结合，力求使人大监督实现对“一府两院”的重大事项和责任人全覆盖。

2.要处理好有为和有位的关系。地方人大常委会作为地方国家权力机关，要想有地位、有权威，就必须做到既“能为”、又“敢为”、更“善为”。今年以来，我们进一步加强了对人大系统干部的思想政治教育，引导大家围绕区委中心工作和群众关心的热点难点问题积极主动作为。同时，为了更好地贯彻落实区委人大工作会议精神，我们明确并量化了人大常委会领导及各工作机构的工作任务、要求和时间节点，每周召开会议进行跟踪落实，有效激发了人大干部的工作热情，提升了工作效能。

3.要处理好履职和能力的关系。随着人大监督工作的不断深化，人大干部要想在监督工作中，听得懂、看得透、议得深、查得准，就必须主动适应地区经济社会发展的形势需要，不断提高自身的业务能力和综合素质。今年，我们在人大机关干部和人大代表中大力开展能力建设，有序安排法律法规、政治理论、区情政情、代表工作、群众工作等方面的专题培训，确保了人大干部和代表前进方向明，工作思路清，监督方法对，服务路子宽，夯实了人大工作基础。

4. 要处理好人大代表和人大机关的关系。代表是人大做好各项工作的基础和主体，组织人大代表履职培训、保障人大代表的各项权益，丰富人大代表活动形式、拓宽人大代表履职渠道，是人大机关的重要职责，也是代表工作的重要抓手。今年，我们进一步强化人大机关干部的服务意识，立足于发挥好代表的桥梁纽带、示范带头和监督促进作用，积极探索代表工作的新思路，拓宽联系代表渠道，为代表履职创造条件。

5.要处理好上下级人大之间的关系。为了更好地适应新时期人大工作面临的各项任务和要求，必须不断加强上下级人大的沟通联系与支持配合，力求形成人大工作的整体合力。今年，我们积极接受上级人大的领导，根据市人大工作安排，认真谋划全年工作任务，并着重加强了工作互动、联动。同时，我们进一步加强了对街道、开发区人大工委的指导力度，不断充实和提升街道人大工作内涵，并通过召开工作例会、调研座谈、工作走访、定期考核等形式，及时掌握街道、园区人大工作动态，推进了全区人大工作水平的整体提升。

三、突出抓好“两个加强”，奋力开创人大工作新局面

1.提升服务水平，全面加强代表工作。一是加强履职培训，保障代表“能为”。通过对人大代表的专题辅导、组织代表参加上级人大学习班、定期送达相关资料、召开政情通报会等形式，确保代表在监督过程中掌握法规，把握民意，了解政情，确保代表监督有本领、能作为。二是精心组织活动，支持代表“有为”。着重细化和深化常委会联系代表、代表联系选民的“双联系”工作机制，通过定点联系、公开接待、向选民述职等形式，进一步密切常委会领导与代表、代表与选民的沟通。在继续邀请代表列席区人大常委会议的基础上，邀请更多的代表参加常委会组织的专题视察、执法检查、调查研究、定向定点视察等活动，并通过网上QQ群、网站互动等进一步拓展代表参与常委会工作的广度和深度。三是推动建议办理，彰显代表“作为”。以实现代表建议办成率逐年上升为目标，进一步完善代表建议的提出、交办、办理、跟踪回访、重点督办等工作机制。

2.改进工作作风，全力推进自身建设。一是打造高效履职型干部队伍。强化人大干部“一线”工作意识，自觉把转作风、提效能、优环境、重落实、办实事、求实效作为做好人大工作的基本观念，进一步密切与代表、与人民群众的联系，体察民情、听取民声、凝聚民意、维护民权，尽心尽责为基层、为代表、为群众排忧解难。二是打造规范履职型干部队伍。加强对人大工作规律和工作特点的研究，根据形势发展和人大工作实际情况，拟修订《区人大常委会讨论决定重大事项的规定》、街道人大工作制度，制定《专题询问实施办法》、《关于区政府工作部门主要负责人向区人大常委会报告履职情况的实施办法》等规章制度，用制度规范工作程序，以制度提升工作标杆。三是打造廉洁履职型干部队伍。不断加强对人大系统干部的教育、管理、监督，巩固和深化党的群众路线教育实践活动的成果，继续狠抓作风转变、厉行勤俭节约，精简会议和文件，规范外出和接待工作，使人大干部始终做到守纪律、讲规矩，树立人大机关的良好形象。

软件谷创新创业工作的调研与思考

区政协主席　黄唯佳

（2016年12月）

“大众创业、万众创新”是党中央、国务院在新形势下为促进经济平稳发展做出的重大战略部署，是扩大就业、增加居民收入、推动创新的重要举措，是稳增长、调结构的重要引擎。习近平总书记、李克强总理都对“双创”工作高度重视，多次在不同场合对“双创”工作提出要求。

软件谷自2011年8月成立以来，在市委、

区委的正确领导下，确立“国际化、高端化、品牌化”发展方向，坚持“企业化、市场化、专业化”的运作思路，精心规划特色园区，鼓励转型升级，成功迈上了“千亿级软件产业基地”的新台阶，综合实力跻身全国同类软件园区前三强。与美国硅谷、印度班加罗尔、爱尔兰、以色列等世界软件先进地区的园区相比，软件谷的软件和信息服务业产业规模方面已不是短板，但在企业品牌、国际化程度、创新能力等方面尚有差距。软件谷迫切需要抓住“大众创业、万众创新”机遇，切实增强内生发展动力，做优做强传统优势产品集群，积极培育新兴业态，建设成为南京国际软件名城的排头兵、主阵地、核心区。

一、软件谷创新创业工作的基本情况

（一）打造“双创”载体空间。通过外引内育方式，集聚培育众创空间20家（含江苏创业大街的6家），18家获得“南京市众创空间”认定，其中8家获得省级认定，3家获得国家级认定。建成加速器、孵化器近20家；建成大数据产业基地、智能交通等特色产业园30多个，形成了完整的、功能齐全的“众创空间—孵化器/加速器—产业园”载体链条，为创业团队提供市场化、专业化的孵化服务。

（二）优化“双创”运作模式。探索“媒体+活动+开放办公+开放融资平台”模式，提供免费办公场所、媒体宣传，实行线下小额贷款、线上P2P融资、众筹等多样、分段补贴，帮助创客解决创业起步阶段的难点问题。2016年，软件谷超60家处于不同发展阶段的创业公司获得机构、天使、产业资本青睐，成功拿到投资，总规模超15亿元，实际到账超12.6亿元。

（三）激发企业创新活力。出台企业研发费用奖励、科学技术奖配套奖励、产学研合作创新券等政策措施，鼓励企业提高研发投入，加强协同创新，释放创新活力。推出“TIC”科技创新公开课品牌活动，引入“企业选题、政府开课”的众筹机制和“淘宝式”课程评价机制，帮助企业系统提升科技创新的意识和能力。

（四）营造创新创业氛围。打造软件谷“UP”众创服务品牌，举办UP开放日、UP微路演、UP招募合伙人、UP学堂、软件谷首届“创业精英赛”等创业服务活动；推进地铁创业主题车站建设，宣传创业人物、优惠政策；加大政策补贴，对特色众创空间及新引进的众创空间给予最高100万元补贴。

二、软件谷创新创业工作存在的不足

（一）政策的整合和宣传力度可以进一步加强。目前各级政府扶持政策比较多，但创业者了解政府政策的渠道不多，对申报流程不熟悉，有些甚至不知道自己该申报哪种政策扶持。

（二）区谷部门联动可以进一步紧密。“双创”工作不仅涉及到软件谷相关部门，同时也是区人社、科技、商务等部门的职能所在，区谷之间可以建立联动机制，形成区谷“双创”合力。

（三）对企业的帮扶可以进一步精准。部分干部还停留在等待企业申报项目、自己做好把关审批的工作状态，软件谷相关部门可以结合“走千企、入万户”大走访，组织党员干部深入企业，提供企业切实需要的帮扶活动。

三、进一步做好软件谷创新创业工作的建议

（一）完善政策体系，加大落实力度，切实发挥“双创”政策的引领保障作用。创业创新是

一个艰苦、复杂的过程，不仅需要创业者自身敢为人先的追求、清晰正确的思路和坚韧不拔的毅力，更需要党委政府的政策扶持和引导。一是加强各项政策的整合力度。对各级各部门出台的扶持政策做进一步的梳理、整合，根据软件谷自身特点，编制《软件谷创新创业政策汇编与申报指南》，利用微信公众号等新媒体手段，将扶持优惠、申报条件等内容，及时、全面地向创业者发布，使创业者的精力更多地投入"跑市场"，而非"跑政府"。二是依托自身资源出台软件谷扶持政策。根据区委提出的争当南京国际软件名城建设的排头兵、主阵地、核心区的要求，聚焦推进"双创"工作中的难点，依托软件谷优势和资源，在《雨花台区软件和信息服务业发展专项资金申报细则》中，增加对"双创"企业的扶持力度，促进市、区的创业创新资源进一步向软件谷集聚，推动形成"双创"发展的新局面。三是加大扶持政策的落实力度。每个初创企业均指定一名熟悉各项政策的工作人员作为政策辅导员，政策辅导员不仅要负责各项政策的解释，还要对企业自身的情况十分熟悉，合理推荐引导企业申报符合自身条件的扶持政策，并在申报过程中给予全程辅导。

（二）突出软件特色，协助破解难点，帮助创业者实现创业梦想。互联网+、大数据等软件和信息产业领域是"双创"企业比较集中的领域，软件谷相关部门要着重研究软件企业创业的难点，帮助企业解决创业过程中资金、人才、市场等难题，保障大多数软件初创企业不仅能存活，还能活得久、活得好。一是创新金融手段。针对软件企业"轻资产"的特点，采取创新股权抵押、知识产权抵押等质权贷金融，鼓励谷内企业在南京联交所、江苏股交所挂牌交易，对于符合软件谷产业发展方向的重点创新企业给予信用担保等方式，帮助初创企业实现融资。二是协助企业开拓市场。区、谷等部门的信息化建设项目要优先采购软件谷初创企业的产品；对于谷内上游企业采用区内初创企业产品、初创企业外包服务的可以给予一定的财政补贴；在软件博览馆、"创业车站"等展示平台上，优先展示软件谷内初创企业产品和服务。三是打造聚合人才的优质环境。做好国家"千人"、省"双创"、市"创业南京"等各类人才主体的挖掘、培养和申报工作，当好企业和人才创业创新的"推手"，继续发挥与知名高校共建的创业基地等合作平台、黑马大赛等创新品牌、人才公寓等特色服务的作用，着力打造政策吸引人才、平台培养人才、服务留住人才的良好环境，让更多精英人才汇聚软件谷。

（三）线上线下联动，搭建合作平台，提升为"双创"企业提供精准服务的能力。尽管软件谷初创企业多数以软件产业为主，但由于创业者的创业理念、创业方向、创业背景和企业模式等各不相同，所需要的创业服务也都不一样。要善于利用各种平台和技术，为创业企业提供其所需要的精准服务。一是建立"双创"企业信息数据库。将企业的创业产品、创业模式、盈利模式、融资需求等信息加入到数据库中，同时，在权限的控制下，将数据库在政府职能部门、银行基金、创投机构等单位之间实现共享，方便他们了解企业并为企业提供精准服务。二是建立"双创"企业线上线下交流平台。软件谷内的所有企业、南京联交所、各类投资机构、银行基金、众创众筹平台等都可以在软件谷"双创"线上交流平台上注册，提出自己的需求和能够提供的服务，采取线上线下联动的方式，便于创业者之间、创业者与投资者之间交流思想，寻找投资合作机会；特别是要发挥华为、中兴和南京信投等辖区内龙头企业的引领作用，组建一批产业共同体，促进“双创”企业更好地生存发展。三是尝试设立软件谷海外办事处。根据最新发布的《南京市建设国际软件名城实施方案》，南京市将对全市重点软件园区设立海外办事机构给予启动资金支持，建议软件谷抓住机遇，在美国硅谷等地方设立海外办事处，一方面为在南京创业的海外人才提供更好的直接服务，鼓励“双创”企业开展国内外共同研发；另一方面，也便于了解世界范围内先进的软件技术发展现状和先进的企业模式，提升服务谷内企业的能力和水平。

（四）深化区谷联动，形成“双创”合力，完善有利于创业创新的体制机制。要按照区委提出的坚持建设国内领先、国际一流专业园区；坚持举全区之力，进一步加快软件谷建设；实现在“产业发展水平上、综合服务能力上、班子建设水平和干部队伍素质上”的“三个提升”要求，区谷联动，共同做好软件谷的创新创业工作。一是大力强化“双创”工作领导。成立由区、谷分管领导参加，区人社、科技、工商、财政、金融、工青妇、工商联、宣传等部门为成员单位的区谷“双创”工作领导小组，负责区谷“双创”工作，强化协调联动，形成工作合力。二是着力提升政务服务水平。建议在区（谷）政务服务中心，设立“双创”服务专窗，整合区谷资源，专门接受处理与“双创”企业相关的企业设立、税务登记、社保办理、项目申报、政策扶持等方面的行政审批事项和政策咨询、解读释疑、信息发布、沟通交流、困难求助等服务事项，为“双创”企业提供全周期、个性化、保姆式的政务服务。三是合力营造“双创”氛围。充分发挥雨花软件强区的优势，引导广大干部群众乐于尝试新技能、学习新技术、熟悉新业态、接受新理念，营造人人理解创新、人人鼓励创业、人人支持双创的良好氛围，让广大创业创新者在雨花想创业创新、能创业创新、善创业创新。

关于加大我区红色文化遗址保护和利用力度的思考

区委党校

（2016年10月）

红色文化遗址资源，指的是中国共产党成立以后、新中国成立前，包括土地革命战争时期、抗日战争时期、解放战争时期等重要的革命纪念地、纪念物和承载的革命精神。近年来，我区以雨花台烈士陵园为代表的红色文化遗址挖掘利用较好，产生了良好的经济效益和社会效益。然而，随着我区城市化进程的加快，不少红色文化遗址也面临着建设性破坏的危险。如何保护、利用好红色文化遗址，发挥资政存史教化功能，是我们面临的一个十分紧迫的课题。日前，区委党校、区政协社会事务组课题组对我区红色文化遗址遗迹现状进行了调查，并就新时期更好保护红色文化遗址遗迹、服务我区经济社会发展提出了思考和对策。

一、我区红色文化遗址保护和利用的基本情况

1.红色文化遗址资源比较丰富。我们在调查中发现,从战争年代到和平时期,雨花大地上的红色遗址随处可见。除了知名的雨花台烈士陵园外,党史著名人物、党的地下工作者活动点和英烈埋葬地也为数不少,著名的有新四军皖南事变三烈士墓、陶铸花神庙小学宿舍等。据统计,雨花台区拥有红色遗址17处、纪念馆12处、主要党史纪念地7个、爱国主义基地3个。

2.红色文化遗址现实感召力较强。尤其是,我区在社会主义建设和改革开放时期,涌现出许多建设发展的英勇遗址遗迹。如,从1975年开始建设的秦淮新河水利工程,广大民工披星戴月,仅用3年时间就完成了这一南京建国后最大的水利工程,仅传民工挖断的手指头就有"两脸盆"。雨花文史上这方面有不少感人至深的记载。

3.红色文化遗址挖掘和利用形成不少亮点。如,江苏省新四军研究会对三烈士中袁国平烈士的研究成果颇多,形成了一批爱国主义教育成果;民间抗日战争纪念馆中有新四军板桥、西善桥游击队的史料记载,有一支小分队活跃在这一带,资料已挖掘整理。特别是以红色文化为主线,将爱国主义教育和历史文化教育结合起来,对岳飞抗金、杨邦乂、文天祥"二忠祠"、外交九烈士墓、刘伯承禁伐西善桥树林的事迹进行整理、串联,取得了较好效果。

二、我区红色遗址保护和利用存在的难题

毋庸讳言,虽然我区在保护、利用红色文化遗址方面取得了不少成绩,但除了雨花台烈士陵园外,尚找不到太多显目的红色资源遗址。且随着城市化的快速推进,我区红色文化遗址保护和利用也出现了不少亟待解决的问题。主要有:一是大量红色文化资料缺乏整理。虽然对红色文化遗址的利用有了大方向,但未认真打磨,更缺乏现有的大量音像资料。如,三江学院原是两江学堂及南京大学的前身,有不少共产党人活动的事迹,但这方面资料挖掘不多。又如惠浴宇墓,几乎无人知晓。二是红色文化遗址的保护利用缺乏震撼力。如,新四军皖南事变三烈士墓,仅有三个墓,却没有其他可以学习观摩的内容。诚然,共产党人不搞祠堂,但建纪念堂却不为过。为此,建一个稍微完整的亭子或雕像,影响力也很大。三是红色文化遗址与现实教育结合不够紧密。当前,中央和省、市、区委高度重视家风、家训教育,但我们用红色文化遗址中来深入研究、挖掘烈士为何有此气节却远远不够。如,项英严格执行组织纪律,不惜牺牲生命,但据此对当下如何践行"三严三实"、开展"两学一做"显然挖掘不够。

此外,我们在调研中也发现,我区部分红色文化遗址缺乏有效管理保护机制,红色遗址由上级哪个部门负责管理、保护,责任主体不明确。其中,少数红色文化遗址因年久失修,已面目全非,急需修复完善。

三、关于加大我区红色遗址保护开发利用的重点领域及措施

红色遗址铭刻着中国共产党人和各族人民为民族独立和人民解放英勇奋斗的光辉历程,保护利用好红色遗址具有十分重要的历史和现实意义。笔者认为,当前我区在挖掘红色文化遗址内涵、服务经济社会发展方面,应突出以下三个重要领域:

一是为未成年人服务。加强和改进未成年人思想道德建设,是一项事关国家前途和民族命运的战略工程。就教育内容、途径和方法而言,我区拥有雨花台烈士陵园、新四军三烈士墓等一批相对集中而丰富的红色文化遗址,在开展未成年人教育,树立正确世界观、人生观、价值观等方面作用不可或缺。

二是为意识形态服务。当前,从中央到地方,各级宣传、党史部门高度重视意识形态建设。如何充分利用革命纪念地蕴藏的中华民族优秀传统和中国共产党人的革命传统,采用生动活泼、喜闻乐见的方式,开展党性教育和中国特色社会主义理论教育,是我们必须认真思考的时代课题。我区众多的红色文化遗址,无疑是我们加强意识形态建设的绝佳素材,对加强和改进新形势下意识形态工作具有重大现实要意义。

三是为发展我区特色经济服务。红色文化蕴藏的解放生产力、发展生产力的思想,实事求是、按客观规律办事的科学态度,不怕困难、积极进取的精神等,既是宝贵的精神财富,也是发展我区红色文化产业的重要资源。当前,应将红色遗址挖掘保护利用与发展特色经济有机结合起来,把红色文化遗址转变为实现经济可持续发展的宝贵资源。

加大红色遗址保护利用力度,助推我区经济社会发展,建议采取以下五点措施:

1.尽快启动红色文化遗址保护利用的规划工作。长期以来,我们未将红色遗址的保护开发与发展经济进行统筹考虑,遗址的保护修缮工作始终处于个别部门独立支撑的局面,社会各界响应寥寥。由于缺乏红色遗址保护利用的建设性规划,导致我区红色遗址保护现状堪忧。为此,建议将抢救、保护、开发红色遗址的工作纳入议事日程,进一步重视对红色遗址的管理、保护、宣传和开发利用。整合宣传、文化、党史、文物、旅游、民政、建设规划等部门的管理职能,以党史部门为主,成立区红色遗址管理保护领导小组,出台针对性强的专项管理保护制度,并制定可操作的地方法规,借助法律保护手段,切实加大对全区红色遗址的保护和利用力度。

2.积极拓展红色文化遗址的时代内涵。红色文化遗址要保持旺盛的生命力,必须秉承与时俱进的精神品质。就我区而言,拓展红色文化遗址的时代内涵,大有文章可做。一方面,在弘扬革命时期红色文化的同时,对社会主义建设和改革开放时期的红色事迹,要大力挖掘和宣扬。如铁心桥农校,即老七中,文革知青在此留下了许多青葱岁月,可以适当挖掘,教育年轻人艰苦奋斗奋力拼搏。又如1995年板桥蛤蟆堤破圩,广大党员挺身而出,连续1个多月奋战在抗洪抢险第一线。他们的先进事迹应该进行有效整理,让广大干部群众从中汲取丰富的精神养分,凝聚“比学赶帮”的精气神,保持昂扬的精神状态。另一方面,将红色文化内涵挖掘与统战工作紧密结合。如,积极挖掘辛亥革命雨花台之役革命党人浴血奋战、民国重镇板桥镇共产党地下工作者冒死谍战、抗日战争时期外交九烈士之一杨光鑫的事迹、悲壮的赛虹桥保卫战、中华门城堡保卫战和望江矶海军公墓等。总之,红色文化遗址的保护和利用,必须活在当下、启迪未来,要组织人手,制定挖掘和利用计划,以编撰《红色文化名人传记》等方式,对革命、建设、改革开放不同时期的红色文化遗址进行分类挖掘。

3.深入挖掘红色文化遗址资源。红色遗址是广大党员干部、人民群众特别是青少年进行爱国主义教育和革命传统教育的重要阵地，是一笔宝贵的革命历史文化遗产。红色文化遗址如何更好地发挥社会效益和经济效益，首要的是对红色遗址资源进行全方位挖掘和整理。为此建议：一方面，尽快开展红色文化遗址相关资料的抢救性挖掘。包括：原址复原，修旧如旧；与周边环境统一复原；重视口述资料的挖掘，尽可能完整还原红色历史；广泛征集文物；运用数字化管理的办法制作红色文化影像资料；另一方面，适当恢复历史上的爱国主义遗迹。如南宋岳飞在牛首山下的抗金首捷，如今小行丽晶酒店就是岳飞抗金的一个遗址，这里流传着“气死金兀术，笑死牛皋”的传说。建议恢复岳飞抗金故垒遗迹，作为爱国主义教育的延伸基地等。

4.大力发展红色文化遗址旅游。如何有效保护红色遗址资源，比较现实的路径就是进行开发性利用，在开发中保护，在保护中开发。红色旅游作为专项旅游的一种，旅游者进行红色旅游主要目的是为了寻求旅游愉悦和精神享受，进而拉动区域经济发展。为此，建议结合国家发展红色旅游的政策，全方位地对近郊红色遗址进行挖掘、整理、整合，使其成为红色旅游资源。要进一步拓展国内市场和国外市场，不断推进红色遗址资源向深度发展。当前，要改变传统旅游资源开发模式，在保持红色基调的前提下，走社会、经济、文化、环境协调发展的复合型发展道路，全面培育红色观光游、红色商务游、红色休闲度假游和红色专项游，加大对红色旅游的推介力度，提升红色旅游文化品位，提升红色文化遗址知名度，使各红色遗址在维护和保护中得到利用，在开发和利用中得到更好的保护，真正将红色遗址资源文化做深、市场做透、产品做精、服务做强、产业做大、品牌做响。

5.切实加强红色遗址的宣传推介工作。有效的宣传推介，既可以提升区域红色遗址的知名度，增强全社会对红色遗址的重视保护程度，又可以更好地引导广大群众特别是青少年了解红色遗址、瞻仰红色遗址，从中得到教育和启迪。因此，加强红色遗址的宣传推介，是红色遗址保护和利用的重要手段。为此建议：一是准确提炼红色文化所蕴含的民族精神，每处遗址和遗迹蕴含的精神实质都不同，要从传播学的角度，对每一处红色文化遗址的精髓进行准确提炼；二是重点挖掘红色文化遗址的当代价值，彰显其生命力，如雨花英烈宁死不屈的精神、项英三烈士血战到底的英雄气概等；三是广泛传承红色精神，通过巡回展览、情景演出、多媒体等手段，积极宣传红色文化等。特别是，宣传、文化、教育、党史、旅游等部门，要利用报刊、电视、广播、网络等媒体，大力宣传红色遗址的历史背景、历史地位、现实意义和价值，并在各红色遗址所在地设立显目的标牌或志碑，将遗址名称、产生或发生的时间、历史由来简介以及负责保护的单位名称铭刻其上，营造全社会对红色遗址的保护和利用的浓烈氛围。

概览

2017 YUHUA ALMANAC

Overview

基本情况

【地理位置】 雨花台区坐落在六朝古都南京城区南部,长江之滨,雨花台畔,东与秦淮区、江宁区接壤,南与江宁区毗邻,西隔长江与浦口区相望,北与秦淮区、建邺区相邻。雨花台区区名源于雨花台,雨花台系二三百万年前古长江及其支流古秦淮河的堆积物所形成,相传梁代高僧云光法师在此设坛讲经,感泣天神,落花如雨,故名“雨花台”。该区地理坐标为北纬31°53′50″~32°05′40″,东经118°36′00″~118°52′30″。全区面积132.39平方千米,户籍人口26.92万人,其中少数民族人口3296人。

雨花台区是南京主城东进南延的重要发展区域,区内交通便捷,距离南京市中心新街口3千米,距长江新生圩港18千米,距离南京禄口国际机场20千米,是南京进出空港的必经之路。境内有“黄金水道”——长江和5条通江河道,宁合、宁芜、宁溧、宁丹、宁马、沪宁、绕城、绕越、机场高速路等20多条城市道路和公路穿区而过,京沪高速铁路、宁芜铁路贯穿全境。赛虹桥立交、长江三桥、南京地铁总站以及高铁南京南站等重要交通枢纽均位于该区,形成快速便捷的内部路网,成为南京连接江南与江北、主城与郊区的重要交通门户,辐射皖南、皖北、苏南、苏北、浙北的重要窗口和连接华东、华中、华南、华北的重要交通枢纽。

中国(南京)软件谷位于南京主城的西南部,整体隶属于雨花台区范围,城市设计分为东、西两个片区。东片区规划范围:东至卡子门大街、绕城公路、花神大道,南至秦淮新河、雨花台区行政边界,西至凤台南路、宁芜公路,北至纬八路;西片区规划范围:西、北至长江、秦淮新河,南至三山矶路,东至板桥大道、宁芜路、管道路、梅苑南路一线。产业规划“北园(软件大道两侧区域)、南园(铁心桥地区)和西园(雨花经济开发区)”三大功能板块。规划总面积约74.5平方千米,是南京市“一谷两园”软件产业集聚区核心区。雨花台区和中国(南京)软件谷实行区谷联动、一体运作、以区为主的运作模式。

【地质地貌】 雨花台区地处长江下游,地势东南高、西北低、属丘陵平原地区。境内有山、有水、有圩、有洲。地形可分为平原圩区、黄土高岗和低山丘陵3种地貌形态。

平原圩区。宁芜铁路以西,是广阔的平原,地面高程为5-9米,由长江、秦淮河冲积而成,分为长江圩区和秦淮河圩区。长江圩区包括板桥、西善桥等街道部分地段,由长江泥沙冲击而成的河漫滩地逐渐发育形成平坦的冲积平原。秦淮河圩区是平原。

黄土高岗。在平原与丘陵之间是一片岗地,由长江冲积平原随着地面三次抬升而形成一级比一级高的三级阶地。由于长期受水流冲刷被切割成零星分布的垄岗高丘。最高砂砾石岗地,分布在雨花、铁心桥、西善桥、板桥等街道部分地段,分布面积占全区总面积20.9%,顶部高程50-60米,蕴藏名闻遐迩的雨花石。1985年和2011年,江苏省地质矿产局和南京市规划局先后两次明确雨花台砂砾石层自然保护区为全市唯一自然保护区。

低山丘陵。主要分布在东南端铁心桥、西善桥、板桥等街道一带,高程60-240米,以韩府山、将军山、虎头山、岱山、罐子山为主体,由于地势较陡，风化层较薄，是成片林木出产基地。素有“春游登牛首”美名的旅游胜地牛首山，坐落在辖区南部境界线上，主峰海拔 242.8 米，是南京市第三高峰。

【自然资源】 雨花台区位于南京南部主要绿色走廊之上，山清水秀，风景优美。境内牛首山、将军山、韩府山自然植被保存完好。区域西南为滨江圩田、洲地。地势东南高，西北低，西北圩田、洲地最低海拔仅有 6 米。境内河流、湖泊、水库交织成网，山丘植被被松、竹、茶、果、药材覆盖。2014 年，全区森林覆盖率、林木覆盖率分别达 26.5%、29.9%。

土壤资源。该区位于地带性土壤黄棕壤分布区域内，黄棕壤受到人类生活长期影响，形成以水稻土、菜园土为主的耕作土壤。水稻土分布于板桥、西善桥、铁心桥等街道；菜园土分布于雨花、板桥、西善桥等街道。至年末，全区土地总面积 13238.84 公顷，其中国有土地面积 7927.9 公顷、集体土地 5311.1 公顷；农用地 3735.8 公顷、建设用地 8453.6 公顷、未利用地 1049.6 公顷。

森林资源。主要分布在铁心桥街道韩府山、将军山、牛首山为主体的省级南郊森林公园和绕城公路、205 国道、宁马公路、机场路、宁芜铁路两侧。树种主要以松、杉、柏、意杨、垂柳、杂阔等为主；近年着力打造铁心桥韩府山、将军山主题山头，大量栽种栾树、马褂木、香樟、紫叶李、广玉兰、红玉兰、枫香、女贞等树种。2016 年，全区新增绿化成片造林 53.47 公顷。

矿产资源。区境东南为丘陵地区，东南山丘平均海拔 25 米，最高山岭 183 米（牛首山除外）。丘陵山区产片石、卵石、砂石、陶土和雨花石；铁矿资源较为丰富，境内梅山矿业公司是国内重点黑色金属矿山企业之一，梅山铁矿具有矿体集中、储藏量大、品位较高、易于开采等优势，具备年采选 400 万吨综合生产能力，储量可开采 40 年。

水资源。雨花台区圩区池塘密布，水系畅通，交织成网。其中主要河道有 8 条，分别是长江、秦淮新河、板桥河、工农河、江宁河、南河、南南河和送驾河，堤防总长度 63.3 千米。街道级行洪河道 20 条，总河长 48.4 千米。排涝泵站 40 座，设计总流量每秒 139.68 立方米，总装机容量 12184 千瓦。有水闸 3 座，分别是板桥河闸、南河闸、工农河闸。10 万立方米以上重点塘坝 7 座，包括大石湖、安堂凹、静明寺、莲花湖、花神湖、龙泉寺和七堂凹等。

旅游资源。雨花台区历史遗存众多，文化底蕴深厚，在古金陵 48 景中独占 10 景。有全国重点文物保护单位、全国爱国主义教育示范基地、国家首批 AAAA 级旅游景区——雨花台风景区；全国科普教育基地、国家 AAAA 级旅游景区——南京科技馆；宋代牛首山大捷古战场、国家 AAA 级风景区——将军山风景区；全国重点文物保护单位——浡泥国王墓；佛教名刹龙泉寺、天隆寺；菊花台风景区以及近年相继建成开放的板桥生态园、莲花湖体育公园、大石湖生态旅游度假区、三桥湿地公园等特色风景名胜 20 多处。2014 年，牛首山北坡风景区一期工程竣工开放，主体项目——圣象广场石象群（山门），被上海大世界吉尼斯总部认定为国内单体最大花岗岩整料雕刻石像群。

【气　候】 雨花台区属北亚热带湿润气候，受西北风环流影响，季候风明显，四季分明，冬冷夏热，光照充足，雨量充沛。年平均气温

15.7℃，最高气温43℃（1934年7月13日），最低气温-16.9℃（1955年1月6日）。最热月平均温度28.1℃，最冷月平均温度-2.1℃。年平均降雨117天，降雨量1106.5毫米，最大平均湿度81%。最大风速19.8米/秒。土壤最大冻结深度-0.09米。夏季主导风向东南、东风，冬季主导风向东北、东风。地震烈度7度。无霜期237天。每年6月下旬到7月中旬为梅雨季节。主要气象灾害有台风、寒潮、连阴雨、冰雹、炎热高温和旱涝。丘陵地的干旱缺水和平原圩区的洪涝灾害时有发生。

2016年，全年平均气温为17.1℃，较常年偏高1.2℃；年极端最高气温为40.0℃，极端最低气温为-9.3℃。年降水量为1980.8毫米，年降水日数为145天。全年降水量总体偏多，主要降水时段集中在夏季，其中2月大范围的连阴雨（雪）天气对交通、城市生活以及农业都造成较大影响，8月的持续低温阴雨天气给农业生产带来不利影响。6月25日入梅，7月18日出梅，入梅、出梅均偏晚，梅期正常；梅雨期雨日8~13天，梅雨期内4次强降水过程造成一定程度的城市积涝。全年雷暴日数13天，不到常年平均的一半，年内5次明显的强对流天气过程未造成重大影响。台风活动少，仅有2个外围影响，给农户造成了一定的经济损失；全年发生雾日28天，霾日235天。

（南京市气象局）

【建置沿革】 距今5000年前，雨花台区域便有居民生息繁衍，散布着原始聚落。春秋时属吴国，周元王四年（前472年），越王勾践灭吴后命范蠡在古长干里筑城堡，称越城。周显王三十六年（前333年），楚战败越国，属楚国金陵邑。秦代属秣陵县。汉代属丹阳郡秣陵县。

莲花湖 （区商务局 供稿）

三国东吴时,属建业。东晋及南朝宋、齐、梁、陈属秣陵和江宁县。隋朝属江宁县。唐属江宁(上元)县。从五代十国时期的杨吴、南唐至民国初年属江宁县。清代,辖区内设置乡、镇。民国元年(1912年),废上元、江宁县,属南京府。同年12月16日,复置江宁县。民国5年(1916年),江宁全县改划7市、9乡,今雨花台区区境在江宁市、凤台乡、江东乡等市和乡地域。民国16年(1927年),国民政府在南京建特别市后,始有区的建置。民国24年(1935年),燕子矶、孝陵卫、上新河等3个乡并入,南以铁心桥、西善桥、大胜关一线与江宁县为邻。民国34年(1945年)秋,在孝陵卫至上新河以东地区安德门一带设置南京市第十一区,上新河一带设南京市第十二区。民国38年(1949年)1月,将江心洲从第十二区划出,建南京市第十五区。

1949年4月23日,南京解放。以旧十一、十二区和旧十区之牌楼乡以及从江宁县划入的1镇、5乡,组成辖区基本范围,1955年8月成立雨花台区。1958年10月,撤销雨花台区,改并为南京市郊区。1963年4月分建雨花区(不久改称雨花台区)和江东区。1965年5月,江东区、雨花台区全部和中山陵园部分调整合并为雨花台区。1983年实行政社分开,重建各乡,雨花台区设5镇、9乡(雨花镇、七里镇、板桥镇、西善桥镇、上新河镇,石门坎乡、红花乡、雨花乡、江东乡、沙洲乡、西善桥乡、铁心桥乡、双闸乡、江心洲乡)。1984年2月,按《南京市城市总体规划》调整区界,区内通济门居委会、桥北生产队划归白下区;七里街、扇骨营等2个居委会划归秦淮区;江东乡凤凰二队、三队、跃进生产队及上新河镇凤凰西街、茶亭等2个居委会划归建邺区。1988年12月,以共青团路一村至五村范围建立全区第一个街道级雨花新村办事处。1992年,撤销铁心桥乡、双闸乡,分别以原辖区域建立铁心桥镇、双闸镇,实行镇管村机制,境内原属雨花镇、上新河镇管辖的居民委员会分别划归2镇管理;撤销七里镇,将原七里镇响水桥、双桥门、红花村、双桥新村、土城头和武定一村至三村等8个居委会划归红花乡,海福巷一、二居委会和石门坎居委会等划归石门坎乡;撤销红花乡、石门坎乡,分别以其新辖区域建立红花镇、石门坎镇,实行镇管村机制;撤销雨花台乡,将其原辖区域并入雨花镇,镇政府驻雨花西路117号,将雨花镇管辖的牛首山、铁心桥居委会划归铁心桥镇管辖,云台山、凤凰山等居委会划归雨花新村街道办事处管辖;撤销西善桥乡,将其原辖区域并入西善桥镇,镇政府驻宁芜路芮村,原西善桥镇管辖的沙洲乡居委会划归沙洲乡管理;撤销上新河镇和江东乡,将其原辖区域合并建立江东镇,镇政府驻江东门北街27号,原管辖的双闸乡、江心洲乡居委会分别划归双闸镇和江心洲乡管理。1995年4月,南京市扩大城区范围,雨花台区划出石门坎、红花和江东等3个镇,分别将石门坎镇划归白下区、红花镇划归秦淮区、江东镇划归鼓楼区和建邺区;同时,将江宁县东山镇农花村,江宁镇永安、孙家、邵庄、新建、三山等5个村和谷里乡梅村、冶金公司用地范围划入。2000年10月16日,成立工业集中区(2006年更名为南京雨花经济开发区)。2002年10月,南京市区划调整,雨花台区原江心洲镇、沙洲街道和双闸街道秦淮新河以北地区划入建邺区,全区设有宁南、板桥、铁心桥、西善桥、赛虹桥、雨花新村和梅山等7个街道,下设21个村委会、39个居委会。2003年3月19日,雨花台区进行部分调整,原板桥街道落星村、近华村,原西善桥街道吴村、四圩村、西寇村、天后村等划归工业集中区管辖,该区域面积26.69平方千米。2008年8月,组建成立板桥新城。2012年6月,雨花新村、宁南、赛虹桥等3个街道完成整合撤并(含行政和管辖区域):撤销雨花新村街道办事处,将雨花南路以南原雨花新村街道辖区(含邓府山居委会)和原宁南街道位于雨花南路与花神大道交会处西南侧望江矶3栋居民楼划入赛虹桥街道,将雨花南路以北原雨花新村街道辖区(含普德村、共青团路、能仁里、雨花台、凤凰山、云台山、吉山、青龙山等8个居委会)划入宁南街道,调整后的宁南街道更名雨花街道。

【行政区划】 雨花台区位于南京市城区南部,至2016年年末,雨花台区辖雨花、赛虹桥、铁心桥、板桥、西善桥、梅山6个街道办事处,雨花经济开发区、板桥新城2个管委会;59个社区。区政府设在雨花街道地界内。

雨花台区和中国(南京)软件谷实行区谷联动、一体运作、以区为主的运作模式,中国(南京)软件谷管委会为南京市委、市政府派出机构,驻软件大道186号。

【人口民族】 至年末,雨花台区户籍人口269179人,比上年增加25579人,增长4.2%。全区人口中,男性137165人、女性132014人,男女性别比103.90:100。全年新生人口3611

2016年雨花台区行政区划表

表1

街　道	面积(平方千米)	人口(人)	社区(个)
合计	132.39	269179	59
雨花街道(花神大道3号)	12.06	73215	15个:康盛社区、翠竹园社区、翠岛花城社区、农花社区、丁墙社区、花神庙社区、雨花社区、共青团路社区、普德村社区、能仁里社区、雨花台社区、凤凰山社区、吉山社区、云台山社区、青龙山社区
赛虹桥街道(应天大街689号)	7.31	48558	8个:赛虹桥社区、长虹路社区、玻纤院社区、小行社区、菊花里社区、安德门社区、龙福社区、邓府山社区
铁心桥街道(铁心桥大街28号)	27.71	36989	9个:景明佳园社区,春江社区、铁心社区、尹西社区、定坊社区、高家库村社区、马家店社区、翠岭银河社区,新河社区
板桥街道(振兴路59号)	30.51	18784	7个:板桥社区、绿洲社区、建通社区、孙家社区、三山社区、永安社区、新建社区
西善桥街道(西善桥北路68号)	17.04	22390	7个:西善桥社区、油坊社区、古遗井社区、福润社区、西善花苑社区、齐修社区、嘉业社区
梅山街道(梅山生活区42幢旁)	–	27799	5个:中兴路社区、上怡新村社区、梅清苑社区、梅岭社区、梅欣社区
雨花经济开发区(龙飞路16号)	26.69	18056	4个:近华社区、天保社区、西寇社区、天后社区
板桥新城(宁谷路1号)	11.07	23388	4个:柿子树社区、古雄社区、大方社区、新林社区

注:表中人口不含流动人口,面积不含河湖面积。梅山街道土地面积含在板桥街道、西善桥街道土地面积中

人，人口出生率13.69‰；死亡人口1295人，死亡率4.91‰；自然增长人口2316人，增长率8.78‰；全区常住人口43.63万人，比上年增长2.2%。全区有回族、满族、蒙古族等24个少数民族人口计3296人。

经济社会发展

【经济发展】 全年实现地区生产总值444.69亿元，可比增长8.5%。其中，第三产业增加值366.7亿元，可比增长10.5%，服务业增加值369.14亿元，可比增长11.0%，三次产业结构0.2:16.8:83.0；全社会固定资产投资242亿元，同比下降7.1%；社会消费品零售总额366.6亿元，同比增长10%；城镇居民人均可支配收入48289.3元，同比增长8.6%。

100个区人代会重点项目累计完成投资198亿元。其中，完成软件谷明发科创城Q3Q4地块等41个项目建设、金证南京研发中心等42个项目主体建设和亚信华东总部暨产业互联网基地等17个项目基础建设。办理征地面积113公顷，土地挂牌出让4幅。引进重大项目35个，注册项目计划总投资246亿元，注册外资实际到账2.7亿美元，签约中兴光电子、车城网等一批重点项目。全年新增商务商贸项目18个，商务商贸设施面积78万平方米。

高新技术产值实现1921.44亿元，高新技术产业全区独立研究与开发机构研发经费支出3.58亿元；R&D(全社会研究与试验发展研发)研发经费支出16.1亿元；新增高新技术企业和创新型企业65家、省民营科技企业61家、省科技型中小企业25家、上市挂牌企业13家；拥有研发机构企业数41家，全区大中型工业企业和规上高企研发机构建设率100%，高新技术企业国际合作覆盖率22%；引进高端研发机构2家，新增海外设立研发机构1家；培育创新型企业家9人。新增科技孵化器面积11.1万平方米；新增在孵企业311家，，毕业企业38家。雨花科技创业社区累计在孵企业550家。建设众创空间总数21家，其中，新增国家级3家、省级5家、市级2家；专利申请量3754件、授权量1445件，其中发明专利申请量1707件、授权量419件；获得省科技成果转化专项资金项目和省重大创新载体建设项目各1项；组织申报江苏省科技进步奖4项；获得南京市科技进步奖10项，促进北京大学南京创新研究院与企业开展产学研合作2项，其中由研究院直接引进或培育的科技型创业公司10家。

软件谷实现软件和信息服务业收入1900亿元，占全市比重到40%，新增涉软企业132家、总数906家，新增软件产业建筑面积60.8万平方米、总量650万平方米，新增软件从业人员2.5万人、总数20.4万人。软件谷园区集聚各类众创空间20家，其中8家获得省级认定，建成加速器、孵化器20家。信息安全产业园主体结构封顶，人才公寓A、B区竣工交付，楚翘城、创业创新城企业签约入驻率分别达100%和92%。软件谷发展公司累计形成有效资产突70亿元。引进中兴光电子、大族能源等各类项目近百个，其中重大项目25个。各类签约项目总投资超130亿，注册外资实际到账1.61亿美元。获2016年度中国软件园区最佳产业环境奖、2016年创新创业优秀园区、中国互联网行业领军产业园区奖。

【区域环境】 完成“两桥”(铁心桥—西善桥)片区控制性详规编制工作,启动产业规划、绿色智慧、城市设计、交通系统、综合景观等6个专项规划。安德门地块城市设计及控详调整、天隆寺—花神庙文化旅游区规划及天隆寺地块规划调整等按序推进。棚户区和危旧房拆迁改造46.95万平方米,保障性住房开工22万平方米、竣工52.2万平方米,完成雨花新村一村、五村及普德花园等老旧小区出新。完成“两桥”片区金盛田、南京复合材料厂征收拆迁,收(退)回龙翔大道红线内“三集中”房屋(“三集中”房屋是指在“人口向城镇集中、乡镇企业向园区集中、土地向种田能手集中”过程中,村民集体土地上建设的部分成套房、自建房和企业厂房)并拆迁超40万平方米。国土分局西侧道路、龙翔路地面段一期、小河北路改造等项目竣工,杨家圩地块道路、铁心桥改造工程等一批道路基础设施建设有序推进,机场二通道北段地面段实现开工。新建公共自行车站点89个、桩位3850个,投入公共自行车4150辆。

编制实施《雨花台区水污染防治行动计划》,对全区4条骨干河道、52条道级河道和6个湖泊(水库)进行全覆盖监测;完成板桥河闸扩建、工农河上游右岸防洪能力提升、板桥新城柿子树沟和邱沟整治、秦淮新河4千米堤防及铁心桥静明寺水库大坝堤防灌浆加固,工农河黑臭河道整治等工程;实施全区99家工地和25家企业堆场扬尘防控统一监管,淘汰黄标车1307辆,淘汰率98.9%。全年细颗粒物($PM_{2.5}$)均值49微克/立方米,下降13.6%;优良天数235天,优良率64.2%,上升4.7%;降尘量年均值6.65吨/月·平方千米,下降26.2%。推进环梅山防护林、三桥湿地公园等生态工程,投资700万元完成双龙嘉园市民广场、花好月圆西侧小游园建设、金叶花园西门小广场和梅山绿地(游园)工程等4个绿地游园建设,投资96.8万元完成卡子门广场、卡子门大街、秦淮新河码头等4个绿化提升项目投资4249万绿化整治面积100余万平方米,新增城市绿地面积5万平方米,全区绿化覆盖率48.71%;新增成片造林20公顷,林木覆盖率30.05%。获评国家级国土资源节约集约模范区。

【社会事业】 城乡居民低保标准由700元提高到750元,累计发放城乡低保金3176.4万元。开展就业服务,组织各类招聘会106场,提供空岗信息2.1万个,新增城镇就业1.1万人,城镇登记失业率控制在3.5%以下。实施创业带动就业工程,培育自主创业人员900人,大学生创业420人,创业带动就业8200人。开展技能培训6326人次,享受政府补贴7000人次。城镇居民人均可支配收入48289.3元,同比增长8.6%。加快养老服务信息系统建设,推进“互联网+养老”模式,实现为老服务智能化。推进社区养老服务发展,创建4个省级日间照料中心,18个市AAA级居家养老服务中心,6个街道级中心厨房。新增养老机构床位数170张,每千名老人拥有床位44张。城镇养老保险覆盖率99.3%,新增被征地人员参保率100%,各类养老补贴发放率100%。建成区、街道(园区)两级残疾人托养机构10个。区实验小学东校区扩建工程竣工交付,小行小学异地新建工程主教学楼封顶,宁南规划小学等一批工程加快推进,小行小学加入南师附小教育集团。全区集团学校15所,创建省优质幼儿园7所,省市

板桥新城　　（区商务局　供稿）

优质园比例80%，雨花台中学高考二本达线率81.4%，并连续第13年获高中发展性评估综合奖。建成市第一医院骨科雨花诊疗中心等3个区域医疗联合体，通过全国基层中医药工作先进单位、省级卫生应急工作示范区复核评估，铁心桥社区卫生服务中心获全国百强社区卫生服务中心称号，“家庭医生签约服务联盟”模式被中央电视台《新闻联播》报道。实施雨花台区第一次全国可移动文物普查，新建3个、改建27个社区体育健身工程点，完成3200人次国民体质监测。推进社会组织助力社区治理，被评为全国社会工作服务综合示范区，完成全国社区治理和服务创新实验区结项验收（优秀级）。推进“平安雨花·法治雨花”建设，社会矛盾调处成功率99.26%，人民群众公共安全感92%。

组织机构及负责人

·雨花台区·

中共雨花台区委员会

书　记：张一新（6月20日免）
　　　　黄　河（6月20日任）
副书记：李世峰
　　　　杨　明（7月8日免）
　　　　袁传军（7月8日任）
常　委：李邦全（7月8日免）
　　　　孙中华（7月8日任）
　　　　谢　山（女）

钱　维(女,7月8日免)
艾长青
仲兆林(7月8日任)
谢祖国(7月8日免)
倪兴龙(7月8日免)
袁传军(7月8日免)
蒋　冰
杨昌生
金　宏
凌向前(7月8日任)
袁　迅(女,7月8日任)
徐文进(7月8日任,挂职)

雨花台区人大常委会

主　任:杨　明
副主任:迟延安
郭幼佩
张　虎
赵明顺
委　员:王伟忠
王瑞军
王燕琴(女)
孔　建
艾宝祥
吴金涛
季昌锁
周远平
周春燕(女)
赵　冉(女)
俞　蓉(女)
袁利萍(女)
徐美如(女)
徐家保
郭　伟
章历明
葛建国
董　亮
程建平
褚堂琴(女)
魏宝林
钱　雄

雨花台区人民政府

区　长:李世峰
副区长:钱　维(女,7月8日免)
孙中华(7月8日任)
艾长青(7月8日免)
倪兴龙(7月8日免)
蒋　冰(7月8日免)
薛国安
汪东明(援藏)
余　清(女)
凌向前(7月8日免)
江　磊
徐文进(12月25日提名,挂职)

政协雨花台区委员会

主　席:黄唯佳(女)
副主席:李邦全
陆景文
于志珍(女)
杨　洋(1月13日任)
杨广平
顾晓春
秘书长:钱　军

中共雨花台区纪律检查委员会

书　记:谢祖国(7月8日免)

仲兆林(7 月 8 日任)
副书记:黄伟国(未当选)
顾华春
王兆强(7 月 30 日任)
常　委:徐秋霞(女,1 月 23 日免)
张良云(未当选)
任伯亭(未当选)
孙　跃
田月华
张　骞
凌　胜(7 月 30 日任)

办公室

主　任:张　骞

纪检监察干部管理监督室

主　任:田月华

党风政风监督室

主　任:孙　跃

信访室

主　任:唐长泉(10 月 28 日免)

纪检监察一室

主　任:任伯亭

纪检监察二室

主　任:凌　胜

案件审理室

主　任:储世荣(10 月 28 日免)

第一纪检监察工作室

主　任:张良云
副主任:管　艳(女)

第二纪检监察工作室

主　任:刘继忠(1 月 23 日免)
任伯亭(1 月 23 日任)
副主任:杨春新

第三纪检监察工作室

主　任:徐秋霞(女,1 月 23 日免)
刘晓燕(女,1 月 23 日任)
副主任:郑　强

第四纪检监察工作室

主　任:王兆强(11 月 23 日免)
副主任:李　平

监察局(与区纪律检查委员会合署)

局　长:黄伟国(11 月 23 日免)
顾华春(11 月 23 日任)
副局长:郜叶红(女,1 月 23 日免)

中共雨花台区委工作机构及直属单位

办公室

主　任:张亚军
副主任:邵军芳(女)
翟红军(1 月 23 日免)
郑诗宁

政策研究室

主　任:暂　缺
副主任:武永杰(1 月 23 日任)

机要局(保密局)
局　长:邵军芳(女)

社会建设工作委员会
书　记:张亚军(1月23日任)

信访局
局　长:郭治宇(1月23日免)
　　　施兴宝(1月23日任)
副局长:许绍习(1月23日免)
　　　陈云国(1月23日任)
　　　陈　萍(女)
　　　汪　晨(1月23日任)
督查专员:许绍习(1月23日免)

组织部
部　长:袁传军(1月23日免)
　　　袁　迅(1月23日任)
副部长:俞　蓉(女)

人才办公室(在区委组织部挂牌)
主　任:夏　风
副主任:李　云

组织员办公室
主　任:葛宗超

党代表联络办公室
主　任:俞　蓉(女,1月23日免)

区委非公有制企业和社会组织工作委员会
书　记:葛总超(1月23日任)
副书记:杨　彬

老干部局
局　长:李　南(1月23日免)
　　　俞　蓉(1月23日任)
副局长:陈　新

宣传部
部　长:谢　山(女)
副部长:许　慎
　　　沈晓莺(女)

精神文明建设指导委员会办公室
主　任:沈晓莺(1月23日任)
副主任:魏福春

互联网信息办公室
主　任:沈晓莺(女,兼,1月23日免)
副主任:暂　缺

统一战线工作部
部　长:蒋　冰(7月8日免)
　　　艾长青(7月8日任)
副部长:吴文根
　　　张福喜(10月28日免)
　　　黄子权(1月23日免)

工商业联合会
会　长:陆景文(3月18日任)
副会长:孟　煜(女)
　　　章万富

台湾事务(侨务)工作办公室
主　任:张福喜(10月28日免)
副主任:陈维炜(女,1月23日免台湾事务工作办公室副主任)

民族宗教事务局(与统战部合署)

局　长:黄子权

政法委员会

书　记:李邦全(7 月 8 日免)
　　　　凌向前(7 月 8 日任)
副书记:陈明贵
　　　　程　康

社会治安管理综合治理委员会办公室

主　任:陈明贵
副主任:石　磊

防范和处理邪教问题领导小组办公室

主　任:周巧俊(1 月 23 日免)
　　　　程　康(1 月 23 日任)

国家安全领导小组办公室

主　任:周巧俊(10 月 28 日免)
副主任:胡顺喜
　　　　孙　伟(挂职)

事业单位登记管理局

局　长:王德伟

机构编制委员会办公室

主　任:王德伟
副主任:王　建(1 月 23 日任)

机关工委

书　记:蒋　红(女)
副书记:肖　彬
纪工委书记:蒋　红(女)

党　校

校　长:杨　明(兼,7 月 25 日免)
　　　　袁传军(7 月 25 日任)
副校长:陈明太
　　　　李　薇(女,1 月 23 日任)

雨花台区群众团体

总工会

主　席:郭幼佩(兼)
副主席:程顺友
　　　　李来娣(女,1 月 23 日免)
　　　　庄　捷(女)

团区委

书　记:刘　佳(女,1 月 23 日免)
　　　　赵　冉(女,10 月 28 日任)
副书记:赵　冉(女,10 月 28 日免)

妇女联合会

主　席:李　茜(女)
副主席:林晓慧(女)
　　　　张　晔(女)

红十字会

会　长:孙红霞(女)

雨花台区人民政府工作机构及直属单位

办公室

主　任:周洪涛
副主任:翟高峰(1 月 23 日免)
　　　　陈志康(1 月 23 日免)
　　　　朱盘江
　　　　孙忠南(1 月 23 日免)
　　　　褚堂桂

陶龙波
张晓慧(女)
勾宏展

政务服务管理办公室

主　任:郜叶红(女,1 月 23 日任)

政务服务中心

主　任:翟高峰(1 月 23 日免)
郜叶红(女,1 月 23 日任)
副主任:暂　缺

外事办公室

主　任:朱盘江(兼)

法制办公室

主　任:陈志康(兼)
副主任:刘　东

行政管理中心(更名区级机关事务管理服务中心)

主　任:孙忠南(兼,1 月 23 日免)

区级机关事务管理局

局　长:孙忠南

发展和改革局

局　长:王永进(1 月 23 日免)
朱天燕(女,1 月 23 日)
副局长:乔兰俊
尹湘麟
武永杰(1 月 23 日免)
蔡一菁(女)
党工委书记:王纯阳
党工委副书记:王永进(1 月 23 日免)
纪工委书记:王纯阳

经济和信息化办公室

主　任:王永进(1 月 23 日免)

金融发展办公室(在区发展和改革局挂牌)

副主任:暂　缺

住房和建设局

局　长:赵道犇
副局长:施晓明
李　进(1 月 23 日任)
杨　勇
管　平
党工委书记:鲍　黎(女,1 月 23 日免)
党工委副书记:赵道犇
施晓明(1 月 23 日任)
纪工委书记:鲍　黎(女,1 月 23 日免)
施晓明(1 月 23 日任)

科学技术局

局　长:程道伟
副局长:黄　蓓(女)
俞巍蔚(女)
戴国强
党工委书记:缪文新
党工委副书记:程道伟
纪工委书记:缪文新

知识产权局

局　长:程道伟

科学技术协会

主　席:黄　蓓(女)

教育局

局　长：刘善海

副局长：盛云生

　　　　盛红霞（女）

党工委书记：穆耕森（1 月 23 日免）

党工委副书记：刘善海（1 月 23 日免）

纪工委书记：穆耕森（1 月 23 日免）

区委教育工作委员会

书　记：刘善海（1 月 23 日任）

副书记：盛云生（1 月 23 日任）

纪工委书记：盛云生（1 月 23 日任）

教育督导室

主　任：暂　缺

民政局

局　长：宋海红（女）

副局长：杨　彬

　　　　刘　涛（1 月 23 日任）

党工委书记：暂　缺

党工委副书记：宋海红（女）

纪工委书记：暂　缺

司法局

局　长：黄海泉

副局长：崔　臻

　　　　任金忠

财政局

局　长：贾乐实

副局长：纪博生（1 月 23 日免）

　　　　汤有国

　　　　项　前（女）

　　　　窦　勇（1 月 23 日任）

国有资产监督管理委员会办公室

主　任：纪博生（1 月 23 日免）

　　　　贾乐实（1 月 23 日任）

副主任：暂　缺

会计结算中心

主　任：汤有国（1 月 23 日免）

人力资源和社会保障局

局　长：梁　汶（女）

副局长：马俊生

　　　　朱震龙

党工委书记：蒋朝晖

党工委副书记：梁　汶（女）

纪工委书记：蒋朝晖

公务员局（在区人力资源和社会保障局挂牌）

局　长：梁　汉（1 月 23 日任）

审计局

局　长：杨　凌（女）

副局长：丁伯龙

　　　　高金华

统计局

局　长：张　波

副局长：白　静（女）

　　　　董天荣（女）

物价局

局　长：龚红旗

副局长：杨和春

曹冬梅(女,1 月 28 日免)
刘德政

安全生产监督管理局

局　长:李家祥
副局长:陈海淞
马翠平

环境保护局

局　长:吴昌发
副局长:朱永俊
马志伟(女)

城市管理局

局　长:王　强
副局长:刘　军(女,10 月 28 日免)
王　钢
王惠强
党工委书记:王　强(1 月 23 日任)
党工委副书记:王　强(1 月 23 日免)
纪工委书记:暂　缺

城市管理行政执法局(在区城市管理局挂牌)

局　长:王　强
副局长:王　钢
王惠强

城市管理行政执法大队

大队长:王惠强(1 月 23 日免)
刘　庆(1 月 23 日任)
政　委:曹华迅(1 月 23 日任)

交通运输局

局　长:衡长华
副局长:秦飞宇(1 月 23 日任)
党工委书记:沈　强
党工委副书记:衡长华
纪工委书记:沈　强

农业局

局　长:花如心(1 月 23 日免)
宋玉强(1 月 23 日任)
副局长:赵章进
李正福
耿殿元

区委农村工作委员会(与区农业局合署)

主　任:马丽敏(女,10 月 28 日免))
副主任:暂　缺

农村集体资产管理办公室

主　任:花如心

水务局

局　长:顾晓春
副局长:许乐芬(女)
娄　杰
梅　军

防汛抗旱指挥部办公室

主　任:顾晓春

商务局

局　长:陈正儒
副局长:陶　文(10 月 28 日免)
李古财
宋玉会(女)
韩秋林(1 月 23 日免)

　　　　沈建新(1月23日任)
党工委书记:张剑飞(1月23日免)
党工委副书记:陈正儒
纪工委书记:张剑飞

投资促进局(在区商务局挂牌)

局　长:陈正儒(1月23日免)

供销合作联社

主　任:陈正儒

中国国际贸易促进委员会南京市分会雨花台区支会

会　长:陶　文(10月28日免)

文化局

局　长:朱天燕(女,1月23日免)
　　　　朱向东(1月23日任)
副局长:孙　辰
　　　　邵美玲(女,1月30日免)
　　　　丁文隽(女)
　　　　石明舟
　　　　陈　兰(女,1月30日任)
党工委书记:徐建平
党工委副书记:朱天燕(女)
纪工委书记:徐建平

旅游局(在区文化局挂牌)

局　长:朱天燕(女,1月23日免)
　　　　朱向东(1月23日任)

卫生局(更名卫生和计划生育局)

局　长:褚堂琴(女,1月23日任)
副局长:朱家翔(1月23日任)
　　　　张婉如(女,1月23日任)
　　　　刘文江(1月23日任)
　　　　蒋宁卫(1月23日任)
　　　　谢声萍(女,1月23日任)
党工委书记:褚堂琴(女,1月23日任)
党工委副书记:褚堂琴(女,1月23日免)
　　　　　　张婉如(女,1月23日任)
纪工委书记:张婉如(女,1月23日任)

市场监督管理局

局　长:张心坚(1月30日任)
副局长:陈　忠(1月30日任)
　　　　裘　骏(1月30日任)
　　　　周慧芬(女,1月30日任)
　　　　沈建新(1月30日任)
　　　　张宋祥(1月30日任)
　　　　杨玉倩(女,1月30日任)
　　　　曹　钟(1月30日任)
　　　　陆伟栋(1月30日任)
党工委书记:王　庆(1月30日任)
党工委副书记:张心坚(1月30日任)
纪工委书记:王　庆(1月30日任)

人口和计划生育局(撤并)

局　长:黄春平(女,1月23日免)
副局长:安彦霞(女,1月23日免)
　　　　谢声萍(女,1月23日免)

人民防空办公室

主　任:李　明(1月23日免)
　　　　郭志宇(1月23日任)
副主任:王国成
　　　　储　正
　　　　李建华

残疾人联合会

理事长：尹　宏

副理事长：徐明桂

体育局

局　长：刘光琴(女，1月23日免)

副局长：潘建达

档案局

局　长：林文辉(10月28日免)

　　　　徐美如(女，10月28日任)

副局长：胡建忠(兼)

　　　　过大江

　　　　张　镭(女)

档案馆

馆　长：林文辉(10月28日免)

　　　　徐美如(女，10月28日任)

区委党史工作办公室

主　任：暂　缺

地方志编纂委员会办公室

主　任：胡建忠

征收拆迁安置办公室

主　任：王瑞荣

副主任：陈礼正

　　　　薛　伟

雨花台区人大常委会工作机构

办公室

主　任：徐美如(女，12月2日免)

　　　　黄伟国(12月2日任)

副主任：张　伟(12月2日免)

　　　　张晓东

财政经济工作委员会

主　任：章历明(3月31日免)

　　　　王永进(1月23日任)

副主任：王　强(12月2日免)

预算工作委员会

主　任：王　强(12月2日任)

副主任：徐顺慧(12月2日任)

内务司法工作委员会

主　任：徐家保(3月31日免)

　　　　翟青尧(3月31日任)

副主任：朱运刚(12月2日任)

人事代表联络工作委员会

主　任：袁利萍(女，12月2日免)

　　　　刘　军(女，12月2日任)

副主任：施怀强

科学教育文化卫生工作委员会

主　任：丁以昌(12月2日免)

　　　　肖　彬(12月2日任)

副主任：张　丽(女，12月2日任)

民族宗教侨务台湾事务工作委员会

主　任：王纯阳(12月2日任)

副主任：郑尚辉(12月2日任)

环境资源城乡建设工作委员会

主　任：程建平(3月31日免)

　　　　夏玉祥(3月31日任)

副主任：娄翠红（女，12月2日任）

研究室

主　任：张　伟（12月2日任）

政协雨花台区委员会工作机构

办公室

主　任：钱　军

副主任：姜　宁

　　　　黄　玲（女，10月28日免）

　　　　罗　敏（女，19月28日任）

提案委员会

主　任：林志良（10月28日免）

　　　　葛宗超（10月28日任）

副主任：刘　全（10月28日任）

经济科技委员会

主　任：季昌锁

副主任：黄　霞（10月28日任）

人口资源环境和城市建设委员会

主　任：陈天寿（10月28日免）

　　　　曹冬梅（女，10月28日任）

副主任：赵　涛（10月28日任）

教卫文体和学习文史委员会

主　任：张剑飞（1月23日任）

社会法制和民族宗教委员会

主　任：贾　静（1月23日免）

　　　　李　明（1月23日任）

委员工作委员会

主　任：郑荣英（女，10月28日免）

　　　　林文辉（10月28日任）

雨花台区人民法院

院　长：陈苏宁（12月26日免）

　　　　陶　红（女，12月26日提名）

副院长：金　晖

　　　　韩　芳（女）

　　　　祝　怡

　　　　王太高（5月26日免，挂职）

纪检组组长：史　军

政治处主任：暂　缺

专　委：暂　缺

软件谷（知识产权）法庭庭长：费月华（女）

执行局局长：陈　晨

党组书记：陈苏宁（12月26日免）

　　　　　陶　红（女，12月26日任）

党组副书记：金　晖

雨花台区人民检察院

检察长：张宁生（12月26日免）

　　　　韩晓帆（12月26日提名）

副检察长：顾晓宁（10月28日免）

　　　　　张　峰

　　　　　何立超（女）

纪检组长：吴晓玉

专　委：吕齐斌

　　　　张明权

党组书记：张宁生（10月26日免）

　　　　　韩晓帆（12月26日任）

党组副书记：顾晓宁（10月28日免）

政治处主任：顾晓宁（10月28日免）

反贪污贿赂局

局　长:吕齐斌

街道、园区

雨花街道

党工委书记:杨宝龙

党工委副书记:汪丹彦(女,1 月 23 日免)
翟红军(1 月 23 日任)
董　亮(10 月 28 日免)
刘建功
蔡亚锋(女)

纪工委书记:蔡亚锋(女,10 月 28 日免)
王庆华(10 月 28 日任)

办事处主任:汪丹彦(女,1 月 23 日免)
翟红军(1 月 23 日任)

办事处副主任:刘建功
臧忠仁(10 月 28 日免)
樊　勇(治安,8 月 13 日免)
曹红伟(8 月 13 日任)
王　建(1 月 23 日免)
王喜洲
尹申海
董　红(女)
郑昱杰(1 月 23 日任)

人大工委主任:董　亮(12 月 2 日免)
马丽敏(女,12 月 2 日任)

人大工委副主任:黄景华(女,12 月 2 日免)

政协工委主任:汪丹彦(女,1 月 23 日免)
翟红军(1 月 23 日任)

人武部部长:李帮建

副处级统战干事:李帮建

赛虹桥街道

党工委书记:宋玉强(1 月 23 日免)
汪丹彦(女,1 月 23 日任)

党工委副书记:徐　立
欧仁谷
邵美玲(女)

纪工委书记:邵美玲(女,10 月 28 日免)
储世荣(10 月 28 日任)

办事处主任:徐　立

办事处副主任:欧仁谷
董善龙
蒋顺录
杨　浩
姚礼明(治安)
孙向东(1 月 23 日任)

人大工委主任:杨荣海

人大工委副主任:暂　缺

政协工委主任:徐　立

人武部部长:杨　浩

副处级统战干事:昝明霞(女,1 月 23 日免)
孙向东(1 月 23 日任)

铁心桥街道

党工委书记:房传安(1 月 23 日免)
张建设(1 月 23 日任)

党工委副书记:张海毅
朱汉奎
夏玉祥(10 月 28 日免)

纪工委书记:夏玉祥(10 月 28 日免)
臧忠仁(10 月 28 日任)

办事处主任:张海毅

办事处副主任:朱汉奎
娄　杰(1 月 23 日任)
王庆华(10 月 28 日免)
施兴宝(治安,1 月 23 日免)
王孝春

蒋　进
韩焕新(1月23日任)
人大工委主任:邓宁成
人大工委副主任:艾宝祥(3月31日免)
政协工委主任:张海毅
人武部部长:艾宝祥(1月23日免)
蒋　进(1月23日任)
副处级统战干事:艾宝祥(1月23日免)
昝明霞(女,1月23日任)

板桥街道

党工委书记:杨　洋
党工委副书记:陈志新
赵　勇
俞建宁
纪工委书记:俞建宁(10月28日免)
顾春晖(10月28日任)
办事处主任:陈志新
办事处副主任:赵　勇
崔　伟(治安)
梁　震
贲存保
刘吉清
张思军(10月28日免)
人大工委主任:欧宝华
人大工委副主任:暂　缺
政协工委主任:陈志新
人武部部长:倪海啸
副处级统战干事:倪海啸

西善桥街道

党工委书记:王金玉
党工委副书记:朱向东(1月23日免)
刘　佳(1月23日任)
陈　涯
纪工委书记:陈　涯(10月28日免)
唐长泉(10月28日任)
办事处主任:朱向东(1月23日免)
刘　佳(1月23日任)
办事处副主任:邵春宝(1月23日免)
刘　涛(女,1月23日免)
汪国勇(治安)
许发俊
赵守阳
余　岚(女,1月23日任)
人大工委主任:杨德生
人大工委副主任:暂　缺
政协工委主任:朱向东
人武部部长:陈　涯
副处级统战干事:刘　涛(女)

梅山街道

党工委书记:施冬咏(女)
党工委副书记:钱扬才
伍葵阳
骆付勇
纪工委书记:骆付勇(10月28日免)
办事处主任:钱扬才
办事处副主任:伍葵阳
徐　焱(女,1月23日免)
任晨慧(女)
李　军(治安)
汤大开(1月23日任)
人大工委主任:郝明英(女)
人大工委副主任:暂　缺
政协工委主任:钱扬才
人武部部长:周志明(1月23日免)
汤大开(1月23日任)

副处级统战干事：任晨慧(女)

雨花经济开发区

党工委书记：黄　进
党工委副书记：娄　伟
　　陆苏燕
　　刘晓燕(女，1月23日免)
纪工委书记：刘晓燕(女，1月23日免)
　　丁伯龙(1月23日任)
管委会主任：娄　伟
管委会副主任：陆苏燕
　　范春生
　　王　鹏
　　熊康杰
　　傅传贵
　　杨世保(治安)
人大工委主任：唐明珠(女，12月2日免)
　　陶　文(12月2日任)
政协工委主任：娄　伟
副处级统战干事：范春生

板桥新城

党工委书记：孙　凯
副书记：李　睿
　　戴　俊(女)
　　杨春霞(女)
纪工委书记：杨春霞(女，10月28日免)
　　庄兴海(10月28日任)
管委会主任：李　睿
管委会副主任：戴　俊(女)
　　顾春晖(10月28日免)
　　缪小明(治安)
　　方在金
　　周海平(10月28日免)

雨花新城规划建设管理办公室

主　任：金海波(10月28日免)
　　吴昌发(10月28日任)
副主任：赵　涛
　　黄　霞(女)

·中国(南京)软件谷·

中共南京市委中国（南京）软件谷党工委

党工委书记：张一新(6月28日免)
　　黄　河(6月28日任)
党工委副书记：李世峰(7月8日免)
　　谢祖国(7月8日任)
党工委委员：谢　山(女)
　　杨昌生(4月26日免)
　　卞艳艳(女)
　　王　辉
　　黄敖齐
　　彭金斌(4月26日任)

中国（南京）软件谷管委会

管委会主任：李世峰(7月8日免)
　　谢祖国(7月8日任)
管委会副主任：杨昌生(4月26日免)
　　卞艳艳(女)
　　王　辉
　　黄敖齐
　　彭金斌(4月26日任)
纪工委书记：谢祖国(7月8日免)
　　仲兆林(7月8日任)

中国（南京）软件谷工作机构及直属单位

党政办公室

主　　任：张建设（1月23日免）

　　　　　翟高峰（1月23日任）

副主任：裴　鸿（女）

战略发展局

局　　长：翟青尧（女，1月23日免）

　　　　　高建平（1月23日任）

副局长：施妙生

　　　　黄　玲（女，10月28日任）

发展促进局

局　　长：李君毅

副局长：武　娟（女）

规划建设局

局　　长：尹　波

副局长：张　盈（女）

　　　　蔡　军（1月23日任）

招商合作局

局　　长：张　晋（女，5月23日免，辞职）

副局长：翟云海

　　　　李文华（女）

科技人才局

局　　长：荣　飞

副局长：高建平（1月23日免）

　　　　邵旻杰

创业服务局

局　　长：彭金斌（4月26日免）

副局长：暂　缺

财政国资局

局　　长：贾乐实（兼）

副局长：夏红忠

　　　　尹清山（1月23日免，辞职）

　　　　吴　莹（女）

　　　　张金玲（女，1月23日任）

土地储备中心

主　　任：尹　波（兼）

副主任：彭庆东

雨花科技创业服务社区办公室

主　　任：朱后祥

江苏数字出版基地（南京园区）管理办公室

主　　任：黄　进

副主任：王　鹏

·南京市铁路南京南站地区市政管养与综合服务中心·

主　　任：蒋　冰（兼）

副主任：张苏海

　　　　魏　平

督察处处长：吴昌发（10月28日任）

综合处副处长：梁晓华（女）

·南京市垂直管理机构·

雨花台烈士陵园管理局

局　　长：徐雪琴（女）

党委副书记：陈建军

赵永艳
副局长：赵永艳
张文杰
黄　莹（女）
纪委书记：陈建军

雨花台区人民武装部
部　长：崔　宏
政　委：金　宏

南京市国土资源局雨花台分局
局　长：朱　健
副局长：李　军
陈　霞（女）

南京市公安局雨花台分局
局　长：蒋虻芒
政　委：尹志祥
区维稳办副主任：林　霞（女）
监察室主任：边伟荣
副局长：韩启忠
张礼祥
高增强

南京市雨花台区国家税务局
局　长：姜莱斌
副局长：吴勤锋
张迎乔
李　毅
党组书记：姜莱斌
纪检组长：马志奇

南京市地方税务局雨花台分局
局　长：王桃之
副局长：吕　艳（女）
邵龙喜
郭智怡（女）

南京市规划局雨花台分局
局　长：包考国
副局长：吕　倩

雨花消防大队
大队长：毕晓东
教导员：刘春宁
副大队长：李文杰
张俊玲

交警八大队
大队长：路　宁
副大队长：郑延园

南京市烟草专卖局雨花台分局
局　长：朱迎江
副局长：董王林
张　波

雨花年鉴

2017 YUHUA ALMANAC

中国（南京）软件谷

2017 YUHUA ALMANAC

China (Nanjing) Software Valley

综　述

【概　况】 2016年，软件谷实现地区生产总值199.76亿元，公共财政预算收入29.04亿元，软件和信息服务业收入1721亿元。新增软件产业建筑面积30万平方米，总量达650万平方米；新增软件从业人员2.08万人，新增涉软企业96家，各类涉软企业总数超1800家。承担的区重点项目35个（其中含市重大项目16个）全部完成建设目标。全年引进中兴光电子、大族能源、东方财富、八天在线等重大项目25个，各类签约项目计划总投资超130亿元，注册外资实际到账1.61亿美元。中宣部组织中央主流媒体负责人和《人民日报》等近50名编辑记者采访团走进软件谷，专题采访软件谷“调结构转方式”发展情况。在第12届中国（南京）软博会上，软件谷签约项目数和计划总投资数均位列全市第一位。是年，软件谷被国家知识产权局评选为国家知识产权集群管理试点，被中国服务外包协会评为2015年度全球最佳服务外包园区中国十强，被中国软件行业协会评为2016年度中国软件园区最佳产业环境奖，被中国软件园区发展联盟评为“2016创新创业优秀园区”，被江苏省经济和信息化委员会评为江苏省互联网产业园。

【全国首个创业主题车站启动】 3月1日，软件谷与南京地铁集团携手打造的全国首个创业主题地铁车站南京软件大道地铁站启动。站区分为五大功能板块，分别为激发人才创造活力氛围营造区、宣传展示科技创意产品体验区、发布创业活动和创业资讯信息发布区、互联众创空间和创投机构资源对接区以及小型创业活动举办区。

【软件谷获中国软件行业最佳产业环境奖】 5月26日，软件谷携江苏亿嘉和信息科技有限公司、南京创斐信息技术有限公司等谷内企业参加第20届中国国际软件博览会。作为江苏展团参展重要组成部分，软件谷参展软博会面积84平方米，会场布置版面11个，重点介绍软件谷特色园区概况、发展规划、产业特色等。博览会上，软件谷被工业和信息化部表彰为2016年度中国软件园区最佳产业环境奖。

基础设施建设

【概　况】 2016年，软件谷总投资9.89亿元，建设道路19条，总长约20千米。国土西侧道路、华为路北延、宁双路东延、阅宁路支路主体竣工，杨家坟地块规划支路、华为路、马定路、梅苑南路、管道路、路线河、丁树村路超前开工建设。全年拆迁面积24万平方米，办理征地总面积113公顷，完成土地挂牌出让4幅，出让金返还到账34亿元，融资到账5亿元。完成铁心桥—西善桥控详修编、安德门地块城市设计、天隆寺地块规划调整、回民殡葬馆地块规划调整等，均获市政府批复。办理规划行政审批项目810件次。其中，选址意见书27件次，计选址面积82.6公顷；用地许可证35件次，计许可用地面积124.96公顷；建设工程规划许可证49件次，计许可建筑面积220.75万平方米；市政工程规划许可证155件次，计许可长度180.97千米。组织召开世茂地块、江苏省地质勘察院、江苏省地质资料库等 6 个项目专家评审会。办理 35 个项目基础设施配套费收取手续,累计收取基础设施配套费 2.6 亿元。确定马家店片区 A、B、C“农转用”地块面积17.5 公顷;北大科技园剩余地块,机场二通道与秦淮新河相交处南侧标识区 A、B、C 地块获省厅征转用批复项目 12 项; 办理完成金浦路、乙一路中段、杨家坟道路等项目划拨手续 5 项;北大科技园、梅苑南路以西、马定路以北等地块批后实施项目 9 个;机场二通道(大周路段)、定坊规划小学地块及曹梁等地块完成拆迁,拆迁总面积 24 万平方米。

【软件谷人才公寓投入使用】 6 月, 软件谷人才公寓投入使用。该公寓由南京软件谷发展有限公司投资建设,地址位于软件谷南园,占地面积 6.53 公顷, 建筑面积 17.88 万平方米,总投资 7 亿元,包括 7 栋 24 层高层、2 栋 32 层高层、1 栋 14 层高层及 1 栋 4 层商业楼, 可入驻软件人才 5000 人。首批入驻 3500 人。

软件谷人才公寓 (软件谷 供稿)

【杨家坟地块道路开工】 9 月, 杨家坟地块道路开工建设。杨家坟地块北临京沪高铁,东靠宁丹公路,南接牛首山北坡,西至现状山脊,规划建设 9 条城市支路,总长 4.13 千米,计划总投资 12000 万元。至年末,土方开挖 2000 立方米, 雨水管道完成施工 160 米,6%路基灰土回填 1500 立方米。

【2 条短驳公交路线开通运营】 9 月 5 日,由软件谷管委会联合江南公交公司推出运营的 2 条短驳公交路线开通运营, 即线路“338”“340”, 软件谷南、北园片区出行问题得到解决,各大专业园区公交线路全覆盖。2 条线路均从安德门地铁站出发。340 路全长 8.5 千米,涵盖 14 对站点, 途经天隆寺地铁站、菊花台公园,跨秦淮新河到区人才公寓;338 路全长 5 千米,密布 12 对站点,途经润和软件、大数据产业基地到小行小区。2 条公交线路累计 15 台车辆,发车间隔约 5~8 分钟。

【管道路开工】 11 月,管道路开工建设。该道路西起梅苑南路,东至大周路,全长 2.1 千米,计划总投资 2.2 亿元, 规划等级标准为城市次干道,红线宽 45 米。至年末,机动车道沥青路面铺设完工。

【梅苑南路开工】 11 月, 梅苑南路开工建设。该道路北起管道路,南至大周路,全长约 1.7 千米,计划总投资约 1.4 亿元,规划等级为城市次干路, 红线宽 33 米。至年末, 工程路基清表 2000 平方米。

招商引资与项目建设

【概　况】 2016年，软件谷在北京“第20届中国国际软件博览会”、“第12届中国（南京）国际软件产品和信息服务交易博览会”、大连“第14届中国国际软件和信息服务交易会”、“2016中国南京金秋经贸洽谈会”、“2016世界智能制造大会”等重大招商活动平台上重点推介软件谷产业特色，同时举办中国(南京)软件谷硅谷信息互动及产业洽谈会、2016年“互联网+跨界融合”国际高峰论坛、首届南京大数据产业年会暨大数据发展高峰论坛、黑马城市合伙人沙龙等招商活动。全年实现项目计划总投资130.5亿元，注册外资实际到账1.61亿美元，招商签约总面积22.84万平方米，引进中兴光电子、大族能源、东方财富、八天在线、南京奇豆网络、南京中兴软创、惠与(中国)有限公司等重大项目25个。落户企业403家，年末集聚各类软件企业超1800家，其中世界500强及世界软件百强企业9家、中国软件百强及中国电子信息百强企业26家，初步形成“大企业顶天立地，小企业铺天盖地”集聚态势。《南京日报》《新华日报》等主流媒体发表软件谷专题报道40余篇。

2016年中国(南京)软件谷重点项目建设情况一览表

表2

类　别	项目名称	总投资(万元)	建筑面积(平方米)	主　营
建成入驻	怡化电脑华东研发中心	50000	106000	软件研发与总部办公
	天溯自动化	30000	75000	软件研发
	新华科技二期	8000	22000	软件研发
主体建成	中兴物联	16000	47000	软件研发与总部办公
	中以智慧园	30000	60000	软件研发与总部办公
	丰盛商汇(C地块)	150000	250000	软件研发及商业办公
在建项目	圣迪奥南京总部研发基地	25000	65500	研发及总部办公
	步步高软件研发	35000	72000	软件研发及办公
	金证南京研发中心	38000	97000	软件研发及办公
	华为二期	95000	164000	软件研发及办公
	丰盛A地块二期	40000	65000	软件研发及商业办公
	万博科技	28000	95000	软件研发及办公
新开工项目	宇龙通信华东总部	50000	94000	软件研发及总部办公
	中兴通讯三区(一期)	146000	305000	软件研发及办公
	亚信华东总部及产业互联网基地	50000	85000	互联网软件研发及办公

【奇豆网络项目落户】 3月，南京奇豆网络科技股份有限公司在软件谷投资兴办互联网传媒项目，主要从事互联网开发及策划，总投资5000万元，注册资本1000万元，位于软件谷楚翘城，办公面积2100平方米。

【南京华为软件基地封顶】 3月18日，南京华为软件基地封顶。该项目位于华为路，花神科技园西，由华为控股有限公司投资建设，项目占地7.73公顷，总建筑面积18.5万平方米，包括北区研发中心和南区会议中心，计划总投资9.5亿元。建成后用于通信网络技术与产品的研究、开发、生产与销售，为电信运营商提供网络数据通信领域和增值业务领域网络解决方案。

【八天云商项目落户】 4月21日，江苏八天校园云商有限公司在软件谷内设立八天云商全国总部，位于软件谷楚翘城，办公面积4100平方米，主要从事校园、社区O2O相关产品研发及总部办公。项目计划总投资2亿元，注册资金1亿元。

【大族能联华东总部落户】 5月6日，大族能联华东总部项目签约落户软件谷。该项目位于软件谷北园北辅道地块，占地面积1公顷，计划总投资10亿元，注册资本5000万元，主要从事工业机器人、电网变电站自动化软件、光伏发电监控系统开发及光伏电站交易中心运营等业务。

【软博会签约项目15个】 9月5日，软件谷在第12届中国(南京)国际软件产品和信息服务博览会重大项目签约仪式上，签约中兴光电子、东方财富南京研发中心、华讯方舟企业服务软件研发中心、绿金产业集群总部、锐游网络技术项目等15个项目，计划总投资58亿元。签约项目数和计划总投资数均位列全市第一位。

【中兴光电子项目落户】 10月18日，中兴光电子项目落户软件谷。中兴通讯股份有限公司成立全资子公司——中兴光电子技术有限公司，注册资金10亿元，致力于光电子设计、制造、器件封装、耦合、测试、生产等光电子产业链生态系统。项目一期位于软件谷科创城，办公面积5000平方米。

【中兴软创智慧城市项目落户】 10月18日，软件谷管委会与中兴软创科技股份有限公司就关于软件谷智慧谷建设与运营等事项达成战略合作协议。中兴软创科技股份有限公司成立全资子公司——南京中兴软创智慧数据科技有限公司，地址位于汇智大厦，注册资本3000万元，助力于"智慧城市"项目建设落地，参与软件谷智慧城市和智慧园区建设。

【东方财富南京研发中心落户】 10月20日，东方财富信息股份有限公司成立全资子公司——南京东方财富信息技术有限公司，地址位于软件谷楚翘城，注册资本500万元，办公面积2120平方米，主营互联网金融、计算机软硬件及网络系统技术开发。11月3日，东方财富南京研发中心项目落户软件谷，由南京东方财富信息技术有限公司负责项目运行。

【雨花社区服务中心开工】 11月，雨花社区服务中心动工。该中心计划总投资3.15亿元，规划总用地面积 15196.52 平方米，总建筑面积 53300.19 平方米，地址位于雨花台区宁南 8 号路，东至机场高速绿化隔离带，南至邦宁科技园和雨花台区检察院，西至宁南 8 号路，北至国泰科技大厦，是集区文化馆、图书馆、广电中心、档案馆公益服务设施以及研发办公楼、商务商业配套于一体的综合性平台。至年末，基坑支护桩工程完工，南北侧冠梁浇筑完成。

【中兴通讯三区(一期)动工】 12 月，中兴通讯三区(一期)工程动工建设。该项目位于宁丹路以东、雨花与江宁交界以北、高铁编组站以南，由中兴通讯股份有限公司成立的南京中兴新软件有限责任公司负责投资建设，计划总投资 14.6 亿元，总占地面积 17.5 公顷，总建筑面积 30.5 万平方米，规划建设 19 幢研发及办公楼，用作国家移动网络及移动多媒体重点实验室办公，物联网关键技术、云计算及下一代移动核心网研发和生产基地。

平台与载体建设

【概　况】 2016 年，软件谷集聚各类众创空间 21 家，在孵项目 200 余个，孵化面积近 30000 平方米，其中获国家级认定 3 家、省级认定 8 家。建成科技孵化器、加速器(特色产业园)近 20 家。信息安全产业园主体结构封顶；人才公寓 A、B 区竣工交付，入驻软件人才超 3000 人。新建市工程技术研究中心 10 家。新入选省级工程技术研究中心 3 家，分别为诚迈科技成立的智能车载交互系统工程技术研究中心、易司拓成立的智能电网能效优化控制工程技术研究中心、亚信科技成立的电信级全业务运营支撑系统工程技术研究中心。至年末，软件谷内省级工程技术研究中心 19 家、市级工程技术研究中心 29 家。楚翘城、科创城、创

丰盛商汇

（软件谷　供稿）

业创新城、大数据产业基地等一批特色园中园运作成效显著。

【南京 SAP 中小企业云服务平台】 2016 年，南京 SAP 中小企业云服务平台启动运行汽配行业和门店“互联网+”平台模式，拓展汽配、建材两大行业。至年末，入驻中小微企业 1 万余家。其中，汽配行业服务平台入驻省级经销商 1000 余家、全省 13 地市汽车修理厂 10286 家，日交易额突破 100 万元，累计交易额突破 4 亿元，成为华东地区第一大汽车后市场 B2B 交易平台；建材行业服务平台融合建材原料提供商、生产商、经销商、服务商四位一体产业链，入驻企业 5000 余家，累计交易额突破 5 亿元。

【软件谷人才实训园区设计方案调整】 年内，软件谷人才实训园区进行设计方案调整。该园区是区委、区政府重点打造的创新创业载体和人才集聚高地，位于铁心桥街道马家店组，东至规划道路，南、北至马家店村赵家洼组，西至上海梅山矿业有限公司，占地面积 3 公顷，总建筑面积 3.1 万平方米，立项投资 3 亿元，规划建设 1 栋报告厅、1 栋办公楼、1 栋教学楼以及 1 栋食堂。

【创新创业实践基地揭牌】 7 月 30 日，清华大学软件学院创新创业实践基地在软件谷揭牌。该基地计划引进清华大学软件学院在校研究生以项目化形式承担软件谷企业研发任务或独立开展创业实践，推进企业和高校产学研合作，促进清华大学软件学院科研成果在软件谷转化，打造高端人才创业孵化基地。至年末，有 2 批次计 18 名清华大学软件学院硕士研究生和博士研究生到软件谷参加暑期就业实践活动。

【明发科创城】 8 月，明发科创城一期 Q3、Q4 地块竣工交付，签约企业 134 家，入驻办公企业 71 家。11 月，Q1、Q2 地块按期开工建设。该项目位于铁心桥街道大周路北侧、马丁路南侧、规划风渡路以东，占地 14.47 公顷，建筑面积 59 万平方米，总投资 20 亿元，园区聚焦互联网、物联网及通信产业，规划打造成引领软件园区发展的产业科技创新中心和面向软件园区与城市的综合性服务中心。年内，科创城形成三大公共服务平台：与清华大学信息技术研究院合作，打造总面积 2 万平方米的南京移动互联产学研创新基地，招纳互联网技术研发、信息系统集成、智能控制系统研发等公司进驻；与南京魔力多网络科技有限公司合作，建设中国手游联盟众创空间，搭建手游企业产业聚集地；与中国电子商务协会合作建立中国电子商务创新示范园，打造电商产业园。

【信息安全产业园封顶】 10 月，信息安全产业园 12 栋主楼全部封顶。该园区东至规划道路、南至绕城北辅道、西至西春路、北至宁双路，总用地 9.2 公顷，属科研用地，总建筑面积 44 万平方米，总计划投资 20 亿元。该园区以“信息安全”为产业发展主题，辅以科技、金融、商务、生活服务等业态，运用龙头企业带动、创投资本对接、产业内部孵化等模式，在关键技术研发、成果转化、安全服务、公共基础平台等信息安全领域打造专业产业园区。

【南京 VR 开放服务平台开工】 11 月，南京 VR 开放服务平台开工建设，地址位于楚翘城，由软件谷管委会与南京睿悦信息技术有限公司合作共建。该平台主营 VR 底层技术研发、VR 行业应用软件、VR 游戏与视频等，集联合实验室、公共调试平台、开发者社区、体验厅为一体，构建全国首个开放式虚拟现实全方位多功能服务平台。项目一期投资1200万元，建筑面积500平方米。

【软件谷智慧城市软件产业基地开工】 12月，软件谷智慧城市软件产业基地开工。该项目东至雨花国土分局，南至市公安局法医中心，北至软件大道，西至花神软件园，由南京软件谷发展有限公司控股，占地面积35077.9平方米，总建筑面积192183平方米，规划建设6栋软件科研办公楼及3栋服务配套裙楼。至年末，该基地总平、单体方案报批通过，场地进入勘测、试验阶段。

【"UP创投汇"成立】 12月2日，软件谷"UP创投汇"成立。"UP创投汇"是由软件谷管委会主导，软件谷科技人才局牵头运作，面向投资人(含投资机构)创建的专业社群，功能包括通过线上微信社群，实现创业项目与投资人常态化快速对接，提高投融资对接效率。与线下"UP微路演"活动结合，通过不定期邀约投资人，将投资人转化成投资导师，举办投融资主题分享、导师课堂等活动，打造一个开放、融通、合作共赢创投融资平台。"UP创投汇"首批合作天使投资人、机构投资者超100人。

技术创新改造

【概　况】 2016年，软件谷结合新一轮产业扶持政策，对软件谷执行的国家、省、市、区各级科技创新扶持政策展开梳理，梳理出科技创新政策63项，出台《科技创新政策汇编》与《科技项目申报索引》，形成两大指导性框架，引导、激励企业开展科技创新活动。年内，软件谷发明专利授权285件。入选国家高新技术企业64家，占全市新培育国家级高新技术企业13.3%，总数157家。组织申报国家千人计划4人，省双创人才21人，创业南京人才116人以及高新技术企业71家、创新型企业家25家。新增新三板上市人才企业2家。集聚众创空间20家，建筑面积近2万平方米，获备案国家级众创空间3家、省级众创空间8家、市级众创空间19家。新增CMMI(集成的能力成熟度模型)Ⅲ级认证企业7家，CMMIⅢ级以上企业累计52家、CMMIⅤ级企业5家。软件谷全年向215家企业、2名个人兑现知识产权补贴经费133.222万元。从科技条口争取到市级以上项目86项，补贴经费2947万元，较上年增长47.3%。在市年度科技创新券申报中，获市科技创新券经费兑现企业38家，排名全市第一，为企业争取到账经费367万元；成功申领市科技创新券企业185家，获创新券发放额度1125万元。

【获产业专项补助8361.9万元】 2016年，软件谷154家次企业获国家、省、市软件产业专项补助资金8361.9万元。其中，2家企业获商务部服务外包公共服务平台专项资金100万元，27家企业获省级工业和信息产业转型升级专项引导资金3260万元，15家企业获省级服务外包专项资金815万元，5家企业获省级服务业专项资金1110万元，14家企业获市级服务外包专项资金403万元，89家企业获市级软件和信息服务业发展专项资金2523.9万元，2家企业获市级服务业专项资金150万元。

【创业 UP 系列活动】 2016 年，软件谷针对创业企业对资源要素需求，推进“UP 微路演”“UP 学堂”“UP 创投汇”等众创服务平台规范化、系统化建设。果酱音乐、保掌柜、车捕头、慧跑、鞋局、佐夫等路演项目获梅花资本、娱乐工厂、青葵资本等机构超千万投资。合作众创空间达 9 家。全年举办 UP 系列主题活动 42 场，其中“UP 微路演”33 期，参与“UP 微路演”项目超 200 个，参与人数超 3000 人。

【TIC 科技创新系列活动】 2016 年，软件谷以企业选题、政府开课为特色，新设立 TIC 科技创新专家诊断堂、TIC 科技创新征集令等活动环节。在企业科技项目申报服务过程中引入专家定向辅导机制，围绕技术创新点、申报书撰写要点等方面为重点企业把关，提升软件谷科技创新项目获批率。依托江苏省专利信息服务中心软件谷分中心，举办第二届“消灭零专利”活动，集中展示首届活动成果，向软件谷初创企业提供包含发明专利申请贴补服务抵扣券 200 余份，帮助百家企业迈出创新成果转化第一步。全年举办 TIC 科技创新类活动 14 场，累计参会企业代表超千人。

【创业南京人才苗圃试运营】 11 月，由软件谷科技人才局与南京优侠众创空间共同打造的创业南京人才苗圃试运营，入驻创业团队 9 支。创业南京人才苗圃是软件谷管委会专门为创业南京人才打造的众创空间，提供企业落地、用房、管理外包、项目申报、融资对接、市场营销等六大类 40 余项服务。地址位于创智大厦一楼，总建筑面积 1000 平方米，办公空间有 40 余个工位、11 个独立办公间。

科技创业服务

【概　况】 2016 年，科技创业服务区在全市特别社区绩效考评中位列第一位。全年新增孵化器孵化面积 6 万平方米，新增孵化器在孵企业 180 家，累计在孵企业 530 家，在孵企业实现软件和信息服务业收入 21.05 亿元。新增孵化器毕业企业 31 家。新增涉软从业人员 1500 人，引进创业南京人才 4 人，培育国家高新技术企业26 家。专利申请量 460 件，其中发明专利申请量 180 件。开展人才专场招聘会、融资平台对接会以及大数据、云计算、人工智能、虚拟现实技术交流等活动 30 余场，为 80 余家企业开展融资技巧、项目申报等专业服务指导 200 余次。

【创业扶持优惠政策落实】 年内，雨花科技创业社区动员 100 余家科创特区在孵企业进行政策兑现申报。全年累计兑现扶持资金 612.39 万元，符合兑现条件企业 75 家，其中年营业额 1000 万元以上企业 9 家、500 万~1000 万元企业 19 家、200 万~500 万元企业 8 家、200 万元以下企业 39 家。

【科技创业加油站系列活动举办】 2016 年，科创特区举行“资本放光彩　创业有未来”融资主题下午茶、“毕业再聚首　加油再出发”重点企业 CEO 午餐会、“挺进公检法　合作谋共赢”媒合主题集思会等中国（南京）软件谷科技创业加油站系列主题活动 12 场，服务企业 100 余家。

（软件谷）

雨花经济开发区

·概　述·

【概　况】 2016年，雨花经济开发区实现地区生产总值51.3亿元；公共财政预算收入5.1亿元；服务业增加值41亿元，同比增长17.1%；全社会固定资产投资29.34亿元；社会消费品零售总额19亿元；外贸进出口总额2300万美元，其中外贸出口总额2000万元；软件及信息服务业收入52.2亿元；文化产业销售收入41.86亿元。完成签约项目计划总投资55亿元。外资实际到账5300万美元。新增商务商贸面积14.2万平方米。新增重大项目10个，其中专业服务类3个、信息产业类7个。新增3家总部企业，即南京亚通橡塑有限公司、江苏恒天伟智能科技实业有限公司、江苏原力电脑动画制作有限公司。新增涉软企业15家、涉软从业人员1270人，新增软件产业建筑面积24万平方米。新增税收千万元以上企业4家。园区有上市企业3家。申报成功国家级高新企业2家。雨花经济开发区司法所被江苏省司法厅授予江苏省人民调解委员会规范化建设示范点。

基础设施建设。全年拆迁完成面积62908平方米，分滨江大道南延项目与潘窑二组2个项目搬迁，拆迁农户323户、企业1家。锦华新城二期部分主体建设完工并通过市级部门验收。中兴路北延跨秦淮新河大桥办理完成选址、立项、规划要点等前期手续，桥梁主桥主体、道路沉井、箱涵及路基施工完工。滨江大道南延开发区段完成监理单位招投标，施工单位进场。凤集大道179盏路灯及电缆更换改造完工，凤汇大道、龙腾路等16条道路路灯整体移交给南京市路灯管理处管养。雨花汽贸园区110千伏龙凤变电站间隔扩建总计8千米线路穿越工程启动。新建21个公共自行车站点，交付使用。辖区四大主水系28条主次河道全部清理疏通，安全度汛。汇水格子桥泵站、石家闸泵站、中埂泵站3个泵站前池安装环保污水处理装置(3个泵站处理规模均为450吨/天)，投资600万元。

景观绿化建设。年内，滨江大道侧分带绿化面积4.4公顷，总投资600万元，栽植香樟、银杏、栾树、雪松、紫叶李等大小乔灌木1200株，大叶黄杨球、海桐球、女贞球等343个，地被草坪铺设面积4万平方米。龙藏大道凤舞路至中心转盘段完成路面维修12处，道路两侧行道树树池改造40个。龙藏大道凤汇大道至南江路段、龙飞路龙飞桥段、凤锦路段环境整治和升级改造完工。龙藏大道、凤锦路、滨江大道、板桥河、大胜关码头等周边私种菜地清理4.81万平方米。投资120万元对清理后龙飞桥地块绿化改造3.53公顷。开展秦淮新河排水达标环境整治，清理辖区生猪2431头，家禽1528只。

【列入区人代会重点考核项目16个】 2016年，雨花经济开发区列入区人代会重点考核项目16个，包含新建项目4个、结转类项目12个，计划总投资24.65亿元。4个新建项目分别是宅便利电子商务平台项目、明发浦泰“梦幻家”商住项目、弘阳地块“春上西江”商住项目、滨江大道雨花段一期项目。欧帝科技、宝德一期、键桥通讯、锦都软件、佳琪商业、锦华新城二期、宅便利电子商务平台7个项目主体建成，总建筑面积22万平方米。

【键桥通讯软件园主体封顶】 5月3日，南京键桥通讯软件园项目主体封顶。该项目属南京市重大建设项目，计划总投资2.5亿元，总建筑面积5.2万平方米，规划建设1栋5层综合楼和1栋23层研发楼，主营专网通讯技术研发及提供专网通信解决方案。

【泰通科技——北京交通大学通信与物联网联合创新实验室揭牌】 5月12日，南京泰通科技—北京交通大学通信与物联网联合创新实验室在南京泰通科技股份有限公司揭牌。该实验室依托南京泰通科技有限公司GSM-R实验室和北京交通大学轨道交通实验室，进行基站、核心网联调测试，以及对国内外先进技术的引进、吸收与消化，汇聚和培养创新科技人才，创新技术成果。实验室一期投入80余万元，配备各类技术人员24人，其中硕士以上学历占80%、高级工程师占60%。

【南京宝德软件园项目主体封顶】 5月18日，南京宝德软件园项目研发楼主体封顶。该项目计划总投资7.6亿元，占地面积4公顷，规划建设12栋楼，总建筑面积18万平方米，建成后为宝德集团在华东区域网游集成总部，从事网游游戏软件研发及生产。

·江苏国家数字出版基地(南京园区)·

【概　况】 2016年，数字基地完成文化产业产值38亿元，文化产业增加值6.6亿元。新增文化企业入库15家、限上文化企业3家，引进江苏天漫文化传媒有限公司、南京华嵌职业技能培训有限公司、南京飞联航空科技有限公司等文化企业15家，累计完成数字大厦出租1.3万平方米，入驻率62%，全年收入租金234万元，南京数字出版基地发展投资有限公司实现盈利。

【江苏传智播客教育科技有限公司入驻】 5月，江苏传智播客教育科技有限公司入驻数字大厦，办公面积2500平方米，是一家主营软件人才培训机构，开设软件编程、游戏开发、前端与移动开发、UI设计（即User Interface设计，指对软件人机交互、操作逻辑、界面美观的整体设计）、电子商务等学科，涵盖编程、设计、移动端开发、电子商务和营销等IT领域课程。

（梁海山）

入选企业简介

【东方财富信息股份有限公司】 东方财富信息股份有限公司通过搭建互联网财经门户平台、金融电子商务平台、金融终端平台及移动端平台等为一体的互联网金融服务大平台，向互联网用户提供基于互联网平台的应用产品和服务，属国内领先的互联网金融服务平台综合运营商。2010年3月，东方财富网登陆深圳证券交易所，成为中国首家登陆A股的互联网财经门户，当前市值近千亿元。2016年，该公司营业收入23.51亿元，净利润7.13亿元。

【南京中兴软创智慧数据科技有限公司】 南京中兴软创智慧数据科技有限公司成立于2016年，作为中兴软创全国智慧城市业务总部，负责建设和运营全国智慧城市工程，拓展

软件谷　　(软件谷　供稿)

全国智慧城市领域项目,是一家专业参与智慧城市顶层设计、大数据平台、城市综合治理、智慧政务、智慧交通等领域建设企业。

【江苏八天校园云商有限公司】 江苏八天校园云商有限公司位于软件谷楚翘城,办公面积4100平方米,办公人员200人。采用全直营模式,面向大学生提供快速消费品和数字消费品直供服务,覆盖全国50余座核心城市、1200余所高校, 拥有16个大仓, 近千个校园微型仓库, 提供平均30分钟送达服务, 用户人数超300万人。

【南京奇豆网络科技股份有限公司】 南京奇豆网络科技股份有限公司位于软件谷楚翘城,办公面积2200平方米,创立于2012年,是一家主营全国房地产市场大数据智慧营销移动互联网企业,有员工400余人,旗下拥有6家子公司,核心业务分媒体运营、技术研发、云点通、点点家四大类。　(软件谷)

【江苏欧帝电子科技有限公司】 江苏欧帝电子科技有限公司成立于2011年6月30日,位于雨花经济开发区凤集大道12-9号, 公司员工近200人,注册资金3000万元,属南京"321科技创业家企业",占地面积3.07公顷,是一家以智能显示系统及技术研发、生产、销售为主体的高科技企业。该公司与南京理工大学合作建立南京(欧帝)智能显示工程研究中心以及南京市企业技术中心,申请专利47项,其中发明专利8项,获授权专利36项,获软件著作权登记证书10项、国家注册商标4个。至2016年末, 公司资产总额1.47亿元, 销售收入1.5亿元。　(梁海山)

经济

雨花年鉴

2017 YUHUA ALMANAC

2017 YUHUA ALMANAC

Economy

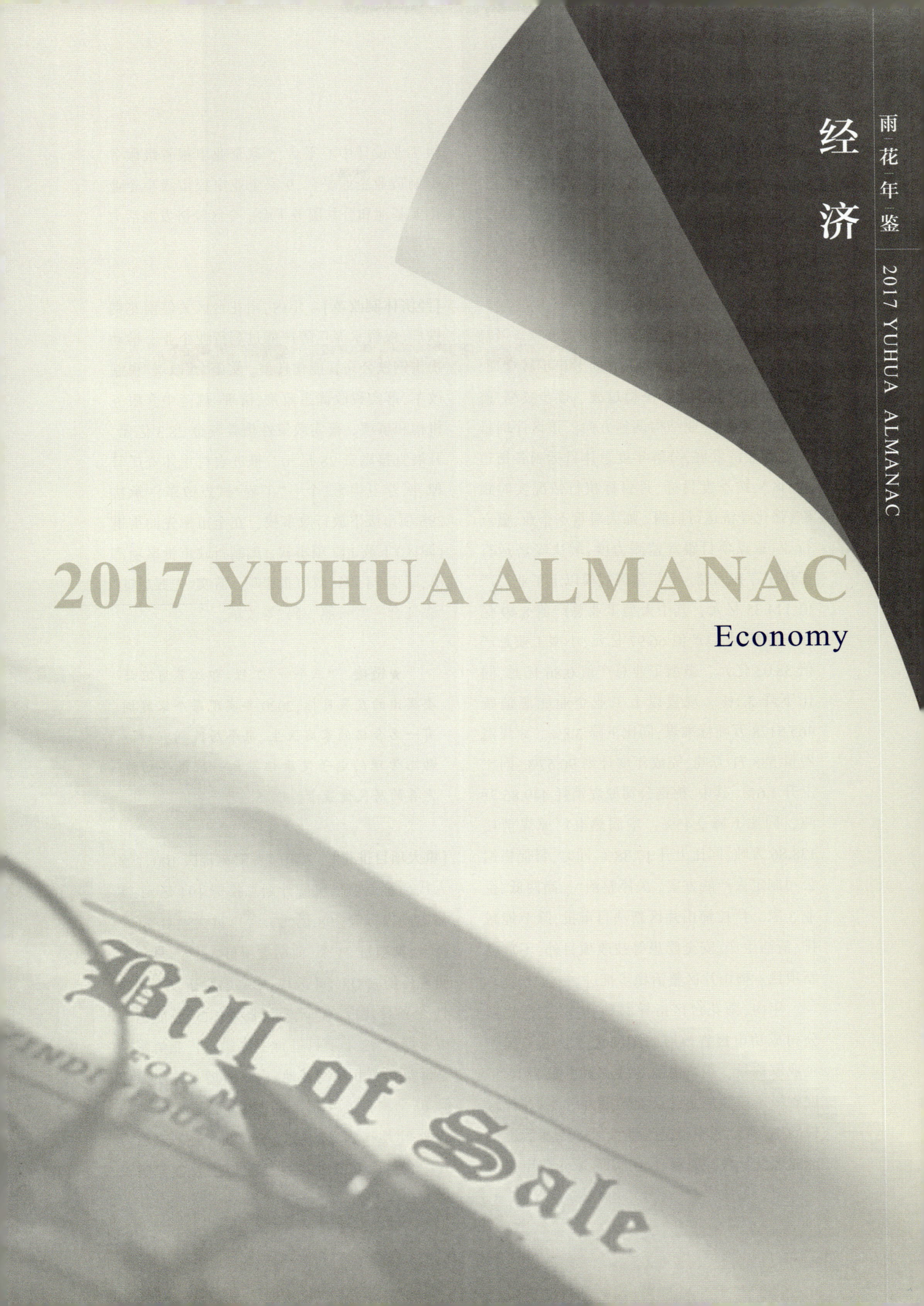

工　业

·概　述·

【概　况】 2016年,雨花台区以发展软件及高端工业为主产业,低端工业处于快步转型期,工业经济主要呈现“平稳过渡、逐步萎缩”态势,符合全区产业结构调整方向。该区序时推进工业经济发展,分解年度总体目标到各街道(园区),按季度目标、月目标执行情况实时跟踪,强化经济运行监测。加大对重点企业、重点行业、重点项目跟踪监测力度,解决经济运行工作中存在问题。全年全区规模以上工业总产值114.35亿元,其中大型工业总产值8.49亿元、中型工业总产值66.97亿元、小型工业总产值38.03亿元、微型工业总产值0.86亿元,同比下降3.1%。规模以上工业企业能源消费465.5128万吨标准煤,同比下降3.8%。原煤消费量588.71万吨,完成年度计划90.57%,同比上升1.6%。其中,梅钢公司原煤消耗449.85万吨,同比下降2.45%;华润热电厂原煤消耗138.86万吨,同比上升17.38%。同时,督促梅钢公司制定去产能方案。关停整治“三高两低”企业3家。严控梅山片区新项目审批,除节能减排、清洁生产、安全隐患等技改项目外,不审批新项目。梅山片区整治稳步推进。

年内,雨花台区指导润和软件、中兴软创公司成功申报省政府表彰的优秀企业和优秀企业家称号,组织7家企业项目申报2016年度省级工业和信息化产业转型升级专项资金,指导10家企业申报并入围市级工业和信息化产业转型升级专项资金。组织8家企业申报市级工业设计中心平台,5家企业申报省级服务型制造业企业平台,9家企业申报市级小企业创业基地和公共服务平台。全区经济发展活力增强。

【经济体制改革】 年内,雨花台区关停雨花钢铁厂、板桥水泥厂等产能过剩行业企业。推动梅山钢铁公司智能化转型。实施“营改增”税制改革,落实税收优惠政策,清理、规范中介服务机构和事项。落实政策性债券资金28.3亿元,开展直接融资28亿元。推进农村集体资产管理、医疗卫生“三个一”工程★试点改革。承接295项市级下放行政事权,在全市率先向街道(园区)下放117项事权。编制行政审批事项清单,减少74项行政审批事项。落实“先照后证”“多证合一”“一照一码”等改革。

★链接 “三个一”工程:即江苏省卫计委提出的发展目标,2020年实现每个家庭拥有一名合格的家庭医生、每个居民拥有一份动态管理的电子健康档案和一张服务功能完善的居民健康卡。

【重大项目推进】 2016年,雨花台区100个区人代会重点项目年度计划总投资194亿元,实际完成投资额198亿元,含市重大项目24个(实施类项目21个、前期类项目3个)。软件谷明发科创城Q3、Q4地块、中兴物联研发大楼等41个项目建成,金证南京研发中心、海能达通信一期等42个项目进行主体建设,亚信华东总部及产业互联网基地、南京万博科技研发楼等17个项目进行基础建设。办理征地面积113公顷,土地挂牌出让4幅。组织企业参加“软博会”“金洽会”“首届世界智能制造大会”“南京高铁枢纽经济区(上海)推介会”等平台招商活动。全年引进重大项目35个,注册项目计划总投资246亿元,注册外资实际到账2.7亿美元,中兴光电子、车城网等一批优质重大项目签约。至年末,100个区人代会重点项目中,21个实施类项目全部开工建设,1个前期类项目开工建设,2个前期类项目办理前期手续。

(杜忠林)

·冶金工业·

【上海梅山钢铁股份有限公司】 2016年,梅山钢铁生产生铁601.31万吨、连铸坯618.29万吨、热轧板卷629.39万吨、酸洗产品102.27万吨、热镀锌17.91万吨、热镀铝锌27.19万吨、电镀锡产品20.49万吨、连退卷34.96万吨,铁精矿267.08万吨,新热力、余热、干熄焦、TRT(炉煤气余压透平发电装置)累计发电15.39亿千瓦时。全年实现营业总收入242.97亿元,利润3亿元,其中钢铁主业实现利润4.06亿元。吨钢付现费用下降48.07元,超额完成年度下降43.19元/吨挑战性目标。吨钢成本费用削减104.11元,成本改善6.44亿元,超越年度5.6亿元规划分解目标。付现费用优化1.76亿元。自发电同比上年的46%提升至61%,峰电发电同比上年提升6.67%,外购峰电同比上年下降7.3%。污染物综合减排率39.05%,远优于市级28.9%标准,实现以达标排放为标志的城市钢厂第一阶段目标。年内,在江苏省环保厅组织的对2015年度944家国控重点污染源企业环保信用评价中,梅山钢铁被评定为环保信用蓝色等级企业。至年末,梅山钢铁有管理部门16个(不含工会、团委),生产厂及子(分)公司、中心18个,在岗员工11186人。

【生产经营协同攻坚】 年内,梅山钢铁销售端推出月度订单适度超接、期货合同偏下限交货、低盈利品种控制接单等策略,抢夺精冲钢、耐酸钢等高盈利品种订单,把有限资源向高盈利品种配置。以渠道建设为先导,在推进出口订单“常态化”的同时,强化市场布局沿长江扇形拓展,开发华东区域新用户32家,华东地区内贸销量占比升至69%,华南地区占比降至23%。采购端协同运作拓展降本渠道,围绕保供、降本、压库3条主线,推进采购对标改善项目33个、产供研协同项目66个、非充分竞争业务优化项目128个,实现采购降本2.4亿元。制造端逆势攻坚应对内外变局。

【开发新品45个】 2016年,梅山钢铁开发新品45个,其中全新型2个、改进型16个、降本型27个,实现新品效益4428万元。对照宝山基地,在实现镀锡产品全覆盖基础上,热轧、酸洗产品覆盖率分别达93.37%和93.38%。热轧精冲钢形成BS600型钢,具有极限薄规格拓展和含铜钢表面“铜脆”控制等国内领先技术,“65Mn”型产品占国内主流精冲用户50%以上份额。酸洗产品实现超厚、超薄双向突破,搪瓷钢占国内市场70%份额。镀锡产品高端用户比例47%,厚规格镀铝锌产品具备向行业标杆企业——ABB(中国)有限公司稳定供货能力。酸洗、热镀、普冷、高强四大类产品通过18家用户认证,完成汽车钢期货量36万吨。IF340、TCR1等型号冷轧压延产品实物质量达到日本钢铁工程控股公司进口产品水平。二炼钢全过程目标温度模型成功上线,以新一代TMCP技术为特征的节约型热轧低碳微合金钢工艺有效运用。

【环保管理信息化平台上线运行】 7月1日，梅山钢铁环保管理信息化平台在厂区上线运行。该信息系统主要包含环保地图、基础管理、综合管理、人工监测、自动监测、统计分析、总量控制、系统管理等八大模块，实现大数据信息平台及时预警、分析和预防等功能。

【市长缪瑞林到梅山钢铁调研】 10月26日，市长缪瑞林一行在梅山钢铁总经理王强民等陪同下考察梅山钢铁冷轧厂生产现场。缪瑞林现场听取王强民关于公司基本概况、转型发展方案等汇报，对该公司在南京地方经济发展做出的贡献表示肯定。他强调梅山钢铁要从新发展理念、供给侧改革、长江经济带发展和“强富美高”新南京建设等方面提高认识，与市政府在同一高度达成认识共识，实现企业的可持续发展；同时要抓住公司转型核心问题，即产能、产品结构、环保与安全标准，与矿山转型一起，整体打造、同步转型，实现企业与地方双赢。

（金　利）

【南京梅山冶金发展有限公司矿业分公司】 2016年，梅山矿业历经铁精矿价低迷、持续降雨和特大暴雨、内销矿量缩减等严峻挑战，围绕“打赢生存保卫战”目标，着力推进“稳定经营、效率提升、转型发展”三大任务。统筹考虑“产能攀升、成本降低、效率效益”关系，重点从“优化峰、谷、平用电、挖掘工序潜力、全流程降选矿比”三方面开展经济运行工作。采矿生产“多元配矿、机动配矿”，选矿生产“精细重选、精准浮选”，采选地质专业联动全流程降低选矿比。面对年初断崖式下跌铁精矿市场价格和现金流为负巨大挑战，制定完全成本不低于290元/吨奋斗目标，对照效益指标和预算缺口，层层倒逼，将成本指标细化分解到作业区和班组。完善各工序成本“日跟踪、周分析、月总结”工作机制，即时发现问题、寻求改善，确定7项经营改善重点课题。启动转型，初步形成公司转型发展规划和项目建议书，确定相关地块利用项目。全年公司累计生产原矿516.72万吨，同比增长6.67%；铁精矿267.07万吨，同比增长8.36%；尾矿再选46.58万吨，同比增长30%。销售铁精矿266.48万吨，其中外销153.41万吨，同比增长18.68%。精矿制造成本同比下降48.77元/吨，铁精矿完全成本同比下降50.51元/吨。全年实现销售收入9.19亿元，利润6864万元。在岗职工2234人，其中操作维护岗位1799人、技术业务岗位315人、管理岗位120人。年内，梅山矿业获2013—2015年“度南京市文明单位”称号。 （郭建国）

·电力工业·

【南京华润热电有限公司】 2016年，南京华润发电量324590万千瓦时，供热61.249万吉焦。综合厂用电率5.41%，供电煤耗317.41克/千瓦时，同比下降4.16克/千瓦时。3号、4号发电机组检修完工，同步实施3号机组超低排放改造，均达到国家认定的技改项目超低电价考核标准。直购电交易电量最高上限8.28亿千瓦时。污泥干化焚烧处置技改项目通过市环保局验收，全年掺烧污泥42569吨。年内，南京华润自主研发的“现场风险管控信息平台”投入使用，并申请国家发明和实用新型专利。开展以“携手华润电力，共赴绿色未来”为主题的“体验式绿色工厂”公众开放日活动，被4家电视台、3家报社、11家主流网站等媒体报道转发。

【南京华润 3 号机组大气污染物超低排放改造项目通过验收】 5 月 18 日，南京华润 3 号机组烟气污染物超低排放改造工程通过南京市环保局组织的环保竣工验收。3 号机组超低排放改造工程于 2 月 15 日开工，4 月 8 日完成一系列开机试验，一次并网发电成功，环保设施同步投运。同时，南京华润对汽轮机节能性能实行提效技术改造，降低煤耗约 5.48 克/千瓦时，提高 330 万兆瓦燃煤供热发电机组核心竞争力。该工程通过江苏省环境监测中心环保竣工验收监测，3 号机组烟囱入口烟尘、二氧化硫、氮氧化物排放浓度分别为 3.4 毫克/标准立方米、22.5 毫克/标准立方米、29.5 毫克/标准立方米，达到天然气燃气机组国家排放标准。

（朱楚君）

·装备制造业·

【南京中船绿洲机器有限公司】 2016 年，中船绿洲生产船用起重机 252 台、船用锚绞机 849 台、分离机械 389 台、救生机械 525 台、环保设备 302 台，实现营业收入 18 亿元，工业总产值 16.5 亿元，申请专利 50 项，其中发明专利 14 项、实用新型专利 36 项。组织开展 5 项产品国际标准研究与 3 项产品国家标准研究，其中 3 项产品国际标准发布。组织申报工信部高技术船舶科研项目 3 项、甲板机械质量品牌项目 5 项，参与申报科技部国家重点研发计划项目 1 项。与沪东中华造船（集团）有限公司签订8 条“13500TEU”批量船订单，与上海外高桥造船有限公司签订 6 条“21000TEU”批量船订单，合同额累计 2.4 亿元。

【3 项科技成果通过鉴定】 7 月，在中国船舶工业集团公司科技部自主组织的技术成果鉴定会上，中船绿洲“大型陆用两相除渣分离机研制”“KYDB202DD－21 型分离机研制”“100kN 带波浪补偿吊艇架研制及试验验证”3 项科技成果通过鉴定，3 项科技成果均为中船绿洲自主研发，具有完全自主知识产权。“大型陆用两相除渣分离机研制”“KYDB202DD－21 型分离机研制”达到国内领先水平；“100kN 带波浪补偿吊艇架”达到国际同类产品先进水平，填补国内空白。

【与麦基嘉签订成立合资公司协议】 9 月 15 日，中船绿洲与芬兰卡哥特科公司旗下麦基嘉公司签署成立中船绿洲麦基嘉机械有限公司合资协议。该公司主要从事空气压缩机和船用设备的技术开发、生产、销售及售后服务等业务。

【联合编制的国标获中国标准创新贡献奖】 10 月，国家质检总局、国家标准委发布《质检总局国家标准委关于公布 2016 年中国标准创新贡献奖获奖名单的通知》，中船绿洲和中国船舶重工集团公司第 704 研究所、武汉船用机械有限公司联合编制的“船用起重设备可拆卸零部件系列国际标准”获该项目二等奖。“船用起重设备可拆卸零部件系列国际标准”包括船舶与海洋技术船用起重设备可拆卸零部件一般技术要求、吊钩、卸扣和滑轮装置 4 项国际标准。

【新型转叶式舵机研究开发与产业化项目通过验收】 11 月 16 日，中国船舶工业集团公司科技部受国家发改委委托，组织行业专家对中船绿洲承担的国家发改委海洋工程装备研发及产业化专项“新型转叶式舵机研究开发与产业化”进行验收。该项目为满足十二缆高性能地球物理勘探船配套需要，开展变频闭式控制球形转叶式舵机系列化设计，完成170（千牛·米）和400（千牛·米）两套球形转叶式舵机科研样机，在体积、重量、操控精度等方面满足船体结构较小且具有特殊作业工况的海工船要求，通过验收。（李　理）

【南京高精传动设备制造集团有限公司】 2016年，南高齿销售收入89.66亿元，毛利率29.87亿元。风力发电齿轮传动设备业务销售额73.62亿元，工业齿轮业务销售额11.26亿元。750千瓦、1.5兆瓦、2兆瓦及3兆瓦风电传动设备大批量生产供应国内外客户，成功研发及储备生产5兆瓦和6兆瓦风力发电齿轮箱能力和技术，产品技术水准与国际同步。公司重整工业齿轮传动设备业务，通过改变生产模式及销售策略提升市场竞争力。凭借美国、德国、新加坡、加拿大全资子公司加强与海外潜在客户沟通交流，扩大国际市场份额；并新增印度全资子公司，把握新兴市场机遇，为全球客户提供多元化服务。年内，公司入选江苏省管理创新优秀企业及江苏省自主工业品牌50强企业，被中国机械工程学会热处理分会授予热处理技术创新示范基地。自主研制的“GYM23P2NX大型高压辊压机齿轮箱”“ESP RZ-F9热轧板材旋转剪主齿轮箱”“ZTP3650-152压榨机主传动行星减速机”3项产品通过省经信委新产品鉴定。

【大功率可调桨和齿轮箱通过省级鉴定】 3月，南高船自主研发的大功率NCP135型可调桨和CKTS1225型双机并车齿轮箱通过江苏省经济和信息化委员会组织的新产品鉴定。鉴定委员会专家一致认为该2项产品技术指标和结构达到国内领先及国际先进水平，填补国内该项领域技术空白。NCP135可调桨推进系统桨毂直径1350毫米，桨叶最大直径5800毫米，螺旋桨最大推力130吨，采用国际先进船机桨匹配设计理念，基于面元法的计算流体力学方法设计螺旋桨桨叶，高效预测船舶航速。CK-TS1225型双机并车船用齿轮箱最大功率为18.6千瓦，最大承受推力950千牛，采用摩擦片液压离合器结构，可实现单/双机运行、单机切换和PTO（控制发动机以恒定速度运行）功能。

【绞吸挖泥船绞刀齿轮箱通过用户出厂验收】 3月，南高船为6500立方米绞吸挖泥船研制的绞刀齿轮箱经船东及相关单位验证，通过出厂验收。江苏海新船务重工有限公司建造的2艘6500立方米绞吸挖泥船，由上海交通大学船舶与海洋工程设计研究所设计，是当前国际最大的非自航绞吸挖泥船以及国际最大的绞吸挖泥船之一。南高船于2015年签订该船绞刀齿轮箱制造订单。绞刀齿轮箱作为绞吸挖泥船核心减速设备，单台设计重量约220吨。在研制过程中，南高船成立专门研发团队，在毛坯采购、工艺编制到加工制造、热处理控制、装配试车等关键工序上严格质量管控并全程跟踪，通过工厂实验，数据均满足用户各项设计要求；且南高船为该船承制的舱内泵齿轮箱、水下泵齿轮箱均获用户验收。

（吴　海）

·材料工业·

【南京玻璃纤维研究设计院】 2016年，南京玻纤院营业收入13.89亿元。承担科研项目49项，其中部省级以上项目 12 项；获得各级科技成果奖励 14 项；获授权专利 266 件，其中发明专利 126 件、国际专利 5 件、国防专利 13 件；主持制(修)订标准 20 项，其中国际标准 2 项。设计的年产 1500 吨高性能无碱玻纤试验窑顺利点火并投产；承担设计的年产 10 万吨玻璃纤维池窑拉丝项目开工建设；年产 2 亿平方米锂电池隔膜生产线及 4000 万平方米锂膜涂覆生产线一期项目开工建设，该项目属国家“十三五”重点发展主导产业之一。年内，南京玻纤院被国家六部委联合授予“XX 突出贡献奖”、获“江苏省文明单位”称号。“医用光缆规模化生产关键技术研究”项目获全国建筑材料行业技术革新一等奖。

【启动岩棉工厂设计标准项目编制】 2 月 26 日，南京玻纤院承担的工程建设国家标准—岩棉工厂设计标准项目启动编制。岩棉工厂设计标准有效规范岩棉行业项目建设，促进岩棉产业结构调整，降低能源消耗，适应国家对节能减排、循环经济要求，填补岩棉工厂设计规范空白。启动会上，住房和城乡建设部对该标准编制提出指导意见和具体要求。

【江苏省碳纤维及复合材料检测服务平台通过中期验收】 3 月 16 日，南京玻纤院承担的江苏省碳纤维及复合材料检测服务平台通过由省科学技术厅、市科学技术委员会与行业财务专家组成的项目中期验收小组验收。该平台向社会提供国家级第三方碳纤维及复合材料检测服务，包括仪器设备、科学数据、科技文献等资源共享服务。

【PTFE 膜过滤材料领域专利量排名国内第一】 5 月，汤森路透(Thomson Reuters)公索统计分析结果出炉，自 2008 年至 2016 年末，南京玻纤院在 PTFE 膜过滤材料领域专利量排名中国第一。汤森路透公司是中国国家知识产权局合作伙伴，为国家专利审查提供关键工具。该次检索主要关注 PTFE 微孔膜、功能化改性、催化剂负载形式及其制备方法，PTFE 微孔膜材料在过滤材料、服装膜、防护口罩和覆膜滤料中应用，检索范围包括全球公开专利。

【污水处理环境功能材料研制及应用通过技术验收】 5 月 9—11 日，由南京玻纤院承担的国家科技支撑计划“环保净化材料与助剂研制及应用”所属的污水处理环境功能材料研制及应用项目通过国家科技部技术验收。该项目建成国内首条年产 10.85 万平方米的膨化 PTFE 中空纤维膜示范生产线，具备迈向污水处理环保产业领域基础。形成的全套生产技术打破美国、日本对 e-PTFE 中空纤维膜制备技术封锁，填补国内在聚四氟乙烯中空纤维膜生产空白，产品广泛应用在海水淡化、印染、造纸、皮革、电镀、苦咸水等废水治理领域，尤其适用在传统中空纤维膜材料难以处理应用场合。

【外墙外保温岩棉制品规模化生产成套装备技术及应用研究项目通过鉴定】 7 月 10 日，南京玻纤院外墙外保温岩棉制品规模化生产成套装备技术及应用研究项目成果通过中国建筑材料联合会项目鉴定。该项目获授权发明专利 1 项、实用新型专利 9 项，制定建筑用绝热制品国家标准 3 项，形成具有自主知识产权的 5 万吨级外墙外保温岩棉制品规模化生产成套技术与装备，降低能耗，实现固废零排放、岩棉绿色生产。

（俞　晓）

【南京旭建新型建材股份有限公司】 2016年，旭建新材成立20周年，承担的江苏省建筑产业现代化示范基地项目通过省、市级建设部门中期验收，承担的余热余压利用节能改造项目获省级工业和信息产业转型升级专项资金支持。公司进入“新三板”创新层，通过高新技术企业复审，获江苏省著名商标和江苏省名牌产品称号。加入“中国—东盟建材行业合作委员会”“中国建材国际产能合作企业联盟”。参与完成国家标准《GB/T51232-2016装配式结构建筑技术标准》和江苏省住房和城乡建设厅《DGJ32/J 184-2016装配式结构工程施工质量验收规程》编写。在澳大利亚成立的控股子公司获澳大利亚建筑标准符合性认证证书，计划投资建设出口产品仓储物流服务中心项目。公司采用自主知识产权研发建设的2号生产线通过日本工业适合性认证(JISA 5416:2007)现场审查，并通过认证。全年公司实现营业收入20989万元，净利润2451万元，投入研发经费661万元，获发明专利授权1项。 （崇 睿）

·生物医药业·

【乾元浩生物股份有限公司南京生物药厂】 2016年，乾元浩生物股份有限公司南京生物药厂产品销售总量65.51亿羽份/亿毫升，同比增长18.5%，其中畜苗产品销售量占销售总量35%，初步形成禽苗、畜苗协调发展产品格局。全年实现营业收入12531万元，同比增长21.3%，其中液氮马立克疫苗实现单品收入超3000万元。成功换发鸡新支法三联灭活疫苗、鸡马立克氏病二价苗、伪狂犬病活疫苗、布氏菌病活疫苗等11个产品文号。完成二维码追溯系统升级，实现企业兽药生产、经营、监管信息互联互通及对产品的全程跟踪追溯。被中国兽医药品监察所抽检的3批布氏杆菌病活疫苗全部合格。复审通过ISO质量管理体系、环境管理体系和职业健康安全管理体系认证考核，被江苏省兽药协会评选为兽药质量优秀生产企业。 （陈金鑫）

【南京同仁堂药业有限责任公司】 2016年，南京同仁堂药业乐家老铺牌双天然安宫牛黄丸产品上市，公司以安宫牛黄丸和排石颗粒两大领袖级品种为主的销售格局初步形成，品种销售逐步聚焦。车间引入国内先进的“水提取MVR(机械式蒸汽再压缩技术)浓缩”生产线。全年企业累计完成产值40500亿元，同比增长20.2%；完工产品数量4273万盒，同比增长15.6%。主营业务收入41359万元，同比增长27.77%。实现净利润4765万元，同比增长175.18%。实现税金4480万元，同比增长64.59%。乐家老铺牌安宫牛黄丸药品包装盒及养血补肾丸药品包装盒获国家知识产权局外观设计专利授权。“中药丸剂干燥装置”“丸剂旋转干燥装置”“中药颗粒剂浓缩提炼设备”“中药颗粒剂的搅匀装置”“颗粒药剂浓缩装置”及“用于颗粒药剂的搅拌装置”获国家知识产权局实用新型专利授权。乐家老铺牌中成药产品获江苏省名牌产品。“辛芩颗粒”“牛黄清心丸”药品被江苏省科学技术厅认定为高新技术产品。企业取得江苏省食品药品监督管理局审核批准的药品标签说明书备案件150余份、药品补充申请备案件13张；通过环保部江苏督察组年度环保测评，并获江苏省优秀企业称号。 （李 月）

服务业

·概　述·

【概　况】 2016年,雨花台区实现地区生产总值444.69亿元,同比增长8.6%。一般公共预算收入69.7亿元,同比增长13.7%。社会消费品零售总额366.62亿元,同比增长10%。全社会固定资产投资242.01亿元。实际利用外资2.79亿美元,外贸出口总额21.71亿美元。城镇居民人均可支配收入48289.3元,年均增长8.6%。三次产业比重调整为0.2∶16.8∶83。软件和信息服务业收入1900.4亿元,占全市比重40%。新增软件产业建筑面积60.8万平方米,总量665.4万平方米。新增涉软从业人员2.61万人,总数20.3万人。新增涉软企业132家,总数904家。中兴、华为等龙头企业保持良好发展势头,诚迈科技、万圣伟业等本土企业逐步壮大。南站高铁枢纽经济区加快建设,绿地之窗、证大喜玛拉雅等重大项目吸引一批总部型企业入驻,国际化南京南部新城初具雏形。雨花国际汽贸园、板桥市场群按序建设,花样年、楚翘城、紫荆广场等一批城市综合体建成运营,北京大学南京创新研究院等联合创新载体建成,东南大学光传感国家级工程中心入驻。全区创建市级以上工程技术研究中心43家,建成众创空间载体21家、孵化器30家。新增孵化器面积11.1万平方米,新增在孵企业311家,毕业企业38家。培育高新技术企业和创新型企业65家、省民营科技企业61家、省科技型中小企业25家。新增上市挂牌企业13家,通灵珠宝在主板首发上市,易司拓、橙红科技等12家优质科技企业在新三板成功挂牌。小额贷款公司有7家,基本实现街道(园区)全覆盖。实施"精英归谷"人才服务计划、"创业南京"人才计划,落户区级高层次人才45名,引进市级高层次创业人才12人。雨花科技成果转化服务中心获评全国A类优秀孵化器。　(杜忠林)

【社会消费品零售总额366.62亿元】 2016年,全区实现社会消费品零售总额366.62亿元,同比增长10%,但总体增速乏力。主要原因是生物医药格局调整,占全区限上批发零售比重1/3的生物医药龙头企业——南京医药药事公司并入南京医药股份公司,停业办理注销;汽车销售持续低迷,全区全年汽车销售81.2亿

2016年雨花台区商务目标完成情况一览表

表3

序号	指标名称	单位	计划完成量	实际完成量	占年度计划%
1	社会消费品零售总额/增幅	亿元/%	10%	366.62/10%	100%
2	注册外资实际到账	亿美元	1.7	2.79	164%
3	外贸出口总额	亿美元	21	21.71	103%
4	引进重大项目	个	30	35	117%
5	注册项目计划总投资	亿元	200	252	126%
6	新增商务商贸设施面积	万平方米	70	77.5	111%

元，同比减少 13.1%，其中世贸泰信减少 30.5%、苏舜锦尚减少 20.1%、雨田海达减少 24.3%、保福利减少 13.4%、安吉汽车减少 9.2%。汽车和生物医药两大支柱行业占全区社会消费品零售总额比例约 60%，降低全区社会消费品零售总额增幅和绝对量。

【参加南京现代服务业发展商机（香港）推介会】 5 月 30 日—6 月 2 日，雨花台区区长李世峰等一行 8 人赴香港参加南京市政府主办的“南京现代服务业发展商机（香港）推介会”。会上，雨花台区邀请香港招商局集团、中国港中旅集团 2 家香港四大中资企业，三胞集团、禹洲地产股份有限公司、金轮天地控股有限公司、上海证大房地产有限公司、中国育儿网络控股有限公司 5 家上市企业，瑞盈传媒科技集团有限公司、诚迈科技、联款通有限公司、香港旭日集团有限公司、嘉联国际发展有限公司、真维斯服饰有限公司 6 家港资企业 19 位副总以上级别公司领导参会。雨花台区现场签约“禹洲 G71 商住”项目，计划总投资 1.5 亿美金，属“铁心桥—西善桥”两桥片区重点项目之一。

·商务商贸·

【概　况】 2016 年，全区新增商务商贸项目 18 个，新增商务商贸设施面积 77.5 万平方米。其中，10 万平方米以上商务商贸项目 5 个，分别是软件谷丰盛商汇总面积 25 万平方米，新增 10.6 万平方米，进行主体建设；软件谷信息安全产业园项目总面积 44 万平方米，新增 10.3 万平方米，进行主体建设；板桥市场群内新普迪市场一期总面积 18 万平方米，新增 14.7 万平方米，进行基础建设；雨花绿地之窗总面积 86 万平方米，新增 6 万平方米，部分主体封顶；雨花证大喜马拉雅中心总面积 63 万平方米，新增 9 万平方米，一期内外装修，二期主体建设。

全年全区完成工商注册项目 139 个，注册项目计划总投资 252 亿元。其中，引进重大项目 35 个，按产业类别分总部、软件、研发类项目 27 个、房地产项目 5 个、其他项目 3 个。签约未领照项目 8 个，计划总投资 189.6 亿元，重点项目有苏宁集团总投资 120 亿元足球小镇项目、总投资 10 亿元京东物流项目和总投资 6 亿元苏通服研发总部项目。在谈项目19 个，计划总投资 81 亿元，重点在谈项目有计划总投资 50 亿元中粮集团项目、计划总投资 10 亿元绿金产业集群总部项目、计划总投资 5 亿元华讯方舟研发项目、中兴捷维通讯研发项目、航盛电子汽车智能系统研发项目。

区商务局全年捕获有效项目信息 150 条，接待到访考察客商 182 批。引进项目 46 个，租赁楼宇面积 2.6 万平方米，注册资本 2.2 亿元。其中，莲花湖电子商务大厦引进项目 14 个，租赁楼宇面积 1 万平方米，注册资本 1300 万元；花神服务外包基地引进项目 7 个，租赁楼宇面积 2650 平方米，注册资本 8058 万元，注册资本 1000 万元项目有 4 个。区商务局自主捕获并在谈重点项目有广州花都珠宝小镇项目、广州林安集团物流信息平台项目、大连锦联控股集团跨境物流项目、华厦幸福政企合作项目等。

【举办南京高铁枢纽经济圈（上海）推介会】 5 月 19 日，雨花台区在上海市江苏饭店主办“南京高铁枢纽经济圈（上海）推介会”，邀请 49 名在沪知名企业家及江苏籍企业家参会。会上签

5月19日，雨花台区在上海市举办“南京高铁枢纽经济区（上海）推介会”
（区商务局　供稿）

约项目5个，计划总投资1.48亿元，分别是总投资5000万元的全球500强企业贝塔斯曼欧唯特，总投资3500万元的上海盖奇信息科技有限公司，总投资5000万元的上海金股湾投资控股有限公司，总投资500万元的上海美挚网络科技有限公司，总投资800万元的上海诺方智能电气有限公司。

【金洽会雨花专场签约项目总额114亿元】 9月10日，“2017南京金洽会雨花台区专场——‘雨花台区创新型经济发展推介会’”举行，市、区领导及中外客商、媒体记者200余人参会。会上签约项目16个，总投资114亿元，包括投资8.4亿元的江苏省通信服务公司研发总部、投资5亿元的车置宝C2R业务总部项目以及投资3亿元的中兴软创科技股份公司“智慧谷”项目。参会公司包括甲骨文软件公司、绿地控股集团2家世界500强企业，中兴通讯股份有限公司、江苏省通信服务公司2家全国软件百强企业，上海证大喜玛拉雅中心、栖霞建设集团2家上市公司，美国安永华明会计师事务所、艾乐德电子2家外资企业。雨花台区参加金洽会市里签约项目2个，总投资125亿元，包括投资120亿元的“足球小镇”项目以及投资5亿元的车城网项目。（刘小楚）

·农贸市场·

【概　况】 2016年，雨花台区有注册农贸市场28家，全区组织6家农贸市场创建市级绿色农贸市场，其中3家获评示范绿色农贸市

9月10日，南京金秋经贸洽谈会雨花台区专场活动在南京明发大酒店举行
（区商务局　供稿）

场、3家获评达标绿色农贸市场。推进15家安装追溯秤的农贸市场上报猪肉和蔬菜追溯数据，其中12家农贸市场肉类数据达标、5家农贸市场蔬菜数据达标。在商务部一季度猪肉和蔬菜追溯数据上报量考核通报中，铁心桥农贸市场肉类蔬菜上报数据量排名全国第16名。在申报南京市2016年服务业发展专项资金扶持项目中，组织南京喜之家母婴在线电子商务有限公司申报家政服务项目，组织南京韩复兴清真食品有限公司申报老字号建设项目，分别获市级服务业发展专项补助资金20万元。

【蔬菜农药残留检测】 春节期间，全区出动车辆5台次、人员25人次，抽查全区农贸市场蔬菜农药残留检测情况，累计检测台账296个品种，计331个批次，未发现农药残留超标问题。检查中发现个别市场存在当天检测不及时、检测和登记程序不规范等情况，当场对检测人员实施纠正。4月，根据南京市政府关于《外埠入宁生猪产品品质检验报验换证和农贸市场蔬菜农药残留检测相关问题》会议纪要，该项工作由区商务局移交至区市场监督管理局。

【岱山明尚农贸市场开业】 4月26日，岱山明尚农贸市场开业。该市场位于西善桥街道盛家岗9号，经营面积约2200平方米，摊位总数77个，包含蔬菜摊位27个、水产摊位8个、肉类摊位13个，投资规模280万元，属南京润福城明尚市场管理服务有限公司管理。 （封 锋）

2016年雨花台区农贸市场一览表

表4

序号	名　　称	地　　点	营业面积（平方米）	开业时间	摊位数（个）	
					总摊位数	蔬菜摊位数
1	能仁里农贸市场	雨花街道能仁里二村	3800	1994	204	94
2	菊花农贸市场	赛虹桥街道小行尤家凹	800	2005	30	5
3	矿部农贸市场	西善桥街道郑家村	5700	1992	320	160
4	板桥雄风农贸市场	板桥街道板桥拥军大道	3600	1998	240	150
5	新绿农贸市场	板桥街道新建村	913	2001	25	7
6	梅山集贸市场	梅山街道205国道	4566	1999	380	294
7	铁心桥农贸市场	铁心桥街道凤石路1号	3000	2004	136	57
8	景明佳园农贸市场	铁心桥街道共青团路289号	1140	2004	56	31
9	阳城农贸市场	铁心桥街道春江新城	3200	2004	80	22
10	油坊桥农贸市场	西善桥街道贾东村	1268	2008	60	12
11	赛虹桥农贸市场	赛虹桥街道南河堤	2912	1993	117	16
12	阅城生鲜市场	雨花街道阅城国际小区	2800	2008	20	6
13	翠岭银河农贸市场	铁心桥街道翠岭银河小区	1000	2010	33	25
14	福升农贸市场	西善桥街道龙西路东升圆	1800	2010	25	10
15	大东农贸市场	赛虹桥街道雨花西路128号	2000	2010	40	20
16	凤翔新城农贸市场	铁心桥街道宁双路7号	1350	2011	40	31

续表

序号	名　称	地　点	营业面积（平方米）	开业时间	摊位数（个）	
					总摊位数	蔬菜摊位数
17	春园路农贸市场	铁心桥街道春园路 30 号	1110	2011	35	20
18	古雄新居农贸市场	板桥新城	1400	2011	35	20
19	梅欣农贸市场	梅山街道副井	1360	1997	48	30
20	宁南生鲜市场	雨花街道丁墙村	2686	2006	120	30
21	汇益嘉农贸市场	赛虹桥街道金铺花园	2000	2013	80	20
22	西善桥农贸市场	西善桥街道西善桥街	1500	1999	78	53
23	春晓农贸市场	铁心桥街道大定坊	1500	2011	70	26
24	西善花苑农贸市场	西善桥街道西善花苑	2900	2012	57	30
25	锦华新城农贸市场	雨花经济开发区	1700	2012	62	12
26	金土地农贸市场	板桥新城新湖大道 8 号	1900	2013	60	35
27	善水湾农贸市场	西善桥街道徐家 89 号	1900	2015	119	69
28	岱山明尚农贸市场	西善桥街道岱山盛家岗 9 号	2500	2016	83	24

·烟草专卖·

【概　况】 2016 年，雨花台区烟草专卖部门销售卷烟 27732 箱，同比下降 2.51%；实现卷烟销售额 10.91 亿元，同比增长 2.22%；卷烟平均单价 157.34 元/条，同比增长 4.84%。全年查获各类涉烟违法案件 240 起，先行登记保存各类非法卷烟 19077 条，涉案案值 343.94 万元，判刑 1 人。查处无证照卷烟经营户件 7 起，查处涉案卷烟 1016.9 条，案值 28 万余元。开设法治移动讲堂 62 次，宣传烟草法律法规知识、执法案件查处流程和营销服务流程，解答各类咨询 336 起。在虹悦城、西善花苑社区广场等地开展法治咨询讲座，组织 76 批次卷烟零售客户代表学习《中华人民共和国烟草专卖法》等法律法规。年内，烟草四分局被南京市总工会评为“南京市工人先锋号”。

【服务拆迁卷烟零售客户】 2016 年，雨花台区 70 余户卷烟零售客户店铺面临拆迁，烟草四分局走访该区域零售卷烟市场，引导零售客户合理进货销售，维持拆迁期间正常经营，同时收集新兴市场门面房出租信息供拆迁客户选址参考。年内，协助 11 户拆迁零售客户择址开店经营。

【“4·15”特大非法卷烟案告破】 9 月，烟草四分局配合市、区两级公安部门联合侦办的“4·15”特大非法经营卷烟案件，在南京、珠海、广州、深圳等地集体收网，当场查获各类违法违规卷烟 9728 条，案值 121 万元。该案刑事拘留 5 人，逮捕 3 人。　　（仇　斌）

·雨花国际汽车商贸区·

【概　况】 2016 年，汽贸区新开业汽车 4S 店 1 家，汽车 4S 店营业合计 4 家，分别为江苏中驰汽车销售服务有限公司奔驰品牌汽车4S店、南京保福利投资管理有限公司保时捷品牌汽车4S店、南京世贸泰信汽车销售服务有限公司沃尔沃品牌汽车4S店、福联汽车（中国）投资有限公司林肯品牌汽车4S店（新开业）。汽贸区全年社会消费品零售总额8.26亿元，全社会固定资产投资7000万元；在建项目8个。与南京朗驰集团有限公司签订项目投资建设协议，出让面积2.2公顷，规划建设一汽丰田和广汽传祺品牌汽车4S店。投资2200万元，开工建设汽贸区供电配网，规划建设配网管线3千米，配置环网柜15台。至年末，完成龙飞路变电站至龙藏大道沿线电力管沟土建和汽贸园环网柜底座施工。投资28万元，对雨贸路和汽渡路沿线宣传广告提挡升级，更新宣传牌1350米，计4100平方米。

【汽贸区社会消费品零售总额8.26亿元】 2016年，汽贸区完成社会消费品零售总额8.26亿元，分别为：江苏中驰汽车销售服务有限公司奔驰品牌汽车4S店，整车销售764台，销售产值2.5亿元，售后进出场3578台次，售后产值2304万元；南京保福利投资管理有限公司保时捷品牌汽车4S店，整车销售750台，销售产值4.8亿元，售后进出场6950台次，售后产值6200万元；南京世贸泰信汽车销售服务有限公司沃尔沃品牌汽车4S店，整车销售27台，销售产值1143万元。

【在建项目8个】 2016年，汽贸区在建项目8个，包含新开工项目2个，即南京金飞龙汽车贸易广场开发有限公司金厦广场综合体项目和南京万宝行汽车销售服务有限公司宝马品牌汽车4S店项目。至年末，3个区人代会项目：南京金飞龙汽车贸易广场开发有限公司金厦广场综合体完成部分土方开挖，进行地下室基础施工；南京万宝行汽车销售服务有限公司宝马品牌汽车4S店完成土方开挖，进行地下室顶板施工；江苏天泓汽车集团有限公司凯迪拉克品牌汽车4S店完成地块平整、围挡和试桩，项目因主机厂建店标准调整暂停。其他5个项目中，江苏世贸泰信捷路汽车销售服务有限公司捷豹路虎品牌汽车4S店、南京大有汽车贸易有限公司长安品牌汽车4S店完成主体和内外部装修，待供电接入后申报消防、节能环保和规划验收；江苏东源汽车销售服务有限公司进口现代品牌汽车4S店、江苏致成汽车销售服务有限公司东风标致品牌汽车4S店完成主体和外部装修，正在报审市、区相关部门验收；福联汽车（中国）投资有限公司福特品牌汽车4S店主体完工，进行外立面幕墙施工；南京汉虹汽车贸易有限公司东风日产品牌汽车4S店进行主体4层施工。

【待建项目7个】 年内，汽贸区待建项目7个，分别为江苏省苏舜集团有限公司克莱斯勒品牌汽车4S店、江苏恒通汽车有限公司东风本田品牌汽车4S店、江苏文华投资有限公司英菲尼迪品牌汽车4S店、江苏万帮汽车有限公司北京现代品牌汽车4S店、江苏天泓汽车集团有限公司凯迪拉克品牌汽车4S店、南京威程汽车销售服务有限公司广州本田品牌汽车4S店、南京蓝盾汽车销售服务有限公司雪佛兰品牌汽车4S店。至年末，7个项目均在办理开工建设前期手续。（梁海山）

·板桥市场群·

【概　况】 2016年，板桥市场群G1地块顺利出让，新普迪五金机电城板桥市场一期项目开工，新交运百货市场办理规划等前期手续。雨花台区出台《板桥市场群综合管理方案》，明确三山社区、新建社区按照属地化管理原则负责渣土管控。三山社区成立市场群综合服务小组，为市场群建设运营提供服务保障，涵盖市场群范围内固定资产管护、道路保洁、"三控"(控违控渣控乱)等。板桥市场群内部中兴路南延三期、龙腾南路、三号街、北环路建成通车，与道路工程同步建成雨污管道3280米以及自来水、10KV电力、燃气、联合通讯、交管、路灯等各类综合管线6670米。规划建设的新梅钢5号路、龙飞南路、振兴西路、东环路以及雨污水泵站工程开展招投标。三号街、北环路与三山矶路以北路段复耕土地绿化面积6.3万平方米。中兴路南延一期、二期以及三山矶路乔灌木、草坪、绿篱进行绿化一级养护，成活率达95%以上。

【G1地块出让】 4月15日，板桥市场群G1地块经过86轮竞买，被南京栖霞建设集团摘牌，摘牌价21亿元。G1地块属85%住宅、15%商业的商住混合项目，占地面积6.8公顷，计划总投资40亿元，规划建筑总面积30万平方米，分3期建设。至年末，该工程前期手续基本办结。

【新普迪市场开工】 12月6日，新普迪五金机电城板桥市场一期项目开工，计划总投资8亿元，占地面积10.2公顷，规划建筑总面积18万平方米，建设主体建筑4层。至年末，该项目开展土方桩基施工。　(张　瑛)

·外资外贸外包·

【概　况】 2016年，雨花台区新批外资项目19个（含增资、减资项目8个），计划总投资10.52亿美元，协议注册外资3.37亿美元。注册外资实际到账2.79亿美元，完成市目标任务164%，完成进度位居全市第一位。全年全区外贸进出口总额31.07亿美元，其中外贸出口总额21.71亿美元，同比增长13.3%，完成率位列全市第二。年内，在全球外贸形势低迷，重点企业内部结构调整、订单减少等大环境下，区外贸重点企业舜天、苏豪两大集团上半年遭遇出口寒冬，其中舜天集团出口连续9个月28%以上负增长，苏豪集团1—6月出口增幅不超过5%。雨花台区参照市政府《南京市开放型经济绩效考核办法》，制定《雨花台区开放型经济考核奖励办法》，对完成外资、外贸任务责任单位实施奖励，确保外贸稳增长局势。

至年末，全区有外贸企业218家，其中外贸出口实绩企业176家。年出口千万美元以上外贸企业40家，出口额占全区出口额88%。其中舜天集团出口5.30亿美元、苏豪集团出口6.51亿美元、梅山钢铁公司出口额由上年2.3亿元增加到3.1亿元。为扭转全区外贸出口颓势，区商务局汇通区国税局及相关街道(园区)走访调研企业，开展结汇、退税等系列服务，为正常运转企业排忧解难，努力激活外贸"僵尸企业"(指无望恢复生气，但由于获放贷者或政府支持而免于倒闭的负债企业)。全区外贸出口负增长局面得到扭转。

【新批协议注册外资千万美元以上项目5个】 2016年，雨花台区新批协议注册外资千万美元以上项目5个,分别是南京丰茂股权投资企业12258万美元、南京灏溢房地产开发有限公司10993万美元、南京德盈置业有限公司(外资并购)6080万美元、博克斯通电子有限公司1000万美元和南京亚信互联网科技有限公司2000万美元。

【雨花台区赴广州开展外贸专题招商活动】 6月20日，区商务局联合软件谷战略发展局携辖区外贸相关企业赴广州开展外贸专题招商活动。会上,区贸促会推介南京市及雨花台区投资环境,软件谷战略发展局重点推介软件谷投资环境(含政策)和跨境电商平台优势,区商务局介绍国家、省市关于跨境电商和外贸方面政策。其间,区商务局与广东省进出口商会、广东省跨境电子商务行业协会加强合作;软件谷战略发展局为引进优质外贸企业与大龙网加强合作,并与新安怀集团就如何建设外贸综合服务平台做对接。 (刘小楚)

旅游业

·概　述·

【概　况】 2016年，雨花台区有雨花台风景区、南京科技馆2家AAAA级旅游景区,将军山风景区1家AAA级旅游景区，梅山宾馆1家三星级宾馆。各类旅行社53家,其中新增旅行社11家、旅行社服务网点7家、旅行社分社5家,注销旅行社服务网点2家,搬走旅行社分社1家。全年景区接待游客624.5万人次,旅游营业收入4.2亿元,其中接待国内旅客615.7万人次、接待入境旅客8.8万人次。开展旅游市场“一日游、低价招徕、合法经营、文明旅游、不合理低价游”等专项检查,出动人数152人次,开展行动检查76次,累计检查旅行社、服务网点及分社48家。组织旅游从业者参加市级旅游

2016年雨花台区新增、注销及搬迁旅行社(含服务网点、分社)一览表

表5

序号	旅行社名称	地　址	备案时间
1	南京龙辉国际旅行社有限公司	玉兰路99号5幢813室	1月7日
2	江苏舜天海外旅游有限公司	软件大道119号丰盛商汇1幢5楼	1月20日
3	南京爱出游旅游有限公司	软件大道168号三号楼4楼401室	1月29日
4	南京市中国旅行社有限公司	软件大道118-8号B1幢4楼	3月4日
5	南京凯顺国际旅行社有限公司	玉兰路99号1幢2388室	4月6日
6	南京原美国际旅行社有限公司	明发广场1幢2192室	5月12日
7	南京春天国际旅行社有限公司	郁金香路2号郁金香软件大厦2楼201-1室	6月1日
8	南京乐和旅行社有限公司	玉兰路99号1幢1569室	6月13日
9	漫邮轮江苏国际旅游有限公司	软件大道118号新华汇B2栋6F	6月23日
10	江苏省中山国际旅行社有限公司	软件大道118号B2栋5-6层	7月15日
11	南京揽胜国际旅行社有限公司	长虹南路222号	7月22日
12	江苏舜天海外旅游有限公司长虹路营业部	长虹路415号	1月12日

续表

序号	旅行社名称	地　址	备案时间
13	江苏金陵商务国际旅行社有限责任公司长虹路营业部	长虹路 222 号德盈国际广场 2 栋 1212 室	1 月 26 日
14	南京申腾旅游有限责任公司雨花分公司(服务网点)	梅山铁矿兴梅中路矿业小车队	1 月 29 日
15	南京中北友好国际旅行社有限公司梅山营业部	中华门外新建梅山宾馆 101 房间	2 月 22 日
16	江苏舜天海外旅游有限公司金地自在城营业部	板桥街道新湖大道 8 号金地自在城第三街区 18 幢 115 室	3 月 11 日
17	中国国旅(江苏)国际旅行社有限公司南京小行路营业部	小行路 6 号 1 号楼 101 室	3 月 17 日
18	江苏百事通国际旅行社有限公司南京玉兰路第一营业部	玉兰路 99 号 4 幢 108 室	5 月 5 日
19	江苏舜天海外旅游有限公司南京宁丹路营业部	宁丹路 18-16 号	8 月 2 日
20	深圳市腾邦国际会展旅游有限公司南京分公司	西春路 1 号北楼 3 层 305-5 室	2 月 5 日
21	江苏金桥国际旅行社有限公司南京分公司	小行路 6 号 4 号楼 301 室	6 月 14 日
22	八爪鱼在线旅游发展有限公司南京分公司	小行路 6 号 4 号楼 301 室	7 月 5 日
23	北京观光国际旅行社有限公司南京分公司	玉兰路 99 号明发广场 1-1376 室	8 月 16 日
24	南京大华国际旅行社有限公司长虹路营业部	雨花西路 128 号	注销
25	江苏万达原野国际旅行社有限公司春江佳园营业部	春江佳园 01 幢 D38 号	注销
26	苏州文化国际旅行社有限公司南京第一分公司	长虹路 222 号 2 幢 1701 室	搬离

培训 7 次，累计发放文明旅游、不合理低价游宣传单页和宣传手册 1500 份。全年受理旅游相关投诉 99 件，其中市旅委转办投诉 48 件、“12345”旅游投诉工单 44 件，处理率 94%。

【“万象更新·雨花韵”旅游宣传活动】 5 月 28 日，由区级机关工委、区文化(旅游)局、区体育局、铁心桥街道组织的“2016‘万象更新·雨花韵’”旅游宣传周启动仪式暨牛首山北坡欢乐跑活动在牛首山北坡举办。活动现场，雨花台区推出 3 条踏青休闲线路，向旅行社、宾馆、餐饮、社区、软件企业 5 个行业代表发放新版《雨花台区旅游指南》；南京市非物质文化遗产传承人展示技艺；雨花旅游宣传片《雨花摆》首发。开幕式结束后，来自区机关干部、软件企业员工、社区居民代表近 800 人参加欢乐跑活动。

【首支旅游 MV 宣传片《雨花摆》推出】 5 月 28 日，雨花台区推出首支旅游原创 MV 宣传片《雨花摆》。该 MV 时长 2 分 52 秒，历时拍摄 3 个月，取景虹悦城、楚翘城等商贸体，软件谷、南京南站等特色区域，圣象广场、三桥湿地公园等旅游景点，内容涵盖雨花台区人文历史、生态美食、旅游资源等特色，宣传介绍雨花台区旅游及城市建设新成就。

【推介新旅游线路 3 条】 5 月，区旅游局推出 3 条辖区旅游线路，涵盖 25 处旅游景点，分别是：以古龙泉寺、天隆寺塔林、天界寺遗址、高座寺、牛首山北坡等为代表的“雨花佛教一日游”路线，由菊花台前驻外使节九烈士墓、皖南事变三烈士墓、牛首山韩府山抗金故垒、民间抗日战争博物馆、侵华日军南京大屠杀遇难同胞——花神庙、普德寺丛葬地等组成的“爱国主义红色文化雨花行”路线，以西善桥街道历史文化博物馆、南京记忆馆、姚南石刻公园、岱山为代表的“岱山文化游”路线。雨花台区新编纂的《雨花城市休闲指南》提供该3条旅游路线出行攻略，投放在辖区各旅游景点服务中心。（祁　栋）

·雨花台风景区·

【概　况】 2016年，雨花台风景区接待游客527.47万人次，同比增长8.83%。雨花台烈士陵园与东部战区空军政治部共建东部战区空军“四有”新一代革命军人教育基地，与江苏省级机关共建党员教育基地，与北京市委教育工委共建北京高校青年教师学习实践基地，与北京大学共建“北京大学——南京雨花台学生红色教育基地”，与南京大学历史学院合作成立雨花台研究基地。被列入省教育厅重点课题的“雨花英烈精神及其当代价值研究”进入中期评估阶段，“雨花英烈精神与南京‘红色文化之城’建设研究”课题被列入市委重点课题和市社科重点课题。雨花台烈士陵园管理局启动《雨花英烈史料》系列丛书编纂，其中《雨花英烈家书》《雨花英烈文集》出版发行。长篇小说《苍茫大地》在雨花台烈士纪念馆首发。雨花台风景区全年举办各类活动670余场次，其中纪念凭吊活动649场、红色主题活动23场、雨花石展2场，累计展出雨花石400余枚。年内，雨花台烈士陵园被国家民政部评为第六批国家级烈士纪念设施、被中共中央国家机关工委授予中央国家机关爱国主义教育基地，雨花台烈士陵园管理局被市委、市政府、南京警备区评选为创建全国双拥模范城有功单位。南京市雨花台烈士陵园管理局经江苏省机构编制委员会办公室批复同意增挂“雨花台干部学院”“雨花台烈士纪念馆”牌。

【基础设施建设】 2016年，雨花台烈士陵园投资230万元，完成雨花台烈士纪念馆光荣厅改造、南门广场边坡塌方修复、纪念碑两侧回廊防水维修、主干道维修、丁香园木栈道维修、雨花湖坝埂抢修等基本建设工程。升级革命烈士殉难处东、西两侧，“雨花台烈士纪念碑广场”“阿乐手植丁香树”和“南京杰出青年林小道”等区域绿化景观，塑造党性教育现场教学点。在雨花台烈士纪念碑百级台阶上，用6万盆孔雀草和矮牵牛设计出大型花字景观“缅怀”，烘托清明主题。全年更新景点指示牌、警示牌等各类标识标牌67块。

【红色文化宣传】 年内，雨花台烈士陵园管理局配合省、市单位举办“江苏省暨南京市青少年凭吊革命先烈”“江苏人民广播电台百名主持人清明诗会”以及越剧《丁香》演出活动，配合有关部门完成“阅读英烈故事　弘扬雨花精神”2016年江苏全民阅读日、第12届江苏读书节暨第21届南京市读书节、“信仰铸青春　誓言勇担当”江苏省纪念五四运动97周年、江苏省暨南京市新入职法治专业人员向宪法宣誓等活动保障服务。清明期间开展“擎旗自有后来人世纪追寻家国史”主题纪念活动以及雨花英烈近亲属口述史征集活动。“9·30”烈士纪念日，配合省、市部门，举办江苏省暨南京市各界向雨花台烈士纪念碑敬献花篮活动及新婚夫妇向革命烈士献花仪式。配合市话剧团话剧“雨花台”在北京、上海、武汉、广州、南京等地高校开展巡演48场次，同时举办“信仰的力量——雨花英烈事迹巡展”，新华社、人民日报社、中央电视台《新闻联播》节目等11家中央媒体专栏给予报道。联合南京日报社推出“穿越时空的对话”社区分享会，走进建邺区月安、栖霞区杉湖路、玄武区唱经楼等23个社区，讲述雨花英烈红色事迹。

4月2日，“红色文化看传承 世纪追寻家国史”雨花英烈近亲属口述史征集活动启动仪式在雨花台烈士纪念馆幸福厅举行　　（雨花台风景区　供稿）

【雨花英烈近亲属口述史征集】 4月2日，雨花台烈士陵园管理局联合南京日报社启动“红色文化看传承 世纪追寻家国史”雨花英烈近亲属口述史征集活动，招募东南大学、河海大学、南京师范大学等高校40名大学生志愿者参与。至年末，首批口述史征集者涉及十多个省市，计52位烈士近亲属，包括采访青岛、沈阳、北京、上海等地恽代英、陈原道、徐楚光等24位烈士亲属，挖掘烈士事迹及其后代传承精神、继承家风等故事。

【“弘扬雨花英烈精神　做合格共产党员”专题图文展】 6月12日，由南京市委主办的“弘扬雨花英烈精神　做合格共产党员”专题图文展在雨花台烈士纪念碑举办，市委书记黄莉新率市四套班子领导集体参观。该展览贯彻国家总书记习近平系列重要讲话精神，结合“两学一做”学习教育主题，挖掘雨花台红色资源，以图文形式集中展示雨花英烈以生命践行党章、党纪英雄事迹。年内，该展览接待省、市、区机关和企事业单位608家，计4万人次。

【《雨花英烈史料》系列丛书出版】 7月、9月，《雨花英烈史料》系列丛书——《雨花英烈家书》《雨花英烈文集》先后出版。该书由雨花台烈士陵园管理局编纂，南京出版社发行。《雨花英烈家书》选编雨花台32位英烈75封家书，合计15万字，内容包括冷少农写给儿子的信、高文华写给父亲的信、骆何民写给妻子的信等，展现烈士思想演变和心路历程。《雨花英烈文集》选编17位烈士50篇代表性文章，合计17.3万字，内容包括金佛庄《传略自述》、邓中夏《长辛店旅行一日记》、恽代英《怎样才是好人》、施滉《对于清华各方面之建言》、任天石《天雨庭前的梧桐树》等。

【北京高校青年教师学习实践基地揭牌】 7月13日，北京高校青年教师学习实践基地揭牌仪式在雨花台烈士陵园举行。北京市委教育工委常务副书记张雪，南京市委常委、宣传部部长徐宁共同为基地揭牌。来自北京大学、清华大学、中国人民大学、北京师范大学等34所高校100余名青年教师参加揭牌仪式。该基地属全国首家外省、市教育工委在雨花台烈士陵园挂牌的学习实践基地。

【中央国家机关爱国主义教育基地授牌】 7月17日，中共中央国家机关工作委员会在雨花台

7月17日，中共中央国家机关工委常务副书记李智勇向雨花台烈士陵园授予"中央国家机关爱国主义教育基地"称号 （雨花台风景区 供稿）

烈士陵园举行授牌仪式，授予雨花台烈士陵园"中央国家机关爱国主义教育基地"称号，成为江苏第二家授牌的中央国家机关爱国主义教育基地。中央国家机关工委常务副书记李智勇，省委常委、市委书记黄莉新等出席授牌仪式，并与出席活动党员干部向雨花台革命烈士纪念碑敬献花篮，缅怀革命先烈。

【南门、北门游客服务中心投入使用】 9月，雨花台风景区南门、北门游客服务中心改造完工，投入使用，总投资26.9万元。南门、北门游客服务中心总面积66平方米，分别配置影视播放系统、宣传资料栏、急救药箱、免费寄存储物柜等设备。2个服务中心日接待游客量合计300余人次，提供便民服务100余次。

（张亚蕾）

·南京科技馆·

【概　况】 2016年，南京科技馆从业人员115人，全年接待游客84.6万人次，同比增长7.4%，其中未成年人45万人次。科普大篷车进社区、学校、农村累计24次。举办2016年全国科普日南京主场活动、"江苏(南京)儿童启智展览会暨南京首届儿童科学节"、长江江豚主题科普艺术展等大型公益科普活动十余场，被中国科学技术协会评为2015年度全国科普教育基地科普信息化工作优秀基地。

【常设展览升级改造】 2016年，南京科技馆完成展馆展品出新改造。负一楼兴建安全生产展区，原人防展区新增军用飞机模型、灭火器体验、消防安全知识宣传栏等展项。一楼拆除原"绿色网络"旧展项，兴建开放"3D打印"展区，修复"模拟航海"展项，展出自主研发新品"神奇的灯泡"。湿地公园"桥世界"完成改造，重新开放。园区新增"二月兰海""晚樱抱叶""海棠垂梦""紫薇含羞""花雨茶园""南山竹径"和"绿野仙踪"等新植物景观区域。镜湖水质提升，栽种水生景观植物，打造水面景点。

【动漫和电子游戏系列活动】 年内，南京科技馆承办"2016中国COSPLAY超级盛典"江苏赛、ChinaJoy Cosplay嘉年华全国大赛(南京)预选赛、C.E comic动漫夏日祭、南京欢聚同人会lovelive主题展等大型动漫活动4场。其中，宅舞大赛、动漫歌会、Cosplay表演、明星见面会、动漫手办集市、动漫周边展览、手游对战等节目吸引全国各地青少年6万人次参加。利用馆藏

《圣斗士星矢》《机动战士高达》等动漫模型资源打造“经典动漫人物——机械战士”主题展览。

【IMAX 球幕影院新片首映式举行】 1 月 1 日，南京科技馆举行“一张不用抢的火车票”IMAX 球幕影院新片首映式，引进球幕新片《落基山快线》，并订制首映式纪念版火车影票限量发放。现场开展“乐高积木造火车”互动体验活动，观影观众 3000 余人次。

南京科技馆负一层人防展区　（南京科技馆　供稿）

【江苏儿童启智展览会暨南京首届城市儿童科学节举办】 4 月 30 日—5 月 2 日，南京科技馆举办江苏（南京）儿童启智展览会暨南京首届城市儿童科学节，近 20 家专业儿童科学教育机构和国家级科研院所儿童科普项目参展。展会设置勇闯激光阵、创意机器人、VR 虚拟现实、诺贝尔实验室、名侦探训练营等科学体验项目。参观游客 2 万余人。

【第六届江苏省少年儿童现场书画大赛举办】 7 月 29—31 日，以“庆祝中国共产党成立 95 周年”为主题，由江苏省文明办、江苏省中华文化促进会主办，江苏广播电视台优漫卡通卫视、南京七贤书画院、南京科技馆、南京水墨缘书画艺术培训中心等多家单位联合承办的第六届江苏省少年儿童现场书画大赛在南京科技馆举行。现场 2300 名青少年选手经过大赛初选，从全省数千名青少年中脱颖而出，参加在南京科技馆举行的 22 个场次决赛，评选出“优秀组织单位奖”“优秀辅导教师奖”“特等奖”“钻石奖”等奖项。（顾　璇）

农　业

【概　况】 2016 年，雨花台区建立健全农产品质量安全工作责任人网络，与 5 个涉农街道及 16 名农技员签订责任书，与 0.13 公顷以上蔬菜种植户签订安全生产承诺书。全年举办蔬菜质量安全培训 4 期，参加培训的全区各街道农业科负责人及农技员 100 余人次。发放农业支持保护补贴（耕地地力保护）104.92 万元，速测蔬菜样品 6068 份，农产品质量安全送检 40 个，合格率均 100%。该区全年农林牧渔总产值 15108 万元，其中农业总产值 2264 万元、林业总产值10076 万元、牧业总产值 1867 万元、渔业总产值 901 万元。

【农村集体资产管理】 年内,雨花台区开展农村财务票据专项检查、“三资”(资金、资产、资源)管理专项检查和调研,加强集体“三资”监管,街道(园区)资产管理、资金管理、票据管理、合同管理等工作逐步规范。全区19个行政村建设完成农村集体财务与集体资产信息化系统建设。开展农村集体土地确权登记调研,包含全区二轮承包耕地经营管理现状、流转情况、规划使用情况及存在问题等,形成《雨花台区农村土地承包经营权工作调研》报告,为南京市农村工作委员会对雨花台区不开展农村土地承包经营权确权登记颁证工作决策提供依据。各街道完成征地拆迁、以地换保、撤村建居、农资补贴等方面政策衔接。出台《南京市雨花台区2016年村、组集体资产清产核资工作手册》,成立区、街道、社区三级领导小组,聘请专业会计师事务所,完成铁心桥街道高家库社区、板桥街道永安社区农村集体资产清产核资试点工作,获南京市农村工作委员会肯定。

【农畜产品质量安全监管】 年内,雨花台区健全“放心菜”工作责任网络,建立5个监测网点,定期或不定期组织检查。出动执法车辆9车次,执法人员32人次,督查辖区饲料生产企业产品质量安全18家次。检测生猪尿样1396头份,其中市级抽样20份、区级检测250份、街道检测1126份,未发现违规使用“瘦肉精”等违禁物质。开展3次畜禽重大动物突击性防疫行动,常年群体抗体保护水平超85%。开展甲型H7N9禽流感剔除行动和种猪场伪狂犬病净化行动。协助公安部门在全区增设3个犬类免疫注射服务点,总个数达4家。辖区全年无畜禽流行病疫情发生。

【畜禽污染防治】 2016年,雨花台区完成畜禽养殖栏存普查统计。全区清理牲畜1768头,关停户数30户;清理家禽7204只,关停户数150户。其中,禁养区(雨花街道、赛虹桥街道、铁心桥街道、西善桥街道和雨花经济开发区)清理牲畜1506头,关停户数9户,清理家禽5882只,关停户数141户;限养区(板桥新城、板桥街道和梅山街道)清理牲畜262头,关停户数21户,清理家禽1322只,关停户数9户。

【农机安全监管】 年内,雨花台区与街道、村和农机手签订84份安全责任书,加强农机安全监管。实行农机安全生产每季例会制度,及时掌握全区农机安全生产形势。开展农机安全联合检查15次,出动检查人员90人次,检查车辆110余辆。规范拖拉机驾驶员年检审核,被检拖拉机71台。组织开展农机安全生产隐患排查2次,排查各类农业机械116台,排除一般隐患7台。

(赵　冰)

经济管理与监督

雨花年鉴

2017 YUHUA ALMANAC

2017 YUHUA ALMANAC

Ecological Environment and Construction

财政管理

【概　况】 2016年，全区一般公共预算收入(包括地方固定收入以及中央与地方共享收入中地方所得部分)完成69.7亿元。其中，国税收入25.1亿元，占收入总量36%，同比增长70.1%，增收10.3亿元；地税收入42.8亿元，占收入总量61.4%，同比下降1.4%，减收0.6亿元；财政收入1.8亿元，占收入总量2.6%。收入来源主要集中在软件业、房地产业、商贸服务业、制造业和建筑业五大板块税收收入58.43亿元，占全区一般公共预算收入83.8%；增量主要集中在商贸服务、软件、房地产、电力业和制造业，分别增收4.01亿元、2.51亿元、0.38亿元、0.34亿元和0.22亿元。全区一般公共预算支出55.3亿元。其中，区级一般公共预算支出27.6亿元，增长4.5%；街道(园区)一般公共预算支出19.3亿元，增长21.4%；新增债券支出街道(园区)3亿元；上级转移支付支出5.4亿元，下降3.6%。"三公"经费同比下降24.9%。政府性基金预算支出62.1亿元，其中，上级专项转移支付56.7亿元，主要是土地出让金，全部用于拆迁、征收、安置和基础设施建设。

【社会事业发展】 2016年，区财政部门支持教育、卫生、民政、文化和体育等民生事业。教育支出7.4亿元，用于学校建设、名校引进、学前教育、专业化教师队伍、职业教育和社会教育等；卫生支出2.1亿元，用于"院府合作"、人才队伍建设、基层医疗服务、基本公共卫生服务、"智慧医疗"项目等；社会保障资金投入4.3亿元，用于城乡居民最低生活保障、残疾人两项补贴、创业就业扶持、养老社会福利等；文化支出0.3亿元，用于文物保护、文化阵地建设、文化活动和旅游项目等；体育支出0.1亿元，用于全民健身、公共体育服务网络、体育惠民工程等。

【城乡统筹发展】 2016年，区财政部门全力改善区容区貌，推进城乡统筹发展。全年安排0.5亿元，用于"两桥"地区项目建设；安排6亿元，用于道路、桥梁等基础设施建设；安排1.3亿元，用于主次干道、园林绿化建设管养等；安排2.3亿元，用于环境综合整治、水环境治理、大气环境监测等。

【政府采购】 2016年，全区采购规模4.23亿元，节约资金1.02亿元，节约率19.44%，其中，货物类、工程类、服务类采购规模分别为1.1亿元、2.97亿元、0.16亿元，占实际采购总规模26.04%、70.14%、3.82%。全年集中采购规模2.78亿元，占采购总规模65.72%；部门集中采购规模1.14亿元，占采购总规模26.95%；分散采购规模0.31亿元，占采购总规模7.33%。

【预算绩效监督管理】 2016年，区财政继续推行全过程预算绩效目标管理，将区级预算单位50万元及以上的87个预算项目，3.7亿元资金纳入绩效目标申报管理范围；试点绩效全评价，对卫生系统2013-2015年预算执行情况和专项资金使用情况进行整体评价，核查和评价近三年医疗卫生预算资金2.2亿元，核定结余结转资金768.43万元；实施评价结果应用，根据2015年预算绩效评价结果，实施财政绩效评价结果与预算拨款挂钩机制，促进预算绩效管理。5月印发《关于盘活财政存量资金　推进财政资金统筹使用试行办法》(雨政发〔2016〕72号),加强结余结转资金管理,在年度预算执行中,通过当年消化、次年冲抵预算等方式盘活部门存量资金0.7亿元;7月起,区财政建立支出进度月度分析制度,督促重大项目推进速度和支出进度。

【财政综合改革】 2016年,区财政部门全面推进部门预算公开,以公开为常态、不公开为例外,提高预算透明度,完成50个区级一级预算单位和9个街道(园区)2015年度决算信息公开工作,并对2016年预算信息公开内容进行全面细化整改;深化国库集中支付改革,推进集中支付电子化管理,完善与人民银行、代理行对账清算工作,完善行政事业单位工资财政统发工作;加强国有经营性资产管理,将街道(园区)经营性资产一并纳入系统管理,在线监管2016年累计已出租房产面积8.25万平米,合同收益1947万元;南京雨花国资投资管理有限公司推进直接融资,获上交所10亿元非公开公司债的发行批准,并实际发行中票二期8亿元和非公开公司债10亿元,主要用于软件谷及其他街道(园区)重点项目。 (王 璐)

税务管理

·国家税务·

【概 况】 2016年,区国税局组织市级国税收入54.65亿元,同比增收13.41亿元,增幅32.52%;组织区级国税收入54.10亿元,同比增收13.15亿元,增幅32.09%;组织区级公共财政预算收入25.10亿元,同比增收10.35亿元,增幅70.14%。年内,区国税局被市国税局评为2016年度南京市国税系统先进领导班子称号、被区委区政府评为2016年度雨花台区先进集体,区国税局办税服务厅获2016年度南京市国税系统优秀办税服务厅称号。

【税收收入】 2016年,区国税局密切关注经济税收动态,正确处理依法征收与发展经济、税收管理与纳税服务的关系,掌握收入主动权。加强收入原则管理,坚持"应收尽收,应退尽退";加强税收预测工作,提高税收预测管理和日常申报中收入异常信息的监控力度,积极兑现各项税收优惠政策,全年办理各类退税1811户次15.04亿元;加强重点税源管理,主动与区发改局、财政局、统计局等部门协调沟通,关注涉及软件、生物医药、高端商贸、先进设备制造等行业的61个重点项目;科学监控税源,配备专业分析人员,集中了解重点税源情况,确保重点税源企业网上直报系统数据质量;加强税收分析管理,开展按月收入执行情况分析和行业专题分析,准确了解税收完成情况,客观反映全区重点行业经济运行态势和问题,为各级领导决策提供参考,全年累计报送各类税收分析报告79篇,其中《从两大钢企的税收比较看南京市钢铁产业转型升级》引起区政府高度重视,受到省国税局、市国税局好评。

【现代纳税服务体系建设】 2016年,区国税局加强以纳税人为中心的现代纳税服务体系建设,在纳税服务标准化、现代化、信息化建设等方面取得成效。重组服务资源,将依申请和依职权基础事项全部前移至办税服务机构,前台受理、后台调查核批，合理布局纳税服务场所，落实税收职责清单，提高征收和纳税双方办事效率。认真开展“便民办税春风行动”，实现“六提速”（咨询、登记、发票、申报、审批、投诉）。提升纳税服务信息化水平，电子化办税比率达市局要求。完善纳税人需求响应机制，受理“12345”“12366”转办事项61件，综合满意率100%。成立税收政策咨询专家委员会，设立特殊服务号咨询室，解决取消管户制度后过度服务和服务缺失现象，有效提升纳税人遵从度。仅征期催报催缴一项，每月就减少事前人工催报约700户次。区国税局被市国税局评为现代纳税服务体系建设首批达标单位。

【“营改增”改革试点】 2016年，该区营业税改增值税（以下简称“营改增”）涉及全区7003户纳税人，经三次核实、核查，确认“营改增”纳税人7117户，其中房地产业92户，建筑安装业1495户，生活服务业2950户，金融业40户，个体2540户。完成税户确认7003户、发行防伪税控722户，确认率和发行率100%。四大“营改增”行业新增入库增值税款10.58亿元，所有行业税负不同程度下降。区国税局在完成前期办税厅改造的基础上，增设11个办税窗口，另开辟“营改增”纳税申报辅导专区，推广网上申报，引导纳税人网上办税；充实人员配备，创建“三梯队”格局，抽调业务骨干、师资团队，充实办税厅一线、特服号及“营改增”申报辅导专区工作人员。创建办税厅窗口办理基础申报事项、7楼申报辅导专区办理复杂申报事项、政策法规科专岗解决疑难申报问题的“三梯队”申报格局，高效服务纳税人办理申报事项；强化培训辅导，夯实工作基础，持续开展办税厅窗口人员培训，统筹培训资源，组织“营改增”政策培训和纳税申报操作培训，同时面向总局样本量企业开展针对性申报培训，做好摸底工作，提升税负分析质效；制定应急预案，抓好舆情防控，落实办税服务厅领导值班制，完善技术保障、突发事件等应急预案，确保突发问题及时妥善处理。实时把握办税厅运行情况，做好舆情防控和办税服务厅风险应对。

【虚开增值税发票工作初步遏制】 2016年，区国税局“双打”工作成效显著，虚开增值税发票情况初步遏制。处理高风险纳税人、异常纳税人691户，对226户涉嫌企业实行了控票措施，及时处理“认证后失控”数据2682条。及时发现异常，迅速采取行动。2015年年底，区国税局通过相关工作渠道开始发现少数商贸企业出现经营异常情况，主要表现为大量套取增值税专用发票，涉嫌虚开和接受虚开等情形，企业通过收入和进项两个方面涉嫌进行违法操作申报。区国税局迅速采取行动，在发票领购环节重点关注新办并且短期发票用量激增企业，通过系统预警将疑点纳税人移交相关管理部门进行后续风险管理，避免不法分子大量虚开专票情况的发生，有效堵塞税源漏洞。贯彻要求，明晰部署。贯彻落实市国税局“双打”工作要求，加强纳税人办税实名制，强化发票管理举措，严格涉票风险事项的处理。拟定工作任务清单，明确24项具体任务。协同作战，确保信息共享。与市稽查二局召开管查联动会，取得一致共识，做到信息及时互通，实现情报共享。

【“金税三期”上线】 10月8日，区国税局上线运行“金税三期”系统。该局通过在办税厅张贴公告、电子显示屏、发送手机短信等各种渠道，向纳税人广泛宣传《关于“金税三期”优化版上线有关事项的公告》，确保每个纳税人知晓各项具体安排。对外，组织委托代征单位的培训和部分重点纳税人培训两个场次，培训人员近200人次；对内，分批分类完成了全员分类业务培训，安排全员培训、纳服系列培训、风险应对系列三个场次，培训人员170人次。在区国税局7楼大会议室采取集中办公方式，搭建测试环境，集中人员17名，按照省局1:1的测试要求，开展全员、全量、全业务类型的测试。区国税局8月底开始启动这项工作，国庆期间加班加点，完成468条“金三”业务事项、54条高频事项和230余条外围系统功能的测试。各职能科室干部随时解决出现的问题，专人监控业务办理速度，引导纳税人错峰办税、自助办税、预约办税，以及使用外管证、发票验旧等电子税务局新线上功能，减轻前台窗口办税压力。

（翁晓宇）

·地方税务·

【概　况】 2016年，区地税分局完成税收收入722169万元，同比增长116168万元，增幅19.17%省级收入完成7161万元，同比增加2651万元，增幅58.77%；市县级收入完成715008元，同比增长113517万元，增幅18.87%；市县级公共预算收入完成469117万元，同比增长13124万元，增幅2.88%；完成公共财政预算收入（含教育费附加，地方教育费附加）428303万元，与去年同期相比减少6030万元，减幅1.39%，完成区政府下达计划425000万元的100.77%。

【软件谷税收总量57.57亿元】 2016年，软件谷实现全口径税收入库57.57亿元，同比增长8.01亿元，增幅16.16%，其中实现营改增税收收入4.53亿元，同比增收1.4亿元，增幅44.7%。实现一般公共预算收入29.04亿元，同比增长2.67亿元，增幅10.13%。中兴通讯股份有限公司全年实现净入库一般公共预算收入7.65亿元，同比下降0.33亿元，降幅4.2%；华为软件技术有限公司全年实现净入库一般公共预算收入6.17亿元，同比增长0.77亿元，增幅14.3%。中兴通讯股份有限公司、华为软件技术有限公司两户企业贡献公共预算收入占47.59%。

【风险应对入库税款5476万元】 2016年，区地税分局按照省地税局风险管理办法和市地税局风险管理工作指引要求，重新梳理《雨花台局风险应对流程》。加强风险应对统筹管理，在应对户选择上加强自选户引导，发挥风险应对人员主动性，对市地税局每次推送需统筹户均落实到位。加强风险应对过程管理，按周通报风险应对工作进度，督促各所按序时进度完成。2016年，风险应对入库税收5476.03万元，贡献率0.76%。

【涉外企业税收管理】 2016年，区地税分局根据涉外企业特点，实行分类管理，把属地化和专业化结合起来，不断提高涉外企业税收管理水平。实现涉外税收20730万元，比上年增收12048万元，其中宏图三胞集团涉外企业股权转让入库企业所得税1.87亿元，海外上市公司（高速传动）股息红利第一批入库个人所得税2030万元。

【劳务派遣税收业务清理】 2016年，区地税分局成立2个劳务派遣税收业务清理工作团队，采取从业资质备案审查与实地核查相结合的方式，对全区劳务派遣市场的税收秩序进行专项清理，对劳务派遣工作涉税行为进行全面梳理，按季度对年开票金额2000万元以上的企业、每半年开票金额2000万元以下的企业进行上门实地核查，全年清理企业10家。

【廉政文化作品创作】 2016年，区地税分局以"微系列"廉政文化作品创作为契机，创新拓展廉政文化作品内涵，组织廉政文化作品创作，择优选送《清廉自守 慎独修身——从曾国藩看修身从政之道》《欲望的归宿——散曲(山坡羊·十不足)赏析》等微小说、微信息20余篇，微讲堂2堂，微视频2条，在南京市国税局组织的廉政文化作品评选中获一等奖1个，二等奖2个，三等奖2个。

【开展服务型税政建设】 2016年，区地税分局加强对国家税收政策研究，打造服务型税政建设，突出主动和效率，针对该区经济发展的实际开展综合税政调研。深入软件业、高新技术企业等开展调研2次，反馈政策建议3条，参加地方政府重大项目研讨及咨询会2次，切实强化税政工作的服务功效，提高税政工作效率。

【多篇调研信息被采用并被国务院领导人批示】 2016年，区地税分局加强舆情管理和科学调研工作，开展税收宣传活动，对采集信息综合归纳总结，主动到企业进行实地调研。加强报送至省国税局、省委省政府的信息组稿工作，《基层期盼进一步完善小微企业免征两税政策》等4篇调研信息被中央办公厅和国务院办公厅采用，其中2篇被国务院领导批示。

(张淑卿)

审　计

【概　况】 2016年，全区完成审计和审计调查项目334个，其中经济责任审计项目8个，预算执行审计项目1个，政府投资审计项目323个，其他审计和审计调查项目2个。政府投资预结算审计核减金额2.16亿元，完成拆迁项目跟踪审计资金24.10亿元，涉及拆迁面积35.58万平方米。审计发现问题48个，提出审计意见和建议27条，查出管理不规范资金1.47亿元，督促收回往来借款5万元，收回不规范人员补贴3.73万元，向纪检部门移送问题线索2个，被判刑7人，受到党纪处分3人，被通报批评2人，被处罚金0.8万元。

区审计局和该局基建及企业审计科分别被区委区政府表彰为2015年度先进集体、"雨花台区铁心桥街道办事处原主任徐立任期经济责任审计"项目被南京市审计局表彰为优秀审计项目、优秀计算机审计项目三等奖。

【盐城龙卷风冰雹特别重大灾害救灾款物跟踪审计】 6月23日，盐城龙卷风冰雹特别重大灾害发生后，区机关部门、社会各界积极捐款捐物，全力支援灾区救灾，为加强对救灾款物的监督管理，提高救灾款物的使用效益，根据省审计厅统一部署，区审计局成立审计小组，对区民政部门、慈善总会、红十字会等机构募集的救灾款物的筹集、拨付、使用和管理是否规范进行跟踪审计。审计结果表明，全区共筹集捐赠款 61.15 万元，其中：区红十字会筹集捐赠款 2.74 万元，区慈善会筹集捐赠款 58.41 万元。筹集的捐赠款项全部及时拨付盐城灾区，筹集、拨付、使用和管理规范，未发现问题。

【出台《关于进一步加强政府投资建设项目审计监督的实施意见》】 12 月，区政府出台《关于进一步加强政府投资建设项目审计监督的实施意见》(雨政发〔2016〕223 号)，明确"统一管理、分类审计、分工负责、分级实施、联动整改"工程审计监督体系。要求 200 万元以上、纳入审计计划的政府投资建设项目，由区审计局直接审计；限额以下、限额以上未纳入审计计划项目和跟踪审计，由相关街道(园区)负责，区审计局进行培训和指导，并在全面备案基础上进行随机抽查。各街道(园区)制定内审管理办法，设立专门机构、明确专门人员，确保审计质量。

【预算执行审计】 2016 年，区审计部门对全区 2015 年度区级预算执行和其他财政收支情况进行了审计。审查 8 个部门预算、8 个街道(园区)预算收支总体情况，对 4 家预算外单位进行审计调查。审计查出管理不规范资金 1.39 亿元，发现问题 10 个，提出审计建议 6 条。7 月 26 日，区人大常委会召开第 33 次会议听取和审议《关于 2015 年雨花台区财政预算执行和其他财政收支情况的审计报告》。

【领导干部经济责任审计】 2016 年，区审计局受区委组织部委托，完成区环保局原局长金海波、司法局原局长孙跃进、统计局原局长周洪涛、物价局原局长尹宏、药监局原局长张心坚、政府办原主任杨宝龙、住建局原局长程道伟等 8 名同志离任经济责任审计，查纠各类管理不规范的问题 38 个，查出管理不规范资金 792 万元，提出审计建议 21 条，督促收回往来借款 5 万元、收回不规范人员补贴 3.73 万元。出台《雨花台区经济责任审计工作质量管理细则(试行)》(雨审发〔2016〕14 号)，从 10 个方面规范审计工作程序，4 个方面落实质量管理要求。2 月，经济责任审计科实施的"雨花台区铁心桥街道办事处原主任徐立任期经济责任审计"项目被南京市审计局表彰为优秀审计项目。

【政府投资审计】 2016 年，区审计局坚持实施预决算审计 10 万元以上项目全覆盖、拆迁工程跟踪审计全覆盖。主动将"自来水、电力、燃气、路灯、通信、有线电视、铁路特殊工程"和受"品种、季节、产地、造型"等价格影响因素大的绿化景观工程纳入审计范围，开创审计工作前置、实施预算审计的模式。对拆迁项目，从"入户调查、信息公示、补偿细则、补偿预案、个案讨论、最终补偿结果确认"等多个方面进行全方位监督，不留盲点。全年完成政府投资审计项目预结算审计 323 个，核减金额 2.16 亿元，完成拆迁项目跟踪审计资金 24.10 亿元，涉及拆迁面积 35.58 万平方米。

【重点民生项目跟踪审计调查】 2016 年，区审计局持续对老旧小区改造、二次供水改造、排水达标区创建及污水设施建设、城中村及危旧房改造等四个民生项目进行跟踪审计调查，重点关注建设项目的动态建设与管理情况，基本建设程序履行情况，以及专项资金筹集、管理和使用情况，各项制度与内部规定执行情况等等，重点揭示项目建设中的管理不到位、资金使用不合规等问题。

【近三年全区政府投资项目审计情况调查】 2016年上半年，区审计局对2014—2016年来全区政府投资项目审计情况进行调查。调查结果表明，近三年来区政府投资审计工作在促进政府投资项目监督管理、保障政府投资项目效益等方面发挥重要作用，相关政策不断建立和完善，实现10万元以上建设工程和拆迁工程审计全覆盖。在审计模式及特色上，坚持超前审计，不留审计死角；坚持各方联动，防范廉政风险；坚持规范管理，提高审计质量。审计中发现建设单位、职能部门、审计部门存在7个方面的问题，针对问题提出3条建议。5月30日，区审计局受区政府委托，向区第十七届人大常委会第32次会议报告全区近三年政府投资项目审计情况政府投资项目审计情况。6月6日，区人大常委会下达审议意见书。

【创建省AAAA级数字档案室】 2016年，区审计局开展省AAAA级数字档案室创建工作，成立领导小组、制定工作职责、制订达标方案、加强硬件设施建设，将1998-2015年室藏的永久、长期、30年和10年的文书档案以及室藏永久、1998-2012年长期和2013-2015年30年的审计业务档案，全部进行数字化转换和挂接。11月份通过专家评估，得分94.25分，成功创建省AAAA级数字档案室。

（陆国顺）

价　格

【概　况】 2016年，区政府设立价格调节基金100万元，保障辖区价格总水平基本稳定。完成43家行政事业性收费和68家政府制定价格经营性收费单位收费报告和清单制度落实；完成19家房地产企业40批次61万平方米普通商品住房明码标价申报备案手续；完成5家物业企业收费备案、7家停车场和19条道路等级申报、6家民办幼儿园价格备案工作；完成刑事案件涉案财产价格鉴证104件，案值122万元，价格纠纷调解14件，可统计争议金额2.09万元。全区建成农副产品平价直销店（区）18家，办理网络问政、市长信箱、12345工单、12358举报等376件，办结率100%。全区5家企业评为市级“价格诚信”单位，其中麦德龙获“江苏省价格诚信”单位。

【价格调控】 2016年，区物价局获全市稳定价格和治乱减负目标责任制考核优秀单位。区物价管理部门落实区政府与24个责任单位签定价格稳定责任状，分解市政府下达价格调控目标，强化价格调控责任制目标管理，把优惠政策落实到位。执行国家和省市取消、取缔收费项目、降低收费标准及收费减免优惠政策，完成一级公立医疗价格综合改革测算和二级公立医院医疗价格综合改革评估工作。

【价格监测】 2016年，区物价管理部门对可能引发价格异动倾向性、苗头性问题，实时向上级部门报告预警。全年上报“36个大中城市主副食品价格监测表”49个品种，15744组数据；

"南京市主副食品价格对比表"33 个品种,3168 组数据;"南京市主副食品价格测报表"35 个品种,6720 组数据;"超市价格监测表"16 个品种,3072 组数据;微博比价 48 期 1460 组数据。

【价格收费】 2016 年,区物价部门加强行政事业性收费监管,联合区财政局,公布该区行政事业性收费目录清单。区物价管理部门完成 19 家房地产企业 40 批次 61 万平方米普通商品住房明码标价申报备案手续;通过与房地产企业沟通,核减虚高房价金额 39182 万元;完成 5 家物业企业收费备案、7 家停车场和 19 条道路等级申报、6 家民办幼儿园价格备案工作。

【农副产品平价直销店管理】 2016 年,区物价部门完善《雨花台区农副产品平价店日常管理考评细则》,加强 18 家农副产品平价直销店(区)日常管理,每月定期 2 次量化考核,不定期进行现场巡查;每月发布一期《平价店日常管理考核情况通报》,每季度进行一次考核评比。探索农副产品平价直销店(区)配送与现代物流模式相结合的新途径,实行产销对接降低平价商店流通成本,发挥农副产品平价直销店(区)稳价惠民作用。全年平价店销售平价蔬菜 308 万公斤,惠民 311 万元,发放平价店补贴资金 137.68 万元。

【价格监督检查】 2016 年,区物价管理部门组织开展商品房销售明码标价、停车设施管理收费、医疗收费、宾馆饭店收费等专项检查。出动检查人员 450 人次,检查单位 380 家次,5 家单位下达整改通知,立案查处违法行为 6 件,罚没款 57.7 万元。督查全区 61 家中小学校、幼儿园收费公示和收费政策执行情况。

【消费者权益日系列活动】 2016 年,区物价部门在紫荆广场、弘阳广场和虹悦城开展"3·15 消费者权益保护日"和《江苏省价格条例》宣传活动,宣传价格政策,接受群众价格咨询,受理群众现场价格投诉,解答价格咨询 2000 余人次,发放《价格指南》和《江苏省价格条例》宣传册 1800 余份。

(康宽荣)

市场监督与管理

【概　况】 2016 年,全区有药品生产企业 2 家,药品批发企业 7 家,药品零售企业 100 家,医疗器械生产企业 11 家,批发企业 148 家,零售企业 104 家。保健食品经营企业 139 家,化妆品经营企业 156 家。全区新增各类企业 3780 户,同比增长 47%。新增注册资本 704.11 亿元,同比增长 376%。办理各类股权出质登记 84 件,出质股权总额 42.03 亿元,为企业融资 9.22 亿元,培育申报 2 家市长质量奖、3 个市长质量奖个人奖,1 家江苏省质量奖,中国电子科技集团公司第十四研究所荣获第二届中国质量奖提名奖,指导帮助南京嘉环科技有限公司等 7 家企业新申报江苏省著名商标,指导南京圣迪奥时装有限公司等 11 家企业完成江苏省著名商标再认定申报。新申报注册商标申请 1800 件。全年共有有效注册商标 5900 件,其中:中国驰名商标 6 件,江苏省著名商标 32 件,南京市著名商标 43 件。完成了 2 家食品生产企业、1 家食品添加剂企业的食品生产电子追溯系统建设;全年进行药品零售企业 GSP 认证 2 家,新开办现场检查 5 家,换证核查 8 家,变更检查 40 余家;第二类医疗器械经营备案现场检查44家，配合市局完成第三类医疗器械生产经营许可现场检查及质量管理体系考核共75家。全区31家农贸市场、18家大型商超、3000家食杂店达到市局创建标准；打造南站茶都成为流通环节食杂店示范一条街，善水湾农贸市场、西善桥街道检测站被列为市局流通环节创建示范点，建成4家餐饮服务食品安全工作站，全区88家学校食堂完成明厨亮灶工程，学校食堂A级率高于60%；29家大型以上社会餐饮完成明厨亮灶工程，量化分级达创建标准。全年完成药品监督抽样189批次，完成保健食品抽检13批次，化妆品抽样8批次。2016年收集药品不良反应报告254例，达到世界卫生组织每百万人口400份的收集标准，医疗器械不良事件MDR185例，达到世界卫生组织每百万人口100份的收集标准。全年市场主体应年报数39174家，已报数29299家，年报率74.8%。全年受理各类投诉举报件4165件，办结数3525，立案调查案件123起，其中简易程序案件2起，一般程序案件121起，办结104起，销案3件，移送公安非法制售和使用注射用透明质酸钠、肉毒素案件5起，与区公安分局联合打击网络制售非法添加食品案件8起，罚没款入库193.7万元，为消费者挽回经济损失1070.19万元。

【非法添加专项抽验任务】 2016年，根据市食品药品监督管理局食品药品监督稽查执法非法添加专项抽验分解任务，雨花台区市场监管局安排专人负责，积极拓宽抽检渠道，结合食药犯罪案件行刑衔接工作机制，与区公安分局协作，发挥驻局警务室作用，经过协商讨论，以网络销售壮阳类食品为突破口，缜密安排，协作抽样送检涉嫌非法添加壮阳类食品65批次，其中检出非法添加壮阳类药物的食品58批次。相关涉案人员已批捕。

【市政府考核区2015年质量强区工作】 1月5日，市质量强区工作考核小组一行4人对2015年区质量强区工作进行考核，副区长汪东明和质量强区组长单位领导陪同考核。考核组一行听取开展质量强区工作情况汇报、通过查阅资料、座谈等形式，全方位、多触角了解该区质量工作状况。考核组在详细了解该区2015年度在产品质量、工程质量、环境质量、服务质量、经济运行质量等领域的主要工作开展情况后，对在贯彻落实国务院《质量发展纲要(2011—2020年)》和省市年度行动计划，提升产品、工程、环境、服务、经济运行质量等方面做出的努力给予肯定。尤其对在打造“中国第一软件产业基地”取得显著成绩给予赞扬。

【食品药品科普宣传站建设】 1月8日，区市场监督管理局副局长张宋祥、副局长范夕忠一行，到铁心桥街道铁心社区食品药品科普宣传站检查落实情况。局领导分别就人员情况、科普宣传情况、资金投入情况和未来规划情况进行了解，询问关于创建工作的台账进展，察看社区科普图书室和科普宣传屏的实际使用情况。考察结束后，副局长范夕忠对该街道及铁心社区的工作表示肯定。同时要求今年参与挂牌的板桥街道、西善桥街道各社区负责人员认真学习铁心桥街道的相关做法，争取高质量完成科普宣传站任务。

【打击非法制售和使用注射用透明质酸钠行为专项行动】 1-3月，区市场监督管理局开展打击非法制售和使用注射用透明质酸钠行为专项行动，经过企业自查和集中整治，该局充分发动八个分局及街道、园区协管员、信息员作用，共排查企业 256 家；与区公安分局联合执法 3 次，查处违法使用非法使用注射用透明质酸钠及其他假药的美容院 3 家，同时，在局网站、微信公众号、QQ 群等平台发布消费警示，公布 52451315、12331、12345 投诉举报电话；，多角度多方位开展宣传活动。引导公众理性认知，提高人民群众识假辩假能力，防范风险。

【南京地铁运营有限责任公司高分通过国家级服务业标准化试点项目验收】 3 月 5 日，国标委专家组一行前来南京地铁运营有限责任公司，对该公司国家级服务业标准化试点项目进行验收。考核组通过听汇报、看现场、查资料等方式，对该公司进行了全面考核，综合评估后以 95 分通过验收。考核组对该公司创建标准化试点项目以来取得的成绩给予了肯定。认为该公司全体职工对创建工作认识到位，凝聚力强，几年来，做了大量的工作，制定了企业标准 1771 个，其中服务基础标准体系标准 24 个，服务保障标准体系标准 1484 个和服务提供标准体系标准 263 个，并付诸实施和推广，取得良好社会效应。

【“3·15”主题日活动】 3 月 15 日，区市场监督管理局联合区文化局、住建局、公安分局、检察院、法院、教育局、烟草公司等单位，在德盈广场有限责任公司配合下，在虹悦城负一楼举办 2016 年“3·15”消费维权主题日推广活动。从活动现场反馈的情况来看，2016 年百姓更为关注的热点问题普遍集中在预付费业务、食品安全、医疗美容等领域。下一步区市场监督管理局将紧密结合区域实际、紧贴百姓关注热点、紧跟条线工作安排，切实做好市场监管工作，营造良好消费环境。

【雨花台区汪东明副区长调研铁心桥街道国家食品安全城市创建工作】 4 月 21 日，副区长汪东明就国家食品安全城市创建工作在铁心桥街道进行调研。区市场监督管理局局长张心坚、铁心桥街道办事处主任张海毅陪同调研。实地考察铁心桥市场监督管理分局，详细了解基层监管机构以及食品流通、餐饮企业质量管理状况，并在铁心桥街道召开座谈会听取创建工作情况汇报，与区市场监管局、铁心桥街道有关负责同志进行座谈。副区长汪东明对铁心桥街道创建工作表示肯定。

【医疗器械经营企业质量管理规范自查推进】 6 月–9 月，区市场监督管理局推进雨花台区医疗器械经营企业质量管理规范自查工作，要求凡领取第三类医疗器械经营许可证和第二类医疗器械经营备案凭证的医疗器械经营企业，均按照《医疗器械经营质量管理规范》的规定，参照《医疗器械经营质量管理规范现场检查指导原则》认真组织培训及自查，从建立完善的企业规章制度开始，针对进货、销售、存储、运输等各环节，完善企业相关档案和记录，并于 9 月底前报送医疗器械经营质量管理规范自查表及整改报告。

【“尚德守法　共治共享食品安全”广场咨询服务活动开展】 6 月 13 日，在楚翘城广场开展“尚德守法　共治共享食品安全”广场咨询服务活动，启动 2016 年食品安全宣传周。30 位相关人员参加此次咨询活动。活动现场通过悬挂横幅、展板、户外广告电子屏发布食品安全公益标语、开展文艺节目、现场咨询、有奖问答和印发宣传材料等形式，进行全方位、多视角、多角度的宣传。活动发放宣传资料400余份、接待群众咨询100余人次。通过宣传，强化辖区百姓饮食用药的安全防范意识和主动参与意识。

【食品加工小作坊食品安全联合执法行动】 7月25–28日，出动百余人次，检查已取得登记证食品加工小作坊5家，针对发现问题，提出整改意见；取缔14家生产环境恶劣且无法整改食品小作坊，没收用于非法生产的相关器具，没收光鸭(加工原料)1500余只，猪头肉(加工原料)约45公斤，并对没收加工原料作无害化处理，销毁加工灶台12座、没收各类生产器具30余件。

【化妆品标签标识专项检查及美白化妆品专项抽样开展】 7月，区市场监督管理局开展化妆品标签标识专项检查及美白化妆品专项抽样工作。按照《化妆品标识管理规定》《化妆品命名规定和命名指南》和《关于加强化妆品标识和宣称日常监管工作的通知》及《GB 5296.3–2008 消费品使用说明化妆品通用标签》要求等对化妆品标签、小包装及说明书进行检查。特别关注宣称医学疗效、宣称“药妆”或“医学护肤品”，暗示“抗菌、抑菌、除菌”及其他医疗作用的产品是否违规宣传。同时在检查中对名称、包装、说明书等宣称美白的化妆品进行抽样。对2015年6月30日以后生产的未取得“特殊用途化妆品批准文号”的，按有关规定进行查处。

【区政协领导视察全区食品安全工作】 8月29日，区政协主席黄唯佳一行视察全区食品安全工作，对铁心桥街道铁心社区和雨花街道南站茶都进行现场检查。领导分别就铁心社区食品药品科普宣传站的人员情况、科普宣传情况、资金投入情况和未来规划情况进行了解，询问关于创建工作台账进展，并察看社区科普图书室和科普宣传屏的使用状况；对茶都目前的规模、经营现状等进行检查。现场检查部分结束后，政协各位领导听取区市场监管局局长张心坚对全区食品安全工作的总体汇报，并当前工作不足提出要求。

【无菌和植入性医疗器械经营使用环节专项监督检查开展】 9月至11月，区药监部门开展无菌和植入性医疗器械经营使用单位专项检查。检查重点看企业医疗器械产品购销渠道，进货查验记录和销售记录中的记录事项，企业在库产品是否为无产品注册证书、无合格证明文件、过期、失效或者淘汰的医疗器械，运输、储存条件是否符合标签和说明书的标示要求，企业所经营产品相适应的技术培训和售后服务能力。对检查中发现的问题，要求相关单位限期整改，并督促整改到位。对检查中发现的违法违规行为，依据相关规定进行处理；情节严重的，及时移交相关部门，并予以曝光。本次专项监督检查，出动执法人员126人次，检查医疗器械经营、使用单位共59家，责令整改7家。

【市食品药品年度工作暨国家食品安全城市创建试点工作考核】 12月13日，市食品药品安全检查组对全区食品药品年度工作暨国家食品安全城市创建试点工作开展考核评价。副区长江磊、区各相关部门及各街道(园区)分管领导参会。检查组听取副区长江磊关于该区食品药品年度工作暨国家食品安全城市创建试点工作情况汇报，并对该区台账资料进行查阅，随后深入现场，实地查看街道、分局基础建设、人员配备、制度建设、学校食堂“明厨亮灶”以及农贸市场的规范提升情况。

（裴志华）

安全生产与监督管理

【概 况】 2016年，雨花台区安全生产工作强化安全生产“党政同责、一岗双责、齐抓共管”责任体系建设，建立健全安全生产长效机制，全面推动“三方责任”落实，加强安全生产预防治本，着力强化全社会安全意识，完善隐患排查治理体系，紧盯重大事故隐患，强化逐项排查、跟踪督办，及时堵塞安全生产管理漏洞，深化安全生产“打非治违”和隐患查治，在预防和治本上下更大功夫，努力促进安全生产状况持续稳定好转。全年“智慧安监”信息系统覆盖辖区企业383家，检查或巡查企业2076家，排查隐患6110项，整改6110项，整改率100%，挂牌督办两处重大隐患，均已整改，整改率100%，执法110次，发放文书109份。年内全区组织安全生产大检查，突出危险化学品和易燃易爆物品、交通运输、非煤矿山、人员密集场所、建筑施工、冶金工贸、旅游等七个重点领域，组织液氨、化工、职业卫生等领域专家，开展“会诊”式检查，检查企业54家，下发责令整改指令书22份，取缔非法气体经营点一处，立案查处违法企业三家。

【春节期间安全生产监管】 2016年春节期间，区安监局发放《致企业年底安全生产一封信》320份，悬挂横幅62条，制作宣传栏八期，举办培训讲座两场，切实提高群众安全生产意识。与第三方服务机构合作，邀请安全专家对建筑工地、工贸企业、危化品、加油站、粉尘防爆等重点行业企业进行全面检查，检查企业110余家，下发《责令限期整改指令书》32份，整改事故隐患61项，关停“厂中厂”企业2家。联合市场、城管、消防等部门，组织三个检查组，专项督查宁南汽配城等隐患突出单位，督促企业整改事故隐患；采取约谈法人、责令改正等执法措施，消除一处影响京沪高铁大胜关桥梁设备安全运行事故隐患。严格落实领导24小时带班和专人值班制度，完善雨雪冰冻等恶劣天气预案，确保一旦发生突出情况，及时迅速有效处置。

【第三方机构提升安全监管实效】 2016年，区安监局通过公开招标，聘请江苏正大企业服务咨询公司，作为第三方服务机构，依托其技术优势，由省级安全专家负责，对开发区内328家工业企业、12家建筑工地以及五个功能园区进行全方位、拉网式检查，提升隐患排查专业性。建立事故隐患会诊机制，第三方机构全程参与重大事故隐患整治；组织工艺、设备、电气和安全管理等方面专家，积极协助南京特能电子有限公司，投入120万元，历时90余天，消除省级消防挂牌隐患，提升隐患整改针对性。联合第三方机构，认真梳理开发区监管流程，按照企业规模、行业、隐患类型及级别，搭建“3+1”监管模式，强化安监办、责任部门、社区三方监管责任，对检查出138条隐患要求现场整改、限期整改，确保整改到位，提升安全监管科学性。

【强化雨雪冰冻天气安全监管】 2016年，区安监局强化安全预警，通过安全生产短信平台,向 1000 余家企业负责人发送安全短信,提醒企业落实防雪防冻措施,严防恶劣天气引发生产安全事故。加强安全巡查,组织检查人员,对危化品、加油站、冶金等企业进行检查,检查企业 36 家、危化品罐区 57 个,整改隐患 65 处;联合交通运输、交警等部门检查危化品运输企业 4 家,督促企业加强车辆监控和驾驶员培训。坚持应急值守,完善应急预案,指导企业采取必要加固措施,及时消除库房、工棚、大跨度厂房事故隐患;落实 24 小时领导带班制度,实时监控雪情,遇到突发险情,立即报告。

【"厂中厂"企业专项检查】 2016 年,区安监局与第三方机构合作,组织安全专家,对天后、西寇等社区内"厂中厂"进行检查。突出重点部位和危险岗位,对"厂中厂"进行全方位、无死角排查,排查"厂中厂"169 家,重点排查违规静电喷涂、"三合一"等隐患,下发整改通知书 76 份,关停企业 6 家。针对检查出来隐患,督促安全员跟踪整改,并对整改情况进行复查,复查企业 27 家,现场关停 4 家。同时,针对整改不到位企业,一律不准复工,直至隐患消除。

【建筑工地安全监管】 2016 年,区安监局健全建筑工地一企一档,做到建筑许可证、规划许可证、建筑备案证、特种设备现场检测合格证、安全网络图等 8 项基础台账齐全。邀请省市级专家,按照《建筑工程安全生产管理条例》规定,对建筑单位持有建筑工程施工许可证、建筑工程安全监督备案证、特种设备现场检测合格证等情况进行检查,累计检查 6 批次,针对检查发现的基坑排水不畅、临边管理不到位等 61 项隐患,下发整改通知书 9 份。按照隐患整改相关要求,组织人员现场跟踪企业整改过程,能够立即整改到位的,指导企业立即改正;不能立即整改的隐患,责令企业落实要求,及时消除隐患。

【液化气钢瓶安全专项整治】 2016 年,区安监局在该项政治活动中张贴宣传标语 800 余张、制作宣传专刊 10 余期,发放宣告传单 2000 余份,切实提高居民群众安全用气意识,自觉抵制使用非法瓶装液化气。出动执法人员 600 余人次,检查液化气充装站 1 家、换装点 3 家和餐饮经营单位 1320 家次,收缴钢瓶 100 余只,取缔黑气点 4 家。建立液化气"黑气"站点信息报送制度,定期汇总分析全区查处情况;公布举报电话,强化群众监督,及时处理群众投诉举报。

【危化品领域安全监管】 2016 年,雨花台区现有化工生产企业 7 家、气体分装企业 2 家、易制毒经营企业 15 家、加油站 19 家、特气站 3 家、危险化学品其他经营企业 206 家,烟花爆竹生产经营企业已于 2015 年初全部取缔。在专项整治中,调动政府、企业、第三方中介机构等单位技术力量,组织成立专项整治技术队伍,分区域、分领域开展隐患排查,排查各类企业单位 1966 家,排查出隐患 84 处,已整改 84 处,整改率 100%。区安监局聘请化工专家,排出 17 家重点化工企业检查表,检查出隐患 37 处,已整改隐患 37 处,整改率 100%。对不具备消防安全条件实施关闭措施。区交通运输局、区安监局、交警八大队联合对 4 家危化品运输企业进行检查。区教育局对全区 31 所中小学食堂、实验室等使用危化品部位进行排查,责令不合格单位进行改正。区发改局对空港公司航煤管线进行 8 次巡查,严防泄漏、占压等隐患。区消防大队开展易燃易爆场所检查，检查 28 家，发现整改隐患 53 处。区公安分局对梅山矿业公司等四家单位进行检查，检查中发现整改安全隐患 5 处，下发限期整改通知书 3 份。

【职业卫生监管】 2016 年，区安监局组织全区开展职业卫生专项工作检查，重点对职业病危害检测、职业健康体检、职业病危害告知、个体防护工作开展专项检查，打击不检测、不体检、不告知、无防护违法违规行为。全年检查单位 63 家，下发执法文书 97 份，立案调查 6 家单位，二家单位在调查期间主动关停，三家单位异地搬迁。全区 28 家工业企业将职业卫生工作纳入其工作职责，实行总监负责制，351 家企业建立职业健康监护档案，387 家企业按要求开展职业病危害因素检测，33 家企业开展职业病危害项目现状评价，全年各类人员参加职业卫生知识培训 27840 人，督促工矿企业落实安全生产报告书义务，全年发放告知书 786 份，收回承诺书 523 份。

【安全生产培训】 2016 年，区安监局加大《安全生产法》《江苏省安全生产条例》宣贯力度，举办专题培训班 13 期，培训 1200 余人。举办企业主要负责人、安全管理人员、特种作业人员等各类专题培训班 16 期，参加培训 2105 人，确保 100%持证上岗。3 月 29 日，举办全区安全生产培训班，各街道(园区)分管主任、安监办主任，区安委会成员单位分管领导、安全员，安监局全体人员 90 余人参加培训。8 月 29 日，该区全面启动农民工安全教育培训工作，以高危行业和小微生产型企业的农民工为重点，举办专题培训班 6 期，培训 600 余人。开展重点行业领域企业试行安全总监制度，29 家试点企业全部配齐安全总监。全区 456 家工贸企业落实企业安全责任、安全投入、安全培训、现场管理和应急救援"五到位"，其中规模以上企业 102 家。举办安全生产培训班，对街道(园区)和有关部门 90 余名分管领导和安全员进行培训。

【安全生产月活动】 6 月，区安监局围绕"强化安全发展观念，提升全民安全素质"活动主题，制定活动方案，成立活动组委会办公室，组织区电视台播放安全生产主题片，制作各类展板 60 余幅，各类安全宣传标语 300 余条，并通过微信、微博等新媒体，传播安全意识、安全知识，让公众了解安全常识，遵守安全法规。6 月 16 日，组织安监、交通、住建、市场监管、开发区等单位 60 余人，在雨花经济开发区弘阳装饰城举办安全生产宣传咨询活动，现场解答群众咨询 600 余次。区安监局、区总工会、区住建局、区市场监督管理局、区交通运输局、消防大队、交警八大队等部门设立事故隐患举报台、消防安全咨询台、道路交通安全咨询台、食品药品、特种设备安全咨询台等多个咨询展台，发放安全知识口袋书 1000 本，展示安全宣传栏 30 块，解答群众现场咨询。开展安全生产事故警示教育周，组织 10 名由安全方面专家、监管监察干部、企业负责人等组成安全生产法制宣讲团，"送技术、送管理"到企业，协助企业会诊事故隐患，排查管理漏洞，规范日常安全管理，成立深入企业生产一线，开展安全生产法制宣传进企业活动，向企业负责人、安管人员和广大职工，集中宣讲《安全生产法》《南京市安全生产条例》《江苏省落实企业安全生产主体责任实施意见》等法律法规、政策措施、标准规范。开展《安全生产法》知识竞赛、“安康杯”竞赛、与企业负责人谈心对话、“企业主体责任落实年”宣讲、燃气安全示范社区共建等活动，提升全社区安全意识。（赵　文）

统计管理

【概　况】 2016年，全区常住人口43.63万人，城镇化率91.22%。区统计局监测全区主要经济指标运行，联网直报平台企业476家。实现地区生产总值444.69亿元，可比增长8.6%。其中，服务业增加值完成369.14亿元，可比增长11.0%，三次产业结构进一步优化0.2:16.8:83.0；全社会固定资产投资242亿元，同比下降7.1%；社会消费品零售总额366.6亿元，同比增长10%；城镇居民人均可支配收入48289.3元，同比增长8.6%。印发《2016年雨花台区国民经济与社会发展统计公报》《2016年雨花台区基本统计资料》。全年被采用信息99篇次，其中，区委办、区政府办采用10篇次，市统计局网站采用89篇次，完成并被采用分析文章19篇次。

【第三次全国农业普查】 2016年，区、街道两级成立农业普查领导小组，并按要求做到人员、经费、办公地点三落实。5月份开始，在铁心桥街道马家店社区开展市级试点工作，选取社区中一个普查小区进行农业普查全流程试点，试点工作于6月底结束。9月底各街道(园区)完成农业普查指导员和普查员的选调工作。10–11月份开展四场农业普查“两员”(指导员、普查员)业务培训会。11–12月份开展农业普查摸底、数据录入审核、核实、修改、验收工作。

【人口变动调查】 2016年，全区人口变动调查涉及6个街道9个调查小区。全区发放致居民“一封信”1000多份，制作横幅20幅，通过社区电子屏滚动宣传人口变动调查工作。全区配备调查指导员、调查员40余人。通过培训，进一步提高调查指导员和调查员对本次调查重要性认识，依照“区不漏户、户不漏人、人不漏项”原则，规范调查程序，严格保密调查对象的个人信息，依法开展人口变动调查工作。

【基本单位名录库】 2016年，区统计局对全区各街道名录库统计人员业务培训。全区新增单位59家，其中，新增房地产企业12家。同时做好对全区7918家名录库中企业进行审核修改，减少企业名录库审核的差错。

【统计基层基础工作】 2016年，区统计局进一步完善街道(园区)统计机构，出台《关于进一步加强全区基层统计力量的意见》。全区8个街道（园区）及软件谷全部成立统计科，并任命统计科科长或统计科副科长，其中任命统计科科长8名，统计科副科长4名。对每个统计科按不少于3人要求充实配备专职统计干部。指导57个社区全部配备专(兼)职统计员。

【统计培训】 2016年，区统计局制定《2016年全区统计干部教育培训计划》，加大对基层统计员培训力度。全年开展年定报培训、调查培训等各类培训34场次(培训街道、社区统计员25场、企业统计员9场)，组织培训41场，约921人次(培训街道、社区统计员38场771人次，企业统计员3场150人次)。（严　欣）

城市建设与管理

2017 YUHUA ALMANAC

Urban Construction and Management

城市规划

【概　况】 2016年，雨花台区开展《雨花台区雨花南路以北地区控制性详细规划》《南京市雨花台区板桥新城Soa041-18、Soa041-19规划管理单元图则》《南京市雨花台区纬八路以北地区控制性详细规划Mcd030-01规划管理单元图则》4项控制性详细规划编制及图则调整，控制性详细规划法定化覆盖面积93.9平方千米。推动《雨花台区近期建设规划（2015-2020）》《梅山地区工业布局调整规划》等3个项目编制，完成雨花台区秦淮新河以北、西善桥车辆段地铁站周边、景明家园地铁站周边等4个重要片区城市设计，完成与在编的片区、地段城市设计覆盖面积37.2平方千米。

【重点项目规划审批】 2016年，南京市规划局雨花台分局办理“一书两证”215件次。其中，“建设项目选址意见书”11件次，总用地面积16.96万平方米；“建设用地规划许可证”14件次，总用地面积64.09万平方米；建筑类“建设工程规划许可证”89件次，总建筑面积约150.27万平方米；市政类“建设工程规划许可证”95件次，总长度83.21千米。办理规划核实55件次，包括农花村经济适用房、龙西社区保障房等4件民生项目，南京南站北广场、龙西社区加油站等20件基础设施项目，万科南站地块和板桥新城七期地块等31件商办住宅项目。

【地下管线数据库动态维护】 2016年，雨花台区管线中心普查全区公共区域地下管线面积137.5平方千米，计14类管线，管线点总数168548个，管线总长度3075.223千米。受理管线报建新增入库项目35项，长度765.658千米；受理管线竣工汇交更新入库项目49项，长度253.568千米。 （姜佳丽）

【“十三五城建”棚户区（危旧房）项目改造规划】 2016-2020年，雨花台区计划完成棚户区（危旧房）改造项目37个，改造房屋建筑面积331万平方米，总静态拆迁费用204亿元，涉及住宅户5064户。2016年改造完成项目8个，总占地面积227.46万平方米，总房屋建筑面积96.97万平方米。其中，住宅建筑面积36.545万平方米，计居民1425户；非住宅面积60.425万平方米，计工企单位99家。

【“十三五城建”保障房项目建设规划】 2016-2020年，雨花台区计划建设保障房项目6个，总占地面积86.34万平方米，总建筑面积214.9万平方米，可提供房源19973套。其中，征收安置房项目4个，分别为锦华新城二期、潘窑地块、绿洲南路经济适用住房二期及马家店保障房项目，总占地面积67.34万平方米，总建筑面积155.3万平方米，可提供房源15156套；定向安置（租赁）房项目2个，分别为中兴南京人才公寓二期（公共租赁住房）及软件谷定坊共有产权保障房项目，总占地面积19万平方米，总建筑面积59.6万平方米，可提供房源4817套。

（陈　杰）

【“两桥”片区控制详规通过审批】 2月17日，“两桥”片区控制性详细规划通过市规划委员会审批。国开雨花公司围绕“雨花中心、产城融合、一流社区”总体定位，通过公开招投标，筛选出全球绿色智慧投资管理有限公司、邦魏理仕物业管理服务有限公司等国际专项规划设计联合团队，对“两桥”片区开发策略、产业规划、城市设计、绿色智慧、交通系统、综合景观等6项专项规划进行编制。10月20日，国开雨花公司召开专题会议，邀请软件谷规划建设局、东南大学、市园林局、泛华建设集团有限公司专家对第一阶段规划编制成果进行评估，提出修改意见。 （谢梦苑）

城市建设

·概　述·

【概　况】 2016年，雨花台区确定四大类、计59个城市建设项目，总计划投资172亿元，该年度投资约51亿元。其中，实施滨江大道雨花段、板桥新城3号街二期、板桥市场群中兴路南延三期、龙飞南路、机场二通道（北段）地面段、龙翔路一期、杨家坟地块道路、国土分局西侧道路、管道路（软件谷段）、马定路改造、小河北路改建、华兴路二期、映山红路、板桥市场群龙腾南路、北环路、梅山景观路16条道路建设工程；实施长虹南路西延跨南河大桥、中兴路北延跨秦淮新河大桥、铁心桥改造扩建3个桥梁工程；实施建设雨花台中学地下人防工程及文化路停车场2个公用设施建设项目，实施铁心桥街道20个排水达标区建设、凤台南路污水管道二期、宁丹路西侧辅道管线综合、工农河整治、岱山保障房积淹水片区改造、龙翔路一期绿化、金叶花园西门小广场、锦华新城二期南片绿化及梅山绿地（游园）9个生态环境建设项目；实施29个民生保障建设项目，涵盖6个保障房建设项目、9个棚户区改造项目、7个旧住宅区整治项目、7个二次供水设施改造项目。

【为民办实事项目48个】 2016年，雨花台区为民办实事工作涵盖10个方面、计48个项目，主要涉及10个部门、8个街道（园区），计划总投资3.82亿元。其中直管公房大中修工程、新增城镇就业人员、民生保险等46个项目提前或超额完成，剩余2个结转项目序时推进。

【城建项目行政审批】 2016年，雨花台区完成板桥新城板东路（新城大街—华兴路）建设工程、普德花园小区出新工程等8个政府投资城建项目立项审批。完成瀚威房地产开发有限公司NO.2014G45号地块、证大大拇指NO.2012G15号A、B地块2个项目初步设施审查，受理、审批和发放32件建设工程施工许可。工程项目概算审核11件，送审金合计3795.9万元，其中审定3476.6万元、审减319.3万元。

【推进政府投资代建项目】 2016年，区住建局有序推进政府投资代建项目3个。其中，小行里51号危旧房改造项目定名为“南河东寓”，现场支护桩完成96%，工程桩完成80%，部分单体进入主体建设；雨花台区实验小学东校区扩建工程封顶，主楼进入装饰扫尾阶段；雨花台区看守所（柿子树）迁建项目完成现场工程桩、临建设施搭建及场地平整施工。

【工程招投标监管】 2016年，区住建局完成建设工程招投标监管标段310个。其中，公开招标项目139个，中标价32.26亿元；邀请招标项目 5 个,中标价 2.42 亿元;直接发包项目 46 个,中标价 41.27 亿元;区限额以下明标明投项目 92 个,中标价 4883.28 万元;拆除项目 17 个,中标价 507.57 万元;区网发布项目 11 个,中标价 570 万元。完成区政府投资项目拆除工程企业预选库更新,重新优选入库企业 25 家。

【小区整治出新】 2016 年,雨花台区完成老旧小区出新项目 7 个、计 40 幢住宅楼,总建筑面积 9.72 万平方米,涉及居民 1664 户。其中,雨花新村五村小区出新整治 16 栋楼房,建筑面积 3.8 万平方米;雨花新村一村出新整治 14 栋楼房,建筑面积 3.86 万平方米;普德花园小区出新整治 5 栋楼房,建筑面积 1.04 万平方米;雨花南路 16 号小区、雨花南路 22 号小区、雨花南路 24 号小区、雨花南路 26 号小区累计出新整治 5 栋楼房,建筑面积 1.02 万平方米。

(陈　杰)

·征收与拆迁·

【概　况】 2016 年,区征拆办以软件谷规划建设和"铁心桥—西善桥"地区更新改造征收拆迁为重点,严格执行征收拆迁法律、法规及政策规定,落实拆迁公示制度、信访接待制度、责任承诺制度、举报制度、监管制度和责任追究制度,完成全年动迁任务。年内,区委区政府开展"拆、清、治、绿"环境综合整治行动,区征拆办在区委年初下达的 80 万平方米拆迁任务基础上,结合各街道拆、清、治、绿实施项目,将全区征拆项目由 26 个调整至 32 个;且自加压力增加项目 8 个。全年累计拆除房屋面积 102 万平方米。各动迁项目实施前,组织开展征拆项目适用政策解读,保障每个项目顺利实施。督查各街道(园区)按照拆迁工地招投标管理规定落实房屋拆迁队伍招选,加强拆除工地规范管理,执行安全和环保部门管理规定。全年巡查拆迁工地 150 余次,纠正不规范行为 30 起,工地实现拆除零事故。办理人大政协提案 1 件,处理信访及政府督办 27 件,网络问政答复办理 90 件,接待群众来访 170 件,协助纪委、检察院查办案件 3 件,协助法院执行划款 4 件,办理"12345"工单 120 件,办结率 100%。开展各项目进场前政策业务培训 12 次,及时整理归档征收拆迁项目档案资料。全年无征拆群访集访事件发生。

【刘家村城中村(危旧房)改造项目】 4 月,刘家村城中村(危旧房)改造项目启动征拆,地址位于西善桥街道,东至龙凤嘉园,南至龙西路,西至龙凤园,北至村庄道路。该项目属集体土地拆迁,计划拆迁住家户 43 户,征拆面积 18000 平方米。5 月,43 户住家户全部完成搬迁。

【建宁一村(危旧房)改造项目】 8 月,建宁一村(危旧房)改造项目实施征拆,地址位于西善桥街道,东至中道钢铁,南至宁芜铁路,西至岱山公路立交,北至绕城公路。该项目属国有土地拆迁,占地面积 11127 平方米,计划征收住家户 100 户,房屋征拆面积 6900 平方米。至 10 月底,100 户住家户全部完成搬迁。

(孙　馨)

2016 年雨花台区实施征收拆迁项目一览表

表 6

序号	所属街道	项目名称	项目计划征收拆迁总量（万平方米）	2016 年完工面积（万平方米）	启动时间	截至2016年末工程进度
1	雨花街道（2.35 万平方米）	宁南小学项目	0.40	0.4	2015 年 12 月	完成
2		玉兰路东侧旧城改造	1.70	1.10	2015 年 9 月	结转至 2017 年 4 月
3		社区服务中心	0.25	0.25	2016 年 1 月	完成
4	赛虹桥街道（10.75 万平方米）	安德门地块	3.50	1.20	2016 年 11 月	结转至 2017 年 4 月
5		天隆寺	0.05	0.05	2015 年 10 月	完成
6		水表厂	3.00	3.00	2015 年 12 月	完成
7		跨世纪市场改造地块	4.20	4.20	2016 年 7 月	完成
8	铁心桥街道（46.82 万平方米）	机场二通道（大周路段）	8.30	8.30	2015 年 9 月	完成
9		定坊小学地块	7.99	7.99	2015 年 9 月	完成
10		马家店保障房（集体）	3.78	3.78	2014 年 8 月	完成
11		凤翔地块（总面积 2.33 万平方米）	0.58	0.58	2014 年 12 月	完成
12		铁心吴尚地块（总面积 0.41 万平方米）	0.14	0.14	2014 年 11 月	完成
13		马家店保障房（中药饮片）	1.70	–	2015 年 7 月	前期阶段，结转至 2017 年
14		龙翔路中段（三集中房屋部分）	6.93	6.93	2016 年 10 月	完成
15		徐工片区	16.40	0.30	2016 年 4 月	2016 年 12 月签订协议
16		曹梁地块	0.70	0.70	2016 年 3 月	完成
17		龙翔路中段（省地产发展中心）	0.30	0.30	2016 年 10 月	完成
18	西善桥街道（37.92 万平方米）	龙翔启动区结转（总面积为 16.8 万平方米）	0.20	0.20	2015 年 1 月	完成
19		龙西路以北（总面积 10.1 万平方米）（龙翔南片区剩余 6 家企业）	2.08	2.08	2015 年 1 月	完成
20		圣戈班片区（吴家山口）	2.10	2.10	2016 年 6 月	完成
21		圣戈班片区（岱山一期）	14.71	11.69	2015 年 9 月	结转至 2017 年
22		宝宁机械电器制造厂地块	2.69	2.69	2015 年 1 月	完成（进入司法阶段）
23		南京复合材料厂	1.59	1.59	2015 年 1 月	完成
24		油坊刘家村	1.80	1.80	2016 年 4 月	完成
25		建宁一村	0.69	0.69	2016 年 8 月	完成

续表

序号	所属街道	项目名称		项目计划征收拆迁总量（万平方米）	2016年完工面积（万平方米）	启动时间	截至2016年末工程进度
26	西善桥街道（37.92万平方米）	金家庄、顾家庄、郑家组、曹家凹（管道路西段）、张家湾（管道路西段）、胡家庄（管道路西段）、寺门口等自加压力项目		8.06	5.00	2016年6月	结转至2017年
27		龙翔西立交		4.00	4.00	2016年12月	完成
28	板桥街道（8万平方米）	京东物流地块		3.00	3.00	2015年12月	完成
29		滨江大道涉及板桥三山工业园范围		5.00	5.00	2016年11月	完成
30	板桥新城（10万平方米）	大方工业园		10.00	11.00	2016年3月	超额完成
31	开发区管委会（12.53万平方米）	滨江大道南延		2.53	2.53	2016年5月	完成
32		人居森林一期		10.00	–	2016年11月	前期工作，结转至2017年
33	雨花街道	自加压力项目	雨花新村	0.23	0.23	2016年1月	完成
34	赛虹桥街道		华为路	1.00	1.00	2016年10月	完成
35	铁心桥街道		江苏华江公司	0.90	0.90	2016年4月	完成
36			中宇铝业	1.36	1.36	2016年4月	完成
37	西善桥街道		梅化、纸箱厂	0.59	0.59	2016年6月	完成
38	板桥新城		板桥积淹水片区	0.87	0.87	2016年8月	完成
39	开发区管委会		潘瑶地块	1.72	1.72	2016年11月	完成
40			中泽幕墙	2.30	2.30	2016年8月	完成

·市政建设·

【公共自行车建设】 年内，全区新增公共自行车站点89个，新增桩位3850个，投入新公共自行车4150辆。截至9月底，区交通运输局提前完成2017年公共自行车网点建设任务。全区累计有172个公共自行车网点，覆盖各街道(园区)与软件谷，公共自行车桩位6952个，公共自行车达7650辆。 (*杨云头*)

【龙翔大道工程】 年内，龙翔大道一期完成底基层和2层沥青施工，正在推进电力隧道、绿化、生态护坡、路灯等辅助工程；龙翔大道二期全线文勘申请进卷，其中吴尚一组段文勘基本完成。龙翔大道至花神大道节点设计方案通过上海铁路局专家审查会，龙翔路二期工程提请省交通厅审查施工报告。

龙翔大道西起绕城公路（接河西江山大街），东至花神大道（接南站宏运大道），全长6.03千米，规划红线宽60米，道路规划等级为城市快速路，计划分3期建设。该道路是全市“经六纬十”干网中的纬十路，属“两桥”片区框架骨干道路之一，是联系河西新城、南部新城重要通道，串联软件谷、南部新城、东山副

城、麒麟新城、新港经济开发区等多个功能经济板块。（谢梦苑）

【中兴路北延跨秦淮新河大桥合拢】 12月4日，中兴路北延跨秦淮新河大桥工程合拢。该工程南起软件谷西园三桥连接线下穿涵，沿线与南河、规划天保路、龙舌路、西寇路、秦淮新河、新河路相交，道路全长2190米，计划总投资4.35亿元，道路规划等级为城市主干道，双向6车道，秦淮新河南侧道路红线宽50米，秦淮新河北侧道路红线宽70米。其中主桥跨越秦淮新河采用420米梁拱组合桥，南侧引桥采用一联140米等高度连续梁桥，北侧引桥采用一联70米等高度连续梁桥，桥梁总长630米。（梁海山）

【梁三线道路养护改善工程完工通车】 12月28日，梁三线道路主路面双向通车。该工程于1月开工建设。道路自宁马高速梁家互通跨线桥至老宁芜线，属规划中S423省道，改造里程2.531千米（不包括梁三线大桥），规设一级公路标准，主路面双向4车道，设计时速80千米/小时，路基标准断面宽24.5米，其中中分带宽2米、行车道为（2–2×3.75米）、硬路肩2×3米（人非混行车道）、土路肩2×0.75米。（杨云头）

·房产建设与管理·

【概　况】 2016年，雨花台区开工建设保障性住房项目1个，改造棚户区项目8个。房屋安全排查8124幢、计建筑面积450万平方米，新增疑似危房4幢、计建筑面积4880平方米，鉴定需治理继续使用房屋25幢、计建筑面积13640平方米（其中安全等级鉴定C级房屋24幢13340平方米、安全等级鉴定D级房屋1幢300平方米）。完成雨花西路98号家属楼加固消险及小行地区尤家凹3号2幢疑似危房的安全鉴定，对该房屋护坡消险加固，避免滑坡塌房伤人事件。全年全区累计处理房屋拆改案件121件、受理房屋结构变动审核11件，经市房产局审批核准10件，房屋安全处理结案率98%以上。

【棚户区（危旧房）改造】 2016年，雨花台区棚户区改造项目8个，房屋建筑总面积56.22万平方米。其中，住宅面积9.795万平方米，住宅户数391户；非住宅面积46.425万平方米，工企单位80家。全年完成拆迁居民户386户，工企单位73户，累计拆迁面积46.95万平方米。

【房产物业管理】 2016年，区住建局联合属地街道开展物业专项检查80余次，下发整改通知单21份，整改完成19份。树立翠岛花城小区、翠岭银河经济适用房小区和郁金香花园老旧小区3种整治类型标杆，打造老旧小区整治方向和标准。全年公房维修面积4000平方米，其中平屋面维修3600平方米、外墙防水400平方米，更换落水管500米。

【物业维修资金审批】 2016年，雨花台区审批完结维修资金使用申请281件，拨付维修资金495.33万元。根据《南京市物业管理条例》，收到应急维修资金申请43件，其中10件按规定划拨30%首款、计28.27万元。

【住房补贴】 2016年，雨花台区发放租赁补贴419户、计160万元。组织开展3次公共租赁住房选房，完成239户困难家庭户申请公共租赁房材料的受理、初审、上报及选房。全年受理区卫生、教育、国土系统等 39 家单位、计 177 人次机关事业单位职工申报住房补贴发放,审核通过 168 人次,合计发放补贴金额 910 万元。

【建筑工地管理】 2016 年,区住建局受理质量监督工程 390 个、计建筑面积 515 万平方米;安全监督备案项目 43 个,包含软件谷备案项目 29 个。全年新开工建设项目 174 个、计建筑面积 242 万平方米,竣工备案项目 213 个,组织建筑工地安全管理巡查 526 次,监督抽测 124 次,合格率 92.5%,下发质量问题整改通知书 42 份、安全隐患整改通知单 108 份、局部停工整改通知单 49 份,约谈建设工程参建三方主要负责人 10 次,对违法违规单位及个人实施黄牌警示 2 次、红牌警示 1 次。

【马家店保障性住房项目开工】 9 月 30 日,马家店保障性住房 B、C 地块开工建设,规划建筑面积 22.66 万平方米。至年末,B 地块完成桩基施工的 60%;C 地块桩基施工全部完成,启动静载实验。马家店保障性住房项目计划总投资 26 亿元,总建筑面积 48 万平方米,其中地上建筑面积约 36 万平方米、地下建筑面积约 12 万平方米,规划建设住宅楼 21 栋、计 4263 套,配套建设幼儿园、集中商业区和社区中心等。

(陈　杰)

·"两桥"地区改造·

【概　况】 2016 年是"两桥"地区改造攻坚年,累计启动拆迁 172.6 万平方米,拆迁完成 147.7 万平方米。以清理违法用地、违法建设方式完成"三集中"房屋收(退)回,大型企业征收搬迁实现良好开局。马家店保障性住房 B、C 地块开工建设,龙翔大道一期即将完工通车,机场二通道开工建设,龙翔路二期具备开工条件。兴梅路(含一号沟)、梅苑南路北段、管道路西段等项目办理前期手续。

【"两桥" 地区完成拆迁 33.8 万平方米】 2016 年,"两桥" 地区完成拆迁 33.8 万平方米。自 2014 年 5 月启动拆迁至 2016 年末,"两桥"地区累计启动拆迁 172.6 万平方米,完成拆迁 147.4 万平方米。机场二通道以西、宁芜铁路以东、绕城公路以南、华新路以北近 3 平方千米成片区拆迁基本完成。2016 年,针对拆迁手续办理周期长、岱山小户型安置房源结构性不足等问题,对秦淮新河以南农户实施协议拆迁。至年末,第一批协议拆迁范围中吴家山口、金家庄、寺门口、张家湾、天保二队项目,拆迁户总数 151 户,交房户 141 户,交房率 93.37%;建宁一村项目 102 户交房 99 户。圣戈班片区中南京金盛田科技产业园有限公司、华脉科技有限公司、福娃幼儿园达成征收协议,拆迁面积 11.72 万平方米。推进顺豪玻璃厂、南京第一建筑材料有限责任公司房地资产评估及复核。与徐工集团总部对接协调,双方就南京徐工汽车制造有限公司搬迁工作达成"整体搬迁、分步实施、一揽子解决"整体方案,雨花台区预支南京徐工 1000 万元作为企业整体搬迁启动资金,企业先行让出龙翔路二期道路所需用地范围。

【安置房源保障】 2016 年,雨花台区安置"两桥"地区铁心桥吴尚一组部分拆迁居民 38 户,交付安置房 44 套。针对拆迁安置过程中房源紧缺矛盾,与市建委、市房产局及南京安居建设集团有限责任公司对接,落实第三批岱山保障房房源 2102 套。

【“三集中”房屋收(退)回】 9月5日,区政府发布《雨花台区关于开展清理违法用地及违法建设专项整治行动的通告》,运用清理违法用地、违法建设方式对“三集中”房屋实行搬迁。被列入的搬迁计划项目以龙翔大道工程建设为核心,累计搬迁面积8.13万平方米,其中铁心桥街道涉及搬迁面积4.63万平方米、西善桥街道涉及搬迁面积3.5万平方米。10月19日,“三集中”房屋收(退)回工作进场。截至年末,累计完成366户成套房、19家企业、14间门面房、44套自建房交房与拆除,交拆率99%。

【机场二通道地面段及跨秦淮新河桥工程】 12月,机场二通道及跨秦淮新河桥工程获软件谷规划局初步设计批复,在南京市公共资源交易中心发布机场二通道消险工程渣土外运、现场挖运及监理招标公告。该项目北起绕城公路,南至大周路,全长4.2千米,全程高架桥铺设,道路规划一级公路,双向6车道,设计时速80千米/小时,高架桥下设地面道路系统,分3段立项,分别是地面北段、秦淮新河大桥中段和地面南段,道路建设施工预算13.6亿元。

(谢梦苑)

城市管理

·概　述·

【概　况】 2016年,雨花台区修改完善《雨花台区城市治理考核实施办法》,调整全区城市治理考核权重,加大惩处力度,逐月研究分析市、区考核形势,在《雨花综合简报》上发放考核通报。在全市首创问题菜单“首接责任制”和“提示责任制”,解决案件超时办理现象。组织8场城市治理标准化工作培训会,通过播放《雨花台区城市治理标准化工作教学片》进行示范引导,街道(园区)600余人(其中300人为楼栋单元负责人)参加培训。制定《雨花台区2016年城市治理标准化工作实施意见》,召开全区城市治理标准化工作部署会议,验收通过408个单元(其中公共空间单元128个,其他单元280个)目标任务细分到每个街道(园区)、单元。全年接收各类工单14772件,综合办结率100%,综合满意率97.8%。按照“1+8”模式〔1个区数字化城管平台+8个街道(园区)数字化城管二级平台〕,在数字化城管系统建设基础上,开通8个街道(园区)数字化城管二级平台,实现市、区、街道三级互联互通。共享“雨花智慧眼”资源,设置视频监控网络,逐步建成覆盖60%重点区域的城市治理监控网络和12套移动车载监控系统。组建区、街两级29人监督巡查队伍,协调区交通局、农业局、水务局等相关部门,建好数字化城管系统条块结合的落实渠道。建立区、街两级公众委员微信群,推进公众市民深度参与城市管理工作。开通“雨花智慧城管微信公众平台”,全区2000余名市民和各级机关人员注册并参与监督。是年,区城管局被市城管局表彰为“2016年度环卫管理先进单位”,润雨清洁服务有限公司被市城管局表彰为“2016年度环卫重大保障有功单位”。

【市容市貌管理】 2016年,区城管局加大背街小巷保洁力度,提高环卫作业水平。全年清运各类垃圾16万吨。检测、整改垃圾运输车辆密封装置,确保运输途中垃圾不抛洒、污水无滴漏。推行智慧环卫建设,对保洁作业车辆安装GPS、油量监控等设备,数字化监管涵盖作业全过程。全区拥有各类机扫车、清扫车、洒水车、垃圾运输车、环保节能车100余辆,电动车轮保洁车200余辆,机械化作业率达到90%,环卫工人安康驿站14处。完成玉兰路、雨花南路、雨花西路、软件大道、紫荆花路、雨花大道6条精品化道路创建。重点解决背街小巷脏乱差等难点和顽症,提升背街小巷环境卫生水平。通过“南京智慧分类”微信号宣传推广垃圾分类。全区有41个示范小区,计43807户居民参与垃圾分类。

【行政执法】 2016年,区城管局重点整治辖区内沿街店家倚门出摊、乱摆乱放、沿街晾晒等现象,责令店家对门前三包不到位问题实行整改。对一些重点地区加强巡查,定人定岗,配合街道集中整治重难点区域,提高市容环境质量。全年查处倚门出摊等门前三包问题1320余起。开展校园周边、清明祭扫点周边等占道经营专项整治行动。全年依法取缔违章午、夜市排档1242个(次),取缔水果(蔬菜)车占道经营1319起,教育、驱赶各类占道经营行为7801次。多次突击检查全区售卖活禽行为,取缔流动占道活禽销售摊点。

以街道(园区)为主战场,通过与街道(园区)、区住建局等单位部门联合整治,依法查扣违规渣土车辆93辆,扣证387套,查处偷倒乱倒53起,处理“12345”举报221起,“12319”举报91起。选定文竹路等10条收费道路作为区域停车管理示范点。新增铁心桥街道、赛虹桥街道、雨花经济开发区9条收费道路。摸底检查全区重点区域非机动车停放状况,梳理出非机动车停放区域53处,摸清有无门前三包管理、有无专人管理、有无乱停乱放等情况,规范非机动车停放秩序。全年向各街道(园区)下发停车管理菜单903条,为各街道停车管理人员新办理执法辅助证179张,增配“抓拍通”20部。街巷违停有效贴单数6.6万张。

【城市防汛开展】 5月,区城管局制定年度防汛工作预案,成立执法和环卫2支突击队,重点督查辖区内易积水点,在积水路段设置警示牌,安全疏导市民正常出行。汛期,协助转移受灾居民及财物;封堵板桥老街隧道入口段缺口,防止河水倒灌至隧道;配合属地街道搬运沙袋加高加固南河堤坝,及时处置堤坝管涌重大险情1起。雨水退后组织60余人对凤台南路、凤信路等重要通行道路清污清洗。汛期,区城管局出动城管人员389人次、车辆94辆次,处置树木倒伏、市民解困等126起;每天出动环卫人员400余人次、运输车(铲车)8辆次,清扫道路12000余平方米,提升城市管理质效。

【城市精细化管理三年执法整治行动启动】 8月16日,区政府组织召开城市精细化管理三年执法整治行动部署会议,建立健全工作领导机制,设立城市管理综合行政执法、停车设施管理整治、背街小巷环境卫生整治等5个专业整治小组。结合区域实际,明确以背街小巷、窗口单位为重点,制定精细化管理三年工作总体方案及7项具体行动方案,解决辖区市容市貌突出问题,确保整治行动落实到位。下发第一批背街小巷环境卫生专项整治菜单80个、占道经营专项督查菜单28个、停车管理集中整治督查菜单81个,部署街巷环境治理提升行动任务58条以及户外广告、店招标牌达标道路整治任务34条,明确整治标准、具体责任人及完成时限。至年末,第一阶段目标完成。

(沙云云)

·南京南站地区管理·

【概　况】 2016年，南站综管办联合城管、客管、运管、站前派出所、高铁派出所以及交警八大队等部门，将常态化联合执法与突击整治相结合，保持站区执法管理高压态势。年内，南站综管办牵头组织联合执法260余次，查处出租车违规站外带客576起，驱赶和查处非法接拉客人员1231人次，打击“黑车”25辆、“黑摩的”43辆，清拖违停非机动车371辆，查处工地违规施工以及渣土车不按规定处置建筑垃圾、污染路面29起。

节假日、重大活动时期，与站区各成员单位保持密切沟通，做好应对夜间“红眼”高铁各项应急准备，根据客流量启动呼车系统，保障出租车供给。完善南京南站地区应急处置预案，将应急演练列入每季度工作计划。年内，组织电力应急道闸演练、站区消防灭火演练等12次。成功处置站房电力总所突发停电、电力总所高压柜渗水漏电、绿都大道铁路涵人行道塌陷、出租车罢工等突发事件。

制定《南京南站地区市政设施及设备养护标准化手册》，完善南京南站地区所有设施养护标准、考核细则、考核办法。执行职能处室一日两巡查、督查处每日督查的两级督查制度。全年联系成员单位整改问题隐患十余次，发放整改通知书16份、整改函4份，办结市、区两级数字城管菜单100余条，办理市“12345”平台转办投诉工单246件。

【市政管养】 2016年，南京南站地区重点实施绿化景观提升、市政设施提升、亮化美化提升、环境卫生提升等“四项工程”。全年补植、合并灌木5.1万余株，修剪、调整行道树900余棵，补植乔木75株、花灌木2.3万株，修剪乔木2300余株、灌木和绿篱4万株、草坪15万平方米，更换草花10万余盆。南京南站地区绿化工作在全市月考核成绩中7次排名第一。出新人行道、防撞墙、铁路涵立面墙总面积1.37万平方米。疏通、清淤道路明沟、排水管道、排水设施10.5万米，改造路面积水4处。在站区桥梁匝道、玉兰路、北广场等地设置洗墙灯、泛光灯、草坪灯等景观灯3000余组，出新北广场大型变色景观柱灯16个。排查南站站房主体及北广场雨污水管线总长约1.2千米、周边道路明沟及管道总长约40千米。全年累计清理垃圾900余吨，车行道本色呈现率95%，人行道本色呈现率90%，机扫率超90%。环卫工作在全市月度考核成绩中6次排名第一。

【春运安全保障】 1月24日—3月3日，即春运期间，高铁南京南站在高峰期增开夜间高铁24趟，增派武警40名、志愿者56名。汽车客运南站启动“5个24小时”服务，保障全天候窗口售票、候车室供应热水、食物、暖气等服务。地铁南京南站根据客流量制定Ⅳ级客运秩序维护方案。南京市客运交通管理处、南京市公路运输管理处派驻8名执法人员，加强重点时段、路段巡查，查处出租车不计价、高收费、拒载、站外带客等违法违规行为46起。春运期间，高铁南京南站发送旅客291.8万人次，同比增长30.9%。地铁南京南站进站约241.6万人次，同比增长16.5%；出站约222.6万人次，同比增长23.8%。汽车客运南站发送旅客92.7万人次，同比下降8%。

【“学雷锋　南京慈善义工在行动”启动】 3月5日，“帮助他人　快乐自己——学雷锋　南京

3月5日,"帮助他人快乐自己——学雷锋南京慈善义工在行动"启动仪式在南京南站北广场举行　　（南站综管办　供稿）

慈善义工在行动"在南京南站北广场启动。汽车客运南站作为南京南站交通窗口代表单位,向500余家义工团体、7万名慈善义工发出活动倡议,150余名慈善义工、交通志愿者为旅客提供问询、导乘、帮扶等志愿服务。南站综管办、汽车客运南站、高铁南京南站、地铁南京南站等单位被南京市慈善总会现场授予"南京慈善义工服务基地"称号。

【防汛抢险】 4月，南站综管办牵头成立南京南站地区防汛工作领导小组，督促站区各成员单位建立防汛工作一级联动小组，针对绿都大道、明城大道等险情易发地段制定专项防汛应急预案,落实各成员单位、养护企业、各工地防汛人员到岗,实行24小时值班制度。组建应急抢险队伍4支,配备应急巡查抢险车3辆,常备应急抢险人员40人、后备200人。对管养范围内4座泵站实行标准化改造，对所有防汛设备准备情况例行检查，保障常备机械设备在险情发生10分钟内到场、其他机械设备1小时内到场。7月7日,南站地区3小时降雨量超过260毫米,值班人员迅速调集泵机、装载机等设备15台,强排道路积水并清理倒塌围墙,保障车辆和行人安全出行。积水清除后,安排7辆洒水车和30名保洁员清洗路面,累计清理垃圾30车,耗水60余车。汛期,南京南站安全度汛。

【G20峰会站区安全隐患排查】 8月，市公安局公交治安分局安保支队、站前派出所、铁路南站派出所市公安局特警武警、南站综管办联合举行G20峰会反恐实战演练。地铁南京南站、地铁保护办公室、地铁南京南站派出所对地铁内空置商铺、封闭区域、逃生通道等区域联合开展检查，排除安全隐患。G20峰会期间,市铁投公司对责任区域内施工现场、地下停车场等重点区域开展安保检查。南站综管办加强夜间联合执法，每晚19—23点,对站房和周边道路实施重点管控,查处非法接拉客人员130人次、非法营运车2辆、车辆违停37起、出租车站外带客44起。

【南广场主体结构封顶】 8月7日，南京南站南广场项目主体结构封顶。该项目规划下沉式设计,分塔楼和广场两部分,总占地面积6.67万平方米,建筑面积17.31万平方米,其中地下建筑面积10.72万平方米、地上建筑面积6.59万平方米,建筑高度40米,集铁路枢纽、公交(地铁)换乘、商场、餐饮于一体的综合体。广场正对南京南站站房中间,占地6万平方米。东、西侧各建设1座11层塔楼，其中地上商业与办公楼9层、地下2层。地下负1层属商业区，负2层是停车场，设置停车泊位500余个，局部负1层下方为地铁1号线和地铁3号线。

【垃圾中转站项目开工】 8月23日，南京南站垃圾中转站开工建设。该项目位于六朝路东侧、毓秀街以南、明城大道西侧，占地面积约4000平方米，站房面积1600平方米，公厕面积200平方米，配备垃圾压缩设备4套、勾臂车2辆，工程总投资731万元，设计运转规模150吨/天。11月底，站房主体建筑封顶，部分垃圾中转设施投入使用。

【东出租车场站改造竣工】 9月30日，南京南站东出租车场站改造竣工。该工程于9月10日开工，总投资455万元，包含车行道拓宽、隔离护栏安装、智能交通控制系统改造等项目。场站中部设置人行通道，通过设置闸机和信号灯控制人车交织。旅客乘车由人行道分流到安全岛，乘客排队上客区由1处增加至8处，车辆出口由2道增加至4道。国庆节大客流高峰期间，场站首次实现旅客无积压排队场景。

9月30日，南京南站东地面出租车场站改造完工　（南站综管办　供稿）

【官方微博获南京区街镇最佳新媒体传播奖】 12月，南站综管办新浪官方微博——南京南站地区综管办被市委宣传部、市委网信办评选为南京区街镇最佳新媒体传播奖。该微博于2014年3月开通，围绕交通出行开设《南站直播间》《出行早知道》等栏目，每日更新南京南站地区工作动态，满足出行旅客对站区信息关注。截至年末，累计发布博文6031条，拥有粉丝759人，协调处理网友诉求800余起。　（任姝婕）

城市环境综合整治

【概　况】 2016年，雨花台区相继开展环境综合整治"931""9322"接续工作、"拆清治绿"环境综合整治专项行动和新一轮（2016–2018年）三年环境综合整治行动。全年拆除20余个地块，计102万平方米房屋建筑；拆除违建82处，计建筑面积50506平方米。实施水环境整治，投资2300余万元，从根源解决工农河黑臭问题，完成7个积淹水片区改造和21个排水达标区创建。实施城中村危旧房以及棚户区改造项目8个，改造面积51.37万平方米，开展老旧小区出新项目7个，出新住宅面积9.72万平方米。开展道路环境整治，完成14条背街小巷整治，实施雨花大道、软件大道（部分）、玉兰路等10个交叉路口架空杆线整理下地，完成铁心桥交通堵点改造，启动凤台南路和雨花南路道路病害处理、地下管网改造、架空杆线下地、两侧立面景观提升等"四位一体"综合整治前期工作。实施游园广场建设、公园绿地改造、道路绿化提升等30项工程，总投资3400余万元，整治绿地面积38.18万平方米，新增乔木约4万棵。控制煤炭消耗、扬尘对大气污染，关停污染企业3家，淘汰黄标车1322辆。该区空气环境达优良以上天数235天，优良率64.2%，较上年同期上升4.9%。全区环境质量明显改善。

【"拆、清、治、绿"环境综合整治专项行动】 2016年，雨花台区"拆、清、治、绿"环境综合整治专项行动包含404个菜单，除13个结转项目以外，全部完成。区水务局牵头负责48个整治菜单，全属涉水项目，对中梗河、西寇四沟等39条河沟池塘进行清淤治理，落实工农河、板桥河、江宁河、南南河等四大区管河道长效管养。区住建局牵头负责13个整治菜单，完成普德花园等7个小区9万平方米建筑出新，对秦淮新寓等3个小区进行设施维护；结合该区房屋建筑文明施工管理实际，重点检查马家店保障房等3个施工现场工地围挡、场地硬化、车辆冲洗设施、渣土覆盖、保洁措施等环节，落实工地环境整治。区城管局牵头负责234个整治菜单，拆除违建61处、计44061平方米，清理户外广告24处，完成30条道路2000余个停车泊位线热熔复线，规范倚门出摊、占道经营20余处。区交通运输局牵头负责23个整治菜单，主要为共青团路、小行路等23条市政道路维修及社区街巷维护工程，累计维修人行道830平方米、车行道950平方米。区环保局牵头负责6个整治菜单，完成西善桥街道生物医药科技园工业废水集中处理设施建设，推进十四所等5家工业企业污染治理设施整改。区征拆办牵头负责32个整治菜单，完成20个项目动迁，拆除房屋面积102万平方米，其余12个项目结转至下年。区农业局牵头负责48个整治菜单，整地4万平方米，栽植900余株樱花，更换瓜子金边黄杨、红叶石楠、金森女贞等品种3738平方米。

【环境综合整治"931""9322"行动】 2016年，环境综合整治"931""9322"行动涉及17大类66个项目(与"拆、清、治、绿"环境综合整治专项行动菜单有部分重复)，重点开展对背街小巷整治、老旧小区出新以及规范占道经营、规范户外广告、规范车辆停放综合整治。整治梅山街道康健路乱贴乱画、乱拉乱挂、乱搭乱建、乱设摊点等现象，全长390米。对振兴路十九冶段道路实行维修，铲除破损路面、铺设水管、人行道等。实施雨花南路16号等4个老旧小区5万平方米立面出新。新建古雄新居农贸市场外摊点群疏导摊位10个，建筑面积120平方米；新建振兴路流动摊点疏导群摊位80个，建筑面积900平方米。拆除205国道梅山交警中队至世纪苑污水泵房全长450米墙体广告，对新湖大道宋都、汽渡路汽贸园等户外广告，福润社区龙淮路两侧门头店招等统一实施规范管理。对西善桥街道、板桥街道8条道路实行维护。规范莲花湖东街、菊花北路等路面车辆停放，新增停车泊位860个。新建文化路等8个停车场，增设泊车位711个。

【新一轮环境综合整治】 2016年，新一轮(2016-2018年)环境综合整治涉及12大类153个项目(与"拆、清、治、绿"环境综合整治专项行动和"931""9322"菜单有部分重复)。区水务局牵头负责的11个水环境整治项目完工10个。柏家河河水过滤处理，异味消除；工农河全线3.5千米控源截污、引水补水；古遗井撇洪沟清淤800米；板桥河闸扩建完工，扩建后流量450立方米/秒。整治6个积淹水片区，改造面积1.73公顷。永安花苑易涝片区整治结转至下年。区水务局牵头负责的3个排水达标区创建项目全部完工。锦华新城二期南片污水管网工程全长1000米，与主管网对接成功；工农河上游右岸全段堤防加高加宽，新建堤顶道路和生态护坡，提升防洪能力；石闸沟清淤改造工程完工。区交通运输局牵头负责的14个市政道路整治项目完工12个。小行路安德门地铁站段、205国道西善桥南路段整治完工，背街小巷整治10条，道路维修1810米。凤台南路、雨花南路“四位一体”整治工程，因整治标准调整，结转至下年。区城管局牵头负责的35个市容市貌整治项目全面完工。拆除违建82处、计50506平方米，新湖大道、福润社区龙淮路等两侧不规范广告实行清理、整改，205国道沿街门面房地面牛皮癣清除，郁金香路麦瑞克集团、吉美思大厦和双龙嘉园小区17幢楼顶亮化工程完工，绿洲南路农贸市场2800平方米和梅欣农贸市场2200平方米出新改造，振兴路80个摊位计面积900平方米开展整治，南京南站片区围墙及人行道出新9300平方米。天后社区城郊结合部整治由于足球小镇项目，工程暂缓实施。区农业局牵头负责的30个园林绿化整治项目全部完工。在江南路、龙西路等沿线补植乔木345株、球类820株、小灌木8624平方米，绿化面积15.07万平方米。对南京南站北广场、卡子门世纪广场等街头绿地升级改造，新栽植乔灌木4万余株，绿化面积14.41万平方米。对菊花台、樱花谷等公园环境开展综合整治，绿化面积8.7万平方米。区交通运输局牵头负责的10个道路交叉路口架空杆线下地项目全部完工，雨花大道、玉兰路以及软件大道中段空中“蜘蛛网”现象消除。区交通运输局牵头负责的8个公共停车场建设项目完工7个，增设泊车位911个。龙藏大道北侧停车场建设因为地铁施工，暂时未投入使用。区城管局牵头负责的制定停车收费、引导制度完成编制。区环保局牵头负责的12个大气环境整治项目全部完工。梅山片区宁川建材、派瑞达斯、白兰木业关停，两桥片区圣戈班玻璃有限公司、晶明塑料有限公司关停，鑫翔建筑材料有限公司、坤宇复合材料有限公司等企业实行扬尘管控。淘汰黄标车1322辆，完成市级下达任务。区住建局牵头负责的14个建设工地整治项目全部完工。对雨创软件研发中心、凤凰美地、A5地块等10个工地开展工地围挡、土方开挖及建筑垃圾清运、工地生活环境整治。区城管局牵头负责的生活垃圾集中处理完工，14辆运输车辆污水箱实行改造。区住建局牵头负责的12个城中村危旧房改造项目全部完工，其中完成城中村危旧房整治项目5个，拆除建筑面积37万平方米。雨花新村二村、龙翔片区(启动区)、滨江大道南延区域全部完成拆迁。吴家山口地块搬迁居民88户，搬迁率98%。臧家巷华严寺(水表厂地块)剩余3户住宅尚未裁决，1户企业签订拆迁协议。雨花新村一村、五村等7个老旧小区改造完成，出新建筑面积9.72万平方米。

(卞新凤)

国土资源管理

【概　况】 2016年，区国土分局为13个市重大项目提供用地保障。全年办理用地预审43

件,计面积451.27公顷。供应工业用地1宗,计面积4.4公顷;供应经营性用地5宗,计面积17.4公顷。协助供应划拨用地21宗,计面积33.33公顷。对已供土地开展7轮供后土地巡查,督促10家用地单位办理开工、竣工延期手续。低效用地再开发实施计划项目37个,计面积339.4公顷,其中28宗取得进展、计面积334.47公顷。年内,雨花台区成功创建国家级国土资源节约集约模范区,区国土分局被评为"市国土资源系统2015年度工作先进单位"。

【耕地和基本农田保护】 2016年,雨花台区实有耕地1323.27公顷、基本农田313.4公顷,完成基本农田保护任务。城市周边基本农田划定量10.73公顷,获国土资源部批复。耕地保护补贴资金发放面积608.27公顷,总户数3043户,发放金额273.7万元。

【土地执法监察】 2016年,区国土分局在全天候卫星遥感监测和动态巡查中,发现新增临时用地2宗,并督促相关单位办理临时用地报批手续。完成土地卫片执法检查违法用地整改面积5.53公顷。

【用地保障】 2016年,区国土分局组卷报批3个批次7个单选,累计27个用地项目,报批面积225.27公顷。开展批后实施33个项目,总面积136.93公顷,所有项目签订征地事务办理协议和征地补偿安置协议,批后实施完成率100%。

【地质灾害防治】 年内,区国土分局起草的《雨花台区2016年度地质灾害防治方案》获区政府批复。该方案对2016年全区地质灾害趋势进行研判,明确2016年全区地质灾害防治工作目标以及重要地质灾害隐患点、危险点,提出相关防范措施。经过对全区12个地质灾害隐患点实施核查,新增地质灾害点5处,组织省地质工程勘察院专家勘察,将尤家凹3号地块列入省市治理地质灾害消险项目。

(朱 佳)

水 务

【概 况】 2016年,雨花台区境内2条水系流域范围内有主要骨干河道8条。其中,大江大河干流1条,即长江南京河段干流;大江大河分洪河道1条,即秦淮河干流的秦淮新河;通江、通秦淮河、秦淮新河河道6条,即板桥河、江宁河、工农河、南河、南南河、新农花河。区域内有街道级河沟49条;城市特小型湖泊2个,即花神湖和莲花湖;重点塘坝4座,即安堂凹、静明寺、大石湖、龙泉寺。全区水域面积941.03公顷,堤防长度66.6千米,排涝泵站47座,累计排涝能力155.94立方米/秒。

年内,雨花台区水利局更名雨花台区水务局,雨花台区水利总站更名雨花台区水务总站。区水务局建立用水总量、用水效率和水功能区限制纳污"三条红线"控制指标体系和水资源管理考核机制,编制完成区水务发展"十三五"规划,完成板桥河闸扩建、河塘清淤及水生植物栽种、工农河黑臭河道整治等工程建设,落实闸站维修养护以及防汛检查责任制,保障全区安全度汛。以"世界水日""中国水周"为契机,开展水法宣传,提升驻区群众水资源保护意识和水法治观念。是年,区水务局被市水务局评为2016年度水利改革建设先进单位。

【水资源管理】 年内,区水务局委托省水文水资源勘测局南京分局开展长江雨花台区段5条水功能区水质监测。完成5个水功能区中板桥汽渡(右)、汤巷路桥、板桥、将军大道桥、秦淮新河闸、曹村桥、西善桥、天保桥和莲花闸等9个检测断面96个测次监测,获取1680个数据,编发《雨花台区水资源公报》。配合区环保部门按照市下达小康断面水环境监测工作要求,跟踪监测秦淮新河节制闸等4个断面。加强区域内和昌地产、蓝光地产2家企业雨水回收系统利用,城市再生水回用率达到市级考核目标。开展地下水保护,全年地下水位未超地下水控制红线。依法对境内1家企业违规取水井实行封堵。

【水务行政管理】 年内,区水务局展开行政权力清理。完成三大类行政许可事项、34条行政处罚、8条行政强制,累计64项权力梳理确认,并在网上公示。依法办结4项河道管理范围内涉水建设项目,依法征收河道工程占用补偿费、水土保持补偿费等行政规费60余万元。与江苏国成律师事务所签订法律顾问聘用协议,协助解决法律问题。办结涉及行政执法信访件及"12345"工单3件,满意率100%。清除各类违章种植8667平方米,清障、清理水系杂物9万平方米,清理河道水系7200米。结合工农河黑臭河道整治,拆除双学桥西南侧棚披200平方米,清整土地2.8万平方米。组织开展水事联合执法行动4次,依法立案查处水事案件3起。

【辖区供排水管理】 2016年,雨花台区完成二次供水设施改造项目14处,办理行政排水许可99件、建筑工地临排件15件、排水接管5件。清疏排水管网70条,绞拉干管176.366千米,疏通支管79.5846千米,清理检查井16966座、雨水井25842座,清运淤泥2702吨,清理管网出水口216座,更换窨雨水井盖框162套,清扫河道岸坡24.1万平方米,清捞河道垃圾漂浮物19.1万平方米,外运垃圾318立方米。日常维护保养城市排涝泵站4座,定期开机检查泵站运转。

【防汛工作】 2016年,雨花台区改造完成新湖大道积淹水点改造工程,灌浆加固秦淮新河4千米堤防与铁心桥静明寺水库大坝,实施工农河上游右岸防洪能力提升和柿子树沟、邱沟整治工程。组织6轮防汛检查,排查出险工隐患段13处、易积淹水地段41处,逐项落实消险措施。编制完成《雨花台区防汛应急预案》等三大防汛应急预案和4项防汛应急专项预案。储备防汛物资、器材,成立防汛抢险队伍54支,计1840人。召开全区防汛工作会议,组织开展防汛知识培训及实战演练,培训基层防汛工作人员80余人。投入180万元建成区防汛指挥决策系统,汛期投入使用。防汛严峻期间,投入巡查抢险救灾人员18268人次,出动抢险救灾车辆1239台次、挖掘机4台、消防车3辆,消耗草包、编织袋等抢险物资2.45万只,架设临时水泵543台套,排除江河堤防险情40处、道路(居民小区)积淹水42处。全区安然度汛。

【河塘清淤及水生植物栽种工程竣工】 6月2日,河塘清淤及水生植物栽种工程竣工。该工程于2015年12月开工,清淤河沟9条,涉及铁心桥街道、雨花街道、板桥街道、梅山街道及雨花经济开发区,总长10.973千米,清淤土方9

万立方米。在水位变动区栽种美人蕉38595株、黄菖蒲51460株、再力花30756株;岸坡播撒百慕大草籽10968平方米，栽种红叶石楠733棵。新增绿化面积2.6万平方米。7月22日,该工程通过区级验收。

【板桥河闸扩建工程竣工】 11月21日，板桥河闸扩建工程竣工,工程总投资3587万元。板桥河闸位于雨花台区板桥河长江入口上游950米,始建于1996年,设计泄洪流量124立方米/秒,分3孔,单孔净宽6米,闸底堰顶高3.5米。该扩建工程于12月1日开工，在原址将河闸由3孔扩建至5孔，总净宽由18米增至30米,设计泄洪流量450立方米/秒;拆除原有排涝泵站,配套建设流量补水泵站4个。11月21日,该项目通过区级验收,227个单元工程全部合格,优良单元工程171个,优良率84.7%。

【工农河黑臭河道整治工程竣工】 12月14日,工农河黑臭河道整治工程竣工。该工程于9月10日开工,完成工农河、新板沟、永安花苑水系、铁路西沟清淤,总长8185米;铺设截污管道836米,开挖截污井13座,完成一体化泵站设备安装调试;铺设引水补水管道1968米,安装微纳米曝气系统15套;铺设仿人工水草1500平方米、水下生物滤床500平方米、水生植物1910平方米;核发排水许可证20个。 (高　勋)

·南京市自来水板桥有限责任公司·

【概　况】 自来水板桥公司于2006年9月8日由南京水务集团有限公司（原南京市自来水总公司）与南京市板桥农工商总公司合资组建而成,位于雨花经济开发区龙腾南路,占地面积13.33公顷,其中城南污水处理厂(由自来水板桥公司负责建设及运营）占地面积6.67公顷。至2016年末,自来水板桥公司从乡镇水厂发展成为初具规模集上下水为一体的地区水务公司，主要承担板桥地区自来水供应、用户发展和服务、抄表收费、供水工程施工、管线维护和地区污水处理等工作,拥有职工99人,其中大专及以上学历57人。公司组织结构为“四科一室”,即供水发展科、抄收管理科、计划财务科、安全生产科和办公室。供水范围东至江宁区吉山铁矿、南接江宁区江宁街道边界处、西至长江边、北接秦淮新河约90平方千米区域。日售水量7万吨,服务人口25万人,日处理污水量2万吨(处理能力达5万吨),污水排放标准达国家一级A类标准。

2016年,自来水板桥公司利润总额1012万元，供水量2485.5154万立方米，售水量2130.08万立方米，新铺设管网19.50千米，管网总长度330千米，水费回收率95.20%。

自来水板桥公司成长历程一览表

表7

时　间	事　　件
2006年9月8日	自来水板桥公司挂牌成立
2007年7月10日	自来水板桥公司党支部委员会成立

续表

时　　间	事　　件
2008年5月12日	城南污水处理厂一期开工建设
2008年6月27日	自来水板桥公司工会成立
2008年12月30日	自来水板桥公司负责建设及运营管理的城南污水处理厂竣工,具备生产运行能力,实现上下水一体化运作
2009年11月27日	吉山地区转供水协议签订
2009年12月4日	梅山地区转供水协议签订
2010年7月27日	自来水板桥公司改变原有半自产半转供方式,全面转供南京水务集团有限公司优质自来水
2011年7月	南京水务集团有限公司优质自来水流入板桥地区吉山区域千家用户
2014年9月	城南污水处理厂二期工程开工建设
2014年12月	城南污水处理厂二期工程竣工
2015年7月	城南污水处理厂出厂水排放达国家城市污水排放一级A类标准
2016年11月	城南污水处理厂一期工程通过市环保部门验收
2016年12月	城南污水处理厂中水回用正式运营

在册用户93224户，涵盖企业938户、居民小区75个。城南污水处理厂收集处理污水705万吨,生产污泥5117.11吨,化学需氧量削减量766吨,氨氮削减量188吨。转接南京水务集团有限公司“96055”供水热线工单1041起，办结率、及时率100%，满意率97.64%。

【安全生产保障】 2016年,自来水板桥公司不定期组织安全自检，重点检查35座二次供水增压泵站及变配电柜、变频器、行车等重点设备、办公场所的电路、灭火器等,发现问题及时整改落实。增强职工应对突发事故、事件处置能力,组织科室人员参加消防培训、消防演练及突发停电、防汛应急演练等。加固、检修2座自有二次供水增压站电子围栏、视频监控。完成管理范围内35座二次供水增压站70只增压水箱2次清洗消毒；完成35座二次供水增压站电路整改及泵站土建工程改造。对大型增压泵站进行技改，完善升级第三增压泵站、吉山泵站内自控系统,采用分时分区增压供水方式,保证用户用水需求。

【推进出户改造】 2016年,自来水板桥公司利用板桥新村雨污分流改造工程对板桥新村建厂初期铺设的DN200水泥自应力约300米供水管道实行优化改造,对抄表到户2栋邮政楼68户用户户表进行出户改造。配合板桥街道、梅山街道、西善桥街道等拆迁办现场完成板桥老街81户、西善桥一建材102户、梅钢公司47栋237户拆迁户水费清算与现场管道止水,保障水量不流失。完成孙家社区254户461只水表及16家企业户表具底数摸底抄见及管线铺设数据勘测,为后期抄表到户提供依据。每月

南京市城南污水处理厂　　（自来水板桥公司　供稿）

对公司供水范围内水管网、阀门开展普查，及时修复跑冒滴漏现象。

【城南污水处理厂质效管控】 2016年，面对多次泥浆水对城南污水处理厂水质冲击，自来水板桥公司配合区环保局开展厂外外管道排查，实施生产调控，采取改变回流模式、投加碳源方式等调控生产，保障水质优良。针对污水厂一期老旧管网缺陷，在厂内新铺建口径800毫米污水反冲洗专用管道360米以及模块井7座，对无人值守变电所加装监控设备及消防报警系统，确保安全。通过一期、二期生产系列切换，完成一期生化池碳源投加系统改造，对一期生化池曝气系统、回流泵推流器控制箱等进行更换及调试。年内，一期工程通过市环保局验收。

【中水回用工程试运行成功】 5月26日，板桥公司城南污水处理厂"一级A标准中水（指城市污水或生活污水经处理后达到一定的水质标准，可在一定范围内重复使用的非饮用水）对工农河进行补水"工程启动。公司对原先埋设的2500米中水管道展开维护泵压，完成出厂中水母管改造接拢及机泵、阀门、流量计等设备安装，并与区水务局承担建设的中水管道接拢。12月9日，双方部门现场对中水管道所有阀门泄气阀复检后，开启中水回用阀门，30分钟后，补给工农河出水口出水，试运行成功。

（万贵明）

★链接　南京市城南污水处理厂（原雨花经济开发区污水处理厂）是根据2007年2月雨花台区人民政府与原南京市自来水总公司（现为南京水务集团）签订的南京雨花经济开发区污水处理厂建设运营协议投资兴建。南京水务集团负责污水处理厂及尾水排放管道建设、运营和维护，雨花台区政府负责污水处理厂厂外污水收集管道建设、运营和维护。城南污水处理厂位于雨花经济开发区凤锦路以南，凤仪路以北，龙腾南路以西地块内，总占地面积62948平方米，服务范围以开发区一期8.04平方千米范围内的生活污水为主。一期处理规模2.5万立方米/天，远期建设规模20万立方米/天，一期污水处理工艺采用改进型A2/O处理工艺(UCT)，于2008年5月12日正式开工建设，2008年12月30日竣工并具备生产运行能力。污泥脱水采用浓缩脱水带式一体机，脱水后污泥外运处理。二期于2014年9月开始建设，年底建设完工。城南污水处理厂二期工程主要为扩建2.5万立方米/天污水处理设施，处理工艺采用A2/O处理工艺(UCT)+反硝化深床滤池；同时对一期工程(2.5万立方米/天)进行提标升级改造，工艺为化学除磷+反硝化深床滤池+次氯酸钠消毒。中水将用于工农河冲洗用水，回用于道路冲洗、绿化浇灌，尾水则通过厂内出水泵房提升至梅山公司高位排放井进入深水排放管排江。

交通运输

【概　况】 2016年，雨花台区境内公路总里程282.884公里，公路密度210.17千米/百平方千米，其中高速公路8.5千米、一级公路87.458千米、二级公路46.199千米、三级公路49.473千米、四级公路91.254千米。城市主干道11条(其中快速路1条)、次干道18条，支路街巷66条，桥梁96座(其中自管10座，属地管理86座)，车行道128万平方米，人行道30万平方米。航道总里程9千米，规设六级航道，码头3个，码头泊位6个，码头总延长240米。辖区水路运输企业3家，船舶11艘，总载重351794吨。水路运输服务业企业9家，船舶代理量125艘，货物代理量70.39万吨；港口码头内河企业3家，年吞吐量5.9万吨。道路运输业户4279户，同比减少60户；营运车辆7753辆，同比增加704辆。驾驶员从业资格1904人。区运输管理所办理年审业户3902户、道路运输车辆7976辆；办理新增车辆1424辆，清理注销长期未审验道路运输业户101户、车辆107辆。区维修管理所办理汽车维修许可企业19家，其中一类维修企业4家、二类6家、三类9家。审核驾培学员培训记录12753人，向驾校发放结业证479张。

全区农村公路总养护里程223.808千米，含县道57.487千米、乡道123.861千米、村道42.46千米。全年交通基础设施养护投入4360万元。其中，县乡村道养护总投入2028.7982万元（含大中修）；农村公路提档升级改造1条，即宁水路东延工程，总投入2000万元，长0.612千米。水泥化工程投入含在县乡村道养护总投入中，总里程3.311千米。县道保养投入173万元，维修面积1625平方米。农村公路安保工程投入52万元，改善农村公路安保设施10.32千米。年内，区交通运输局完成2016年区农村公路间隙式交通量观测，委托桥梁评定机构——南京市公路处科研所，将全区乡村道桥梁全覆盖，统筹纳入桥梁技术状况评定范围。2016年，市成品油价格和税费改革转移支付普通公路项目专项补助资金完成拨付。

【交通“一体化”改革完成】 6月，区交通局承接城乡交通一体化改革新增职能，组建区城市道路管理中心，新增养护管理科，划入原区交通局全部职责。新增原区住建局承担的城市道路(隧桥)建设职责；新增原区城管局承担的城市道路（含地下通道）、人行道等设施日常管养，城市道路挖掘、临时占用许可审批等职责。承接市交通局下放的县道及以下公路建设项目施工许可审批、超限车辆行驶公路或公路桥梁许可审批、普通货物运输经营许可审批等10项职责。

【危险品运输企业安全检查】 年内，区交通局对辖区4家危险品运输企业执行安全检查44次，下发整改通知书11份。利用GPS监控平台对危险品运输企业查岗1912次，查处违章案件580起，罚款169万元。区路政大队出动执法人员1700人次，检测疑似超限运输车辆约1000辆，处罚超限车辆593辆，罚款256.86万元，驳载5294.39吨。

【黄沙码头整治】 年内，区交通局牵头组织对板桥街道5家无证黄砂码头开展环境整治，6月底全部清理到位，违规运输设施及厂房等全部拆除，码头趸船全部清拖。10月10日，5家无证黄沙码头全部通过市环保部门达标验收。

（杨云头）

【南京市板桥汽渡管理处】 2016年，南京市板桥汽渡管理处新造渡船——板渡7号竣工交付，船长49.88米，型宽14.4米，主机型号NTA855-M350，属28车全回转渡船。2台汽渡称重动态磅改造成静态磅，汽渡收费系统统一标准为静态磅。开展“奋战一季度、书写新篇章”“打赢二季度、实现双过半”“奋战三季度、平安度夏汛”“冲刺四季度、取得新收获”季度主题活动，同时开展“安全生产月”活动及安全生产大检查，保障汽渡全年安全形势平稳。南京市板桥汽渡管理处全年安全渡运各种车辆79万辆，日均2164辆，完成渡运航次71139次，渡运总吨位数达1788万吨，实现渡运规费征收4709.94万元；被南京市双拥办评为创建全国双拥模范城有功单位。

【《公路渡口安全生产标准化管理规范》发布实施】 4月，由南京市板桥汽渡管理处牵头编制的《公路渡口安全生产标准化管理规范》经国家质检总局发布实施，属江苏省首创。该规范结合公路运输、水路运输、码头管理、港口装卸特性，从目标要求及考核、安全责任体系、装备设施、科技创新与信息化、作业管理、事故处理、职业健康、安全文化、持续改进等方面制定系列适合汽渡工作特点和要求的具体工作内容和方法，使汽渡行业安全生产有章可循。

（陈天夫）

环境保护

【概　况】 2016年，雨花台区空气总体质量较上年好转，主要污染物浓度明显下降。水环境质量保持稳定，骨干河道与上年相比变化不大，街道级河道呈好转趋势，湖泊(水库)水质均达标。

空气质量：全年空气质量达到国家二级空气质量标准235天，优良率64.2%，较上年同期上升4.7%。PM10均值为81微克/立方米，较上年同期下降17.3%；PM2.5均值为49微克/立方米，较2013年基准年同期下降

37.2%、较上年同期下降 13.6%。超标天数大部分出现在春季、冬季，主要原因是春季、冬季大气较稳定，不利于污染物扩散，同时受外来污染源输送影响。PM10、PM2.5 年均浓度下降较多原因主要是对工地扬尘监管力度加强。

降尘量：降尘量年均值 6.65 吨/月·平方千米，同比下降 26.2%。全年降雨 102 场次，其中酸雨 14 场次，酸雨率 13.7%，同比上升 6.4%。

水环境状况：国家考核秦淮新河节制闸断面水质均值为Ⅲ类(剔除 1、2 月秦淮新河大桥施工期间数据)，达标；江苏省考核断面秦淮新河铁心桥水质均值为劣Ⅴ类，主要超标因子为氨、氮，主要超标原因是生活污水直排入河道。省考城市内河宁芜公路桥断面水质均值为Ⅳ类，达标。市考断面板桥河堤防管理处水质均值为劣Ⅴ类，主要超标因子为氨、氮、总磷，主要超标原因是生活污水直排入河道。市考断面南河拖板桥水质均值为劣Ⅴ类，主要超标因子是氨、氮、总磷，主要超标原因是生活污水直排入河道。花神湖是该区重要景观湖，水质达到《地表水环境质量标准》(GB3838-2002)IV 类要求。华严寺(地下水)水质质量保持稳定，基本达到《地下水质量标准》(GB/T14848-1993) Ⅲ类要求。

声环境质量状况：辖区环境噪声昼间年平均值 54.4 分贝，比上年下降 0.5 分贝，达到《声环境质量标准》(GB3096-2008) Ⅱ类标准。全区有交通、区域功能区 39 个，其中雨花西路、玻纤院 2 个交通、区域功能区噪声达标率 100%。8 个道路交通噪声点位昼间年平均等效声级66.8 分贝，较上年下降 0.5 分贝，其中噪声最高点位于凤台南路第一实验小学附近，该路段噪声受周围高架车辆影响。

年内，雨花台区办结生态环境人大建议与政协提案 6 件。区环保局查办各类环境信访投诉 2537 件，办结率 100%。

【环境监测】 年内，区环保局对辖区 26 家餐饮店、医疗机构、学校等行业开展环境专项监测，查获超标排放污染物 13 家(次)，对泥浆水排入秦淮新河、铅酸液非法倾倒等污染事件展开实时监测，督促整改。配合区公安、城管等执法部门开展嘉吉饲料(南京)有限公司噪声扰民、南京中船绿洲机器有限公司废水排放等信访投诉监测，出具水、气、声信访投诉监测报告 30 份。全年完成各类地表(地下)水、功能区噪声、区域环境噪声、交通噪声、降尘、扬尘及降水等例行监测，获得环境监测数据 63531 个(含自动监测数据)。对 69 家重点监管企业实施环境监测，出具监测报告 179 份，其中水 131 份、气 21 份、声 27 份。

7 月 11 日，雨花台区环境监测站在南河监测汛期水质 (区环保局 供稿)

【环保专项行动开展】 2016年，区环保局对重金属排放、总挥发性有机物、地条钢生产、小砖瓦生产等企业开展环保专项整治和环境现场监察。分期分批开展混凝土、医疗、学校等行业(领域)环保专项执法。至年末,查处各类环境违法行为150余件次,行政处罚近390万元，较上年提高39%。环保执法大练兵期间,查封污染企业28家,责令停产2家,涉刑移送区公安分局1家，按日计罚4家。推进“两法(行政执法和刑事司法)衔接”工作,移送区公安分局涉嫌环境污染犯罪案件2起,移送法院强制执行不履行环保处罚决定案件8起。全年征收排污费1066万元,超额完成年度征收任务。

【环保监察】 年内,区环保局在全区开展污染源“双随机”(检查人员、检查对象随机确定)检查。全年检查企事业单位各类污染源90家次。在专项整治的5家突出环境问题集中整治企业中,雨花台区蓝得火汽车用品经营部、南京苏利来环境艺术雕塑有限公司、南京安博复合材料有限公司3家企业完成环境问题整改,南京市雨花台区佳美贴面板厂、南京市餐厨垃圾处理厂停产或搬迁。开展环境保护大检查,不定期集中整治突出环境问题,分期分批开展环保专项执法。

【解决环境污染投诉】 年内，雨花台区执行“局长带案下访”和“领导包案”制度,落实挂牌督办措施,对化工、重金属污染、危险废物处置、夜间违法施工、餐饮油烟扰民等突出问题集中开展专项整治。成立区迎查工作领导小组,下辖现场、保障、督查等工作组,梳理下发各部门、各街道园区环保责任清单。针对中央督察组下发的督办件,从区领导到各级、各部门负责人,实行第一时间到现场、第一时间处置、第一时间回复办理结果,办结率和回复率100%,确保投诉问题最终解决。全年办结中央环保督察环境投诉问题件30件。

【环境污染监管】 年内,区环保局加强对危险废弃物及放射源监管，完成70家产生危险废弃物企业的网上申报和安全转移,累计转移各类工业危险废弃物200余吨。开展危险废弃物专项整治,检查关停搬迁企业14家,调查生产使用危险化学品企业4家。开展废铅酸电池专项整治,将使用、销售废铅酸电池的20家单位纳入危险废物规范化管理渠道。开展全区区域环境风险评估,落实环境突发事件应急预案和演习备案制度,对南京弘阳码头有限公司等5家企事业单位环境突发事件应急预案进行审核备案。参加市、区政府组织开展的南京华润热电有限公司环境突发事件应急演练。组织开展辖区医疗废物规范化管理及辐射安全防护培训。加强特定时段、汛期、暑期及恶劣气候条件下环境安全督查与防范,处置铅酸蓄电池废液非法倾倒、废油脂加工点等污染突发事件。

【建设项目污染源头管控】 2016年,雨花台区审批建设项目101项，其中环境影响报告书4项、环境影响报告表46项、环境影响登记表51项，验收建设项目38家（其中登记表项目5家),严格控制新污染源产生。排查、清理整治违法违建项目83家。

【工地扬尘管控】 2016年,雨花台区坚持“五达标一公示”扬尘管控标准,构建街道、社区、工地三级扬尘网格化管理体系，规范全区扬尘管理，促进扬尘防控措施落实。全年召开扬尘防治联席会议 14 次，组织区住建部门、城管部门、街道（园区）联合检查 39 次，出动现场监察人员 1910 人次，检查工地 1159 家次，下达工地扬尘污染控制现场检查（督查）记录表 301 份、限期改正通知书 80 份，立案处罚 100 家次，处罚金额 180 余万元。雨花台区扬尘污染防治考核在全市综合排名第 2 名。

【黄标车淘汰】 2016 年，雨花台区按照市淘黄办统一部署，开展淘汰黄标车工作，在机构不变、任务不变、标准不变、目标不变等情况下，加大推进力度，重点攻坚营运黄标车淘汰。全年淘汰黄标车 1307 辆。（束子达）

生态建设

【概　况】 2016 年，雨花台区新增城市绿地面积 5 万平方米，实现绿化覆盖率 48.71%。新增成片造林 20 公顷，林木覆盖率 30.05%。补植灌木 9.8 万株，铺设草坪、地被 3.9 万平方米。清除垃圾 5450 吨、小广告 409 处，清理枯枝 10478 处。修剪乔木、抹芽 3.2 万株，修剪灌木 216.3 万平方米、草坪 225.1 万平方米。修补大树腐株 1980 株，病虫害防治药水使用 1309 公斤。创建垃圾分类示范小区 22 个，生活垃圾密闭化收集运输率 100%，无害化处理率保持 100%。建设完成排水达标区 21 个，包含 16 个小区与 5 个企事业单位，全部办理排水许可。辖区渣土车密闭化运输率 100%。年内，该区在市级绿化养护管理考核中位列第四。

【绿化整治项目 49 个】 2016 年，雨花台区完成绿化整治项目 31 个，绿化整治面积 100 万平方米，总投资 4249 万元。其中，实施完成游园广场项目 4 个，总投资 700 万元，分别为金叶花园西门小广场、双龙嘉园市民广场、花好月圆西侧小游园、梅山绿地游园项目。完成花神大道和软件大道 2 条城市主要道路绿化提升规划设计及招投标等前期手续办理。以竹林和菊花为特色，制定菊花台公园提档改造方案。

【生态环境提升】 年内，雨花台区投资96.8 万元，完成卡子门广场、卡子门大街、秦淮新河码头、宁丹路等 4 个绿化提升项目，整治绿地 4.7 万平方米。其中，卡子门广场小灌木补植 0.2 万平方米，投资 37 万元；卡子门大街沿线苗木补植 0.5 万平方米，乔木栽植 45 株，投资 50 万元；秦淮新河码头、定坊三岔路口沿线绿地整理 4 万平方米，苗木补植及草坪铺设 0.63 万平方米，乔木栽植 323 株，投资 75.01 万元；宁丹路香樟补植 38 株，投资 9.8 万元。雨花广场环岛及周边岛头，凤台广场环岛、软件大道岛头等市级项目提档升级完工，投资 370 万元，银杏、鸡爪槭、苏铁、美人梅、红枫等花灌木栽植 738 株，太湖石、莲花石、沙滩石布置 26 组，草花孔雀草、一串红、秋海棠等品种栽植 2690 平方米，二月兰及金鸡菊等宿根花卉播种 2486 平方米。软件大道与花神大道中分带、侧分带补植金边黄杨、红花檵木、海桐、麦冬合计 5800 平方米。

【森林防火】 年内，雨花台区把森林防火工作列入涉林街道（园区）年度考核目标。在区有线电视台开设森林防火专题宣传片 2 期，在辖区重点林区悬挂森林防火宣传横幅 120 条，在进入林区主要路口设置警示牌180个,印发防火联系卡15000张。增设牛首山北坡森林防火远程监控,铁心桥地区山林监控实现全覆盖。为全区183名护林员添置防火装备,在大石湖、将军山、牛首山北坡旅游景区新增驻守护林员40余人。对全区各街道(园区)灭火队员开展森林火灾安全教育与扑救技能培训,对全区重点村及人武学院灭火队员开展紧急拉练2次。在高火险期间,重点林区进山道路封山戒严,实行区、街道、村三级领导和工作人员分片包干制。辖区森林防火态势稳定。（赵　冰）

【生态环保宣传】 年内,区环保局联合雨花台区百蝶缘环保公益组织在各街道开展“垃圾分类”公益环保社区课堂4期。世界环境日期间,在雨花街道紫荆广场开展“改善环境质量,推动绿色发展”主题宣传活动。以宣传《江苏省大气污染防治条例》为契机,开展环保普法进社区(企业)活动,组织开展环保法律法规及执法培训6期,全体环保执法人员和基层环保工作人员、居民、企业代表约500人参加培训。环境执法大练兵期间,结合全市环保执法大练兵“每周一讲”等专题培训,开展“以案说法”等法律法规和执法能力培训十余场次,提升环保执法人员执法能力和法律素养。通过邀请上级专家授课、局内业务骨干讲课、组织执法人员参训、配发学习资料等方式开展《中华人民共和国环保法》《江苏省大气污染防治条例》及“水十条”“气十条”等环保法律法规培训。全年累计组织生态环保知识和法律法规宣传培训30余场次,通过电视、电台、网络等媒体传播,提升公众参与环保意识,受众群众数万人次。通过区环保局网站公开环保政策、法律和办事指南,依法公开监管企业环境行为。

【生态红线管理】 2月,雨花台区完成2015年度市级生态红线考核及现场核查。开展辖区内生态红线区域问题梳理和整改,规划设置辖区内生态红线界桩界碑377个、保护区公示牌9个。按照《市人大常委会关于生态红线区域保护工作推进情况报告的审议意见》要求,上报生态红线责任单位、责任人及举报电话,列出辖区内生态红线问题清单。该区有省级生态红线保护区5个,分别是雨花台砂砾石层自然保护区、三桥湿地生态系统保护区、雨花台区烈士陵园(市直管单位)、牛首山北坡风景区和将军山风景区。（束子达）

雨花年鉴 2017 YUHUA ALMANAC

公共服务

2017 YUHUA ALMANAC

Public Service

教　育

·综　述·

【概　况】 2016年区教育局全面完成各项目标任务，教育现代化发展水平综合得分88.41分，高于市考核要求。创建省优质幼儿园两所、市健康促进学校5所，4所学校通过市依法治校示范校考核评估，全区中小学100%创建成为省、市级依法治校示范学校；接受市政府督导组对区政府职业教育发展责任状落实情况专项督导、教育部加快青少年校园足球工作督察获得好评；承办“第九届中国·南京—新加坡中小学校长圆桌会议”。区教育局获“南京市学前教育改革创新‘三项工程’贡献奖”、“南京市学前教育改革制度创新奖”。

学校新建扩建项目。南京市雨花台区实验小学东校区扩建工程竣工并将交付使用；南京市小行小学异地新建工程全面动工建设，并于年内完成主体封顶；南京市新林规划小学（原南京市古雄小学校址）扩建工程已进场施工。南京市宁南规划小学建设、南京市雨花台区实验小学西校区扩建、南京中华中等专业学校新校区新校区和南京市马家店规划小学建设等项目前期工作推进。

资源优化工作。完善和优化区内集团化办学管理模式，制定扩大区内教育集团方案，扩大优质教育资源覆盖率。推进“新优质初中”建设，促进初中教学工作上台阶。推进优质资源引进，南京市小行小学与南京师范大学附属小学签订合作协议，加入南京师范大学附属小学“童心母爱”教育集团。

教育教学质量提升。2016年全区高考、中考再创佳绩。南京市雨花台中学今年高考，本二达线率81.4%。南京市板桥中学高考本二以上达线77人；南京市梅山高级中学高考本二以上，达线率71.9%。在南京市普通高中发展性评估中，南京市雨花台中学获教学质量突出贡献奖（最高奖）、综合奖、教学质量优秀奖、学校教学管理奖；南京市板桥中学获综合奖、教学质量优秀奖；南京市梅山高级中学获特色奖；区教育局获教学管理奖。全区中考人均总分比2015年提高4分，南京市雨花台中学人均总分、优生人数等指标位于南京市优秀初中的前列；雨花台区接受市初中发展性评估成绩位居全市前列。小学教学质量全面提升，全区小学教学质量校际间整体基本均衡，素质教育活动丰富多彩，彰显特色。

学前教育。推进“以区为主、区街共建”学前教育管理机制，建立幼儿园安全工作长效管理机制，学前教育“三项工程”全面实施。6所公办幼儿园明确为独立法人单位。创建省级优质幼儿园7所、市级优质幼儿园2所、市级标准园5所，省优质园比例80%。区教育局获“南京市学前教育改革创新‘三项工程’贡献奖”“南京市学前教育改革制度创新奖”。

职业教育和社会教育。南京中华中等专业学校被认定为江苏省高水平现代化职业学校，申报文化创意与策划五年高职专业并开班，与加拿大皇家艺术学院签订合作办学意向协议；毕业生95%以上取得本专业或相关专业国家职业资格四级以上证书；参加省学业水平测试或技能抽测通过率95%以上，两名学生获省创新大赛二等奖，1项师生获国家发明专利。雨花街道和赛虹桥街道社区教育中心接受江苏省标准化社区教育中心评估验收；板桥街道、板桥新城社区教育中心接受南京市标准化社区教育中心评估验收,受好评。

【学校建设项目推进】 2016年,雨花台区财政共安排校舍修建经费17925万元,其中校舍日常维修3000万元,新校开办1730万元,结转项目1205万元,新校建设11990万元。南京市雨花台区实验小学东校区扩建工程完成,该工程占地4700平方米,新建校舍8500平方米,投资概算4200万元。南京市小行小学异地新建工程,占地27600平方米,新建校舍29346平方米,投资概算1亿元,5月全面动工建设,实现主体工程封顶。南京市新林规划小学建设工程,占地26044平方米,新建校舍19623平方米,投资概算7700万元,旧校舍已全部拆除。南京市雨花台区实验小学西校区扩建、南京市宁南规划小学新建工程、南京市板桥中学扩建三期工程等前期工作加快推进。富力尚悦居初中、石林规划学校、岱山24号小学、岱山高中宿舍、九都荟幼儿园、蓝光幼儿园、中南锦苑幼儿园、吉庆里幼儿园、大都会幼儿园等教育配套设施建设工作有序推进。

【教育技术装备水平提升】 2016年,围绕"装备结构合理化、装备管理现代化、装备配备公平化、装备使用规范化"工作目标,对照《江苏省中小学教育技术》Ⅱ类标准,合理配备装备项目。全年共投入4937.4万元,其中信息技术1739.3万元,实验室976万元,仪器249.5万元,图书190.6万元,课桌椅及木器324.5万元,空调329万元,食堂设备415.2万元,办公设备214.8万元,监控286元,录播系统96万元。以教育信息化促进教育现代化,推进智慧校园建设。2016年,全区更新多媒体设备187套,视频展台120套,空调528台,新配备教师办公电脑770台,更新课桌椅5400套,新增科学、劳技、音舞美、团队室、图书室等22个专用教室,全区共有数字化实验室15个,全区义务教育阶段学校基于教育城域网的"班班通"实现100%,100%的学校建立校园网,100%中小学老师可以通过计算机进行网络办公和教学,全区计算机和图书配置均高于市规定的配备标准,小学生均教学仪器设备值2259.82元,生均计算机0.18台,生均图书27.14册;初中生均教学仪器值3241.58元,生均计算机0.31台,生均图书39.44册,均高于南京市规定的配备标准。

【教育部青少年校园足球督察组专项督导检查】 5月16日,教育部加快青少年校园足球工作督察组一行,在国家督学、韶关学院院长、督查组组长廖益带领下到区检查。省教育厅体卫艺处处长张鲤鲤,省教育厅体卫艺处副主任科员常治国,市教育局副局长张利明、市教育局体卫艺处副处长张萍,市体育局副巡视员王庆、市体育局足球发展办公室主任张宁生、区政府副区长江磊,区教育局局长刘善海、副局长周福卫,区体育局局长刘光琴,以及区校园足球领导小组成员单位有关负责人参加汇报会。汇报会上,市教育局副局长张利明简要汇报全市校园足球工作开展情况以及取得成效。区教育局刘善海局长汇报该区自成为全国青少年校园足球试点区以来工作情况及下一阶段校园足球工作重点和措施。教育部督察组成员、全国青少年校园足球专家组成员、广东第二师范学院体育系主任臧连明教授和全国青少年校园足球专家组成员邓世俊教练分别就雨花台区校园足球相关工作进行提问。督察组组长廖益督学对南京市和雨花台区高度重视、部门联动、措施具体明确并取得明显成效给予充分肯定，就进一步创新举措，促进校园足球高水平推进提出建议。督查期间，督查组专家成员及省教育厅、市教育局、市体育局领导先后深入到雨花台区中学等7所学校和幼儿园实地进行检查。

【第九届中国·南京—新加坡中小学校长圆桌会议】 4月26日—27日，由市教育局和新加坡教育部学校司主办、区教育局、南京市雨花台中学和市教科所共同承办“第九届中国·南京—新加坡中小学校长圆桌会议”在南京市雨花台中学举行，以新加坡教育部学校司(东区)校群督导黄绣婷为领队新加坡校长代表团一行7人，与南京40余所中小学校长代表围绕“培育学校特色，引领学生成长”主题进行交流研讨。

4月26日，市教育局副局长张生、副区长余清，区教育局局长、工委书记刘善海，区教育局调研员、南京市雨花台中学校长穆耕森，市教育科学研究所所长肖林元等出席开幕式。开幕式及主题演讲由区教育局副局长、副书记盛云生主持。副区长余清、市教育局张生副局长和新加坡教育部学校司（东区)校群督导黄绣婷先后致辞。会议期间，区教育局局长、工委书记刘善海，新加坡道南学校校长陈京文，区教育局调研员、南京市雨花台中学校长穆耕森，南京师范大学附中树人学校校长张建波、南京市岱山实验小学校长郭卫星、南京市雨花台中学校长穆耕森，新加坡圣安东尼女校校长麦丽英围绕本届大会主题先后发表主题演讲。会后，新加坡校长代表团及与会者参观南京市雨花台中学雨花石文化赏石博物馆。4月27日，新加坡校长代表团一行先后深入到南京市铁心桥小学、南京市岱山实验小学等学校进行实地考察。

【古雄小学搬迁新址】 7月，南京市古雄小学实施整体搬迁，新校址位于绿洲南路经适房片区内，校园占地面积28000平方米，校舍建筑面积21717平方米，设计办学规模6轨36班，解决原校舍安全隐患，学校办学条件提升。学校现有24个教学班，教职工82人，学生1066人。原校址用于新建南京市新林规划小学。

【第32个教师节庆祝表彰大会】 9月9日，雨花台区第32个教师节庆祝表彰大会在南京市雨花台中学学术报告厅举行。区委书记黄河，区委副书记、区长李世峰，区人大主任杨明，区委常委、区宣传部部长谢山，区人大副主任郭幼佩，区政府副区长余清、区政协副主席于志珍出席会议。全区各街道、园区主要领导、分管

9月9日，雨花台区第32个教师节庆祝表彰大会在雨花台中学学术报告厅举行
（区教育局　供稿）

负责人,区教育局局长刘善海等领导班子全体成员,局机关中层以上干部,各学校校级干部、幼儿园园长,各街道社区教育中心主任,部分优秀教师代表等600余人参加庆祝表彰大会。区长李世峰主持会议。会上,对2016年获区级以上称号优秀教师进行表彰。与会领导分别为获江苏省第十四批特级教师称号南京市雨花台中学杭秉全老师、贾蓉老师和南京中华中等专业学校陈莉老师,获市陶行知奖、市学科教学带头人、市德育工作带头人称号教师代表和获区级表彰教师代表颁奖。

【全国“校园足球新长征”系列活动江苏站启动仪式】 9月24日,全国“校园足球新长征”江苏站启动仪式在南京市雨花台区实验小学举行。省教育厅副巡视员尹伟民、市教育局副巡视员杨林国、副区长余清、中国人寿江苏分公司副总经理王者元、省教育厅体卫艺处副处长金伟、市教育局体卫艺处处长秦雯、市校园足球办公室主任张宁生、区教育局局长刘善海等出席启动仪式。省、市校园足球办公室,省内部分校园足球试点校校长代表、教师代表、学生代表、家长代表和企业代表600余人参加活动。启动仪式上,杨林国代表南京市教育局致辞,尹伟民宣布“校园足球新长征”江苏站活动启动。中国人寿保险江苏分公司副总经理王者元代表公司向南京市雨花台区实验小学捐赠足球和队服。南京市翠屏山小学、南京市长江路小学和南京市雨花台区实验小学的同学们表演集体舞、街舞和校园足球情景剧。随后,举行“足球带给了我们什么”校园足球成果分享会,分享会由南京电视台著名主持人大刚主持。江苏省校园足球办公室负责同志,南京市雨花台中学、南京市雨花台区实验小学、雨花台区梅山第一小学等全国校园足球试点校的校长代表,中国女足国家队队员王丽思,南京市雨花台区实验小学校友、清华大学卫雨行同学接受访谈。

【雨花台区第25届中小学生运动会】 11月5日—6日,雨花台区第25届中小学生运动会在梅山高级中学田径场举行。来自全区24所中小学代表队近800名运动员参加比赛。本届运动会设群体项目和田径单项项目,共计三个组别、十个大项。经过两天角逐,南京市雨花台中学高中部、梅山高级中学获高中组团体冠、亚军;南京市雨花台中学初中部、梅山第一中学、南京市板桥中学分获初中组团体一、二、三名;铁心桥小学、雨花实验小学、雨花外国语小学获小学团体前三名。

·学前教育·

【概　况】 2016年,以办人民满意的学前教育为目标,以安全办园、规范办园和优质办园为重点,努力构建“广覆盖、保基本、有质量”的学前教育公共服务体系,推进学前教育优质普惠发展。全区有幼儿园56所,其中公办园20所、民办惠民幼儿园17所、纯民办幼儿园19所,在园幼儿总计16877人,平均每所幼儿园覆盖人口为0.77万人;有省优质园38所,市优质园9所,省、市优质园比例为84%。幼儿园教职工总数2367人,其中专任教师1308人,均具有岗位任职资格,专任教师大专及以上学历达90%以上。区域内适龄户籍儿童学前三年毛入园率100%,幼儿在公办园和惠民园就读比例80.5%。

落实幼儿助学券、学前一年基本免费教育政策和特困生资助制度,建立生均公用经费拨付制度,学前教育三项工程经费奖补制度。全年区财政对实施“三项工程”总投入 2409.74 万元,其中公办园补助经费 1435.28 万元,民办惠民园购买服务经费 784.46 万元,创优园奖励经费 190 万元,拨付“幼儿助学券”和“学前一年基本免费教育”政策经费 1798.5 万元,拨付特困生减免经费 71 万元。

年内,区教育局获南京市学前教育改革创新‘三项工程’贡献奖、南京市学前教育改革制度创新奖,1 名园长被评为南京市陶行知奖,4 名教师被评为区学科带头人,5 名教师被评为区教坛新秀,40 名教师被评为区优秀教育工作者,38 名教师被评为区师德先进个人。

【区域内课程游戏化项目建设推动】 2016 年,区教育局、区财政局联合出台《雨花台区关于推进课程游戏化建设工作的实施意见》(雨教〔2016〕47 号),9 月,成立以区实验幼儿园林虹园长、普德村幼儿园杨小青园长领衔的课程游戏化项目“名师工作室”,工作室现已招募 20 名成员。名师工作室列出工作菜单 20 项,年终接受区发展中心评价和考核。区教育局每年给予 5 万元的专项经费保证工作室的正常运转。全区围绕课程游戏化项目的推进,共举办十次游戏讲座与教研活动,分别邀请知名专家邱学清、教授黄进,院长尹坚勤等到区讲学,邀请区外名师到区指导,有力推动该区“幼儿园课程游戏化项目”实施,助推学前教育相关政策的落实,加快幼儿教师队伍的专业发展,促进幼儿健康快乐地成长,全面提升幼儿园的保教质量。该区接受省教育厅组织开展“第二批省级课程游戏化项目建设”视导工作,得到专家及市教育局领导好评。

【学前教育“三项工程”推进】 2016 年,区教育局根据《雨花台区学前教育区街两级管理工作实施办法》,落实公办园独立法人登记制度,区街两级管理的小行幼儿园、西善花苑幼儿园、板桥新城幼儿园、金叶花园幼儿园、铁心桥幼儿园、花神美境幼儿园 6 所幼儿园,经区政府批准设立为全民事业独立法人单位,其中小行幼儿园、西善花苑幼儿园、金叶花园幼儿园、和铁心桥幼儿园 4 所小学附属幼儿园分别从南京市小行小学、西善桥小学、板桥小学和铁心桥小学剥离出来。6 月份申领到南京市事业单位登记管理局下发的“统一社会信用代码证”,完成 6 所公办幼儿园资产独立登记工作。

【学前教育总结表彰会召开】 3 月 4 日,雨花台区学前教育 2015 年度总结表彰会在南京市雨花台中学高中部和谐厅召开,区委教育工委书记、区教育局局长刘善海,区红十字会会长孙红霞等出席会议,全区各幼儿园园长、教师、家长和幼儿代表等 300 余人参加会议。会上,播放《2015 年学前教育工作总结》VCI 视频短片,短片全面回顾 2015 年推进学前教育普惠优质发展工作中取得新成果。对获 2015 年度雨花幼教学科教研组优秀教研组组长、优秀组员,在“共筑雨花幼教梦”征文评比活动中获奖教师和家长代表,在保育员知识技能大赛中获奖的保育员代表,在“江苏省青年教师基本功大赛”和“南京市幼儿园青年教师基本功大赛”中获奖教师;在 2015 年度幼儿园发展性综合考评中获得单项奖和综合奖的幼儿园进行表彰。随后进行文艺表演。金叶花园幼儿园、普德村幼儿园、区实验幼儿园、春江幼儿园等幼儿园老师们把“共筑雨花幼教梦”征文中的发生在区内幼儿园里的故事搬上舞台。

【"雨花台区学前教育宣传月" 主题活动开展】 8月，区教育局以"幼小协同、科学衔接"为主题，举办"雨花台区学前教育宣传月"走进岱善社区大型活动。市教育局副处长王磊，区教育局局长刘善海、副局长盛红霞等出席会议；江苏省特级教师魏洁、曲新陵，南京市幼儿高等师范学校副校长杭梅等应邀出席活动；全区各幼儿园园长、该片区幼儿和家长代表800余人参加活动。活动内容分为特级教师讲座，专家现场咨询，幼儿文艺表演，亲子游戏活动等。活动现场开设10个活动区域，布置60块展板展示全区56所幼儿园办园成果和全区幼儿优秀美术作品。

·初等教育·

【概　况】 2016年，雨花台区小学坚持"以学生发展为核心，以培养学生健全的人格"为工作目标，深入实施素质教育，以深化课堂改革，提高教学质量为重点，不断促进义务教育优质均衡发展。年内，全区小学阶段入学率、巩固率100%，残疾儿童入学率100%。至年末，全区有小学20所（含南京市雨花台中学春江分校小学部和南京民办实验学校小学部），在校学生20527人；教育部门办小学18所，在校学生18193人；民办小学2所(含力行小学、南京民办实验学校小学部)，在校学生2334人。

【举行庆祝"六一"国际儿童节暨第五届鼓号展演】 5月25日，由区教育局、共青团雨花台区委员会联合主办"鼓号嘹亮梦想起航"——雨花台区庆祝第67个"六一"国际儿童节暨第五届鼓号展演活动在南京市雨花外国语小学西善花苑分校举行，全区12所小学1000余名师生参加展演活动，区教育局局长、区委教育工委书记刘善海等出席活动。江苏演艺集团交响乐团、南京艺术学院、江苏省管乐学会专家担任展演活动评审工作。经过角逐，南京市梅山第一小学、南京市雨花外国语小学、南京力学小学金地自在城分校、南京市铁心桥小学、南京市雨花台区实验小学、南京市梅山第二小学获特等奖；南京雨花台中学春江分校小学部、南京市景明佳园小学、南京市板桥小学、南京市西善桥小学、南京市小行小学、南京市古雄小学获一等奖；此外，有5所学校分别获最佳组织奖、最佳精神风貌奖、最佳创意奖等、最佳表演奖、最佳指导奖。

【雨花台区第三届"区长杯"校园足球联赛】 11月7日—12月3日，第三届"区长杯"校园足球联赛举行，全区小学共有52支参赛队伍800名运动员，按小学低、中、高三个年段组及初中组和高中组五个组别，在全区6个赛点进行比赛，总计进行61场比赛。南京市雨花台区实验小学夺得小学1—2年级混合组、小学3—4年级男子组和小学5—6年级男子组三项冠军，梅山第一小学和梅山第二小学分别夺得小学3—4年级组女子和小学5—6年级组女子冠军；南京市雨花台中学足球队夺得初中男子组和高中组冠军，孙家中学夺得初中女子组冠军。

【第二届斯霞"童心母爱"教育思想研究论坛】 12月24日，由江苏省斯霞教育思想研究所主办第二届斯霞"童心母爱"教育思想研究论坛活动在南京市小行小学举行。江苏省教育厅基础教育处处长马斌、南京市教育局副巡视员杨林国，区教育局局长刘善海、副局长周福卫；江苏省教育学会副会长陆志平、江苏省教育科学规划办主任彭钢、南京师范大学教育科学学院博士生导师吴永军、《江苏教育》副主编蒋保华，以及来自省内"童心母爱"教育联盟学校校长和教师代表100余人参加活动。本届"童心母爱"论坛活动主题为《像斯霞那样做老师》，与会专家、教师围绕"我为一辈子做小学老师而自豪"进行交流研讨。南京市小行小学王静校长以《学校文化建设，与童心母爱相伴》为题，汇报学校在践行斯霞"童心母爱"教育思想，传承学校文化，构建课程文化、管理文化、教师文化，以及科技特色多方面的做法和思考情况。联盟学校八位教师分别围绕"热爱教育、教学改革、课堂教学、师生关系"进行精彩演讲。江苏省教育学会副会长陆志平、江苏省教育科学规划办主任彭钢、南京师范大学教育科学学院博士生导师吴永军分别对八位教师演讲给予点评。

·中等教育·

【概　况】 2016年，全区有普通中学12所，在校生12950人。其中，初级中学8所(含雨花台区青少年活动中心、南京市雨花台中学春江分校初中部)，在校生10688人；完全中学2所，高级中学1所，民办中学(高中)1所；普通高中在校生3929人（教育部门办学校在校生3270人、民办学校在校生659人）。普通中学有教职工1220人，其中，公办教师992人、民办学校教职工228人。初中在校生巩固率100%，普通高中阶段教育毛入学率100%。

【区级中学生优秀社团评选】 2016年，雨花台教育局区中学生优秀社团评选中，全区11个社团参加申报，评出一等奖7个，二等奖4个，8名教师获"优秀社团指导教师"称号。其中，7个获一等奖的社团推荐参加市级评审，雨花台中学、共青团路中学、梅山一中3所学校5个社团入围南京市60个优秀中学生社团，共青团路中学"雨花蝴蝶监测爱好者"社团获"南京市十佳中学生社团(初中组)"称号；雨花台中学"高立足球社"获"南京市十佳中学生社团(高中组)"称号，"雨花石讲解社"获"南京市优秀中学生社团(高中组)"称号；雨花台中学"蔚之舞梦"舞蹈社、梅山第一中学小茉莉合唱社团获"南京市优秀中学生社团(初中组)"称号，同时"蔚之舞梦"舞蹈社获"南京市中学生社团最佳人气奖"称号。

【古雄小学艺术团出访非洲两国】 1月24日，"欢乐春节"——南京市古雄小学艺术团访问赞比亚演出2016中国春节庙会在赞比亚首都卢萨卡市举行。赞比亚总统卡翁达、夫人埃斯特·伦古、中国文化部副部长丁伟、中国驻赞比亚大使杨优明，赞比亚多位部长及议员、各国驻赞比亚使节和联合国机构工作人员、华侨华人和中资机构代表等近2000人观看演出。

1月29—30日，由中国文化部和中国驻津巴布韦大使馆联合主办2016津巴布韦"欢乐春节"文艺演出在首都哈拉雷七艺剧场上演两场。中国驻津大使黄屏和津巴布韦农村发展与国家文化遗产促进保护部部长阿贝德尼克·钮比出席观看首演并致辞，中国文化部副部长丁伟和津巴布韦新闻部长马绍威、老兵部长姆茨万格瓦、哈拉雷省长奇库夸等两国政府高官，津巴布韦各界人士、驻津外国使节、驻津中资机构及华侨华人代表观看演出。

艺术团表演，结合中国传统春节，以中国民族民间吹打乐为主，融入非洲元素，演奏民乐合奏《金蛇狂舞》、中国民歌《茉莉花》和非洲民歌《咿呀呀欧雷欧》等曲目。

【雨花台中学获评“南京市高中校长培训基地”】 3月25日，南京市校长培训基地工作实施推进会在南京市雨花台中学举行。南京市委教育工委书记刘莅、副书记夏莹、市教育局副局长张利明、副调研员杨林国等出席会议，市教育局有关处室负责人、市直属学校校长及各区部分中小学校长等170人参加会议。会议由夏莹主持。会上宣读“南京市高中校长培训基地”学校名单并授牌，南京市第一中学、南京市金陵中学、南京师范大学附属中学、南京市第十三中学、南京市雨花台中学和江苏省高淳高级中学被认定为首批“南京市高中校长培训基地”(普通高中)。南京市雨花台中学校长穆耕森作题为《学校现实发展中的价值取向与策略抉择》的主题报告。

【“教师发展地图与教师个性化成长”主题现场会】 4月8—9日，由江苏教育报刊总社、苏派教育研究中心主办“教师发展地图与教师个性化成长”主题展示现场会在南京市雨花台中学举行。省内中学校长、骨干教师等300余人参加活动。在教学活动展示阶段，南京市雨花台中学孙进、刘蓓蓓等七位老师开设国家课程、校本课程及主题班会等展示课，与会专家与授课教师专家进行互动点评。在交流研讨阶段，举行“教师发展地图与教师个性化成长”大会主题交流暨“教师发展学院”揭牌仪式。省教育厅基教处处长马斌、市教育局副局长张生、江苏教育报刊总社社长、党总支书记孙其华、市教育局中教处处长周鹏、市教科所所长肖林元、江苏省基础教育专家、天一中学校长沈茂德、江苏省基础教育专家、省特级教师芮火才、区教育局局长、区委教育工委书记刘善海应邀出席交流会。南京市教育局副局长张生、区教育局局长刘善海分别致欢迎词。江苏教育报刊总社孙其华社长与南京市雨花台中学穆耕森校长共同为“教师发展学院”揭牌。会上，雨花台中学穆耕森校长作《让教师在“发展地图”中个性化行走》的主题报告，详细介绍雨花台中学省级规划课题《基于个性化成长的“教师发展地图”的校本建构研究》实施过程与阶段成果；徐俊、曹颖两位教师做“我的成长故事”教育分享。江苏省教育厅基教处马斌处长作《教师专业化成长的新视野》专题报告。

【“新优质初中”创建项目年度评估】 11月，雨花台中学春江分校、南京市板桥中学和孙家中学接受南京市“新优质初中”项目学校年度考评。南京市教育局新优质初中评估组依据区级评估总结、学校上报资料以及实地考察情况进行综合评估。评估内容包括改革举措、队伍建设、课程建设、教学改革、学生发展、质量推进等9方面。雨花台中学春江分校语文组校本课程“春江花月夜”成功申报“南京市课程基地”，南京市板桥中学先后开发编印《南京史话》、《速写》等学科系列校本教材，孙家中学成为为江苏省数学学科课程改革基地。区教育局获区级质量建设推进奖，区教研室获区级质量建设贡献奖，雨花台中学春江分校获综合发展奖二等奖和学科质量推进奖，南京市板桥中学获综合发展奖二等奖。

·职业教育与社会教育·

【概　况】 2016年,雨花台区职业教育坚持走特色发展、校企合作办学之路,建立健全政府主导、行业指导、企业参与的办学机制,积极推进学校专业品牌建设,持续提升办学质量。接受南京市人民政府督查组对市、区两级签订职业教育责任状落实情况督查受到好评。

雨花台区有职业学校2所,南京中华中等专业学校和南京开放大学雨花分校。在校学生2305人，其中南京中华中等专业学校2251人(含中职1239人,高职1009人),南京开放大学雨花分校57人;教职工131人。

南京中华中等专业学校以创建江苏省高水平现代化职业学校为引领,推进职业教育校企合作融通工作。学校毕业生95%以上取得本专业或相关专业国家职业资格四级以上证书;参加省学业水平测试或技能抽测通过率达95%以上,2016年毕业生就业率达98%以上,学生参加江苏省2016年职业院校技能大赛获得1金5银5铜。夏倪慧同学参加全国职业院校技能大赛荣获模特表演项目一等奖第一名,余苏楠同学参加“世界小姐”江苏总决赛获“十佳”同时获南京赛区冠军，王雨婷同学获得2016年第十六届中国职业模特大赛江苏赛区“十强”。12月,学校被省教育厅省财政厅认定为江苏省高水平现代化职业学校、江苏省职业教育高水平示范性实训基地。是年南京中华中等专业学校新校区改扩建项目有序推进,已完成该项目建议书批复、节能评估、项目可行性研究报告、环境评估、用地预审等工作。

社会教育深入发展。举办全区全民终身学习活动周启动仪式,对全区学习之星、社区教育优秀志愿者进行表彰。雨花街道、赛虹桥街道成功创建省级社区教育中心，板桥街道、板桥新城成功创建市级社区教育中心。开展多种形式青少年校外素质教育培训、在职人员岗位技能培训、社区居民文化教育培训、下岗人员技能培训和新市民文明素质培训活动。全年市民参加职业技术培训达10万人次，居民参加社区教育培训活动达27万人次，社区教育活动参与率65%以上,老年教育受众面占老年人比例22%以上。

【职业教育专业建设不断加强】 2016年,南京中华中等专业学校成立职业教育专家咨询委员会和各大类专业建设指导委员会,促进学校专业转型,在原有电脑艺术设计和电子商务两个专业,分别嵌入软件测试、网络营销、游戏动漫方向专业课程的设置,成功申报《软件技术》(服务外包方向)和《文化创意》(艺术品设计和品牌策划与推广方向)专业五年制高职通过评审并如期开班,学校与常州纺织学院、江苏理工学院(服装专业)分别签订3+3,5+2分段培养协议，初步形成“文化创意与艺术设计、软件技术与电子商务和服饰与形象设计”三大专业群。

【南京中华中等专业学校新增“文化创意与策划”专业】 4月，江苏省教育厅《关于公布2016年全省五年制高等职业教育专业设置评审结果的通知》(苏教职〔2016〕9号)中,南京中华中等专业学校申报“文化创意与策划”专业,通过专家初审和江苏省五年制高等职业教育专业设置与建设指导委员会评审,被江苏省教育厅批准为江苏省五年制高等职业教育新增专业,专业代码650401。该专业重点与南京多家知名文化创意有限公司进行合作，借助合作企业，为本专业学生搭建校外实训平台，共同培养应用型、复合型、创新型高素质技术技能人才。主干课程包括素描、色彩、平面构成、立体构成、图形创意、数字绘画基础、文化创意与策划、商业插画设计制作、UI 设计、文化创意产品设计、文化创意包装设计、平面广告设计与制作、广告策划与创意、Photoshop、IIlustrator、编排设计、文化产业市场营销、标识设计与制作、多媒体设计与制作、商业摄影、设计素描等。

【雨花台区接受区域职业教育发展市级专项督导】 9月14日，市区域职业教育发展专项督导组组长、市教育局副局长潘东标一行对雨花台区职业教育发展进行专项督导。副区长余清，区教育局局长刘善海、副局长盛红霞等参加工作汇报会。督导组专家听取副区长余清题为《趁势而为奋力推进雨花职教新跨越》雨花职业教育发展工作汇报。

检查组参观南京中华中等专业学校安德门校区和将军山校区进行实地考察，查看台账资料，召开区教育局、区编办、区发改局、区财政局、学校领导和教师代表、行业企业代表座谈会。

【街道社区教育中心接受省标准化评估】 11月3日，省标准化社区教育中心评估组在省成教协会副会长马良生带领下，对雨花街道和赛虹桥街道社区教育中心进行评估验收获通过。市教育局职社处副处长于强、区教育局局长刘善海、副局长盛红霞等参加检查。雨花街道主任翟红军以题为《以人为本，资源共享，教育惠民》作省标准化社区教育中心创建工作汇报，查阅街道社区教育中心三年来的社区教育工作台帐资料，实地考察街道社区教育中心各功能站（室）建设情况，认为雨花街道通过建网络、筑阵地、创队伍，社区教育工作有规划、有目标、有措施、有成效，形成社区教育活动品牌。赛虹桥街道董善龙副主任汇报街道创建省标准化社区教育中心工作情况，街道徐立主任就发挥社区教育“三个抓手”的功能作了介绍，实地察看街道社区教育中心安德门校区和赛虹桥校区，专家组认为赛虹桥街道有文化特色，社区教育活动丰富，工作特色明显。

【南京中华中等职业学校成功创建省高水平现代化职业学校】 12月6日，南京中华中等专业学校新校区接受省高水平现代化职业学校创建及省高水平示范性实训基地建设终期评估。省评估专家组通过听取汇报、随堂听课、召开座谈会、查阅资料、察看校园等方式。经过网络评审、专项审核和现场考察12月27日，南京中华中等专业学校被省教育厅省财政厅认定为江苏省高水平现代化职业学校（苏职教〔2016〕33号）。

·教师管理·

【概　况】 2016年，雨花台区在职公办教师2251人。其中中学教师992人、小学教师1104人、职业学校102人、区教师发展中心29人、幼儿园20人、招考办4人；幼儿园教职工2370人；离退休人员906人。2016年招聘、引进录用教师148名，其中招聘新教师129名。全年分3批引进省特级教师1名，市区骨干教师10名。全区教师在市志愿者联盟注册确认926人，注册服务团队19个，注册服务项目20个。全系统提拔任用校级干部 17 人，调整 14 人。

年内，全区有 306 名教师在受到市、区级表彰。其中，省特级教师 3 名，市"行知奖"2 名，市学科教学带头人 7 名，市首届德育带头人 5 名、区首席班主任12 名，第九届雨花台区学科教学带头人 61 名，第九届雨花台区教坛新秀 46 名，区2016 年师德先进个人 79 名，区 2016 年优秀教育工作者 100 名。全区被评为高级教师职称教师 22 名，中级教师职称教师 58 名，初级教师职称教师 123 名。全区有省特级教师 12 名，市级学科带头人 34 人，市优青61 人。全区参与区内交流教师 79 名，占应交流教师数 15.8%，其中，校级领导 19 人，骨干教师 40 人。区内教师在市志愿者联盟注册确认教师 926 人，注册服务团队 19 个，注册服务项目 20 个。

全区专职任教老师参加全员培训 6000 人次，建有名师工作室学校 28 个，建有学科基地学校 27 个，参加省、市教学竞赛和评比活动获奖教师 213 人次；在全省 2016 教育研究成果评审成果获奖 2 项；在市级以上评比中获奖教育教学论文 423 篇，在各级专业刊物上发表论文 226 篇。

【教师资格证定期注册】 2016 年，区教育局成立教师资格证注册*工作领导小组，制定《雨花台区中小学教师资格证定期注册试点工作实施方案》。全区设注册点 31 个，9 月份前完成教师资格证信息更正或补发换证 148 名，注册范围内教师全部在规定时间内完成注册报名 2086 名，完成注册工作专题培训，11 月份完成全区教师资格证定期注册申报和初审公示，12 月份完成全区教师资格证定期注册材料上报。

★链接 "教师资格定期注册"：对教师入职后从教资格的定期核查，中小学教师资格实行 5 年一周期的定期注册。注册范围内教师通过"中国教师资格网"进行定期注册申请，并准备各项书面材料；所在学校在规定时间内完成材料初审；经区教育局完成初审工作公示后报市教育局复核，并经市教育局完成复核工作后报省教育厅终审。

【骨干教师专业发展协同推进项目启动】 11 月 16 日，雨花台区"骨干教师专业发展协同推进"项目*启动会议在南京市雨花台中学召开。市教育局高师处处长陈向京、市教学研究室主任严必友、市教师培训中心主任左坤，区教育局局长刘善海、副局长盛云生等出席会议，全区各中小学(幼儿园)校长(园长)、分管校长，区教师发展中心领导和教研员，以及全区骨干教师和指导教师代表等 200 余人参加启动会。

会上，雨花台区教师发展中心校长张红解读《雨花台区骨干教师专业发展协同推进工作指导意见》，南京市板桥中学副校长毛海玲、雨花外国语小学瞿庆亚老师分别代表学校和骨干教师作交流发言。市教育局高师处处长陈向京在会上讲话，肯定区骨干教师专业发展协同推进项目意义。与会领导为骨干教师指导教师颁发聘书。市教学研究室主任严必友为首批骨干教师开设题为《优秀教师的特质》专题讲座。

★链接 "骨干教师专业发展协同推进"项目：通过实施"区域帮扶、一校一策、一人一案"策略，以"教科信训一体化"发展为主线，以"三航工程"为载体，以全面提升教师专业化发展水平为总体目标，建立完备的省、市、区骨干教师梯队和专业发展档案，形成"个人、校级、区级"三级教师队伍协同发展网络，到 2020 年，全区教师队伍整体素质大幅度提升。第一批骨干教师经教师个人申报、所在学校推荐、教师发展中心审核并经区教育局批准，产生 115 位名特优教师后备作为培养对象。 （钟家燮）

·三江学院·

【概　况】 2016 年，三江学院设有 14 个二级学院、3 个公共教学单位、46 个本科专业、31 个专科专业。有全日制本专科在校生 20472 人，其中本科生 20294 人，专科生 178 人。年内招收本科生 5924 人，本科、专科毕业生 4164 人，就业率 96.5%。本年度新增保险学、电子商务及法律、会展经济与管理 3 个专业。电子信息工程、新闻学 2 个省品牌专业完成年度建设任务，摄影专业通过省学士学位授权评审。新闻传播学、信息与通信工程、管理科学与工程、设计学等 4 个学科入选"十三五"一级学科省重点建设学科。学校有教职工 1281 人，其中专任教师 974 人。年内，晋升高级职称 25 人，其中正高 1 人，副高 24 人，晋升中级职称 5 人。教职工发表省级以上期刊论文 341 余篇，其中 CSSCI（解释）论文 13 篇，CSCD（解释）论文 5 篇，获专利授权 29 项。获纵向科研项目立项 43项，获横向科研项立项 21 项，获资助经费 313 万元。

2016 年，学校教师获第六届江苏省高校土木工程专业青年教师讲课竞赛三等奖，"马克思主义基本原理概论 SPOC 课程建设与应用"获江苏省高校辅导员精品项目二等奖，《习近平经济治理思想的逻辑和意义》获江苏省哲学社会科学界第十届学术大会优秀论文一等奖，"民办高校公益类学生社团可持续发展研究"项目获全国学校共青团优秀研究成果二等奖。学校商学院、高等职业技术学院、人事组织部、体育部被省教育厅和省委教育党工委评为"江苏省教育工作先进集体"；学校保卫处被南京市公安局评为"2016 年度全市内保系统保卫组织先进集体"；学校被江苏省大学生心理健康教育研究中心评为"2006—2015 年江宁大学城心理健康教育工作先进集体"。

【在校大学生专业比赛中获佳绩】 2016 年，学生参加各类学科竞赛获奖 132 项，其中全国一等奖 8 项，全国二等奖 14 项，全国三等奖 24 项，省级特等奖 1 项，省级一等奖 14 项。学生在全国大学生智能车竞赛中，获全国一等奖；在"创青春"大学生创业大赛中，"寻味纪 APP"商业项目获 20 万元创业基金；在茗星茶艺师第三届全国评选大赛南京赛区决赛中获一等奖；在全国旅游院校服务技能大赛上获英文组一等奖；大学生龙舟队应邀参加马来西亚国际赛，获 250 米亚军，100 米季军。

【历史与文化地图研究院成立】 1 月 13 日，三江学院历史与文化地图研究院成立。历史与文化地图研究院院长许盘清教授主持的国家级南海问题项目"基于西方地图文献的黄岩岛地名沿革"研究成果为政府决策提供了科学的参考依据。

【首届海峡两岸大学生微电影创作营开营】 3 月 31 日，国务院台湾事务办公室重点对台宣传的项目之一"首届海峡两岸大学生微电影创作营"在三江学院正式开营。三江学院与台湾省台南应用科技大学、台湾东方设计学院共同承办此项活动。本次活动以微电影的创作形式，以印象为主题，创业、情怀、建筑、味道、融合五个分主题，以“寻找历史踪迹、唤起共同记忆、品位城市文化、畅叙两岸亲情”为切入点，进行客观真实拍摄，透过影像生动展现两岸同根同源，再现两岸人缘地缘的一脉相承。

【全国民办本科院校转型发展研讨会在学校召开】 10月22日，由中国民办教育协会高等教育专业委员会主办、三江学院承办的“全国民办本科院校转型发展研讨会”在南京钟山宾馆召开，全国100余所民办本科院校以及部分民营教育集团、300余名出版机构代表参加。会议期间，全体与会代表就民办本科高校如何向应用技术型高等学校转型、办好本科职业教育展开研讨。（周勤瑾）

·江苏省新闻出版学校·

【概　况】 2016年，江苏省新闻出版学校设有专业教研室4个，开设五年制高职专业4个，三年制中专专业3个，三年制技工专业3个，全年在校生1699人（高职356人，中专、技工1343人），招收新生460人，毕业生平均就业率99.01%；有10名中职学生升入全日制大专学习。年内，该校当选南京市发行业协会副会长单位，受南京市公安局表彰，荣立“单位保卫组织集体三等功”。

【师资队伍建设】 2016年，学校有1个省职教学会职教研究课题结题，出版教材1本，完成国家新闻出版广电总局下达的教材题库1套3本（发行员初、中、高级培训）修订任务；2个校级课题立项；全年公开发表论文18篇；先后推荐优秀教师参加省、市说课比赛，其中2位教师分别荣获二等奖、三等奖；1名教师获市职校专业技能课程“两课”评比文化艺术类三等奖。

【学生综合职业技能素养培养】 2016年，该校安排2012级高职4个班89名学生、2016级中职4个班126名学生到企业实习。学校组织学生开展技能竞赛活动，分印刷操作比赛、五笔字型录入、贺卡设计、简报设计、平版制版排版、素描基本功、平面广告设计、图书选题策划、征文、图书码堆10个大项；先后组织“雨花情·青春美”文艺会演，举行《职校学生公约》学习会暨诵读签约仪式。

【继续教育培训平台建设】 2016年，该校完成北印函授10个班292人教学任务，办结72名函授生毕业手续；为沭阳县、南通、徐州等地民营书业和新华书店开办出版物发行员、印刷工培训班5批次，参训人员388人；完成平版印刷、装饰美工、出版物发行员、计算机排版工、电子图像处理工、电子商务等6个工种13批次职业技能鉴定工作，鉴定988人。

【毕业生供需见面洽谈会】 3月，该校2016年毕业生供需见面洽谈会在校园内召开。来自省内近60家用人单位参会，毕业生供需比达1:3。学校有印刷技术、印刷图文信息处理、出版与发行、包装技术与设计、电脑艺术和动漫等专业毕业生424名，其中高职101名，中职190名，技工133名。

【全国印业技能大赛获奖】 7月，由国家新闻出版广电总局、人力资源和社会保障部共同举办2016年中国技能大赛——第五届全国印刷行业职业技能大赛于7月先后在南京和西安举行。该校有9名学生选手参加大赛学生组平版制版项目比赛并全部获奖。其中,1222班刘天娇获一等奖;1222班王晨月、1321班全皓然、1303班张啸、1222班陈浩获二等奖;1223班王欣蕊、苑成文、张子威获三等奖;1223班孙开欣获优秀奖;图文教研室老师王秋被大赛组委会授予"优秀裁判员"称号;学校获大赛"突出贡献单位"奖。

【第五届学生技能比赛举行】 12月5日,由实训处和印刷技术教研室共同组织了第五届学生技能比赛,所有在校班级均参加比赛。比赛下设10项赛事,分别由教务处、实训处、各专业教研室、基础教研室独立或合作承办,包括文化基础类的征文比赛、硬笔书法比赛;专业基本技能类的印刷操作(装版、装纸)比赛、素描比赛、五笔字型录入比赛;考察专业综合能力的简报设计比赛、贺卡设计比赛、平面广告设计比赛。共有95名学生参加了各项赛事。经过10天的紧张角逐,共有34名同学分别获得了一、二、三等奖和优胜奖。 (李 娣)

科 技

·概 述·

【概 况】 2016年,雨花台区部署推进科技进步与创新各项工作,高新技术产值实现1921.44亿元,实现高新技术产业全区独立研究与开发机构研发经费支出3.58亿元,完成年计划的119%;R&D(全社会研究与试验发展研发)研发经费支出16.1亿元;新认定国家高新技术企业65家;拥有研发机构企业数41家,全区大中型工业企业和规上高企研发机构建设率基本达到100%;高新技术企业国际合作覆盖率达22%,引进高端研发机构2家,新增海外设立研发机构1家;新培育创新型企业家9人。

新增科技孵化器面积11.1万平方米,完成年计划的139%;新增在孵企业311家,完成年计划的120%;新增毕业企业38家,完成年计划的146%。雨花科创社区累计在孵企业550家,完成年计划的106%。建设众创空间总数达21家,其中,新增国家级3家、省级5家、市级2家;专利申请量3754件、授权量1445件,其中发明专利申请量1707件、授权量419件;获得省科技成果转化专项资金项目和省重大创新载体建设项目各1项;组织申报江苏省科技进步奖4项;获得南京市科技进步奖10项,促进北京大学南京创新研究院与企业开展产学研合作2项,其中由研究院直接引进或培育的科技型创业公司10家。

【国家级科技企业孵化器认定】 2016年,区科技局推荐区内科技企业孵化器提档升级,其中1家被认定为国家级、2家被认定为省级、5家被认定为市级。全区新增孵化面积11.1万平方米。组织申报"2016年度省科技型创业企业孵育计划项目""雨花台区软件产业专项资金""南京市小企业创业基地""科技企业孵化器建设复核项目"和"雨花软件创业社区"等项目。其中,"雨花台区软件产业专项资金"获奖励30万元、"南京市小企业创业基地"已公开公示、"科技企业孵化器建设复核项目"获奖励50万元。同时,雨花台区科技创业中心创建江苏省科技企业加速器、江苏省科技企业孵化链条试点建设单位。在今年市级以上科技载体的绩效考核评价中,孵化器获得优秀1家、良好6家,众创空间获得优秀5家、良好6家,升级奖励9家,上述获奖科技载体共获奖励资金550万,奖金总额位列全市第二名。雨花台区科技创业中心在2016年全国国家级科技企业孵化器考核评价中获A类优秀,并进入全国百强孵化器序列。

【国际科技交流与合作】 2016年,区科技局搭建该区企业与国际市场的对接平台,组织区内高新技术企业40余家参加美国、韩国、加拿大、以色列等国家的技术对接活动,全区高新技术企业国际合作覆盖率22%;推进国际合作项目培育,2家企业国合项目获省级扶持,6家企业获市级扶持,共获扶持经费260万元;实施"高端研发机构集聚计划",引进中兴飞流、凤凰优阅2家高端研发机构,海外建立研发机构1家。

【研发机构建设】 2016年,区科技局组织推荐申报省级重点研发计划项目、创新资金项目、国际合作项目、创新能力建设项目、南京市社会事业发展科技项目、南京市科技创新券等各类专项247项,获经费扶持企业70家计1192万元。其中,获省科技项目扶持4项,计340万元;省市研发机构绩效优秀补助9家,计255万元;新培育规上高企补助14家,计210万元;成功申请和兑现南京市科技创新券40家,计387万元。另有159家企业获813万元南京市科技创新券的发放。

全年推进72家规上工业企业研发机构建设的工作进程,并会同区统计局加强统计核查和监测,实现该区大中型工业企业和规上高企研发机构建设率100%。组织区内13家企业纳入市级工程技术研究中心培育计划,11家企业获得市级工程技术研究中心的认定,2家企业获得省级工程技术研究中心认定,5家企业认定江苏省研究生工作站。6家企业开展省级工程技术研究中心的绩效考评工作,其中中兴通讯等3家企业获得省级考评优秀后补助共60万元,诚迈科技等2家企业获得新认定省工程中心补助共60万元,中船绿洲机器获得省级重点企业研发机构绩效考评优良补助60万元,龙源环保等4家企业获得市级工程中心认定优秀补助75万元。

【创新创业人才】 2016年,全面贯彻落实"创业南京"人才计划,组织和指导完成申报南京市创新型企业家25人和顶尖专家2人,有9名创新型企业家进入了现场答辩;组织推荐3家单位申报了2016年国家万人计划项目,24人申报省双创博士计划。

【科技创业家政策兑现】 2016年,区科技局组织中科创达和华沃通讯两家企业成功入选南京市科技创业家,全区科技创业家29人;组织1家企业申报高新技术企业所得税贴,金额达22.78万元;2016年新入选南京科技创业家企业新产品3个,享受政府采购优惠;帮助1名科技创业家享受子女升学加分政策;新增2家企业6名企业高管获认定科技创业家企业核心团队成员;组织举办1场全区科技创业家沙龙活动。

·高新技术产业·

【概　况】 2016年,雨花台区加强对高新技术企业、创新型企业、拟上市科技型企业、省民营科技型企业、技术先进服务型企业资质培育，推进全区高新技术产业发展，提升区产业集群核心竞争力。根据高新技术企业认定新办法的条件，通过调研梳理，区科技局将80家科研能力较强的企业纳入2016年高企培育库，进行重点培育，组织召开高新技术企业申报培训会，深入调研走访企业20家，精心指导服务，全区完成新认定高新技术企业65家，复审高企通过12家；进一步提升在科技型企业新产品研发水平和科技创新能力，获批认定61家省民营科技企业和62家省科技型中小企业；加速推进科技企业上市进程，组织推荐南大先腾等14家拟上市企业申报省科技厅上市培育企业，推动高成长性科技型企业通过上市做大做强。

【高新科技企业培育】 2016年，区科技局不断推进政务服务机制改革，为企业和创业团队在项目审批、资质审核、清费立税和人才待遇等方面，提供国际一流的全方位政务服务，新增2家企业6名企业高管获认定科技创业家企业核心团队成员，推荐2家企业3项新产品成功入选政府采购目录，注重加强银企对接服务，积极协助企业做好投融资工作，根据不同梯层企业特点和需求，重点帮助初创型科技企业申请银行贷款，推荐成长型科技企业获得创投基金，培育成熟型科技企业上市融资，为创业团队提供科技创业项目资助。全年经区科技局申请的南京市科技贷款项目130项，审批贷款额度5.5748亿元，组织申报“苏科贷”项目31项，审批贷款额度8580万元。构建集知识产权代理、咨询、交易、资产评估、投融资、信息服务等业务门类齐全的服务体系，打造知识产权服务集聚区，进一步探索建立知识产权运营转化机制，进行专利许可、转让、交易、质押、融资，以及二次开发和利用，努力实现企业知识产权资源利润的最大化。

【科技项目培育和管理】 2016年，区科技局积极组织引导科技型企业申报2016年度省市科技计划项目和科技进步奖。截至10月，亿嘉和科技股份有限公司获省科技成果转化专项资金项目，享受无偿拨款资金1000万元和贷款贴息200万元支持；北京大学南京创新研究院获得省重大创新载体建设项目，享受专项资金500万元支持；南京中兴新软件有限责任公司等4家企业申报江苏省科技进步奖；南京天溯自动化控制系统有限公司等10家科技型企业获南京市科技进步奖，其中二等奖3项，三等奖7项。

·知识产权与保护·

【概　况】 2016年区科技局编制印发《雨花台区知识产权“十三五”发展规划》、《雨花台区知识产权战略专项资金管理办法》和《2016年度雨花台区知识产权计划项目申报指南》等一系列文件，为深入实施知识产权战略提供制度保障和资金支撑。根据上述文件精神，创建该区知识产权实施全方位保护的新办法。2016年，在组织推荐3家企业获市自主知识产权开发计划项目支持的同时，首次编制并发布《2016年度雨花台区知识产权计划项目申报指南》，除对知识产权开发运用和保护类项目给予支持，增设知识产权维护援助专项，并计划对开展知识产权维权公共服务的机构给予专项补贴。

【知识产权补助申报】 2016年，区科技局利用网站和知识产权创新服务平台等宣传阵地，不断加大对知识产权工作的宣传力度，使知识产权意识深入人心。正式开通“我的麦田”知识产权公共服务平台，着力打造互“联网+知识产权”专业电商平台，通过实施市场化运作模式，解决当前知识产权服务领域运营交易信息不对称、缺少资金监管，人才交流渠道不畅等难点问题。积极组织“企业知识产权管理”讲座和“国家安全与知识产权保护”研讨会等主题活动，为企业建立知识产权管理体系、提高知识产权管理能力、提升企业核心竞争力提供业务咨询和专业服务。根据不同人群、企业和街道特点，坚持每月组织一次特定主题的知识产权讲座培训，全面提升各类人员知识产权素养，促进全区专利数量实现由量的提升向质的转变。全区专利申请量3754件，其中发明专利申请量1707件；专利授权量1445件，其中发明专利授权量419件。

【示范创建】 2016年，区科技局组织指导江苏润和软件股份有限公司等10家企业成功创建省知识产权管理标准化工作、南京正泽科技有限公司等6家企业通过江苏省企业知识产权管理标准化绩效评价、江苏吉美思物联网产业股份有限公司等7家企业通过国家中知机构认证，增强企业知识产权意识，提高企业知识产权管理能力，提升全区知识产权体系建设水平。

【市区联合专利行政执法检查】 2016年，区科技局针对侵权假冒事件易发流通领域开展专利执法检查活动，并对检查举报线索进行立案核查，营造和维护尊重知识产权、保护知识产权、诚实守法经营的氛围。完成知识产权战略示范区考核和虹悦城省级“正版正货”示范街区验收工作。

·科　普·

【概　况】 2016年，区科技局开展防震减灾科普宣传活动，结合纪念“3·8”邢台地震50周年和“5·12”全国防震减灾日，分别在高铁火车南站和板桥新城新林社区举办大型广场宣传活动。组织开展以街道、社区防震减灾为主题的知识讲座30余场次。联合区教育局安全科对全区中小学进行安全教育及应急演练，使学校应急演练率100%。全年上报市地震局信息15条。

【科技素质培训】 2016年，区科技局组织全区50余名地震灾情速报员及社区地震科普宣讲员参加防震减灾系统知识培训，并通过举办雨花台区第二届社区地震科普宣讲员演讲比赛的形式，进一步强化参训人员培训效果，促进基层防震减灾应急反应能力有效提升。推荐梅山街道中兴路社区陈青青参加南京市地震局组织的全市演讲，获得第一名；推荐雨花外国语小学六李研吉同学参加南京市第二届防震减灾手抄报创作大赛，荣获一等奖。

【全国防震减灾日】 2016年，根据市地震局防震减灾任务部署和雨花实际，区科技局不断加强基层基础设施建设，新建雨花外国语小学省级防震减灾科普示范学校1家，雨花街道农花社区、板桥新城新林社区地震安全示范社区2家，梅山街道上怡新村地震应急避难(疏散)场所1处。　(于　安)

文 化

·概 述·

【概 况】 2016年,区文化部门举办“雨花艺术大学堂”系列培训,定期辅导基层文艺团队和骨干200余次;以社区文艺骨干为培训主体,由文化馆及区文艺志愿者担任授课老师,分片区分门类举办舞蹈、合唱、戏曲、戏剧小品培训班,通过计划性、持续性教学切实提升文艺团队骨干力量。全年举办4个门类7个培训班,课程70次,300余名文艺骨干参加培训,培训3000余人次;创作(原创)文艺作品25件,参与南京市“心中的旗帜”原创歌曲征集活动投稿歌曲7首;编排舞蹈5件,创作美术作品6副、戏剧小品7部。完成省市“文化馆总分管制建设”论文投稿5篇,完成中国文化馆年会论文投稿3篇;组织举办文艺演出、诗歌朗诵、书画展等区级文化活动30余场。全年组织开展全民阅读系列活动842余场次,全民阅读率达到90%以上。年内,梅山街道被评为南京市书香街道,梅岭社区、上怡新村社区被评为南京市书香社区建设示范点。

·公共文化服务·

【概 况】 2016年,区文化局指导雨花街道、板桥街道文化站整改迎查工作。雨花街道文化站在翠竹园社区服务中心过渡,各功能室改造提升完成并对外开放;板桥街道文化站完成内部各功能室装修、规章制度张贴、图书上架等工作并对外开放。组织翠竹园社区等15个社区申报建设综合文化服务中心,协调15个社区综合服务中心创建工作,召开街道群文工作会议,对创建工作进一步明确要求,至年末,9家社区基本达到创建标准。指导梅山街道、板桥新城文化站完成创建省级公共文化服务体系示范街道准备工作。

【文化惠民活动】 2016年,区文化局强化对基层团队和文化骨干培训指导,安排馆内业务干部分别对接8个街道(园区)文化站。通过举办“雨花艺术大学堂”系列培训,定期辅导基层文艺团队和骨干约200余次;以社区文艺骨干为培训主体,由文化馆及我区文艺志愿者担任授课老师,分片区分门类举办舞蹈、合唱、戏曲、戏剧小品培训班,通过计划性、持续性教学切实提升文艺团队骨干力量。丰富群众文化活动,组织举办文艺演出、诗歌朗诵、书画展等区级文化活动30多场。协助各街道(园区)举办文艺演出活动20余场。

【全民阅读活动开展】 2016年,区图书馆加强内部建设,对内部设施重新布局,设立雨花名人专室,收集整理杨新华同志著作和收藏的图书4100册;组织精干力量全面推进通借通还“一卡通”工程;与金陵图书馆合作设立“金陵图书馆~雨花软件谷24小时分馆”,并为园区设置安装一座24小时自助图书借阅机,为全市首家。为区级图书馆分馆—岱善新城分馆采购、加工、配送一万册新书。利用雨花台区图书馆公众微信服务平台,公开向社会征集雨花台区图书馆馆标。

【“书香雨花”活动】 2月26日,区文化局在梅山街道梅岭社区举办全区全民阅读推广活动启动仪式暨梅岭社区第五届学习节开幕式，向全区广大群众发出全民阅读倡议，聘请全区首批全民阅读推广志愿者8人并颁发聘书，对梅岭社区6个书香人家进行表彰并予以赠书，表彰社区学习之星和学习团队，开幕式现场同时发起“大家一起来读书，幸福生活每一天”签名活动。

【“朗读雨花”古诗词诵读活动开展】 9月，区文化局与西善桥小学联合开展“朗读雨花”系列诵读活动第一季，在学校开办《群文大讲堂》古诗文诵读讲座，选出30首代表性名家诗文由学生进行颂读，选拔出十首优秀诵读作品并配上动画、文字，通过馆微信、网站平台展示；开展“纪念中国人民抗日战争暨反法西斯战争胜利70周年”全民阅读进军营活动，开设《抗日战争时期中国共产党的漫画宣传》专题讲座，在73911部队开展读书知识竞赛活动，由驻区部队战士和各街道大学生村官共同组成6支参赛队；开展“书香茉莉”读书征文活动，收到全区73篇征文，并选送8篇参加全市征文评奖。

·文化遗产保护·

【概　况】 2016年，区文化局完成全国第一次可移动文物普查核查工作。对全区1400企事业单位不可移动文物收藏情况进行普查，普查单位1400多家，确定西善桥历史文化博物馆、中华指纹博物馆、雨花台烈士纪念馆等3家收藏单位2875件为馆藏文物及2000余件馆藏品，逐一进行名称认定、照片拍摄、信息采集、数据上报，并对普查信息逐一进行核查。同时盘清文保单位“现状”，完成中国文物保护基金会对文保单位开放情况调研，对各文保单位现状、开放情况进行筛查。

【浡泥国王墓申遗】 2016年，区文化局推进浡泥国王墓申遗工作。年初，浡泥国王墓正式列入国家文物局牵头的海上丝绸之路·中国史迹”申遗点。4月，国家文物局局长刘玉珠及国家文物局专家组先后视察浡泥国王墓并做出重要指示。该项工作涉及墓园环境整治、展陈和文物本体保护等方案制作，已完成对浡泥国王墓的总体规划布局，解决文莱风情园历史遗留问题，并制定浡泥国王墓进行文物本体、环境整治、展陈方案。

【天隆寺项目建设】 2016年，区文化局协调解决天隆寺项目建设与考古工作中出现问题。年内多次会同天隆寺筹备委员会对《天隆寺选址及设计方案》和《天隆寺文物影响评估报告》进行反复修改、完善，并通过国家文物局、省文物局审核，确保天隆寺正常施工。同时，配合市考古所对天隆寺进行考古工作。

【文化遗产保护投入加大】 2016年，区文化局投入100余万元完成刘智墓园环境整治工程；投入10万元完成普德寺维修方案，并上报市文物局，争取列入市级文物维修项目；筹集资金10万元完成梅山六朝墓就地保护采用区有线电视、调频广播等传统宣传载体与网络、微信平台新媒体相结合方式，以省市文物宣传周、中国文化遗产日为契机，开展形式多样文化遗产保护宣教活动；保持与省市10余家媒体联系，报道该区文物保护工作。区文化局与西善桥历史博物馆联合举办南京市第一次可移动文物普查成果展，观众900余人次；完善区、街、社区(村)文化遗产保护网络,发挥文物保护巡查员队与市、区文物保护志愿者队伍。

·文化市场管理·

【概　况】 2016年,区文化局履行审批及行业监管职责。完成全区62家网吧、23家歌舞娱乐场所、46家印刷企业、36家出版物零售点的年度核验工作,新设立18家网咖、出版物零售店(含网上销售)、歌舞厅、游戏机室、电影院审批工作,6家网咖、游戏机室、出版物零售点法人变更工作,11家艺术品经营单位登记备案工作。与辖区内185家文化市场经营场所签订安全生产责任书,落实企业安全生产第一责任(主体责任),发放《文化市场经营场所消防安全宣传手册》150余册,组织全区23家歌舞厅、游戏机室从业人员40余人参加全市歌舞娱乐行业消防安全培训暨安全知识竞赛。

【文化市场执法】 2016年,区文化局成立雨花台区文化综合执法大队。制定内部管理7项制度,提出"三公开"(执法检查事项公开,案件审理环节公开,行政处罚结果公开)。大队分别建立1个微信公共群和1个qq内部管理群,办公事项中除涉及国家机密、个人隐私或者上级明确要求不得泄露信息外,一律在2个群里公布,相互监督工作内容,相互知晓办公事项。执法大队制订详细检查制度,确保重点行业重点查,热点行业天天查,难点行业大检查。日常检查中,执法大队对全区网吧、歌舞厅、游戏机室、电影院等文化经营场所,对证照悬挂、消防器材、技术监管软件、业主花名册、qq管理群等逐一检查、更新、上线、约谈。分别检查网吧260家次,歌舞厅30家次,游戏机室20家次,出版物19家次,印刷厂28家次,电影院16家次,合计行政处罚21000元。其中长期无证经营"皇家一号"ktv被责令停业整顿,位于205国道边一家无证经营游戏机室被查封并扣押2台主机。

【非法违禁出版物整治】 2016年,区文化局完成"扫黄打非"及文明城市迎查工作。组织开展打击网络淫秽色情信息的"净网"行动、打击违法经营淫秽音像制品、书报刊和非法出版物活动、整治高校周边复印店复制销售违规教辅资料行动、整治校园周边出版物市场等5次专项行动。其中,受理各类投诉7起,责令整改5家,查处满意率100%。

·文化产业·

【概　况】 2016年,区文化局为南京爱朗品牌管理有限公司、南京煌泰建筑装饰工程有限公司文化申请金融贷款900万元,协助完成江苏国家数字出版基地(南京全区)、南京大数据产业基地、南京魔力多网络科技有限公司、南京邦宁科技股份有限公司等11家园区企业关于省文化产业引导资金申报。为江苏华博实业集团、通灵珠宝两家企业获"南京民营企业十强"称号,江苏华博创意产业有限公司获"南京文化创意企业十佳"称号,垠坤大数据产业基地被市科委评为市级众创空间。联合文产办举办文化企业举办现场招聘会、参与2016中国南京文化创意产业交易会、第三届南京国际动漫游戏展、"创意雨花"等活动二十余场。2016年,预计全年将完成文化产业销售收入110亿元,增加值占GDP比重提高到5.6%。

【7家文化企业项目获文化产业引导资金补助】 2016年，雨花台区文化产业管理部门按照省文化产业引导资金管理协调小组通知及南京市文广新局文化产业处的要求，坚持扶持龙头企业、扶持重点项目、扶持新兴业态的原则，组织、指导驻区文化产业类企业单位开展申报工作。年内，全区有4家文化企业的项目获得省级文化产业引导资金补助320万元，分别是南京迪杰特文化传媒有限公司的"'小豆派派'教育类动画项目"、江苏图格信息技术有限公司的"数字电视新媒体云信息管理平台及产业化应用"、南京科苑商贸有限公司的"南京动漫体验馆青少年动漫体验项目"、南京数字出版发展投资有限公司的"江苏国家数字出版基地数字教育综合服务平台"。有4家文化企业项目获得市级文化产业引导资金补助220万元元，分别是江苏国家数字出版基地(南京园区)的"数字教育产业分基地"、江苏华博创意产业有限公司的"移动增强现实技术M-AR在文化领域的推广和应用"、南京微流网络科技有限公司的"'家乡美'地区宣传视频素材平台"、江苏润和软件股份有限公司的"'玩转南京'城市旅游益智游戏项目"。

【中国手游联盟在中国(南京)软件谷成立】 5月19日，由区政府、中国(南京)软件谷管委会主办的"中国手游联盟成立启动仪式"在该区举行。该联盟30多家游戏厂商、销售渠道方和投资方等手游相关企业共同发起，旨在"打造全国性手游行业平台"，是一个非盈利性的、开放的专业化联盟。联合创投、南京银行、上海银行等多家金融机构与该联盟进行现场合作签约，中国游戏基地、电信爱游戏、联通沃商店、华为、中兴九歌、360、91手机助手、中国手游集团等行业知名企业参加启动仪式。

【江苏迪杰特教育科技股份有限公司挂牌上市】 9月，驻区文化企业——江苏迪杰特教育科技股份有限公司在上海股交所挂牌上市，股份简称迪杰特，股份代码100250，股本总额1000万股。该公司位于凤华路18号8幢，法定代表人吕启辉，注册资本1000万元，主要从事幼儿数字化教育内容的开发和销售，幼儿数字化成长档案的建设和维护，幼儿教育服务云平台的建设和运营，幼儿教育的动漫制作与发行。旗下拥有3家子公司，其中南京迪杰特电子科技有限公司负责"小豆派派"数字化产品生产和销售，南京迪杰特教育科技有限公司负责儿童教育内容研发和亲子教育的专业性公司、南京迪杰特传媒有限公司负责儿童原创动画创作。

【参展中国南京文化创意产业交易会】 10月17—19日，2016第七届中国南京文化创意产业交易会在南京国展中心举办。区委宣传部、区商务局、区文化局、区文化产业办公室联合成立筹备小组，制定雨花板块的筹备方案，确定"文化与科技"为参展主题，突出产品文化内涵和创意的原则。发动辖区内文化企业，特别是文化科技企业报名参展，重点甄选出华博创意、艾迪亚动漫、手游联盟、课欣通、千米网等7家文化科技企业参展，组织参展企业及布展公司进行展台策划、、过现场产品展示、现场交易以及互动体验等形式，展示该区文化创意产业发展。

·广播电视·

【概　况】 2016年，区人民广播电视台围绕区委、区政府"两件大事"、两会开设《决战决胜两件大事》《聚焦两会》等栏目8个，重点宣传软件谷建设55篇、“两桥”地区更新改造51篇。区委召开负责干部暨机关作风建设大会，贯彻落实省市机关作风建设大会精神，开设《机关作风在路上》、《贯彻落实作风建设会议》等专栏，宣传各街道园区、各部门贯彻落实会议精神等情况，报道《西善桥街道治庸治懒加强机关作风建设》《区交通局开启全区交通“十三五建设新征程”》《软件谷发展公司克难奋进求发展》等新闻稿件13篇。

【新闻宣传创新】 2016年，区广播电视台围绕中心创新栏目，在新闻节目中开设《“两学一做”学习教育活动在雨花》《拆、清、治、绿整治行动在雨花》《聚焦软件谷》《决战两桥地区改造》《雨花最美女性》《党旗风采》等栏目，至年末，电台采编播电视新闻3320条；推出一档以旅游休闲、餐饮娱乐为主题服务类节目《周末去哪儿》；退出创业访谈类节目《创梦空间》，聚焦草根创业群体，联合市广播电视台新办《雨花时空》栏目。《雨花娇点好味道》栏目继续突出服务特性，联合开办栏目及专题节目162档。开设《雨花剧场》栏目，配合区纪委、区级机关工委开展电视宣教，播出节目14档。服务相关部门，摄制完成《两桥地区拆迁改造》《老师，您好！》《环境整治》《雨花风景》《雨花最美女性》《党员冬训2016》等专题片31部。参与拍摄新年音乐会、雨花讲坛、雨花读书节、器乐专场、艺术节等全程。22件新闻作品在市区获奖29件次，全市优秀新闻作品评选中获奖10件，其中一等奖1件，二等奖2件，三等奖7件。

【广播电视安全播出工作】 2016年，区广播电视太调整安全播出领导小组，抓好日常安播工作组织协调、检查督促和情况报告，保证重大节日、非常时期安全播出。并针对省纪委楼新建，电台机房和铁塔周边环境变化实际，加强巡视检查同时，组织铁塔防雷检测，确保安全。组织落实网络安全执法和无线覆盖网专项等检查活动。先后2次迎接专项检查，配合市局拆毁非法电台1个。抓好广播电视新技术的推广。协调省网络公司，保证部分农村和待拆迁地区农户观看有线电视；新发展高清互动6000余台，宽带6200余户；协调处理6起群众有关电视来信，答复满意率100%。（杨　华）

·档案管理·

【概　况】 2016年，区档案工作继续组织开展馆藏档案全文数字化扫描、专题目录数据库建设和数字档案室创建工作；监督指导“三重”（解释）档案规范建档。年内，完成全区55家一级立档单位2016年度归档检查工作；铁心桥街道和高座寺等6家宗教场所分别通过档案工作规范省四星级和二星级测评；公安分局、区物价局分别通过档案工作规范省五星级、三星级复查。依法开展档案接收和到期档案鉴定开放工作；以“6·9”国际档案日为契机，组织开展档案法治宣传活动；对区市场监管局等7个单位开展专项执法检查；组织实施《江苏省机关团体企业事业单位档案工作规范》；继续打造“三零一展示”（解释）查档服务品牌，全年接待机关团体、社会公众查阅档案资料2448人次，利用馆际共享平台提供利用46人次，群众满意度100%。

【《城市社区档案管理办法》贯彻实施】 2016年，各社区贯彻实施《城市社区档案管理办法》，并做好与已实施的《江苏省社区档案管理暂行办法》的衔接工作，51家社区（雨花、板桥厂矿社区不在之列）整理的2015年应归档文件材料形成档案10397件（张）。其中，文书档案9006件、照片档案1316张、实物档案74件、光盘档案1张。

【全区2016年度归档检查工作开展】 3月初，下发《关于开展2016年度归档文件整理工作综合检查的通知》，明确检查时间、检查内容和评分标准。4月8日启动检查工作。经过一、二轮普查，此项工作7月底全部完成。55家机关单位收集、整理的2015年应归档文件材料共形成档案17287件（盘·张）和9370卷。

【档案业务培训】 3月17—18日，对街道（园区）和区级机关新任档案员，分两批进行业务培训。着重讲解文件材料的收集范围、保管期限的划分和数字档案综合管理平台的操作应用等内容，组织档案人员进行现场分类、编目等练习，以强化对相关概念的理解与吸收并取得明显成效。10月，组织区民宗局、法制办、规划分局开展《机关文件材料归档范围和文书档案保管期限表》编制工作专题培训。解读《机关文件材料归档范围和文书档案保管期限规定》重点内容，并明确《机关文件材料归档范围和文书档案保管期限表》的编制方法与具体流程，加强2016年新成立机构规范建档工作。

【档案接收和到期档案鉴定开放工作依法开展】 3月中旬，提前接收2013—2015年婚姻档案17844件进馆。同时对馆藏满30年（1986年）应向社会开放的945卷档案，逐卷逐页进行开放前鉴定。经鉴定审核，共108卷计2142份文件材料可以向社会开放。

【档案信息化工作推进】 3月下旬启动档案专题目录数据录入工作，录入新接收2013—2015年婚姻档案专题目录数据17844条，同步上传数字档案管理综合平台；5月初，启动馆藏档案全文数字化扫描扫尾工作，10月底，完成馆藏10万页档案全文数字化全年扫描任务，实现馆藏档案数字化率100%；5月中旬，启动数字档案室创建工作，11月，区审计局、文化局、环保局通过江苏省AAAA级数字档案室评估验收。

【档案法治宣传活动开展】 以“6·9”国际档案日为契机，围绕“档案与民生”主题，以街道（园区）为主阵地，组织开展广场宣传服务、档案进社区、法制宣传展览等形式多样、内容丰富的档案宣传服务活动，广泛宣传档案知识。6月8日当天，接待现场咨询100余人，制作宣传横幅8条，张贴宣传画30余幅，发放宣传册480余份。

【拆迁档案规范整理】 7月，印发《关于切实加强拆迁档案规范化管理的通知》，明确和落实拆迁档案规范化管理工作要求，确保相关单位高度重视做好拆迁档案文件材料的规范整理。经过现场指导和及时跟踪，板桥新城管委会完成所有积存拆迁文件材料2200卷档案的规范整理和数字化工作；铁心桥街道整理1998—2015年拆迁档案277卷；“两桥”地区改造新形成的拆迁档案得到规范化管理。

【党代会材料收集归档】 8月，联合区委组织部印发《关于做好中国共产党南京市雨花台区第十一次代表大会代表选举工作文件材料整理归档的通知》，明确党代会材料的收集范围、收集方法、整理要求和保管期限。对区委组织部等23个单位进行文件材料归档指导，形成党代会材料500余件。

【档案“七五”法治宣传教育规划出台】 10月，制定并印发《雨花台区档案“七五”法制宣传教育规划(2016—2020年)》。对未来五年如何进一步加强档案法治宣传教育，不断提升全区档案工作法治化管理水平进行规划，明确指导思想，主要目标和基本原则、主要任务、对象和要求、工作措施、工作步骤、组织领导。

【档案行政执法检查开展】 11月，对区市场监管局、交通局、民政局、住建局、城管局、科技局、卫计局等7个单位开展专项执法检查。重点就各单位党代会文件材料收集归档情况和档案保管情况进行专项检查，针对检查中发现的党代会照片、音视频文件材料未收集、档案保管“八防”措施不到位等问题，分别向有关单位下发了行政执法反馈意见书，督促其限期整改。 (沈国艾)

·地方志·

【概　况】 2016年，雨花台区地方志编纂委员会办公室(简称区志办)贯彻落实《地方志工作条例》精神，围绕区委、区政府中心工作和省市志办工作部署，完成既定年度工作任务。调整年鉴框架，开展年鉴业务培训，完成2015年《雨花年鉴》编纂出版任务；筹备、启动全区资料长编编纂工作，搭建组织架构、制定工作方案，并通过区委办、政府办转发各相关部门和单位，完成篇目大纲(征求意见稿)的讨论、修改和定稿；《雨花台区人大六十年》于12月印刷出版。11月，在南京市第九次地方志工作会议上，由雨花台区地志办编纂出版的《雨花年鉴(2015)》获南京市“十二五”地方志优秀成果奖。

【《雨花年鉴(2016卷)》编纂动员大会召开】 1月23日，区方志办在区委党校4楼会议室召开《雨花年鉴(2016卷)》编纂动员大会，区方志办全体编辑人员及全区机关各部门、街道(园区)、直属单位、大专院校、科研院所代表90余人参加会议。总结2015年《雨花年鉴》编纂工作，并针对全区方志工作实际情况部署2016年年鉴编纂任务，对进一步做好《雨花年鉴(2016卷)》编纂组稿工作提出要求。会上，区地方志办公室发放《〈雨花年鉴(2016卷)〉编纂工作方案》及《南京年鉴编纂规则》，把年鉴编撰任务细化到各撰稿单位，规范各撰稿单位年鉴编写内容。

【《雨花年鉴(2016卷)》文字初稿完成】 8月，《雨花年鉴(2016卷)》文字初稿工作完成。经印刷厂排版制作后，报送方志出版社专家审阅。《雨花年鉴(2016卷)》初稿文字约50万字，内设13个类目，较上年减少11个类目，框架作重要调整。根据全区年度工作要点，将原先“工业”“商贸·旅游”“农业” 类目整合成 “城市经济”板块，将“教育”“科技”“文化·体育”“医疗卫生”“人力资源和社会保障”“社会生活”整合成“公共服务”板块，将“党政机关”“民主党派·工商联·人民团体”“法治·军事” 类目整合成“政治”板块，将“环境保护与生态建设”类目纳入“城市建设与管理”板块，更加准确地记录2015年雨花台区自然、经济、政治、文化、社会和生态等各方面的基本情况、重大事件和新发展，突出全区上下以“三严三实”专题教育为契机，在决胜软件谷建设、决战“两桥”地区改造和提升五项民生工程等三件大事过程中取得的工作成就，为各级领导科学决策提供了参考依据，为社会各界提供准确丰富资料信息。

【《雨花台区环境综合整治工作年鉴(2012.8—2015.12)》出版发行】 8月，《雨花台区环境综合整治工作年鉴(2012.8~2015.12)》出版发行。该书的编纂工作由雨花台区环境综合整治指挥部组织，《雨花台区环境综合整治工作年鉴》编纂委员会具体实施。

全书设类目7个、分目27个、副分目75个、条目435个，刊载彩页11页计40幅，文字40.8万字，全面、系统、真实地记载2012年8月至2015年12月期间雨花台区环境综合整治工作的基本情况：既如实记载整治过程，又全面展示整治成果；既科学梳理整治工作，又认真总结整治经验；既回顾归纳过去，又关注重视未来。

【《雨花年鉴(2016卷)》出版发行】 12月，《雨花年鉴(2016卷)》历经近10个月编校，正式出版发行。该书约67万字，设15个类目、69个分目、94个副分目、762个条目，彩页24页、照片125幅，随文图片34幅，插入表格67幅。主要载录2015年雨花台区自然、政治、经济、文化和社会发展情况，为各级领导决策和各行各业、中外人士了解和研究雨花台区提供参考和依据。 （张　玄）

卫生和计划生育

【概　况】 2016年，区卫生局和区计划生育局合并为区卫生和计划生育局。全区有医疗卫生机构98个(政府办医疗卫生机构8个)，有职工716人，卫生技术人员575人。新型农村合作医疗实际人均筹资1076元，个人报销、补助21.87万元。居民平均预期寿命82.45岁，婴儿死亡率2.17‰，孕产妇零死亡率，甲乙类传染病发病率120/10万以下，各项主要健康指标均居全市前列。全面实施两孩政策，推进流动人口基本公共卫生计生均等化服务。在“中国健康知识传播激励计划（胆固醇管理·2016)”启动会在北京召开。年内，国家卫计委为雨花台区颁发“中国健康知识传播激励计划”(胆固醇管理·2015)贡献奖。在省“万步有约”职业人群健走激励大奖赛中，该区代表队获省内优秀示范区、月度进步奖、优秀领队1名、万步先锋奖9名和优秀团队奖3个，区疾控中心获“先进单位二等奖”，1篇征文作品获全国“一等奖”。全区计划生育工作受市人口发展工作领导小组表彰。

【医疗机构与管理】 2016年，区委召开专题会议研究推进铁心桥社区卫生服务中心异地改造、搬迁工作；板桥社区卫生服务中心二期扩容工程全面完成；岱山南社区卫生服务中心规划、立项等工作稳步推进；建成朝阳西苑社区卫生服务站，“15分钟健康服务圈”进一步完善。区委区政府印发《雨花台区关于以“府院合作”为抓手　加快建设全市一流的健康服务强区的实施意见》，安排专项资金推动医联体*、特色科室、“智慧医疗”等重点项目建设；区政府与市第一医院签署“府院合作”共建紧密型医联体协议；规范运行市第一医院骨科雨花诊疗中心等十余个医联体，接受“三甲”医院专家对口支援1582人次；雨花医院创“二甲”工作有序推进；雨花社区卫生服务中心康复科、铁心桥社区卫生服务中心糖尿病专科、外科、板桥社区卫生服务中心中医眼科等4个科室通过市级基层医疗机构特色科室评估。通过“全国基层中医药工作先进单位”复审；举办糖尿病防治、中医药适宜技术等十余期专题培训班。开展“红五月”技能竞赛、“冬季大练兵”活动，评选出优胜单位12个，优秀组织奖8个，技术能手17个。完成55名高层次人才和专业技术人员引进和公开招聘工作；选送十余名卫生技术人员到“三甲”医院进修培训，着力提高院前急救等专业技能和服务水平；在基层单位综合目标考核中，加大人才引进、培养等方面的考核权重，并与经费兑现挂钩；建立全区医务人员“三基”知识人机对话考试题库，定期考核并实行“一票否决制”；严格标准，遴选产生省、市级基层骨干人才18名。

★**链接** “医联体”：是指区域医疗联合体，是将同一个区域内的医疗资源整合在一起，通常由一个区域内的三级医院与二级医院、社区医院、村医院组成一个医疗联合体。

【卫生监督】 2016年，区卫生监督所全年开展卫生监督检查2450余户次，监督覆盖率100%，平均监督频次360%。全年取缔无证经营行为25户次，没收销毁违法经营用品70余公斤、1200余件，警告、责令整改120余户次，立案查处6起。其中，完成非法行医取缔12起，受理移送非法行医案由6起，实施联合执3次，处理投诉举报26起，规范办结率100%。完成区政府行政权力清单标准化、规范化梳理等编制工作，编制完成183项权责清单，其中行政许可类8个大项22个子项，率先完成市、区政府有关权力清单、办事指南事项入库录入工作。全年受理审核522家单位，新发卫生许可证143家，复核延续379家，及时办结率均100%。全区“四小”(即小理发美容店、小旅馆、小歌舞厅、小沐浴足浴等四类公共场所)行业卫生许可证、健康证持证率分别99%和97%，高质量通过国家创卫迎复审考核工作。开展全区集中式供水、二次供水单位巡回式监督检查104次，监督覆盖率200%。

【疾病控制】 2016年，全区无甲类传染病发生，报告乙类传染病9种，总发病数361例，发病率89.67/10万，无死亡病例。查螺面积1289万平方米，巩固灭螺面积204万平方米，通过市查灭螺考核验收；发放《致沿江村民一封信》15000份；推进“数字血防”信息化建设，率先在全市开展无人机血防防急感应用演练；全年无血吸虫病急感病例发生；全年完成疟疾血片819张，未发现阳性血片，在市寄防查病质量互审会上，区疟疾血片考核获全市三等奖。全年管理肺结核患者110例，新发涂阳肺结核患者32例，复发涂阳结核病患者7例，耐多药2例。全区各医疗单位报告本区疑似肺结核患者110例，转诊110例，转诊率100%；完成96例密切接触者筛查，筛查率100%。全年VCT(艾滋病免费自愿咨询检测)检测咨询882人次；对全区新入监入所人员开展艾滋病检测1012人次；开展艾滋病高危行为干预，进入娱乐场所858家次，干预2953人次，动员检测373人；完成暗娼人群问卷及采血检测基线调查373人份。全区接种一类疫苗126703针次，二类疫苗42188针次。通过省级卫生应急体系规范化建设达标区评审验收；在全市重大传染病技能竞赛中获团体三等奖和优秀组织奖。

【社区卫生与妇幼保健】 2016年,全区组建家庭医生服务团队37支,推进全省"三个一"工程*试点工作,全区重点人群签约142311人,签约率70.4%,主要工作经验被《南京快报》专刊报道。铁心桥社区卫生服务中心获"全国百强社区卫生服务中心"称号,该中心探索实施"家庭医生签约服务联盟"模式,被中央电视台《新闻联播》报道。托幼机构检查覆盖率100%,"两癌"检查完成率100%,艾梅乙检测率100%,叶酸发放率140%,住院分娩补助完成率100%;年度"六一"儿童体检率100%。孕产妇零死亡率,新生儿出生缺陷发生率3.1‰,婚检率72.9%;婴儿死亡率2.17‰、5岁以下儿童死亡率2.17‰。8月18日晚,中央电视台《新闻联播》以《医改决胜攻坚再提速》为题,报道江苏省在深化综合医改、建设健康中国方面的做法,其中对该区铁心桥社区卫生服务中心家庭医生签约服务工作进行报道。

★**链接** "三个一"工程:通过基层服务能力建设,转变医疗卫生服务模式,达到每个家庭拥有一名家庭医生,每个居民拥有一份动态更新的电子健康档案和一张服务功能完善的居民健康卡。

【爱国卫生】 2016年,区爱卫办针对农贸市场、城中村等七大重难点问题开展专项整治。完成2788个问题整改,包括餐饮服务单位1947户和"四小"行业等经营单位667家,在建工地30家、复工工地106家、区管河道(板桥河、工农河、江宁河、南南河)4条、农贸市场31家、重点污染企业13家、小区(129家有物管,72家无物管)197个、农贸市场31个、城中村5个。全区16所旱厕全部整改到位。签订"门前三包"责任状5998份,纠正"门前三包"违章行为2886起,行政处罚26例。取缔占道经营行为800余起;街巷违停有效贴单数20688张;预设停车管理示范点10个。全区补充毒饵宅6500余个,灭蝇笼4300余个。在每月第一个工作日进行全区外环境灭蚊蝇药物集中喷洒日。全区建成健康步道4条,健康社区11个,健康单位3家,健康学校1家,健康酒店2家。全区农村二次改水累计完成46千米,新增受益人口13500人。结合世界无烟日主题,按照省爱卫办关于开展全省禁烟控烟专项整治行动统一部署,因地制宜地开展形式多样控烟宣传和健康教育活动。通过国家卫生城市复审评审。

【第28个"爱卫月"系列宣传活动】 2016年,区爱卫办在板桥街道市民广场开展第28个"爱卫月"大型广场宣传活动。现场开展健康咨询和义诊服务,解答群众提问,宣传各类卫生防治知识,医护专家特别针对目前居民最关心的慢性病和食品安全等问题,引导居民建立科学健康生活方式。铁心桥、赛虹桥等街道邀请社区医疗专家,组织6场广场义诊活动,答疑解惑,宣传做好预防保健工作。通过电视、宣传栏、黑板报、电子屏、展板、横幅、宣传彩页等各类媒介全方位做好宣传工作。"爱卫月"期间,全区更新健康教育橱窗80余块,发放"健康66条""清洁家园 美化金陵 共建和谐南京""慢性病防治""如何有效控制三高"等健康知识宣传彩页5000余份,接待咨询1500余人,义诊500余人,开办健康讲座进社区十余场,制作横幅30余条,制作电子屏20余条,展出健康教育展板26块。

【新型农村合作医疗】 2016年,全区农民参保率100%,资金到位率100%,参保人数1.03万人。省、市、区、街道、村集体、个人资金全部到位，筹资总额 1108.68 万元，实际人均筹资 1070 元/人，继续保持筹资水平居全市首位。各医疗机构对上年度参加合作医疗未补偿人员，按照职工 150 元/人体检标准给予补偿并建立健康档案，全年体检 2639 人。全年门诊报销 8.16 万人次，补偿 425.28 万元，住院补偿 798 人次，补偿费用 524.64 万元，获大病补充保险 20 人 13.34 万元。

【人口与计生服务】 2016 年，全区 3676 对夫妻进行生育登记。新建 6 个社区级亲子活动室，为 13—36 月婴幼儿提供免费亲子体验服务 6915 人次。在西善桥街道启动省级“连心家园——失独家庭关爱行动”项目，对失独家庭开展“医养结合”帮扶工作；在板桥生态园建立市级生育关怀基地，创新“三帮扶”基地建设模式，被上级部门推荐创建省级生育关怀基地。建立计生特殊家庭联系人制度，加大精准帮扶力度。按照“老人老办法，新人新办法”的原则，继续落实好各项计生奖励扶助政策，政策兑现率 100%。推进流动人口基本公共卫生计生服务均等化，累计与全国 63 个卫计部门签订流动人口计划生育双向管理服务协议书；完成全国流动人口动态监测任务；落实与区公安分局联合出台《雨花台区流动人口计划生育信息服务管理协作办法(试行)》，召开各街道计生办负责人与协管员队长联席会议，做好流动人口信息采集和绩效考评工作。推行网上办理流动人口避孕节育孕检报告单、江苏省流动人口一孩生育服务登记证明及流动人口电子婚育证明业务。流动人口信息入库率位居全市前列；指导江苏润和软件股份有限公司开展流动人口健康促进示范企业创建工作。

【智慧医疗】 2016 年，区卫计局完成区域人口健康信息平台基础建设，实现区域内各联网医院和社区卫生服务中心的数据交换和集中存储；以区级平台为枢纽，促进公共卫生系统充分运用，并与基层业务系统互联互通。全区人口健康信息平台通过省卫生和计划生育委员会测评，并达到三级以上标准。全面推进远程会诊系统建设，建成区域心电会诊系统、区域影像会诊系统和区域临床检验系统，实现电生理数据集中存储、疑难病例实时会诊，促进区域内社区卫生服务中心与雨花医院诊疗水平同质化。岱山社区卫生服务中心与市中医院合作探索实施“互联网+中医药”服务；雨花医院与市第一医院合作探索实施 “互联网+临床检验”服务；赛虹桥社区卫生服务中心与浙江乌镇“互联网医院”对接，设置远程会诊中心。试点应用“社区 580”“益健康”家庭医生管理系统，开展家庭医生电子签约和差异化管理。3 月 17—18 日，南京市基层卫生、妇幼卫生信息化专业委员会学术研讨会召开，该区就社区卫生服务中心信息化的发展与方向作主题报告。8 月 26 日上午，副市长胡万进调研全市智慧医疗项目建设，对岱山社区卫生服务中心智慧医疗项目建设工作进行调研并给予肯定。

【中医药工作】 8 月 25 日，国家中医药管理局医政司副司长杨龙会到区调研基层中医药工作，实地察看铁心桥、雨花社区卫生服务中心中医药工作开展情况，听取区政府副区长余清关于全国基层中医药工作先进单位迎复审暨整改情况汇报。12 月 6 日，江苏省中医药管理局下发《关于 2016 年全国基层中医药工作先进单位复审的反馈意见》，该区通过“全国基层中医药工作先进单位”复核评审。全区开设18个名中医工作室、20个“中医康复室”。开展中医药人员“三基”知识专训、“红五月”技能竞赛和“冬季大练兵”等活动，中医药知识培训率100%。加强继续教育培训，推进中医药医务人员后学历教育，临床中医师本科学历100%。全区6家社区卫生服务中心牵手市中医院等“三甲”医院，开设中医脾胃、烫伤、肺病、妇科、儿科等18个特色专病专科。全区有中医消化科、中医眼科、中医肛肠科、慢性疼痛康复科、中医针灸科、医学康复科等9个特色专科创建成为市基层医疗机构特色科室。

【通过国家“健康口腔　幸福家庭”二期项目年度考核】 9月19—20日，国家“健康口腔幸福家庭”二期项目年度工作考核组对该区进行年度考核检查。专家组听取项目工作汇报，检查相关台账资料，与全民健康生活方式指导员进行座谈，并深入社区居民家庭、小学和幼儿园，现场考察各类人群对口腔健康知识的知晓情况及口腔行为习惯养成情况。根据检查结果，专家组认为该区成效突出，值得肯定与推广，提出要进一步加强口腔防治知识宣传，做好对试点社区家庭跟踪与服务等相关建议。

【铁心桥社区卫生服务中心被评为首批“全国百强社区卫生服务中心”】 10月26日，铁心桥社区卫生服务中心被评为首批“全国百强社区卫生服务中心”。该中心大力发展中医科、疼痛康复科、高血压、糖尿病、口腔科、外科、骨科等特色专科，其中疼痛康复科、外科、糖尿病专科被评为“南京市基层医疗机构特色专科”。先后与江苏省中医院、南京市第一医院组建成立区域医疗联合体，推进分级诊疗制度落实。成立家庭医生签约服务联盟，吸纳市第一医院11个科室、17名专科医生与中心组建成家庭医生签约服务联盟团队，建立微信群，开展医学知识交流、双向转诊、预约门诊等工作，该做法在中央电视台《新闻联播》进行报道。

【首个区级“中法盆底功能障碍防治技术合作中心”成立】 12月16日，区妇幼保健所邀请法国欧亚迪斯国际交流中心博士王晓辉为“中法盆底功能障碍防治技术合作中心”揭牌，标志着中法双方合作成立的首个区级盆底功能障碍防治技术合作中心正式成立。中心引入法国妇女盆底疾病社区防治理念和技术，在针对女性尿失禁、脏器脱垂以及子宫复旧等疾病的临床诊断和物理康复治疗方面取得较好效果。

（姚欣雅）

10月26日，铁心桥社区卫生服务中心被评为首批“全国百强社区卫生服务中心”

（区卫计局　供稿）

体　育

【概　况】 2016 年，雨花台区举办群众性体育健身活动 180 余场(次)。“全国航空模型(南京站) 和全国水上飞机大赛”、“‘咪咕善跑’2016 南京板桥欢乐跑”、“板桥生态园自行车骑行”、“软件谷企业联赛”、“健身广场舞展演”等活动具备一定品牌影响力。获市体育局正式认可运动员在编数达 31 人，有一个足球市队区办项目，有跆拳道、乒乓球、武术、游泳等 4 个区县布局班项目。省级青少年奥林匹克体育俱乐部有区青少年业余体校、景明佳园小学、共青团路小学、实验小学、西善桥小学等 5 家，省级传统体育项目学校有雨花台中学、西善桥小学、实验小学、共青团路小学等 4 家。全区体育产业单位 94 家，总规模 28 亿元，占全市体育及相关产业规模 7.76%，增加值 9.64 亿元，占全市体育及相关产业增加值 9.09%，增加值占全区增加值 1.96%。至年末，除区体育中心、金地体育公园两大区级体育活动中心外，全区有室外体育健身工程点 134 个、室内体育健身点 64 个，人均公共体育场地面积 3.2 平方米。

2016 年，区老年人体育协会、区级机关工委、西善桥办事处等 9 家单位和张浩、徐志明、徐承健等 5 人分获 “南京市群众体育先进单位”“南京市群众体育先进个人”称号。

【社会资源助推全民健身开展】 2016 年，区体育局、去体育总会等相关部门和单位开阔思路，创新方式，通过商业赞助、赛事冠名等形式，引入社会资源，有力推动全民健身活动在全区开展。其中，“2016 年南京市雨花台区业余网球积分赛(白银级)”获得南京升龙地产、南京苏酒集团 20 万元实物赞助，“2016 年软件谷第三届乒乓球、羽毛球比赛”获康益地产 10 万元实物支持。

【体育产业引导资金申报工作】 2016 年，区体育局指导金地集团南京置业(南京)发展有限公司、南京富士通南大软件技术有限公司等 5 家单位完成 2016 年度江苏省体育产业引导资金申报工作。经过上级评估和审查，金地集团南京置业(南京)发展有限公司获引导资金 100 万元。指导南京安达健身服务有限公司、南京澳易通投资管理有限公司等申报完成市级体育产业引导资金，其中，南京安达健身服务有限公司获引导资金 30 万元，南京澳易通投资管理有限公司获引导资金 15 万元。

【群众体育】 2016 年，雨花台区 8 个街道(管委会)全部建立文体站，配备专(兼)职工作人员干事；晨(晚)练点 340 个，健身队伍近 800 支；全区除区体育总会外，有 16 个单项体育运动协会；三级以上社会体育指导员 3222 名，每万人拥有社会体育指导员 80 人。全区有室外体育健身工程点 134 个、室内体育健身点 64 个，人均公共体育场地面积达 3.2 平方米。

【体育产业工作】 2016 年，区体育局争取省、市支持，推动苏宁足球小镇项目落地。联合区商务局等，依托南京火车南站已建和在建数百万平方米高档商务楼宇，开展针对性体育产业招商活动。打造“两个基地”，从品牌设计、形象推广、市场开拓等方面加强对莲花湖、板桥生态园两个区级体育产业基地建设。完成省、市体育产业引导资金申报和区级政府购买公共体育服务政策落实,为相关体育企业发展提供支持。

【南京市健身秧歌广场舞雨花台区分站赛举行】 5月7日,"'国邦金服'杯2016年南京市健身秧歌广场舞雨花台区分站赛"在紫荆花广场举行。比赛分全国第六套健身秧歌规定套路和自选两个项目,全区8个街道(园区)代表队参加。比赛由南京市体育总会主办,区体育局、区体育总会承办,江苏紫橘文化传媒有限公司、新华报业传媒集团、南京市广播电视集团协办。本次比赛为全区广大健身秧歌和广场舞活动的爱好者提供展示平台,为大家提供相互学习、增进交流的契机。

【"板桥新城蓝光杯"全国航空模型公开赛(南京站)暨第七届全国水上航空模型公开赛举行】 11月12—13日,在板桥新城莲花湖体育公园举办,13支代表队90余名选手100余件航空器材参加比赛。比赛分无线电遥控纸飞机编队配乐飞行、无线电遥控固定翼像真水上飞机赛、无线电遥控水上飞机竞时赛等10个项目。本次比赛一大亮点为全国航空模型公开赛中首次出现无线电遥控纸飞机编队配乐飞行项目。该航模比赛已连续在板桥新城莲花湖公园举行六届,该赛事已成为南京地区品牌赛事。

【第五届中国(南京)软件谷乒羽赛举办】 11月15—16日,在区体育中心举办。比赛吸引中国(南京)软件谷800余名软件人才参与。经过两天赛程,华为技术有限公司一队、区级机关代表队向江山、谷德科技有限公司欧玮,华为技术有限公司李智星、杨西贝,中兴通讯股份有限公司余斌、王仁巧分获羽毛球团体、男单、女单、男双、混双冠军,诚迈科技有限公司一队、小田科技有限公司潘影波、苏宁电器有限公司李楠分获乒乓球团体、男单、女单冠军。

(魏以远)

人力资源

·概　述·

【概　况】 2016年,该区全年新增城镇就业11625人,实现再就业6150人,援助就业451人,分别完成目标任务140.1%、170.8%、150.3%;培育自主创业1393人,其中青年大学生自主创业412人,实现创业带动就业9757人,完成目标任务185.7%、147.1%、212.1%。开展享受政府补贴培训6840人次,完成率228%,居全市第二。该区全年入选市级高层次创业人才计划23人,完成年任务190%,完成五年任务34%,占全市完成总量12.4%。南京泰通科技股份有限公司、江苏润和软件服务股份有限公司2家企业入选市高端人才团队。全区规模以上企业劳动合同签订率99%,工资集体协商企业工资年增幅4%。劳动监察立案222件,书面审查用人单位3239家,调处简易案件300件,发放劳动法律法规宣传手册2200余册。处理涉嫌拒不支付劳动报酬犯罪案件1起,行政处罚2起,移送拒不支付劳动报酬犯罪案件1起,结案率100%。劳动仲裁减量提速,立案受理1027件,同比下降16.64%,调撤率77.4%。

年内,区人社局获市创建全国双拥模范城有功单位称号。

·劳动就业·

【概　况】 2016年，雨花台区出台《雨花台区新形势下进一步促进就业创业实施意见》(雨政发〔2016〕197号)，大力开发就业岗位，多渠道扩大就业规模，推动实现更高质量就业。年内，城镇登记就业率始终稳定在90%，农村劳动力转移就业率89.2%，各项就业创业政策全面落实，就业形势稳定。

年内，区人社局开展再就业培训1856人次，完成年度目标123.7%；就业前培训518人次，完成年度目标172.7%；在职职工培训8372人次，完成年度目标102.1%；创业培训4859人次，完成年度目标1619.7%(含青年大学生创业培训)。职业技能鉴定取证2255人，完成年度目标118.7%，高技能人才培养670人，完成年度目标111.7%。

【招聘季活动】 2016年，区人社局参与"安德门民工就业市场"搬迁和"板桥人力资源市场"新建过程中各项工作，与街道社区所站三级联动，启动"招聘季"就业服务活动，在区人力资源市场和街道社区累计举办现场招聘会108场，提供就业岗位近2.1万个，年内实现本区户籍劳动力单位就业16960人次以上，吸纳各类劳动力在该区登记就业42497人次。

【跟踪援助扶持就业】 2016年，区人社局开展制度化跟踪援助，月跟踪服务率90%，全区4050、夫妻双失等各类困难人员全部实现就业。针对有就业愿望高校毕业生和新生劳动力，开展技能培训、创业培训，优先推荐实现保底就业，本区户籍应届高校毕业生登记就业率93%，就业困难人员通过援助100%实现就业。

【发放补贴稳定就业】 2016年，区人社局发放灵活就业人员社会保险补贴2216.56万元，发放一般单位岗位补贴127.5万元、社保补贴343.2万元，小微企业242.6万元。677家企业享受稳岗补贴6886万元，2619人次大学生享受住房补贴392.87万元。

【扶持创业带动就业】 2016年，全区开展创业政策宣传，鼓励有创业愿望和条件城乡劳动力，尤其是青年大学生自主创业，实施"创业实名制"工程，加强对创业园、创业人员和创业典型培育、服务和管理。为"大数据产业基地"等创业园区提供创业培训、政策咨询、专家指导、融资贷款等专项服务，扶持自主创业1393人，发放小额担保贷款12笔230万元，创建市级创业示范园1个、市级示范新南京服务中心1个、市级劳务品牌4个、创业贷款诚信街道3个。

2016年雨花台区就业再就业目标完成情况一览表

表8

序号	年度目标任务	完成数(人)	完成进度(%)
1	新增城镇就业8700人	11625	133.6
2	实现再就业3600人	6150	170.8
3	帮扶就业困难人员300人	451	150.3
4	农村劳动力转移就业180人	241	133.9

续表

序号	年度目标任务	完成数(人)	完成进度(%)
5	培育自主创业 750 人	1393	185.7
6	大学生创业 280 人	412	147.1
7	创业带动就业 4600 人	9757	212.1

2016 年雨花台区职业培训目标完成情况一览表

表 9

序号	年度目标任务	完成数(人)	完成进度(%)
1	政府补贴性职业培训 3000 人次	6840	228.0
2	创业培训 300 人次	4859	1619.7
3	城镇失业人员职业培训 1500 人次	1856	123.7
4	城乡新成长劳动力培训 300 人次	518	172.7
5	农村劳动力职业培训 1100 人次	1558	141.6
6	在职职工培训 8200 人次	8372	102.1
7	新增高技能人才 600 人	670	111.7
8	职业技能鉴定取证 1900 人	2255	118.7

·劳动权益保护·

【概　况】 2016 年,区人社局全年上报市人社局监测信息 182 条,工作动态 4 条,预警分析 24 条, 完成涉及90 余家企业、12006 名职工的薪酬和最低工资标准调查。在开发区推出装饰行业工资集体协商制度, 全年审查集体合同 615 家、工资集体合同615 家,超额完成全年目标任务。全年办理“12345”工单 896 件,综合排名全区第一名。劳动仲裁减量提速,立案受理 1027 件,同比下降 16.64%。劳动监察立案 284 件, 处理涉嫌拒不支付劳动报酬犯罪案件 1 起,行政处罚 2 起,移送拒不支付劳动报酬犯罪案件 1 起,结案率100%。

【劳动监察执法】 2016 年,区劳动保障监察大队接待咨询 2734 人次、处理省平台流转案件 207 起、立案 222 件,行政处理 1 起(南京鼎立克莱玛石材有限公司),行政处罚 2 起(南京康道建筑工程有限公司、南京市雨花台区心享食成快餐店),移送拒不支付劳动报酬犯罪案件 1 起(南京佛克斯建材有限公司)。妥善处理南京云幻三维科技有限公司、南京顺宏玻璃有限公司等 20 起群体性欠薪案件,涉案金额 1120 万元,为劳动者追回工资等各项费用约676 万元,所有案件均按照法定程序依法处理,按期结案率 100%。

在区、街道两级平台指定专人将来访接待及投诉举报信息录入省 “12333” 投诉举报平台,全年信息录入量 7603 条。各中队对全区登记在册用人单位进行梳理并及时将书面审查通知书和法律法规宣传手册送到用人单位，发放书面审查通知书 2558 份，发放法律法规宣传手册2200 余册。

【劳动仲裁】 2016 年，区人社局坚持“以事实为依据、以法律为准绳”的办案原则，调处本辖区内劳动人事争议案件，全年共受理劳动争议案件 1027 起，仲裁委立案处理案件结案率达 100%，案件调撤率达 77.4%。通过分流简易案件等方式稳步提升案件处理效率，2016 年度以超审限要求转至人民法院继续审理的案件数量仅为 136 件，占结案总数的 13.5%，较2015 年下降了 17.7 个百分点。按照省厅部署，开展“调解仲裁服务年”活动，对辖区重点企业进行劳动法、调解仲裁法等法律法规的宣传。全年开展现场咨询活动 17 次，主动预防劳动争议案件的发生。

2016 年雨花台区劳动维权工作完成情况一览表

表 10

序号	年度目标任务	完成数	完成进度(%)
1	集体合同审查 600 份	630 份	105
2	仲裁委立案处理案件结案率 94%	100%	–
3	劳动保障书面审查单位 1800 户	3239%	179.9
4	联动平台举报投诉案件按期运行率 95%	100%	–

【行政审批】 6 月，区人社局承接市人社局下放的工伤认定工作，制定并实施了工作规范，建立受理、复核、审批三级审批程序，复杂案件通过案例研讨会集思广益，确保各案件依法依规办理。2016 年共受理工伤认定申请 430 件，受理量主城区第二位，审批完结 379 件，审结率88.14%列主城区首位，实现了零复议零诉讼。按照上级要求，推进“放管服”改革，提速办理各项行政审批，全年累计办理劳务派遣许可 19 家、人力资源服务机构资格认定 8 家、职业培训办学许可证 15 家、特殊工时审批 11 家。

·人才建设·

【概　况】 2016 年，南京市出台“创业南京”26 条人才新政，区人社局联合区人才办，与软件谷科技人才局、各街道园区紧密配合，推进新一轮招财引智工作，提高人才服务水平。全年该区入选市级高层次创业人才计划 23 人，完成年任务 190%，完成五年任务 34%，占全市完成总量 12.4%(任务数占全市 8.8%)。人才档案管理方面，制定更新档案收集制度、鉴别归档制度、查(借)阅制度、档案转递制度、保密制度等，按照规定制度和程序办事。明确前台与库房工作流程，对档案转出、转进、借阅等工作流程进行规范，全年接收档案 734 份，转出档案 128 份，查阅档案 98 份。

【创业南京】 2016 年，区人社局参考外地区评审经验，制定区高层次人才引进计划的申报和评审办法，评审工作方案和时间安排。全年区级评审提交 244 人，结合园区推荐和资格认定212人通过资格认定，技术评审委托第三方专业机构进行评审，根据专家组意见汇总和项目得分情况，确定116人进入区级综合评审。第三方评估机构根据技术评审和综合答辩得分3:7的比例，确定排名前60的人员名单。区人社局根据申报公告要求对于人才进行工商资格审查，各区（园区）应按照本年度市级引才指标数的2–4倍进行推荐。最终有45人及时完成工商注册手续，参加市级申报。

【高端人才团队申报】 2016年，区人社局提前宣传推广团队申报，3月份起开始摸排和走访辖区企业，梳理出符合申报条件企业31家。通过强化政策宣传、反复审核申报材料、组织模拟答辩、专家现场点评、"包干"负责跟踪服务等一系列工作，4家企业完成申报，泰通电子、润和科技2家企业入选市高端人才团队。

【留交会雨花专场推荐活动】 4月26—27日，第九届中国留学人员南京国际交流与合作大会（简称留交会）在南京国际博览中心举办。本次留交会该区共布置两块展示区域，雨花台区"江苏创业大街"和展厅。创业大街介绍入驻的五个高科技孵化器：黑马孵化器、创客街孵化器、阿里百川网加创新基、36氪孵化器和腾讯大苏网"互联网+"生活研究院。展厅以软件产业为重点，集中推介该区创新成果和创业服务，凸现中国（南京）软件谷的区位优势、环境优势、交通优势、产业集聚优势、人才集聚优势、招才引智政策等创业优势。4月26日，现场对接海外留学人员135人。4月27日，"智汇雨花　创赢无限"专题活动邀请42位海外专家来雨花考察创业创新环境，进行深度合作洽谈。联新资本执行董事李飞作"初创业的困境与出路"主题分享，对人才关心的项目申报与投资管理经验进行相关解读和交流。一名人才进行项目PPT路演，现场互动环节深受参会人员好评。

·人事管理·

【概　况】 2016年按照省、市要求，经过笔试、面试、体检、政审、公示等程序，公开招考公务员14名（其中1人因怀孕未报到）。会同组织部，做好2015年度招录的公务员试用期跟踪管理及考核工作，以导师帮带制度为核心，通过"日微信、周感想、月小结、季座谈、年汇报"形式，监督管理新录用公务员试用期全过程，9月中旬，对全区18名试用期满的新录用公务员进行考核，合格率100%。全年通过试用期考核、逐级申报审批，任命科级非领导职务80人，其中2015年度新招录公务员14人，选调生4人；2015年军队转业干部22人；2015年12月工龄满20年或15年调整非领导职务40人。办理公务员调动手续35人次，行政附属编1人。按照市局相关部署，完成全区16家事业单位参照公务员法管理人员登记工作，登记人员97人。完成街道公务员职务职级并行实施工作，3个街道4名公务员晋升职级，其中晋升正处级3人，副处级1人，全区6个街道共有16人晋升职务职级。

事业单位方面，2016年全区招录计划计309人，其中教育系统148人，城管系统60人，卫生系统76人（含编制备案管理40人），其他事业单位25人。教育系统公开招聘129人；卫生系统引进高层次人才5名，公开招聘29人（编外9人，编内20人）；其他事业单位公开招聘19人；城管招录57人。梳理全区115家事业单位岗位设置情况进行，做好基础台账的设置及岗位管理工作。推进全员聘用管理工作，按照《聘用合同续签书》相关规定，指导各事业单位与工作人员签订聘用合同，签订率98%。

2016年，雨花台区出台《关于调整行政单位津补贴市区差的方案》和《雨花台台区属事业单位绩效工资总量调控管理办法》，对该区“津补贴市区差”分配方案进行调整，针对事业单位绩效工资总量调控形成了规范化的管理办法。此外，按照省市统一部署，完成行政机关及原改制事业单位退休人员养老金调整、师职（含技术7级以上）及部分离休人员津补贴标准提高、机关、事业单位住房公积金、住房（提租）补贴基数和比例的调整等各项工作。

【职称工作】 2016年，全市职称初定工作试行无纸化。年内初审各类职称申报材料369份，其中中高级189份，初级180份；初定初级职称142人，中级职称22人。配合推进教育系统的职称初定及评审工作，其中初定教师初级职称107人，中高级职称已进入评委会审核阶段。配合卫生系统做好职称申报审核工作。完成南京市2016年专家服务基层活动项目一个，领取扶持基金2万元，申报省级“博士后创新实践基地”2家。

【社工招聘】 2016年，区人社局首次牵头公开招聘街道（园区）社工，全过程参照事业单位公开招聘办法严格把关，从公告发布、报名、笔试到面试、政审、体检等各项环节，公开公正、规范有序，961名考生报考，人进入面试，最终78人走上社工岗位，充实全区8个街道（园区）基层一线的社工队伍。

【新录用公务员岗前培训】 9月28—30日，区组织、人社部门联合区委党校共同举办雨花台区2016年度行政事业单位新招录人员入职培训班，对37名新招录人员（公务员13人、选调生4人、各相关事业单位招聘的20人）进行三天入职培训。培训课程涵盖社会主义核心价值观、党规党纪、区情介绍、政务礼仪等机关工作实务，教育实践安排赴软件谷、检察院参观产业创新和反腐教育等现场教学环节。

社会保障

【概　况】 2016年，雨花台区企业职工基本养老保险净增缴费9260人，完成全年目标的456.2%，征收社会保险费21.475亿元，完成全年目标113%，增幅全市第一。建立社保、监察联动工作机制，指导督促用人单位依法依规缴纳社会保险，引导缴费中断人员办理续保手续，全年中断续保1282人，清理历年社保欠费636.02万元，完成全年目标163.1%，全区总体缴费基数达5210.15元，基数水平跃居六城区第一位。城乡居民基本养老保险参保缴费1768人，城镇居民基本医疗保险参保缴费49375人，老年补贴发放率100%，组织20323名企业退休职工参加了第四轮免费体检。板桥新城2921名老失地人员开始享受各项社保待遇，新征地人员实现全员进保。

【供给侧改革】 2016年，区人社局按照省市部署，阶段性下调社保费率，为企业降本减负，解放生产力。自1月1日起将用人单位失业保险缴费比例由1.5%降至1%；5月1日起将用人单位养老保险缴费比例由20%降至19%；根据单位性质的不同调整工伤保险费率，由0.5%~1.2%调整至0.2%~1.9%；继续执行生育保险0.5%的缴费费率。各项调整政策落实到位，为全区4394家企业减少7170.72万元的用工成本。

【机关事业单位参保】 2016年，机关事业单位养老保险制度改革正式“上线”，区人社局选派业务骨干到市人社局以干代训，并在市人社局专设“雨花” 窗口。全区范围开展多轮政策培训，统一口径与推进步骤，与编办、组织部联合办公，高效高质完成全区169家单位，5781名机关事业单位人员参保登记工作。

【“大综合”业务窗口】 11月起，区社会保险管理中心创新推出“大综合”业务窗口。此次调整，对服务大厅所有办事窗口业务进行全面梳理，合并10个窗口8项业务，简化业务经办手续，提高窗口服务质量。全年服务大厅取号15万人次，接待办事群众超过28万人次。

【社会化服务】 5月12—27日，区人社局以“乐游新南京、社保伴我行”为主题，在板桥新城莲花湖公园举办全市万名企业退休人员健身活动，约1万名企业退休人员游览板桥新城“莲花湖”公园。企业退休人员在踏青健身、畅游美景同时，切身感受板桥新城发展建设新面貌，充分展现老年人健康快乐新气象。市人社局、各区人社局领导，600名企业退休人员代表参加启动仪式。（顾菲凡）

2016年雨花台区社会保障工作完成情况一览表

表11

序号	年度目标任务	完成数	完成进度（%）
1	企业职工基本养老保险净增缴费人数2030人	9260人	456.2
2	社会保险重点缴费人员续保人数900人	1282人	142.4
3	五项社会保险费征收总额190000万元	214750.16万元	113.0
4	五项社会保险清理历年欠费390万元	636.02万元	163.1
5	第四轮免费体检人数15300人	20323人	132.8
6	城镇居民基本医疗保险缴费人数42200人	49375人	117.0
7	城乡居民基本养老保险参保缴费人数1648人	1768人	107.3

民政工作

【概　况】 2016年，雨花台区“全国社区治理和服务创新”实验区获民政部专家组优秀评级，被民政部评为“全国社会工作服务示范区”；获“全省老龄宣传工作先进单位”“南京市双拥模范区”等称号。2016年福彩销量1.4亿元，2016年度“慈善一日捐”活动募集善款额108.6627万元，其中区级机关278750元，各管委会、街道807077万元，企业800元，全部善款均用于各类救助。全年办理各类婚姻登记业务5067件,帮助相关部门核查婚姻登记信息3000余条次,婚姻收养登记合格率100%,整理装订移交婚姻登记档案17844件,并全部实行电子化。组织开展清明祭扫安全保障活动,接待祭扫群众近180万人次,确保50余万辆机动车安全畅通;全区210人享受惠民殡葬减免政策,总金额17万元。

【社会组织】 2016年,全区应检社会组织718家,实际参检682家,参检率95%;评估机构456家,实际参评395家,参评率86.6%,完善的监管工作促进社会组织提升自我管理水平。8月,该区建成1000多平方米的雨花公益众创空间,聚拢一批全区、全市、全省乃至全国一流的社会组织进驻,着力打造“采购中心+公益区”“党建服务+公益区”“互联网+公益区”“创客空间+公益区”“文化创意+公益区”五大功能区。全面启动首届区级公益招投标项目,区级投入200万元配套购买社会组织服务,探索政府购买公共服务的新路径。

【社会救助】 2016年,全区落实城乡低保标准自然增长机制,城乡低保标准由700元提高到750元,做到应保尽保,分类施保,为困难群体提供兜底的生活保障。全年为低保家庭、边缘家庭中的重病患者1.94万人次办理医疗救助,发放救助金883.8万元;为189户因病、因灾、因学致贫家庭办理临时救助,发放救助金38万元;为7名大屠杀幸存者发放生活补贴1.28万元;认真开展低收入住房困难家庭认定工作,惠及216户困难家庭。

【全国社会工作者职业水平考试培训班举办】 4~5月,由区民政局组织开展的全国社会工作者职业水平考试培训班在区政府开班,按初级、中级职业资格分开培训,邀请南京师范大学社会学教授花菊香、南京大学博士翟进授课。培训开展5期,参与社区社工267名,其中报考社会工作师55人、助理社会工作师212人。培训内容包括社会工作法规与政策特点、运行及发展、中国社会救助法规与政策等。6月中旬开考,通过初级考试35人,中级10人。

【雨花台区获评全国和谐社区建设示范城区】 11月2日,雨花台区被民政部评选为全国和谐社区建设示范城区。年内,雨花台区完成11个社区硬件项目提档升级,成为全市第一家社区服务用房100%达标区;借鉴翠竹园互助会成功经验,编写社区互助参与营造模式服务标准,在大方社区和小行社区试点推行;分别在丁墙社区、景明佳园社区实施“汇丰中国社区建设计划”,引入汇丰资金和专业社会组织建设和谐社区;6次分别受民政部邀请,在中组部、民政部举办的“地方党政领导干部社会组织管理工作专题研究班”“全国社区治理能力建设示范培训班”“第六届海峡论坛·首届海峡两岸社区治理论坛”“中韩社区治理研讨会”作社区治理和服务创新模式经验介绍。

【社区治理】 11月,民政部对该区“全国社区治理和服务创新实验区”进行验收,验收组组长唐忠新教授对我区社区治理和服务创新给予了充分肯定,获优秀评级。2016年,该区新建了雨花、梅山和板桥新城三个新街道社会组织服务中心,全区完成7个街道(园区)社会组织服务中心的建设工作。全区有助理及以上社会工作师250名,持证社工上岗率稳步上升。

(佘义维)

老龄工作

【概 况】 2016年是老龄事业发展“十三五”规划的起草、确定之年。全区养老工作以构建养老服务战略对策体系为重点，制定并落实各类配套政策，统筹推进养老服务业综合改革，助推该区养老服务业持续、快速、有序发展。加快政策体系建设和硬件设施建设，老龄工作取得新进展，再次被省老龄办评为全省老龄宣传工作先进单位。

【养老事业】 2016年，区老龄工作落实市政府216号文，充分发挥政府各职能部门主导作用，形成“1+N+8”工作机制(1为牵头部门，N为配合部门，8为8个街道)，同时建立起发改、民政、财政、街道联席会机制。依托“321”计划，加强科技人才、高科技企业引进，将高科技与养老服务相结合，提升养老服务业在该区现代服务业中的比重，推进智慧养老奠定基础，为养老服务业健康快速发展营造良好工作环境。在出台、落实优惠政策，鼓励、扶持企业、组织、个人开展养老服务基础上，鼓励养老服务组织开展多元化、多样化经营，提供差异化、优质化服务。

【居家养老】 2016年，全区AAA级以上居家养老服务组织通过全市统一老年电子商务平台，向市民服务，并接受评价。引进恒宇智慧养老中心对区养老服务信息平台进行提档升级，实现互联网+养老。提高政府购买标准，拓宽政府购买内容，为全区485名60周岁以上高龄、困难、独居老人基本实现政府购买居家养老服务。

【社区养老】 2016年，区老龄委配合做好两个市政府民生实事项目创建4个省级日间照料中心，1个市AAAA级居家养老服务中心、18个市AAA级居家养老服务中心，6个街道级中心厨房，36个社区助餐点。实现57%以上社区40%用房无偿民营，对已建成AAA居家养老服务中心进行提档升级。

【机构养老】 2016年，区老龄委引进民营资本，提高机构养老规模档次；西善桥街道引进九如城打造西善花苑失能康复中心；在善水湾打造面积6000余平方米南山园养老综合体；赛虹桥街道小行医院利用医疗资源打造医养融合和怡照护养老中心。总投资1.5亿，到年末该区养老床位新增170张，总床位2222张，每千名老人拥有床位40张，全面实现高中低档配置齐全，覆盖城乡的机构养老新格局。

【为老活动多样服务开展】 2016年，区老龄工作以政府购买服务方式与专业组织合作，让康复走进社区、家庭、机构，对失能及半失能老人开展居家康复、中医养生；培训多名养老管理服务人员及优秀养老护理员，其中10家单位被评为“敬老文明号”，十人被评为“老龄工作先进个人”，十人被评为“孝亲敬老之星”；为7604名80周岁及以上老人发放“尊老金”521.7万元；继续开展“福彩助老”活动，为全区500名特困老人发放生活补助金；扩大“安康关爱”老人安怀工程覆盖面，为2万名老年人购买“意外伤害保险”和“意外伤害住院津贴”；积极开展“法律援助便民服务活动”，扩大老年法律援助服务站覆盖面，为老年人提供更加便捷高效的法律援助；有组织、有规模开展老年人异地休闲养老活动。借助社会力量，举办全国第四个敬老月暨南京市第三十个“老人节”等系列活动。（邹巍巍）

残疾人工作

【概　况】 2016年，区残联向全区1484名残疾人发放各类生活救助425.3万元。其中，为426名城乡无固定收入重度残疾人员、17名“一户多残”人员发放救助328.02万元，为244名低保重度残疾人员发放救助21.73万元，为455名“重度残、老养残、一户多残”残疾人发放救助51.32万元，为103户纯农户残疾人家庭发放补贴4.57万元，为239名贫困重度残疾人发放护理补贴19.66万元。完成500家企事业年审及保障金征缴任务1376.29万元。组织69名残疾人参加各类培训，为34名基层残疾人就业指导员举办培训班，为54名农村残疾人举办农业实用技术培训。建成区、街道（园区）两级托养机构10个，全年集中全托32人，日间照料184人。

【社区康复服务】 2016年，全区各街道（园区）建有残疾人康复室6个、社区残疾人康复站35个。为全区80名0~6岁和11名7~14岁残疾儿童提供儿童康复政策咨询、签订康复训练协议、审核康复训练经费等服务，全年发放儿童康复训练经费95.68万元；为残疾儿童发放儿童辅助器具16件，联合省康复中心为12名肢体残疾儿童适配儿童矫形鞋，为2名听力残疾儿童适配助听器；为466户残疾人发放辅助器具671件，为2户残疾人进行家庭无障碍环境改造；联合市基金会公益项目为肢体残疾人发放轮椅60辆、彩电80台、太阳能热水器10台，施宪纲助学金10人（每人补助600元）。联合市康复中心为肢体残疾人办理假肢安装13例，成人矫形器5例；为2名患者办理贫困残疾人免费白内障复明手术；联合市低视力康复中心为低视力残疾人验配助视器108件；为217名贫困精神残疾人提供免费给药服务政策咨询和办理工作。

【教育补贴和助学奖励】 2016年，区残联为13名中高等院校残疾学生发放省教育专项补贴1.7万元，为8名中高等院校残疾学生发放区级助学补贴2.5万元，为6名中高等院校残疾学生发放市级助学奖励1.2万元，为10名残疾学生及残疾人家庭子女申领“施宪纲爱心助学金”6000元。全区残疾学生均享受“两免一补”（免费提供教科书、免除杂费，补助一定生活费）政策。

【残疾人文化体育活动】 2016年，区残联在区有线电视台全年播出手语新闻节目46档、《关爱》专题栏目12档。协助盲人协会、聋人协会、肢残协会开展活动10场。4月23日，区残联联合板桥街道残联在板桥街道举办2016年残疾人文艺会演活动，180名残障人士参加活动演出。5月，在南京市“爱在金陵”残疾人文艺会演活动中，该区节目笛子独奏《春到湘江》获一等奖，同时参加第九届全省残疾人艺术会演。9

月，该区乒乓球运动员雷丽娜在里约残疾人奥林匹克运动会中分别在TT9级单打和TT6-10级团体赛获2枚银牌。12月，梅山街道徐立军书画作品入选“放飞梦想 共奔小康”首届全国残疾人书画展。

【举办残疾人工作者培训班】 2016年，区残联在南京中华中等专业学校举办残疾人工作者培训班，启动全区残疾人工作者素质提升计划。培训班邀请市残联各业务处室负责人、区委党校教授对残疾人事业“十三五”发展规划、残疾人信访维权工作、残疾人康复、就业指导和宣传文体等工作进行授课。培训对象为各街道残联理事长、专职委员以及社区残疾人工作者。全年举办培训班4期，144名残疾人工作者参加培训。

【助残招聘】 1月4日—2月5日，区残联开展以“就业帮扶、真情相助”为主题区残疾人就业援助月活动。活动期间走访登记残疾失业人员家庭25户、失业残疾人员34人，组织残疾人专场招聘会3次，帮助残疾失业人员实现就业40人，帮助残疾人享受专项扶持政策34人。4月28日，在由省、市残联主办残疾人专场招聘会中，该区进场招聘企业2家，提供工种5个、岗位5个，到场咨询残疾人50人，与单位达成就业意向9人，与单位签约1人。10月21日，在由省、市残联主办残疾人专场招聘会中，该区进场招聘企业2家，提供工种3个、岗位8个，到场咨询残疾人42人，与单位达成就业意向10人，与单位签约2人。

【第17次全国“爱耳日”】 3月3日，第17次全国“爱耳日”以“关注儿童听力健康”主题，区残联举办关爱失聪儿童系列活动。2月29日，由雨花台区残联、文化局，南京市博物馆主办，区文化局团工委承办关爱失聪儿童系列活动，邀请东南眼科医院专家为共青团路小学学生开展关于“爱眼护耳”知识讲座；组织听力残疾人和助听器使用者前往市残疾人康复中心进行听力检测、耳道检查、听力保健指导、助听器清洗保养维护等指导。

【南京雨花睿泽障碍人士服务中心】 4月，南京雨花睿泽障碍人士服务中心在西善桥街道注册成立民办非企业单位。该中心立足于为全区智力和精神残疾人开展托养服务。全年接收全托残疾人13人，日托残疾人7人。开展庇护性劳动项目有“社区慈善茶吧”、社区便民服务(包括办理IC卡充值、代收快递)、蘑菇庄园、“麦初乐”烘焙等项目，解决残疾人就业8人。

【第26次全国“助残日”主题活动】 5月15日，第26次全国“助残日”主题活动期间，区残联联合区级机关工委、南京南站综管办、红十字会、文化局等9个部门，在南京南站北广场举办“组团式”爱心接力助残服务活动，开展赠送儿童图书、赠送盲人手机读屏软件、盲人推拿展示、眼科专家义诊、急救知识现场教学、科普知识宣传、防金融诈骗宣传、政策咨询、文艺表演等服务活动，受助残疾群众100余名。

【“百企千人”中青年人才健康行活动】 6—12月，区残联联合软件谷科技人才局共同扶持佳佤盲人推拿工作室在软件谷开展为期半年的“百企千人”中青年人才健康行活动，为近100家企业1000余名中青年科技人才提供义务健康咨询和盲人推拿体验等服务。

【残疾人农业技术培训班举办】 10月14日，区残联在板桥新城古雄社区举办残疾人农业实用技术培训班，50余名残疾人参加培训。此次培训邀请市、区农林局农艺专家为残疾人讲授水生蔬菜种植及病虫害防治以及常规蔬菜和新品种种植等相关知识，并为残疾人免费发放化肥、种子、书籍等农资价值2万余元。

（程　霞）

红十字工作

【概　况】 2016年，雨花台区红十字系统有基层组织72个，其中街道6个、社区31个、学校15个、机关1个、单位4个、团体13个、园区2个；志愿者服务基地1个；红十字会员2431人，其中成人会员528人、青少年会员1521人，团体会员304人，志愿者904人。年内，区红十字会制定下发《雨花台区红十字会2016年重点工作》明确工作重点。3月，召开了第六届理事会第六次会议。区政府副区长、区红十字会名誉副会长余清出席会议。区红十字会会长孙红霞代表第六届常务理事会作了工作报告，区红十字会秘书长罗敏主持会议。会议邀请了区红十字工作社会监督员和受表彰的企业代表列席。会议审议通过《雨花台区红十字会第六届理事会调整部分副会长、常务理事、理事的报告》《雨花台区红十字会第六届理事会2015年度工作报告》《雨花台区红十字会2015年接受捐赠款、物收支情况的报告》，对2016年红十字博爱送万家活动的捐赠单位颁发了荣誉证书。

【应急救援】 2016年，为雨花台区第三批45支应急救援志愿服务队举行授旗仪式，发放了急救箱、志愿者徽章、工作手册、背心等物资，圆满完成三年在各个社区和文明单位组建立101支“应急救援志愿服务队”任务，定期组织他们进行复训、演练；在区电视台、网站、广告屏等公布捐赠渠道，为“盐城风灾”筹集资金4.7万元；特大暴雨灾害发生后，为各街道防汛人员发放了应急救生锤200个，将筹集的1000件T恤衫送到辖区4个街道的受灾居民手中；“5·12”防灾减灾日期间，各街道（园区）、学校组织“防震减灾”应急逃生演练15场，发放宣传资料5000份。

【应急救护】 2016年，区红十字会深入社区，企业、学校等开展应急救护培训，加强对重点人群的培训，分别在润和软件、慧通教育、富士通南大等软件企业以及上海协同保安服务、弘阳装饰城等服务企业开办救护员培训班，对全区65所幼儿园园长、对三江学院红会120余名大学生进行初级救护员培训，全年，新增培训师资5名，持证救护员769名普及培训7695人。

【人道救助】 2016年，区红十字会按照《雨花台区红十字备灾救助资金募集、表彰、管理办法》管理捐赠资金和物资，组织“博爱送万家”和助医、助学、助困、助老、助残、助孤等人道救助活动。春节“博爱送万家”活动期间发放助困资金35.2747万元，受益困难家庭1060户；组织首印文化集团第二轮资助第一期博爱助学金发放3万元，资助困难家庭在读大学生30名，该资金累计资助130名学生；国成律师事务所捐资2万元慰问全区大病和困难儿童；汪海集团、南都花卉等为敬老院老人捐助3.5万元；为5名大学生和一名大病儿童联系的爱心人士每年资助5000元；为困难群众向上级申请“金陵博爱医疗救助金”“红十字金陵宝宝博爱资金”“献血者救助资金”“红十字小天使资金”等救助近5万元；春节、儿童节期间，“葫芦娃假日小队”、爱心企业、爱心家庭等团队继续开展红十字慰问、服务活动；润和软件第二年在感恩节为10名困难家庭的中小学生送去了电脑、衣服等礼物；全年共筹集资金46.155万元，物资11万元。慰问困境儿童、困难志愿者、困难捐献者家庭等1200余人，发放救助款、物52万元。

【无偿捐献活动】 2016年，区红十字会开展“无偿献血进社区”等各种主题活动，开展无偿献血宣传，走访无偿献血者代表，为大病献血者申报市级补助，鼓励和引导广大群众参与无偿献血；8月16日组织区级机关干部、街道干部开展无偿献血活动，当日687人献血15.19万毫升；深入企业、高校开办造血干细胞培训班，结合世界红十字日、世界急救日，无偿献血等活动进行造血干细胞宣传，全年为中华骨髓库征集志愿者采样入库55人。支持志愿者开展广场宣传活动10场次，4月拍摄的“捐献器官和遗体，生命因奉献而精彩”宣传捐献遗体公益宣传片，获2016年度广播电视公益广告优秀作品一等奖；全年新增志愿者80人，遗体捐献1例，至年末，该区志愿者400余人。

【红十字系列活动】 2016年，世界红十字日、献血者日、世界急救日等纪念日期间，全区红十字系统开展形式多样系列活动。5月6日，区红十字会在春江新城社区举办纪念“5·8”世界红十字日广场活动，市红十字会秘书长何慧君、副区长余清出席此次活动。活动通过展板展示和发放资料、进行有奖问答等形式开展宣传，社区居民舞蹈队表演“白金十分钟心肺复苏健身操”等节目。9月9日，为纪念第17个世界急救日，区红十字会在雨花台紫荆花广场开展心肺复苏健身操会演赛，省红十字会卫生救护部部长邵亮、省红十字会卫生救护部主任黄春、市红十字会赈济救护部长黄锦端、区政府副区长余清等参加活动。各街道八支代表队参加比赛，评出一等奖1名、二等奖2名、三等奖5名。博爱月期间，全区各基层红十字会通过电视台、横幅、电子屏、展板、黑板报、发放资料等形式宣传红十字精神，宣传防灾减灾、卫生救护、无偿献血、捐献造血干细胞和遗体器官等知识，利用自身优势构建多渠道、多层次、全方位、立体化宣传格局，全区悬挂红十字宣传横幅50余条发放宣传资料5000余份。

（王侯平）

政治

2017 YUHUA ALMANAC

Politics

中国共产党南京市雨花台区委员会

·概　述·

【概　况】 2016年，区委在以习近平总书记为核心的党中央和省、市委坚强领导下，全区上下深入贯彻习近平总书记系列重要讲话特别是视察江苏重要讲话精神，践行“创新、协调、绿色、开放、共享”新发展理念，全面展开“十三五”工作布局，推进建设新雨花实践，推动经济、政治、文化、社会、生态文明和党的建设。全年实现地区生产总值444.69亿元，同比增长8.6%；一般公共预算收入69.7亿元，增长13.7%；社会消费品零售总额366.62亿元，同比增长10%；全社会固定资产投资242.01亿元；实际利用外资2.79亿美元；外贸出口总额21.71亿美元；实现高新技术产业销售收入1920亿元；城镇居民人均可支配收入达到48289.3元，同比增长8.6%，增幅位居全市前列；实现软件和信息服务业收入1900.4亿元，占全市比重40%。服务业比重82.4%，同期增长2.4个百分点，文化产业增加值占GDP比重5.5%。软件谷新增涉软企业132家，新增软件产业建筑面积60.8万平方米，新增软件从业人员2.61万人。集聚各类众创空间20家，建成加速器、孵化器20家。楚翘城、创业创新城企业签约入驻率分别为100%和92%。软件谷发展公司累计形成有效资产突破70亿元。推进“两桥”地区城市更新改造，推进“多规合一”。推进杨家坟地块内部道路、机场二通道北段地面段等一批道路基础设施建设。推动“两桥”地区“三集中”房屋收(退)回工作，圣戈班片区等一批重点难点搬迁项目取得成效，全区完成拆迁100万平方米、拆除违章建筑面积8.8万平方米。推进节能降耗工作，单位工业增加值能耗下降3.2%，主要污染物减排超额完成年度目标任务。全区绿化覆盖率48.71%，林木覆盖率30.05%。全年新增城镇就业1.1万人，创业带动就业8200人。建成区域医疗联合体3个，4个科室通过市级社区卫生服务中心特色科室评估，“家庭医生签约服务联盟”模式被中央电视台《新闻联播》报道，铁心桥社区卫生服务中心获“全国百强社区卫生服务中心”称号。推进社会组织助力社区治理工作，每万人拥有社会组织数位居全市前列，雨花台区被评为“全国社会工作服务综合示范区”，并完成“全国社区治理和服务创新实验区”结项验收。围绕全国两会、G20峰会等敏感节点，开展社会稳定风险评估，健全完善“大调解”机制，稳妥有效推进信访积案化解。

【常委分工】 2016年8月，根据雨委〔2016〕83号文，区委常委分工如下：

区委书记黄河主持区委、软件谷党工委全面工作，分管区人大、区政协工作。

区委副书记、区长李世峰主持区政府全面工作，分管经济建设、生态文明建设工作，分管机构编制、人民武装、“两桥”地区城市更新改造工作。

区委副书记袁传军协助书记负责党的建设工作，负责全面深化改革领导小组办公室日常工作，负责社会建设工作。分管农业农村和城乡统筹、党校、党史办、双拥、科技创新、机关思想作风建设、综合考核考评、机要、保密工作，协助分管机构编制工作。

常务副区长孙中华负责区政府常务工作。

分管发展计划、经济体制改革、工业经济、民营经济、重大项目、财政(国有资产管理)、税收、人力资源和社会保障、统计、安全生产、消防、机关事务、政府政务、智慧雨花建设、应急、信息化工作。

区委宣传部部长谢山负责区委宣传部工作。分管意识形态、精神文明建设、文明城区建设、文化产业工作,教育、科技、文化旅游、卫生和计划生育、体育方面党的工作,分管区网络信息、文联、科协工作。

区委统战部部长艾长青负责区委统战部工作。分管统一战线、民族宗教、民主党派、工商联、侨、台工作。

区纪委书记仲兆林负责区纪律检查委员会工作。分管党风廉政建设、行风建设、督查工作。

副区长蒋冰负责城市规划建设、南京南站综合管理工作。分管环境保护、城市管理、交通运输、拆迁、人防、为民办实事工作。

杨昌生外派暂不参与分工。

区人武部政委金宏负责人民武装工作。协助分管双拥工作和协调服务驻区部队。

区委政法委书记凌向前负责区委政法委工作。负责“两桥”地区城市更新改造日常工作,负责南京国开雨花城市更新发展有限公司工作。分管政法、维护稳定、社会管理综合治理工作。

区委组织部部长袁迅负责区委组织部(人才办、组织员办)工作。分管组织、干部、人才、基层党建工作,分管工会、共青团、妇联、老干部、关工委工作。

【综合协调】 2016年,区委办围绕区委中心工作,做好综合协调和保障服务工作。按照热情周到、规范高效、安全廉洁工作原则,配合全区各部门完成区十一次党代会筹备、“软博会”和“金恰会”筹备及中央、省、市领导到该区调研等工作。做好区委常委会、常委扩大会、专项工作会议等各类重要会议的会务方案制定、会务准备等工作。全年,筹办或配合筹办各类会议143次;流转中央、省、市、区、街各级文件和领导批示1000余件,未发生一件丢失或延误。

【调研工作】 2016年,区委办做好区委全会、区委工作务虚会、全区负责干部大会、区委常委会等各类会议和重大活动文稿工作。全年编发《雨委办通报》18期、《区委常委会议纪要》18期、《专题会议纪要》4期、《雨花内参》29期。重点围绕软件谷建设、“两桥”改造等,做好全年调研工作,并在日常工作中加强与基层调研骨干联系,提高调研文稿质量,在省市级刊物发表调研文章4篇。

【信息工作】 2016年,区委办信息工作围绕全区“三大攻坚战”等中心工作,做好领导工作调研活动后续跟踪,及时将雨花台区经济社会发展、软件谷建设、“两桥”地区更新改造、环境综合整治、从严治党等全区重点工作情况上报省、市委办公厅。全年编发《雨花信息》83期、《雨花信息专刊》9期;上报信息被中央办公厅采用3条;经市委办公厅报省委办公厅采用信息61条,直接报省委办公厅采用信息47条;《南京快报》采用信息183条,《南京快报》专刊5篇,《今日重要信息》采用信息282条,《信息专报》采用1篇,获省、市委主要领导批示4条,及时向市委总值班室上报重要紧急信息10篇。

【督察工作】 2016年,区委督察工作重点加强对项目建设、执行中央八项规定精神、拆迁拆违、民生工程等全区重点工作督察,全年办结督查件20件,其中省、市领导批示交办件7件。月度督查软件谷重大项目推进、“两桥”地区基础设施建设、拆迁工作月度推进等专项工作情况;季度督查区委常委会全年工作要点落实情况;专项督查区委全会精神贯彻落实情况、区第十一次党代会确定的重点工作推进情况等重点工作。

【省市领导到区考察、调研】 2月27日,市委副书记、市长缪瑞林检查该区水污染防治工作并提要求。区领导张一新、李世峰、倪兴龙、薛国安等参加检查。3月17日,省委常委、市委书记黄莉新调研该区“互联网+”产业发展。市、区、软件谷领导陈勇、黄澜、张一新、李世峰、王辉参加调研。4月11日,省委常委、市委书记黄莉新专题调研该区“学党章党规、学系列讲话,做合格党员”学习教育工作。市、区领导郭腊军、张一新、李世峰、袁传军参加调研。6月12日,市委副书记、市长缪瑞林检查该区防汛工作,实地查看板桥河闸拆建工程现场并提要求。市、区领导华静、张一新、李世峰、薛国安、钱颐、顾晓春参加检查。7月7日,省委常委、市委书记黄莉新察看南河西善桥段抢险情况,考察雨花经济开发区防汛工作,实地察看中兴路北延跨秦淮新河大桥工地、大胜关现场。区领导黄河、李世峰等参加考察。7月9日,市委副书记、市长缪瑞林率市建委、市交通局等部门主要负责人检查该区防台防汛工作,实地查看板桥新城和昌工地防台及板桥老街淹水情况。区领导黄河、李世峰、顾晓春参加检查。8月13日,市委副书记、市长缪瑞林,副市长谢志成率市建委、市水务局等部门主要负责人实地查看秦淮新河节制闸断面和新农花河水质改善情况。区领导李世峰、蒋冰、薛国安参加检查。8月26日,省委常委、市委书记黄莉新调研软件谷,实地调研中兴通讯全球云计算中心、华博集团和怡化华东研发运营中心。市委常委陈勇,区谷领导黄河、李世峰、谢祖国、黄敖齐、彭金斌参加调研。9月2日,第十二届南京软博会在南京国际博览中心拉开帷幕。软件谷内企业华为、中兴、亚信、SAP等21家知名企业参展,参展面积超1600平方米。市、区领导黄莉新、缪瑞林、黄河、李世峰等参观软件谷展台及部分软件谷内企业展示区。9月3日,省委书记李强到第十二届南京软博会现场江苏润和软件等企业展台详细了解企业运行情况。市、区领导黄莉新、缪瑞林、谢志成、李世峰、谢祖国、彭金斌等参加。9月5日,第十二届南京软博会重大项目签约仪式在博览中心举行。软件谷签约15个项目,总数量和总投资额均列全市园区首位。市、区领导黄莉新、缪瑞林、李世峰、谢祖国等出席签约仪式。9月8日,省委常委、市委书记黄莉新,市委副书记、市长缪瑞林等领导会见“金洽会”客商。区重点客商中国农业发展集团有限公司总经理助理胡立斌等参加会见。10月7日,市委副书记、市长缪瑞林,副市长储永宏率市建委、规划局、安居集团等相关部门主要负责人一行考察岱山社区卫生服务中心。区领导黄河、李世峰参加考察。10月14日,省委副书记、市委书记吴政隆专题调研软件谷创新发展工作,实地调研南京软件产业博览馆、江苏润和软件股份有限公司及中兴通讯股份有限公司。市、区、软件谷领导陈勇、谢志成、黄河、李世峰、谢祖国参加调研。10月18日,中兴光电子总部项目正式落户软件谷并签约。该项目将建成光电子产品研发基地，形成光电子产业集群，未来10年预计实现营业收入550亿元，累计实现利税80亿元。市领导吴政隆、缪瑞林、杨学鹏、谢志成，区、软件谷领导黄河、李世峰、谢祖国、彭金斌参加签约仪式。10月26日，市委副书记、市长缪瑞林专题调研上海梅山钢铁股份有限公司转型升级工作。市区领导谢志成、李世峰、孙中华参加调研。11月15日，省委书记李强到云栖大会江苏新视云科技股份有限公司展台详细了解企业运行情况。12月8日，市政协主席沈健等一行6人走访高座寺。市民宗局党组书记李兰，区领导黄唯佳、艾长青、余清参加走访。

【区委十一届二次全体（扩大）会议】 8月6日，区委十一届二次全体(扩大)会议召开。全会总结上半年工作，明确下半年任务，对贯彻中央和省、市委关于城市工作的最新精神、做好该区城市工作作出部署，动员全区上下再接再厉、扎实努力，确保实现“十三五”发展良好开局，推动“雨花”在现代化建设的新征程中迈出更加坚实的步伐。会议听取审议区委书记黄河代表区委常委会作工作报告。全会提出，2016年下半年，全区要紧紧围绕打好“抓产业发展、促城市建设、补民生短板”三大攻坚战，聚焦改革发展重点难点，保持经济稳中有进良好态势，确保完成全年目标任务。下半年，在做好城市工作同时，还要保持经济平稳发展、促进经济转型升级、破解征收拆迁难题、提高群众生活质量、从严从实从紧管党治党。

【区委十一届三次全体(扩大)会议】 12月28日，区委十一届三次全体(扩大)会议召开。回顾总结2016年工作，部署安排2017年任务，组织动员全区上下在新的发展起点上，打好攻坚战，建设新“雨花”，为高水平全面建成小康社会而努力奋斗。会议听取审议区委书记黄河代表区委常委会所作《打好攻坚战　建设“新雨花”为高水平全面建成小康社会而努力奋斗》工作报告。明确2017年区域总体发展水平和重点工作走在全市前列。全力以赴打好“抓产业发展”“促城市建设”“补民生短板”攻坚战。贯彻落实党的十八届五中全会、中央经济工作会议、全省经济工作会议和省委市委全会精神，按照“十三五”发展要求，统一思想、转变理念、改进作风、提高标准、干事创业，全面深化改革创新，全力推动科学运作，确保经济社会持续平稳健康发展，为率先基本实现现代化奠定坚实基础。围绕推动全区各项事业“再上新台阶”目标，突出以全新的思路理念为先导、以全新的体制机制为保障、以全新的运作模式为动力，科学展开全区工作布局，坚持决胜软件谷建设，坚决决战“两桥”地区改造，推动社会事业发展提升，全面提升党建科学化水平，塑造雨花台区科学、正确、理性发展新形象。（李兴时）

·组　织·

【概　况】 2016年，区委组织部学习贯彻习近平总书记系列重要讲话精神，落实全国、全省、全市组织部长会议和区委十届二十二次全会部署要求，以落实全面从严治党为主线，突出“两学一做”学习教育、党组织换届等工作重点，推进领导班子和干部队伍、基层党组织和党员队伍、人才队伍建设。

领导班子和干部队伍建设。按照市委干部选拔任用“1+5”文件，梳理细化干部选任流程清单，严格程序规范选任工作，严格执行实名推荐、选任全程纪实、干部档案任前审核、干部任前公示等制度，把好干部选任关。结合年度考核、换届考察等，定期开展综合研判，把握领导班子和干部整体情况。注重调动不同年龄段、不同类型干部积极性。全年调配干部189人次。加大年轻干部培养力度，围绕"三大攻坚战"任务，选派49名年轻干部到发展、民生、稳定、党建"四个一线"煅炼。完善干部激励保障机制，完成第一批街道公务员职务与职级并行工作。

干部监督工作。坚持个人事项报告凡提必核、干部档案凡提必审、纪检监察机关意见凡提必听、信访举报凡提必查。实行廉政监督前置，考察对象确定前征求纪检监察部门意见。实施各单位"一把手"实名推荐干部机制，强化各单位和"一把手"推荐责任。建立健全领导干部离任交接和任职经济责任告知制度，强化干部交接环节管理，严明离任交接内容，规范离任交接程序。落实省委巡视组反馈意见，开展科级干部选任检查，重点从条例执行、职数配备、纪实情况及选任纪律等方面，严格选人用人主体责任。建立领导干部个人有关事项填报不规范核查、约谈机制，约谈提醒填报不实干部18人。初步建立干部监督档案和日常管理信息库。

干部教育培训。抓好习近平总书记系列重要讲话精神及五大发展理念学习培训，启动"学理论、强素质、提能力、转作风"学习月培训活动，综合运用"雨花讲坛"、专题培训等形式，举办"服务型经济与转型升级""城市治理""民生建设""从严治党" 等主题培训，轮训干部1600余人次。建立区级现场教学示范点5个，以"身边事身边人"案例，创新情景教学模式。推动领导干部上讲台，实现"干部教、教干部"。实行跟班督学，建立干部培训档案，开展培训质效评估。开通微信订阅号"学以致用"，推动培训资源"微课堂"共享。

基层组织建设。开展"基层党建提升年"创建，建立由一套考核办法、两份责任清单、五类评价指标构成的基层党建工作体系。健全区"两新"组织(即新经济组织和新社会组织)党建工作领导体制，建成软件产业党委党群服务中心、园区党群工作站、"两新"组织党建服务中心，指导润和党委形成具有品牌影响力的"四全五新"工作法，社会组织党建工作入选全省社会组织党建工作大会案例。围绕中央和省市委组织部部署的7项重点任务，开展党员组织关系排查、党费收缴工作专项检查、党代会代表和党员违纪违法未给予相应处理情况排查清理等工作。在符合条件的10家单位中设立党组，规范成员配备和工作规则。以"书记项目"为抓手，常态化开展抓基层党建工作述职评议考核。结合纪念建党95周年，表彰一批先进基层党组织、优秀共产党员和党务工作者。至年末，全区有基层党组织662个，其中党委17个、党总支67个、党支部578个，较上年增加4个；城市社区(居委会)59个、党(工)委22个；党组16个，较上年增加10个；社区59个，其中社区党组织57个，较上年增加3个。在有党组织57个社区中，以市委组织部统计口径界定，涉农社区党组织27个，城市社区党组织27个、厂居党组织3个；以组织设置归类，党委8个、党总支39个、党支部10个。在岗大学生村官53名，其中女性33名。

党员队伍建设。至年末，全区有党员18382名，较上年净增383名。其中，预备党员231名，占党员总数1.3%，较上年增加69名；少数民族党员180名，较上年增加3名，占党员总数1%;女党员6191名,较去年增加371名,占党员总数的33.7%。台湾省籍党员1名。35岁以下党员5006名,占党员总数27.2%,比上年净增7名;具有大专以上学历党员10318名,占党员总数56.1%;非公有制经济组织党员2686名,占党员总数14.6%,比去年增加0.3个百分点。全年新发展党员101名,其中女性党员61名、35岁以下党员65名、具有大专及以上学历党员93名。

人才队伍建设。坚持组织部门牵头抓总、职能部门密切配合的人才工作格局,定期召开科技人才工作联席会议,提高人才工作整体合力。制定人才工作考核目标,出台人才扶持资金监管,制定《高层次创业人才引进计划区级项目申报评审办法》,推进重点人才计划实施,新落户区级高层次人才45人,其中市级高层次创业人才23人、创新型企业家9人。提高人才企业落地孵化后的成长性,在"新三板"挂牌人才企业2家、被认定为高新技术企业9家。投入7亿元建成占地面积约6.53公顷、总建筑面积17万平方米的软件谷人才公寓。

【换届组织保障工作完成】 2016年,区委组织部发挥党组织领导把关作用,全区按党(工)委划分选举单位96个,选举产生区第十次党代会代表200名,完成区第十一次党代会各项任务。落实上级关于换届工作总体部署,严肃纪律,严密程序,完成区委换届组织保障工作。在区三套班子换届中,严格考察审查,严把人大代表、政协委员人选政治关、素质关、结构关。按照省市"两推一选"要求,完成全区56家社区党组织换届选举工作,成为全市首家完成换届工作行政区。完善"两推一选"方式,选举产生社区党委、党(总)支部委员290人,其中社区党组织书记56人、副书记76人,班子成员换届后平均年龄43岁,较换届前下降3岁;选举女委员131名,占总数45%。

【首批"攻坚之星"推选】 2016年,区委组织部围绕区委抓产业发展、促城市建设、补民生短板"三大攻坚战"中心任务,坚持正面教育、典型带动,在全区组织推选首批产业发展之星、城市建设之星、社会事业之星、和谐文明之星等"攻坚之星",通过宣传发动、民主推荐、联合评审、社会公示等程序,推选首批执行力强、敢于担当、迎难而上的优秀党员干部40名。同时注重过程和结果运用,通过区委表彰、宣传展示,引导全区广大党员干部以先进典型为榜样,发扬"攻坚精神",在打好攻坚战、建设新"雨花"生动实践中当标兵、做表率。

【社区为民服务专项资金落实】 2016年,根据市委组织部统一部署,区委组织部按照每个社区30万元标准和市区街三级财政3:2:1配比,设立为民服务专项资金。联合区民政局、财政局等部门具体实施,落实55个社区为民服务专项资金1650万元。结合《南京市社区(村)为民服务专项资金使用管理办法(试行)》文件,细化四大类29项二级子菜单,明确"四准七不准"经费使用范围,严格执行了解需求、确定项目、备案、核拨资金、公示结果"五步工作流程",督促指导各社区为民服务项目实施和推进,全区8个街道(园区)完成涉及环境类、活动类、管理类、公益类等4类项目354个,创建大方社区"四点半"课堂和明志童书屋、古雄社区新建家风家训教育馆、梅清苑社区手牵手养老服务中心等一批群众满意项目,搭建党员居民议事平台52个,吸引社会资源投入资金约220万元,直接或间接惠及群众30余万人。

【党组织书记抓基层党建述职评议考核】 1月17日,区委召开2016年度街道(园区)党工委书记抓基层党建工作述职评议会。8位街道(园区)党工委书记从履行第一责任人职责、严格党员教育管理、抓"两学一做"学习教育情况等9个方面展开述职,区委书记黄河点评各党工委书记抓基层党建情况。市委组织部副部长、市"两新"工委书记施军出席会议并讲话。与会代表对各党工委书记抓基层党建工作情况进行现场评议,会后对评议情况作通报反馈。12月底,各街道(园区)召开社区党组织书记抓党建工作述职评议会,组织人员进行评议,各社区党组织召开党员大会,开展党组织书记履职情况报告评议工作。

【"两学一做"学习教育】 4月28日,根据中央和省委市委部署要求,全区全面展开"学党章党规、学系列讲话、做合格党员"(简称"两学一做")学习教育。对照"1+3"学习教育方案,以区委常委带头、各基层党员领导干部向区委看齐为推动,压实"一起学""带着做"责任。以400余名处级以上党员领导干部每人结对1个基层党支部为带动,健全"结对帮学"机制,结成帮学对子689对,组织送学2100余次。坚持"抓两头带中间"工作办法,确定"示范支部"68个和"提升支部"59个。督促基层党组织完善"共建联学"机制,共建共享学习阵地,开展联动学习、联动研讨;针对流动党员管理难的问题,完善"双向共管"机制,因地制宜开展"跨省共管,互促共赢"等经验做法,入选全省基层支部"两学一做"优秀案例。坚持"学""做"统一,组织推选首批"攻坚之星"。成立督导组6个,加强工作调度,严格督查指导。 (王继红)

·宣　传·

【概　况】 2016年,区委宣传部贯彻落实党的十八大,十八届三中、四中、五中、六中全会和习近平总书记系列重要讲话精神,按照省委、市委和区委决策部署,落实区第十一次党代会确定的目标任务,推进宣传思想文化工作,为全区打好"抓产业发展、促城市建设、补民生短板"三大攻坚战,提供思想保证、舆论支持和文化条件。全年完成文化产业销售收入105亿元,增加值占GDP比重5.51%。全年起草出台全区《党(工)委意识形态工作责任制实施方案》,召开意识形态领域情况分析研判联席会议,加强对意识形态领域问题的分析研判、辨析引导和处置报告;牵头制订《市民文明素质提升三年行动计划(2016—2018)》,打造全市首家家风家训主题展馆,8家单位获省级文明单位(社区、校园)称号,7家单位通过省文明委复审,43家单位获市级文明单位(标兵、社区)称号;举办"创意雨花"系列主题活动30余场。

年内,板桥街道和雨花经济开发区被省委宣传部评为2016年度冬训工作省级先进单位。

【理论武装】 2016年,区委宣传部下发《关于建立意识形态领域情况分析研判联席会议制度的通知》《区党(工)委意识形态工作责任制实施方案》和《关于成立区委宣传思想文化工作领导小组的通知》。抓好意识形态工作责任制落实,明确全区各级党(工)委领导班子职责及书记、分管领导、班子成员工作职责、工作任务、具体目标及检查、考核方法步骤。落实意识形态领域情况分析研判联系会议制度，全年召开分析研判会2次。探索建立区级重大事件舆情评估机制，制定完善各类突发事件及区内重大事件舆情应对预案，提前介入“双清”工作、铁心桥拓宽改造等重大事件和项目，做好舆论保障。制订《2016年全区各党(工)委中心组专题学习计划》《2016年区委中心组专题学习月度计划安排》《“两学一做”学习教育中区委中心组专题学习计划安排》，修订完善《区委中心组学习量化标准》《区委中心组学习实施细则》。组织习总书记系列重要讲话精神专题学习5次、专题讨论发言2次，邀请中央党校教授戴焰军等理论专家作专题辅导。组织区委中心组学习情况检查工作，对各党(工)委在学习计划、学习次数、学习记录、学习考勤等方面进行全面普查。做好理论书籍推荐工作，全年为区委中心组成员、各级党(工)委配发理论学习书籍3600余册。收集整理中心组成员理论调研文章，编印《2016年雨花台区中心组调研成果汇编》。起草下发《关于开展2015—2016年度全区党员干部冬训工作的实施意见》，成立区委冬训工作督导组，将党员冬训集中学习时间、培训率等要素纳入考核体系。邀请市委宣讲团、市委党校8位讲师为全区领导干部作“十八届五中全会精神宣讲”主题系列讲座12场。“周末e课堂”“掌上冬训”“上怡新村社区党员e家”“板桥新城直播间”“长虹路社区五心服务平台”等一批网络新媒体成为冬训宣传新阵地。成立“冬训咨询站”，回答网友提问1008个，参与讨论、互动及经验分享1500人次。开展党员冬训，举办各类培训班300余期，参与培训党员1.8万名，全员参训率98%，冬训内容完成率100%。

【文明创建】 2016年，区委宣传部制定下发《雨花台区市民文明素质提升三年行动计划(2016—2018年)》，以五大行动为抓手，引导广大市民从最能形成共识的“爱、敬、诚、善”着手，提升市民文明素质、城市文明形象。巩固加强核心价值观宣传阵地，在全区28个路口设立精品宣传牌48个，新增郁金香花苑南围墙、春江新城一期围墙等社会主义核心价值观墙体绘画公益广告7处。加大典型选树力度，召开全区好人信息推荐及录入专项培训会，指导各街道(园区)、社区积极推荐身边好人线索。全年推荐好人线索3000余条。在微信公众号“金陵微雨花”开设网上道德讲堂，方便市民随时查看全区历届好市民、道德模范先进事迹，营造明礼知耻、尚礼守法舆论氛围。加大“南京好人365”全媒体宣传力度，推荐许腊香等18位基层典型参加“南京好人365”采访。成立区文明城市创建长效管理联席会，每季度召开例会1次，通报市、区检查结果并交流工作经验。继续发挥区市民督导团作用，定期组织督导团督促检查基层宣传阵地、公共场所及居民小区等重点区域核心价值观公益广告宣传情况，并对暴露出的问题和薄弱环节现场指导整改。组织2013—2015年度省、市两级文明单位、文明社区推荐评选申报工作。年内，交警八大队二中队中队长徐传辉荣登由中央文明办主办的中国文明网“中国好人榜”，胡叶丽、崔圣菊、李玲蔚、张平、李震伟、刘晓贵、韦法琴、孙华兰、白玲、郑海涛获第十四届“南京好市民”称号；铁心桥街道、板桥街道、南京市雨花医院3家单位被省文明委评为2013—2015年度省级文明单位，翠竹园、景明佳园、福润和花神庙社区4家社区被省文明委评为2013—2015年度省级文明社区，雨花台中学被省文明委评为

2013—2015年度省级文明校园；铁心桥街道、雨花台中学被市文明委评为2013—2015年度市级文明单位标兵，区市场监督管理局等17家单位被市文明委评为2013—2015年度市级文明单位，小行社区等25家社区被市文明委评为2013—2015年度市级文明社区。

【志愿者服务】 2016年，区委宣传部加快全区各街道(园区)志愿服务总站及各社区分站建设，围绕"十有"基本标准，打造一批有品牌特色和项目特点的志愿服务总站；开展全区志愿者"志愿江苏平台"注册登记，完成志愿者注册64546人，占常住人口比例15.12%；配合全市交通秩序治理三年行动计划，开展"文明交通"主题系列活动，各街道(园区)、机关部门开展宣传教育、文明劝导、"小手拉大手"等志愿服务活动近40余场，参与志愿者人数2000余人。年内，雨花、赛虹桥和西善桥街道分获2013—2015年度省级文明社区和南京市志愿服务总站示范点称号。

【媒体宣传】 2016年，区委宣传部围绕全区中心工作，利用两会、党代会、软博会、金洽会等重要时点，实施专题报道。两会期间，率先在全市区级政务微信中运用H5页面动态展示、解读雨花台区"十三五"规划建议内容；加强全区新媒体建设和管理，整合全区64家政务微博、52个政务微信公众号及1个APP移动客户端，形成以"金陵微雨花"双微为代表的区级政务新媒体阵地；举办"雨花杯"党章党规网络知识竞赛，参赛人数1054人；与区委组织部联合推出"雨花先锋"系列专栏，包含先进典型、基层党建、换届选举等内容。全年在省市主流媒体刊发报道1300余篇，其中包括《担当南京国际软件名城的排头兵"雨花软件"剑指全市"半壁江山"》等《新华日报》头版5篇、《"雨花好作风"推动三件大事干出新成效》等《南京日报》头版42篇；发布微博博文5454条，其中原创微博4905条；推送微信信息1287条。

【舆论引导】 2016年，区委宣传部组织开展全区新闻(网络)发言人及助理集中培训，邀请省市专家和资深媒体人授课十余场，培训人员1000余人次。落实舆情值班制度，坚持每天跟踪监测该区热点问题，及时梳理反馈各大媒体曝光、网络问政、微博问政、网帖投诉等方面内容。完善区、街道(部门)联动机制，建立健全全区互联网舆情研判预警会议制度，每月召集各街道(园区)、重点部门回顾总结上月舆情处置情况，分析研判下月舆情风险。积极应对、妥善处置西春路工地意外事故、"黑作坊" 屡禁不绝、汽配城违规回收电池废液、集体土地使用权收退回等舆情突发事件。全年稳妥处置各类负面新闻、网帖、微博等1600余条，其中网络问政帖文1356条，同比增长40%。

【文化产业】 2016年，区委宣传部分解年度主要经济指标到各街道(园区)，调整优化考核细则，为完成全年目标任务提供文件依据和制度保证。坚持季度例会，明确十项具体工作责任，监测文化产业主要经济指标，研究部署工作举措。坚持与软件谷招商局重大文产项目会商制度，及时做好项目服务和储备，跟踪推进雨花文化大厦等6个市文化产业"七个一批"项目和区人代会文化创意产业项目建设。逐个走访街道(园区)，加强文化创意"四上"企业统计工作，拟新增"四上"文化企业17家。围绕文化科技融合、南站枢纽经济、街道产业园区升级改造，调研探索文化产业发展新途径。牵头引入第三方专业运作，策划实施"创意雨花"年度系列主题活动，累计开展活动20场。举办文化产业创业大赛，评出文化产业优胜项目3个、组委会大奖1个。开通"创意雨花"微信公众号，集聚文化创客、企业家400余名参与互动。为辖区文化企业申请贷款融资1.8亿元，为17家企业申报省、市文化产业专项资金。组织10家企业参加第八届南京文交会，参展企业数及布展面积位居全市各区之首。推荐产业类省级文化人才1名、市青年文化人才1名，组织文化人才专场招聘会2场。　　(杨毅君)

·统　战·

【概　况】 2016年，区委统战部以深入学习贯彻落实中央、省市委统战工作会议和《中国共产党统一战线工作条例(试行)》精神为引领，领会习近平总书记系列重要讲话精神和对统战工作新要求，围绕中心工作，集中力量抓好重点工作，完成各项任务。组织非公经济代表人士参加全区统战代表人士培训、井岗山干部学院、延安干部学院专题教育培训3批次。联合司法局制订商会组织法律顾问制实施办法并成立全区同心律师服务团，有律师团成员21人。聘请全区29个党委和政府部门主要负责人，建立商会顾问服务团队，开展国外智力引进、人才招聘、经贸合作、APEC商务卡办理、律师专家团等项目服务联动机制十余个，组织800余家非公企业参与到各类招商引资、贸易投资、人才招聘、产学研合作、职称技能培训等。组织各级各类商会组织、会员企业参与省市组织的省内外及国内外商务活动，举办法律解读、电商培训、银企对接、百度推广、科技企业上市辅导、国际商务等商贸服务活动40余场次。接待港澳台侨4个代表团340余人次来该区考察，完成3个团组28人赴台开展经贸交流活动。邀请75名高层次海外归国留学人员参观软件谷、生物医药产业园。完成"南京先生"纪念碑亭落成。以华兴村侨史陈列室为基础，收集相关文物、史料力度，推进南京市侨史博物馆建设工作。在全区形成台侨服务三级工作网络，培育推广社区台侨工作特色典型，做好困难台胞台属、归侨侨眷服务工作。全年走访困难困难台胞台属、归侨侨眷58人次，发放慰问金及物品9万元。

【全区党外干部摸底调查开展】 3月，区委统战部在全区开展党外干部摸底调查。通过调查，可以掌握该区党外干部基本情况，为做好今后党外干部培养选拔工作提供科学依据；为全区制定出台党外干部管理方面规定和相关制度、办法提供基础资料；有助于加强党外干部管理工作，完善党外干部数据库，发挥党外干部积极作用。经过梳理，全区有各党政机关、企事业单位在职在编正科、副科职级党外干部48人。

【徐锦辉调研雨花台区统战工作】 3月24日，市委常委、统战部部长徐锦辉一行调研雨花台区统战工作，实地调研雨花街道翠竹园社区、南京华博科技有限公司、南京润和创智中心、铁心桥街道大定坊教堂、雨花街道高座寺等，详细了解该区在开展社区统战工作、民营企业非公党建、民族宗教等工作情况。区委书记张一新，区委常委、统战部部长蒋冰陪同调研。

【医卫专家进社区义诊活动】 9月17日和24日，区委统战部分别组织无党派人士、留学人员医疗卫生专家团到西善桥街道和板桥街道开展义诊健康咨询进社区活动，约200位居民到场就健康问题向医卫专家进行咨询问诊。

（王 翔）

·党史研究·

【概 况】 2016年，雨花台区党史工作坚持围绕中心、着力服务大局，完成党史征编研究和党史宣传普及等各项工作。继续收集资料撰写《中共江苏省南京市雨花台区组织史资料（1995.1—2016.12）》（第三卷），组织党史宣传教育“六进”系列活动，并参与省委、市委党史工办组织的各项党史宣教调研工作。区委党史工办获“‘信仰之歌——纪念中国共产党成立95周年暨弘扬雨花英烈精神诗词征集活动’优秀组织单位奖”，《中共南京市雨花台区地方史（1949—2008）》获“2011—2015年全市党史系统优秀成果评选著作类”一等奖，《中国共产党南京市雨花台区历次代表大会资料简编（1956.4—2011.7）》获“2011—2015年全市党史系统优秀成果评选著作类”三等奖。

【《中共江苏省南京市雨花台区组织史资料（1995.1—2016.12）》（第三卷）编纂工作继续推进】 8月，区委党史工办结合雨花台区实际情况，根据区委领导要求，将《中共江苏省南京市雨花台区组织史资料》（第三卷）收录时限由“1995年1月至2012年12月”更改为“1995年1月至2016年12月”。为继续做好组织史资料征编工作，保持资料完整性、统一性和连续性，修改并制订《〈中国共产党江苏省南京市雨花台区组织史资料（1995.1—2016.12）〉（第三卷）编纂工作方案》，将具体工作分为完善资料及编纂阶段（2016年9月至2016年2017年3月）和审改出版阶段（2017年4—8月）两个阶段，并计划于2017年8月完成“组织史第三卷”编纂、出版任务。至年末，完成撰写《中共江苏省南京市雨花台区组织史资料（1995.1—2016.12）》（第三卷）1995年至2012年书稿内容，收集整理2013年至2016年部分资料，摘录有关资料30余万字。

【《中共南京市雨花台区地方史（1949—2008）》获“2011—2015年全市党史系统优秀成果评选著作类”一等奖】 7月，市委党史工办开展全市党史系统2011—2015年度南京市党史系统优秀成果评选工作。经评审工作领导小组评选，区委党史工办编写的《中共南京市雨花台区地方史（1949—2008）》获“2011—2015年全市党史系统优秀成果评选著作类”一等奖，《中国共产党南京市雨花台区历次代表大会资料简编（1956.4—2011.7）》获“2011—2015年全市党史系统优秀成果评选著作类”三等奖。其中《中共南京市雨花台区地方史（1949—2008）》分8章、35节，计28万字，着重记述南京解放后60年间，全区人民在市委、市政府和区委、区政府领导下，完成新民主主义建国纲领，进行社会主义革命和建设，特别是改革开放以来全区经济建设快速发展，全面建设小康社会等方面内容；《中国共产党南京市雨花台区历次代表大会资料简编（1956.4—2011.7）》主要收集雨花台区区委1956年4月第一次党员代表大会至2011年7月第十次党员代表大会主要内容，系统整理历次代表大会时间、地点、代表、议程、大会选举、主要精神等基本情况和党代会报告内容，原貌再现历次党代会盛况。该书约18万字，客观真实反映雨花台区区委历届领导集体执政历程，浓缩该区 60 年发展进程。在全区上下学习贯彻落实党的十八大精神之际，该书为全区紧紧围绕率先实现基本现代化宏伟目标，实施创新驱动发展战略，加快转变经济发展方式，推进经济结构战略性调整，努力保障和改善民生，切实加强社会建设和管理提供借鉴和依据。

【党史宣传教育“六进”系列活动】 2016 年，区委党史工办加强党史宣传教育工作，联合机关、学校、社区等单位，以举办党史纪念活动为重点，开展一系列党史宣传教育活动。3—5 月，组织全区领导干部参加“南京市纪念中国共产党成立 95 周年理论研讨会” 征文活动；3—6 月，配合市委党史工办，举办“信仰之歌——纪念中国共产党成立 95 周年暨弘扬雨花英烈精神诗词征集活动”；7 月，向板桥新城柿子树社区赠送近年来市、区优秀党史书成果籍百余册，丰富社区图书馆意识形态领域宣传材料，扩大党史工作覆盖面和影响力，发挥党史工作资政功能与服务价值。（徐清平）

·党　校·

【概　况】 2016 年，区委党校以提升全区干部执政能力为目标，发挥党校党员干部教育主阵地，理论研究集中地，政策制定建言地，决策宣传宣讲地作用，完成年度各项工作任务。完成省委、市委党校立项课题结项工作各 1 项，其中市委党校立项课题“传承区域红色文化　增强党性教育功能”获南京市委党校 2015—2016 年度重点项目，结项等级重点优秀。论文《汲取红色基因，打造城市精神》《关于城市近郊红色文化遗址保护和利用的再思考》和《发挥红色资源在党员干部教育培训中的作用研究》分别入选南京市纪念建党 95 周年征文研讨会和南京市红色文化遗址研讨会征文。推进“两学一做”学习教育，领导班子以身示范、以身作则。贯彻落实《中共南京市雨花台区委关于加强和改进新形势下党校工作的实施意见》（雨委发〔2016〕46 号），从办学宗旨、任务目标、师资力量、硬件保证等方面推进新形势下区委党校工作。全年举办区委党校主体班 11 个、社会培训班 21 个，赴基层宣传讲座 20 场次。

【党员教育】 2016 年，区委党校以党的十八大和十八届系列全会精神和区委十一届二次全体会议精神为主线，结合“学党章党规、学习习近平总书记系列重要讲话，做合格党员”学习教育，把中央、省委、市委、区委精神贯彻到日常工作和各类培训中，举办军转干部培训班、中青班、城建治理班、民生建设与发展班、全区团干部素质提升班、入党积极分子培训班、雨花讲坛、行政事业单位新招录人员培训班、党务干部培训班等主体班 11 个，培训党员干部 1680 人次。结合“四个全面”和习近平总书记系列重要讲话精神，按照“贴近实际、贴近生活、贴近群众”要求，组织教师赴机关、街道（园区）和社区开展送课下乡等基层宣讲活动 20 余次。组织党校教师赴江苏徐州、福建古田、陕西延安等地进行党性学习教育，提升教师业务水平，其中高级讲师谢军入选南京市委宣讲团。

【科研调研】 2016 年，区委党校课题调研工作以“抓产业发展、促城市建设、补民生短板”为着眼点，要求教职员工联系全区实际，结合自己兴趣专长，展开有针对性调研，使科研出成果。省委党校立项课题《全面深化改革　助力民企发展》结项并发表于《金陵瞭望》(2016年第13期);市委党校立项课题《传承区域红色文化,增强党性教育功能》调研报告获南京市委党校2015—2016年度重点项目,结项等级重点优秀,发表于《金陵瞭望》(2016年第16期);区委党校常务副校长陈明太的论文《汲取红色基因,打造城市精神》《关于城市近郊红色文化遗址保护和利用的再思考》和青年教师孙丽莎的论文《发挥红色资源在党员干部教育培训中的作用研究》分别入选南京市纪念建党95周年征文研讨会和南京市红色文化遗址研讨会征文,陈明太获2016年南京市委党校科研工作先进个人荣誉称号。

【社会培训】 2016年,区委党校做好社会培训工作。承接全区机关部门、街道(园区)技能培训和资质培训,提供课程设置、师资邀请、现场教学、伙食安排等服务。同时承接省委、市委党校以及其他地区兄弟党校委托培训班的相关服务工作。全年举办各类合作办班21个,培训人数1000余人次。(吕冰洁)

2016年雨花台区委党校主体班培训一览表

表12

序号	班　　别	人数	时间	授课老师
1	军转干部培训班	40	1.21—1.22	徐民华、张晋、赵涛、陈明太、董红
2	中青班	73	3.10—3.12	张晓东、赵涛、朱盘江、刘喜发
	雨花讲坛	500	3.12	黄繁华
3	城建治理班	78	3.24—3.25	黄贤金、吴莹、张亚军、陈传善
4	民生建设与发展班	72	4.6—4.8	徐雁、金雁、张桂珍、宋海红
5	全区团干部素质提升班	90	4.15	
6	入党积极分子培训班	90	4.19—4.26	周延胜、张桂珍、赵迪、倪芸
7	雨花讲坛	500	5.7	中央党校教授戴焰军
8	行政事业单位新招录人员培训班	36	9.28—9.30	高信奇、项晓霞等
9	党务干部培训班	50	10.17	张亚军、俞蓉等
10	社区书记培训班	56	11.28—11.29	黄河、孙月平等
11	纪检干部培训班	95	11.30—12.1	区委常委仲兆林等

2016年雨花台区委党校社会培训班一览表

表13

序号	班　　别	人数	时间	培训地点	备注
1	区卫生局新聘人员面试	30人	1.9	区党校	区卫生局
2	统计局“四上”单位年定报业务培训班	50人	1.15	区党校	区统计局
3	《大气污染防治法》培训班	60人	3.23(半天)	区党校	区环保局

续表

序号	班　别	人数	时间	培训地点	备注
4	区安全生产干部培训班	90 人	3.29(半天)、3.30	区党校	区安监局
5	区 2016 年基层劳动保障业务培训班	134 人	3.31、4.1	区党校	区人社局
6	区工业统计人员培训班	70 人	4.14(半天)	区党校	区统计局
7	合肥庐阳区党校第十期青年干部培训班	60 人	5.16(半天)	软件谷	市委党校
8	区水务局防汛抢险培训班	60 人	5.19(半天)	区党校	区水务局
9	边城监狱中层干部培训班	50 人	5.27(半天)	软件谷	市委党校
10	卫生局新进人员面试	90 人	5.28	区党校	区卫生局
11	区城市管理综合行政执法大队新进人员培训班	57 人	6.13—6.15	区党校	区城市管理执法大队
12	边城监狱中层干部培训班	60 人	6.14(半天)	软件谷	市委党校
13	合肥党校青年干部班	50 人	9.8(半天)	软件谷	市委党校
14	区园林绿化管理人员培训班	100 人	9.26、9.27	区党校	区农业局
15	区工会年统工作培训班	30 人	9.28(半天)	区党校	区工会
16	软件谷招聘人员考试	20 人	10.29	区党校	软件谷
17	区人社局招聘考试及面试	240 人	11.5—11.6	区党校	区人社局
18	区人社局招聘面试	15 人	11.12	区党校	区人社局
19	区食品药品协管员业务培训班	40 人	12.5—12.7	区党校	区市场监督管理局
20	区三级妇联干部培训班	91 人	12.13—12.14	区党校	区妇联
21	全区行政执法监督人员换证培训	70 人	12.23	区党校	区法制办

·老干部工作·

【概　况】 2016 年,雨花台区老干部工作坚持以贯彻落实中共中央办公厅、国务院办公厅《关于进一步加强和改进离退休干部工作的意见》为主线,开展“两学一做”学习教育,主动转变作风、改进服务,落实离退休干部“两项待遇”(政治待遇、生活待遇),改进离退休干部服务管理,完成全年各项工作任务。至年末,全区有离退休干部 74 人,其中四套班子离退休领导 38 人(退休 34 人),部门和街道离休干部 31 人,异地安置的离休干部 5 人;四套班子离退休正职领导 10 人,在离休干部中,享受副省级医疗费报销待遇 2 人,享受地市级两项待遇 4 人;参加抗日战争的有 9 人,参加解放战争的有 25 人,当年去世的离休干部 8 人。

【老干部政治待遇落实】 2016 年,区委老干部局坚持每月 15 日组织老干部学习,向老干部传达中央、省委、市委、区委有关文件精神,对身体状况差、行动不便的老干部,采取寄送学习资料、上门面对面交流的“送学上门”方式,让离休干部能够及时在家阅读文件、学习理论。坚持每半年向老干部通报全区经济建设和社会发展情况。1 月 15 日和 9 月 7 日,分别举办老干部情况通报会,并慰问离退休老干部。由活动中心每年为老干部订阅报刊杂志 16

6月29日，区委书记黄河(右二)慰问前来参加建党95周年大会的部分老干部　　（区委老干部局　供稿）

专家对老干部健康体检结果进行一对一咨询答疑和健康养生指导。9月20日至24日，组织20名70周岁以下区四套班子退休领导赴延安休养。整合社区资源，指导完善社区活动中心功能，为老干部提供文化娱乐和学习服务。

【老干部活动】 2016年，区委老干部局开展老干部活动。3月22日和11月16日，分别组织部分离退休老干部赴溧水柘塘镇开展垂钓活动。4月22日和11月3日，分别组织开展“老干部看南京”活动。10月20日，组织康盛社区老年合唱团20人参加市委组织部、老干部局联合举办的“纪念红军长征胜利80周年歌咏大会”。12月20日，举办老干部扑克牌比赛，40余名老干部参加，其中离休干部张绍民、刘英组合获得冠军，张志强、宜恒礼组合获得亚军。

种，并为每位老干部免费订阅《南京日报》和《银潮》，做到送报刊到户。5月12日，举办形势报告会，邀请海军指挥学院军事战略学教授、博士生导师、国家国防教育专家、教育部特聘专家张晓林教授作“南海局势和国家安全”专题报告，52名离退休老干部参加。联合雨花老年大学举办庆祝建党九十五周年老干部书画作品展和“纪念中国工农红军长征胜利80周年”书画展。

【老干部生活待遇落实】 2016年，区委老干部局在确保“三个机制”(离退休保障机制、医药费保障机制和财政支持机制）正常运转情况下，及时按月发放企业离休干部生活补贴差额部分。全年，向24名企事业离休干部分别发放2014年和2015年一次性共享成果奖7500元和8500元；发放离休干部生活补贴5000元；走访慰问离退休干部352人次、探视生病住院老干部46人次，慰问老干部遗孀30人次；发放慰问金、慰问品50余万元；为5名离退休老干部报销医疗费64282元。4月7日、8日组织老干部例行健康检查，并邀请市第一医院医学

【雨花老年大学】 2016年，雨花台区老年大学继续坚持“以人为本”为办学方向，坚持“教、学、乐、为”相结合为教学方针，坚持以“增长知识、丰富生活、陶冶情操、促进健康、服务社会”为办学宗旨。至年末，学校开办戏曲、声乐、舞蹈、绘画和书法等专业8个、班级16个，参加学习人数500余人次。　　（钟　芳）

·关心下一代工作·

【概　况】 2016年，区关工委利用纪念中国共产党成立95周年和纪念长征胜利80周年契

机，对广大青少年开展“学史明志，爱党报国”为主题思想道德教育。打造“三个一”（讲一个故事，明白一个道理，记住一句格言）故事会“雨花品牌”，组织发动“五老”讲师团编写故事教材，坚持第十年开展“暑期百场故事会”活动。年内，区关工委被省关工委评为2016年度先进集体。

【全市校外教育辅导站“校站结合”推进会在区召开】 6月11日，市关工委在梅山第一小学召开以加强社会主义核心价值观教育为主题的全市校外教育站“校站结合”现场推进会。省、市区关工委领导王湛、胡序建、汪正生等出席，全市13个区县关工委和部分街道负责人130人参加。推进会现场观摩梅清苑社区电子阅览室、心里辅导室、手工制作室等校外教育辅导站硬件设施，参观梅山第一小学茶艺室、气象站、陶艺室等“校站结合”成果。推进会上，“校站结合”单位——梅清苑社区和梅山第一小学作交流发言，区关工委常务副主任郜崇诚汇报全区“校站结合”做法和体会；省关工委常务副主任王湛高度评价梅清苑社区和梅山第一小学“校站结合”经验，对全市校外教育辅导站开展“校站结合”活动作重要指示。会后，区关工委、教育局联合签发《关于进一步推进“校站结合”，提高校外教育辅导站水平》，市关工委加写按语向全市转发。

【第六届社区科技“四个一”竞赛获奖】 6—9月，市关工委、文明办、教育局、中小学生科技活动基金会联合主办“智慧南京·我的科技梦”——南京市第六届社区科技“四个一”*作品竞赛活动，创作主题分“智慧新城”“智慧生活”“创意街区”等。活动成立“四个一”作品评审委员会，按征文类（科技小论文、科技读物读后感）、科幻绘画类和制作类（科技小制作、小发明）分设奖项。全区43件中小学生作品获入选奖，27件作品分获一、二、三等奖。区关工委获“优秀组织奖”。

★**链接** “四个一”：指一件科技小发明和小制作、一篇小科技论文、一篇科技读物读后感、一幅科幻绘画。

【区少年法学院扩大办学规模】 9月，区少年法学院新增两所分院（雨花台外国语小学分院、景明佳园小学分院）相继开学授课，区少年法学院分院由4所增扩至6所。区少年法学院自2008年开办以来，建立共青团路中学、共青团路小学、雨花台中学、雨花台区实验小学、雨花台区外国语小学、景明家园小学6所分院，3000名中小学生受训结业。

【“千人重走长征路”活动举办】 11月12日，该活动由区关工委、教育局联合主办，由共青团路中学承办。共青团路中学近千名师生分乘24辆大客车到栖霞“十月军校”，在军校教官组织带领下徒步跋涉设在学校外围全长5千米“模拟长征路”。线路利用山林涧溪和蜿蜒小道，设置赤水河、大渡河铁索、娄山关、遵义城等景点，让师生通过“重走长征路”重温这段历史，体验长征精神，接受革命传统教育。区关工委和学校联合开展“千人重走长征路”征文活动，评出征文一、二、三等奖。

【梅清苑校外辅导站开设“3D打印班”】 12月22日，市关工委副主任刘国华到区梅清苑社区校外教育辅导站，观摩该站开设的“3D打印辅导班”。该辅导站2014年申报市创投项目，获市关工委项目扶助资金8万元，购置“数控雕刻机”2台及生产车模船模木质构件，除用于自身科技教育外，还定点供应周边中小学作劳技课教材，并取得经济效益。10月，辅导站用自赚的资金购买3D打印机4台，开办“3D打印培训班”并招收学员12名。（谢家宝）

·机构编制工作·

【概　况】 2016年，雨花台区完成新一轮机构改革，推进行政审批制度改革，严格机构编制管理，做好机构编制日常管理和服务，提高机构编制工作水平。据省市相关会议精神，拟定区政府职能转变和机构改革方案及机构改革实施意见，对职责有交叉或作重大调整的10个部门下发“三定”规定及科级干部核定文件，并对所涉事业单位进行调整。完成编制机构改革文件汇编工作。开展“简政放权创业创新环境试”评价和“告知承诺制”改革试点工作。成立区企业服务中心和区投资建设代办服务中心。动态调整区政府各部门权力事项清单18项。年内，全区有党政机关部门58家，事业单位129家，编制总数4851名。

【机构编制实名制管理】 2016年，区编办在全面开展机构编制实名制管理工作基础上，做好实名制系统日常维护和利用工作。根据机构、编制和人员变化情况，及时更新实名制数据库，确保数据库准确性和时效性，每月向市编办报送机构编制实名制月报。扩大实名制系统实际效用，将系统信息运用于工资统发编制审核、干部职数管理、人员进出编管理、机构编制年报统计等业务工作中。

【干部职数管理】 2016年，区编办配合区委组织部接受市委组织部、市编办对超职数配备领导干部情况的专项检查，实行领导职数与实有人员对照，特别是副处级以上领导干部职数对照相关文件进行理清，提出全区处级干部职数调整方案，并建立领导职数数据库，做好领导职数预审工作。推行机关事业单位科级干部竞争上岗职数审核制度。年内，完成科级干部职数审批52批次。

【中文域名管理工作】 2016年，区编办做好中文域名注册和网站挂标工作，及时缴费续费。对全区各党政群机关和事业单位投入运行的互联网网站开展统计梳理清理工作，加强中文域名管理和互联网网站安全防范工作。至年末，全区完成党政群机关、事业单位中文域名注册、网站开办主体资格复核和网站挂标181家，实现中央机构编制委员会办公室要求的三个“100%”。

【事业单位监管工作】 2016年，区编办加强事业单位监管。对全区所有事业单位进行网上年审，在雨花政府门户网站上公开全区事业单位年度报告书；按照清理规范要求，做好事业单位设立、变更、注销等工作。至年末，公开全区事业单位年度报告书127家，新设立事业单位2家、变更登记事业单位27家、注销事业单位2家，对比省市编办要求，合格率100%。

【统一社会信用代码制度改革实施】 2016年，区编办推进统一社会信用代码制度改革，将全区事业单位法人证书、组织机构代码证等改为由区编办所属事业单位登记管理局核发的统一社会信用代码证。年内，完成机关统一社会信用代码证书发放 47 家、群团组织统一社会信用代码证书发放 5 家、事业单位法人证书换领新证 127 家。

【幼儿园布局和员额核定工作完善】 2016 年，针对该区学前教育资源分布不均、师资力量不足的实际，区编办持续加大对学前教育在机构、编制、员额等方面的支持和倾斜。依据区政府《关于同意南京市雨花台区花神美镜幼儿园等 6 所幼儿园设立为独立法人资格全民事业单位的批复》(雨政发〔2016〕4 号)的文件精神，设立花神美境幼儿园等事业单位幼儿园 6 所，并依据 2015 年核定永安花苑幼儿园编外员额的经验和相关文件规定，核定其编外员额，保证公办幼儿园用人需求。年内，区编办被评为“十二五”期间南京市支持学前教育发展有功单位。

【区政府部门责任清单编制完成】 8 月，区编办根据各部门“三定”规定，细化部门职能，通过“三上三下”和“三个对照”，编制区政府部门责任清单 24 个，并在政府门户网站向社会公布。通过责任清单编制，明确政府各项职能责任主体和责任内容，厘清部门间职能交叉，规范行政权力运行流程。

【非涉改部门“三定”规定优化工作】 10 月，区编办在完成机构改革基础上，优化部门“三定”规定 28 家，并重新下发人大机关、政协机关、防范和处理邪教问题领导小组办公室、保密办 4 家“三定”规定。把部门“三定”优化工作与简政放权、加强监管、优化服务衔接起来，结合行政审批事项清单、行政权力清单，完善部门主要职责，梳理部门责任清单，解决部门推诿扯皮问题，促进政府职能转变。（张师嘉）

·机关党建·

【概　况】 2016 年，区级机关工委辖 54 个党(总)支部(其中党总支 8 个)，机关在职和离退休党员 1653 名。年内，以党风廉政教育、两学一做、从严治党等内容作为冬训专题，开展党员冬训。组织 30 名优秀党务干部和优秀共产党员赴革命圣地延安开展专题党性教育。组织“机关好声音”歌唱比赛，24 个部门的 17 支代表队参加。结合“全国防灾减灾日”“全国助残日”“世界环境日”，以“组团式”下基层服务形式，在双龙嘉园、南京南站、紫荆广场开展区级机关“组团式”服务，现场服务群众 2243 人次。实施机关党建“立项认领”项目 44 个，注入党建专项经费 30 万元。分季度召开南京南站区域党建工作座谈会，按照工作协调、共建共享、活动开展等专题进行研讨，落实 2016 年度“爱

9 月 3 日，区级机关工委举办 2016 年雨花台区机关干部职工趣味运动比赛 （区级机关工委　供稿）

心基金”筹集和困难救助等项目。开展第十一期“支部论坛”暨机关党建工作述职评议工作。结合春节、“五一”、端午、国庆、中秋等反腐敏感时期，利用“企信通”短信、微信等形式发送廉政提醒480条。开展“廉政党课”55课次，组织机关处级以上党员领导干部168名下基层，到结对社区送廉政党课121课次。组织开展拔河、跳绳、羽毛球、趣味性项目、游泳、牛首山欢乐跑、环玄武湖半程跑、“劳动者之歌”职工合唱等系列文化体育活动，参与人数2200余人。组织2000余干部职工参加“互助互济”“团体意外伤害险”“女职工康乐互助”等社会保险。

年内，区级机关工委和区纪工委被区委、区政府评为2016年度区级先进单位。

【“两学一做”学习教育】 2016年，区机关工委做好“两学一做”学习教育。制订冬训工作计划，把党风廉政教育、两学一做、从严治党等内容作为冬训专题；依托“片区管理”平台，观摩和推广区纪委“一月一室一谈一评”冬训模式；9月21—23日，组织50名党务干部赴徐州开展专题党性教育；10月21—26日，组织30名优秀党务干部和优秀共产党员赴革命圣地延安开展专题党性教育；9月28日在区委党校组织110名科级以下党员，围绕“两学一做”、打好“抓产业发展、促城市建设、补民生短板”三大攻坚战，开展专题党性教育轮训；10月12日，组织机关140名老党员老干部，参观渡江胜利纪念馆、西善桥姚南石刻博物馆、板桥新城管委会古雄社区“家风家训”教育馆，开展“弘扬传统看发展”活动；6月21日，组织“机关好声音”歌唱比赛，全区24个机关部门17支代表队参赛；组织机关书画摄影征集活动，征集书画作品300余幅、摄影作品276张，获奖作品在全区庆祝建党95周年大会期间展出；组织纪念建党95周年征文活动和党员“微故事”征集活动，收到区街机关征文87篇，“微故事”53则。

【“五型机关”创建】 2016年，区级机关工委开展学习型、服务型、责任型、创新型、清廉型“五型机关”创建活动。以区人社局、区政务中心、板桥新城大方社区等服务窗口为标杆，引导和推动机关部门打造符合部门实际、代表单位形象的作风建设工作品牌建设；依托“四解四促”平台，坚持“四解四促”了解问题解决问题工作制度，结合每月全面监督检查，逆向检查基层党组织落实“四解四促”工作情况53个；开展区级机关服务基层、服务群众活动，跟踪“为民办实事”等活动项目34个；联合区“12345”政府服务平台，抽查群众反映的问题落实情况100件；依托“文明科室、岗位标兵”创建平台，组织74个部门科室和69名科室干部开展以雨花“三件大事”为主题的创先争优活动。全年区级领导和区管副职领导干部下基层调研2150余天，走访基层群众16300人次，帮助基层党组织、企业、群众解决问题1600余件。

【机关作风建设制度建立】 2016年，雨花台区机关作风建设办公室印发《雨花台区作风建设联合监督检查工作制度》，采取“工作预报备检工作机制”，动态分析党员干部作风状况，着眼于防止和解决作风方面出现新问题，查漏洞、补空缺、立新规；坚持多部门联席会议制度长效运作，紧盯“为官不为”“慵懒散拖浮”“门好进、脸好看、事依然难办”等作风新问题，及时发现问题、解决问题，纠正少数党员干部在工作中不负责任、不敢担当、不愿作为等行为;加强与区委办、政府办、纪委联合督查督办,抽取涉及雨花台区“三大攻坚战”重点项目和群众关心关注民生问题20件进行立项督查,运用专案跟踪、联合督办等机制,推动重大、复杂、疑难事项解决。全年跟踪督查涉嫌推诿扯皮办件4件,教育和劝导相关部门和人员,全区机关部门、窗口服务态度、水平和能力总体情况良好。

【联合监督检查】 2016年,区级机关工委落实雨花台区机关作风建设联合监督检查工作制度,联合区纪委(监察局)出台《关于2016年加强作风建设 强化监督执纪问责的通知》,坚持常态化监督检查与重点检查、督导与帮促相结合,发挥联合监督检查优势,加大监督检查频度与力度,及时发现问题、分析问题、解决问题。坚持内外监督相结合,注重过程监督,建立日常监督和整改工作数据库,将监督情况纳入作风建设综合考评体系;运用群众评议机关为主的监督评议机制,发挥群众和媒体监督作用,以直接服务群众窗口单位、执法机关为重点,加强对服务态度、工作效能、仪表形象等问题监督力度;加大机关作风监督员队伍建设,组织业务培训2次;8—10月,开展集中监督检查工作,对所有单位“四解四促”任务落实、作风建设工作任务清单落实、涉嫌推诿扯皮个案跟踪、“12345”办件回头看、日常办公秩序维护、服务窗口服务等进行明查暗访;组织30名作风监督员进行常态化监督检查17批次,现场纠察一般问题78件,对未有效落实“责任清单”的11部门(科室)和违反管理规定的6名个人,责成当事部门(科室)和当事人进行限期整改。

【群众评议机关】 2016年,区级机关工委在群众评议机关作风活动中增加区级领导评价模块。全区66个区级机关部门及市垂管部门按照“经济工作和社会事务”“行政执法和城建城管及市垂管部门”“政治工作”等类别分为三个组,8个街道(园区)单列为一个组,软件谷自行组织开展,交警八大队、区规划分局列入评议。第一组经济工作和社会事务类18个部门,前3名为区财政局、人社局、文化局;第二组行政执法和城建城管及市垂管类22个部门,前3名为区公安分局、司法局、国税局;第三组政治工作类18个部门(含合署办公),前3名为区委办、区级机关工委、区政府办;第四组8个街道(园区),前3名为雨花街道办事处、西善桥街道办事处、赛虹桥街道办事处。活动发放评议表1000份,收回999份,回收率99.9%,有效票99%。

(孙　莉)

雨花台区人民代表大会及其常务委员会

【概　况】 2016年,区人大常委会坚持以党的十八大、十八届历次全会和习近平总书记系列重要讲话精神为指导,贯彻落实各级人大工作会议精神,履行宪法和法律赋予的各项职责。全年召开常委会会议8次,主任会议12次,听取和审议“一府两院”工作报告36项,开展执法检查2次,开展专项履职评议和专题询问1次,作出决议决定6项,形成审议意见书12份,依法任免国家机关工作人员73人次,补选市人大代表2名。

2016年雨花台区第十七届人大常委会会议一览表

表 14

时　间	会议名称	主　要　议　题
2月19日	第30次会议	审议有关人大代表辞职事宜
3月28日	第31次会议	听取和审议区法院关于行政审判工作情况的报告和区政府关于档案管理工作情况的报告；组织部分驻区市人大代表向区人大常委会报告履职情况（书面）；审议市人大代表补选事宜及人事任免事项
5月30日	第32次会议	听取和审议区检察院关于近年来查办和预防职务犯罪工作情况的报告、区政府关于“十三五”城市建设项目规划情况和关于近三年来全区政府投资项目审计情况的报告
7月26日	第33次会议	听取和审议区政府关于2016年上半年工作情况的报告、关于2015年财政预算执行和其他财政收支情况的审计报告；审议区政府关于2016年国民经济和社会发展计划上半年执行情况的报告、关于2016年财政预算上半年执行情况的报告；审查和批准区2015年财政决算；听取和审议雨花台区2016年省转贷新增地方政府债券安排及区本级预算调整方案（草案）和地方政府债务限额的报告；听取和审议区政府关于“七五”普法规划制定情况的报告并作出相关决议；听取和审议区人大常委会执法检查组关于对区政府贯彻执行《南京市养犬管理条例》开展执法检查情况的报告；审议《区人大常委会审议意见书督办办法》、市代表补选事宜及人事任免议案
8月30日	第34次会议	听取区政府商务、环保、人社、安监等四个部门主要负责人报告履职情况并接受专题询问；审议通过区人大常委会关于全区人民代表大会换届选举问题的决定
10月11日	第35次会议	听取和审议区政府关于代表建议办理工作情况的报告、软件谷建设和发展情况的报告、区政府关于推进软件谷及两桥地区环境保护及污染减排服务工作的报告；组织部分驻区市人大代表向区人大常委会报告履职情况
11月29日	第36次会议	听取和审议区政府关于“两桥”地区棚户区改造情况和关于审计问题整改情况的报告，审查和批准区2016年财政预算调整方案，审议和通过代表资格审查报告和关于召开区第十八届人民代表大会第一次会议的决定，审议并通过有关人事任免事宜
12月29日	第37次会议	听取和审议区政府关于2016年国民经济和社会发展计划完成情况及2017年目标编制情况的报告、关于2016年财政预算执行情况及2017年预算（草案）编制情况的报告；讨论区人大常委会工作报告（草案）；听取区第十八届人民代表大会第一次会议筹备工作情况的报告；讨论区第十八届人民代表大会第一次会议各项建议名单

2016年雨花台区第十七届人大常委会主任会议一览表

表 15

时　间	会议名称	主　要　议　题
2月26日	第52次会议	听取南京南站及周边地区规划情况的报告，讨论研究区人大常委会2016年主要议题安排，研究2016年街道人大工作会议议题
3月17日	第53次会议	组织考察宁丹路及铁心桥改扩建工作情况；研究确定2016年区人大常委会领导和各工委重点督办代表建议条目；初审有关市代表补选及人事任免事项；研究区人大常委会第31次会议有关事宜
4月29日	第54次会议	组织考察区文物保护及利用情况并听取区政府相关报告；听取区政府关于雨花医院申办二级甲等医院情况的报告；研究制订关于开展《南京市养犬管理条例》执法检查的方案

续表

时　间	会议名称	主　要　议　题
5月24日	第55次会议	组织考察全区城市绿化建设、水利工程管理及防汛防旱准备工作并听取并审议相关工作报告；审议《关于区政府四个部门主要负责人向区人大常委会报告履职情况并接受专题询问的工作方案》
6月27日	第56次会议	组织检查《南京市养犬管理条例》实施情况；听取雨花台区关于《南京市养犬管理条例》实施情况报告和区政府关于专项资金管理情况（含存量资金整合统筹及绩效管理情况）的报告
7月22日	第57次会议	初审区政府关于2016年国民经济和社会发展计划上半年执行情况的报告、关于2016年财政预算上半年执行情况的报告、关于2015年财政预算执行情况和其他财政收支情况的审计报告、关于2015年财政决算的报告；初审雨花台区2016年省转贷新增地方政府债券安排及区本级预算调整初步方案和地方政府债务限额的报告；初审有关人事任免和市人大代表补选事宜；研究召开区十七届人大常委会第33次会议的有关事宜
8月23日	第58次会议	组织考察天隆寺复建项目建设和全区安全生产情况并听取相关汇报；听取有关单位关于办理2016年区人大常委会领导和各工委重点督办代表建议工作情况汇报
9月27日	第59次会议	考察全区重大项目推进情况并听取相关报告；听取软件谷和“两桥”地区控详编制情况的报告；听取全区社会治安管理工作情况的报告；研究区人大常委会关于加强街道（园区）预算审查监督工作的意见；研究区第十八届人大代表名额分配方案
10月27日	第60次会议	组织考察雨花台中学地下停车场、翠岛花城精品社区建设、雨花台实验小学东校区等项目进展情况组织考察并听取全区为民办实事项目建设情况报告；听取全区2016年城市道路规划建设情况汇报
11月22日	第61次会议	组织考察全区新建小学建设及运行情况和板桥生态园体育公园建设情况并听取相关报告，初审区政府关于2016年区财政预算调整方案（草案）、区人大关于召开区第十八届人民代表大会第一次会议的决定（草案）
11月29日	第62次会议	初审有关人事任免事宜
12月27日	第63次会议	初审区政府关于2016年国民经济和社会发展计划完成情况及2017年目标制定情况的报告、关于2016年财政预算执行情况及2017年预算（草案）编制情况的报告；讨论区人大常委会工作报告（草案）；听取区人大常委会党组领导班子和领导班子主要负责人落实党风廉政建设主体责任的工作报告

【人大信访工作】 2016年，区人大常委会通过完善与“一府两院”沟通协调机制，联合司法、信访等相关部门健全社会矛盾预警、诉求表达、协商沟通、救济救助机制等途径，引导帮助信访群众通过法律渠道解决相关矛盾。全年受理群众来信35件次，接待来访群众30人次，分别提出意见，转交“一府两院”妥善处理，维护人民群众合法权益。

【代表建议办理】 2016年，区人大常委会通过组织代表考察、跟踪督办、代表评议、网上公示等多种渠道，将建议办理工作置于代表和公众的全程监督之下，并加强与区政府的联合督办力度，选取“尽快修复小河北路路面及相关配套设施”“在宁丹路段交叉路口安装交通信号灯”“给1998年之前的老教师发放一次性住房补贴”“对雨花新村一村进行整体出新”“尽快落实老年人在新板桥医院就近体检、居民就近就医”等5件群众反映强烈的代表建议作为重点督办件，由区人大常委会领导领衔督办。区第十七届人大五次会议以来区政府及所属单位承办代表建议106件，满意率和基本满意率100%。

【代表考察调研】 2016年，根据《关于转发〈雨花台区人大常委会2016年常委会会议及主任会议议题安排〉的通知》（雨委发〔2016〕16号）文件精神，围绕年初议题安排，区第十七届人大常委会组织各项考察调研活动。其中，就宁丹路及铁心桥改扩建工程、区文物保护及利用、全区城市绿化建设、水利工程管理及防汛防旱准备、该区贯彻执行《南京市养犬管理条例》、天隆寺复建项目建设、全区安全生产、为民办实事项目建设、新建小学建设及运行、板桥生态园体育公园建设等情况组织考察；就南站枢纽经济圈整体规划、街道（园区）财政预算、全区“七五”普法启动、西善桥街道关于市委加强县乡（区街）人大工作和建设部署的贯彻落实、全区民族宗教工作等展开调研。

【监督工作】 2016年，区人大常委会组织开展《南京市养犬管理条例》执法检查，听取和审议区政府关于“七五”普法规划制定、食品安全及文物保护等法律法规实施情况的报告以及法检两院关于行政审判、查办和预防职务犯罪工作情况的专项报告，助推法治建设。

2016年雨花台区第十七届人大常委会工作监督情况一览表

表

时　间	政治经济监督内容
2月26日	听取南京南站及周边地区规划情况的报告
3月28日	听取和审议区政府关于档案管理工作情况的报告；组织部分驻区市人大代表向区人大常委会报告履职情况（书面）
4月29日	听取区政府关于区文物保护及利用情况和关于雨花医院申办二级甲等医院情况的报告
5月24日	听取区政府关于全区城市绿化建设、水利工程管理及防汛防旱准备工作情况的报告
5月30日	听取和审议区政府关于“十三五”城市建设项目规划情况（形成相关审议意见）和关于近三年来全区政府投资项目审计情况的报告（形成相关审议意见）
6月27日	听取区政府关于专项资金管理情况（含存量资金整合统筹及绩效管理情况）的报告
7月26日	听取和审议区政府关于2016年上半年工作情况的报告、关于2015年财政预算执行和其他财政收支情况的审计报告（形成相关审议意见）；审议区政府关于2016年国民经济和社会发展计划上半年执行情况的报告（形成相关审议意见）、关于2016年财政预算上半年执行情况的报告（形成相关审议意见）；审查和批准区2015年财政决算；听取和审议雨花台区2016年省转贷新增地方政府债券安排及区本级预算调整方案（草案）和地方政府债务限额的报告
8月23日	听取区政府关于天隆寺复建项目建设和全区安全生产情况的报告；听取有关单位关于办理2016年区人大常委会领导和各工委重点督办代表建议工作情况汇报
8月30日	听取区政府商务、环保、人社、安监等四个部门主要负责人报告履职情况并接受专题询问
9月27日	听取区政府关于全区重大项目推进情况的报告；听取软件谷和“两桥”地区控详编制情况的报告；听取全区社会治安管理工作情况的报告；研究区人大常委会关于加强街道（园区）预算审查监督工作的意见
10月11日	听取和审议区政府关于代表建议办理工作情况的报告（形成相关审议意见）、软件谷建设和发展情况的报告（形成相关审议意见）、区政府关于推进软件谷及“两桥”地区环境保护及污染减排服务工作的报告（形成相关审议意见）；组织部分驻区市人大代表向区人大常委会报告履职情况
10月27日	听取区政府关于全区为民办实事项目建设情况和全区2016年城市道路规划建设情况的报告
11月22日	听取区政府关于全区新建小学建设及运行情况和板桥生态园体育公园建设情况的报告

续表

时　间	政治经济监督内容
11月29日	听取和审议区政府关于“两桥”地区棚户区改造情况和关于审计问题整改情况的报告，审查和批准区2016年财政预算调整方案
12月29日	听取和审议区政府关于2016年国民经济和社会发展计划完成情况及2017年目标编制情况的报告、关于2016年财政预算执行情况及2017年预算(草案)编制情况的报告

【人大代表活动】　2016年，区人大常委会开展常委会领导联系代表、区人大常委会主任接待日、区人大代表列席常委会会议等工作，畅通代表知情知政主渠道；以代表组为单位定期组织学习活动，集中开办区人大代表履职学习班4次，丰富代表履职知识储备，提高代表履职的积极性和能力；加强“代表之家、代表活动室”建设，组织代表开展好接待选民、向选民述职、座谈交流、建议办理等活动，让“家、室”成为人大代表的学习场所、活动阵地、服务窗口和履职平台。

4月18日，南京市雨花台区人大常委会井冈山培训班在区开班

（区人大办　供稿）

【雨花台区第十七届人民代表大会第五次会议】　1月12—14日，雨花台区第十七届人民代表大会第五次会议在雨花台中学学术报告厅举行。大会听取和审议区人民政府工作报告；审查和批准国民经济和社会发展第十三个五年规划纲要；审查和批准区2015年国民经济和社会发展计划执行情况与2016年国民经济和社会发展计划草案的报告；批准区2016年国民经济和社会发展计划；审查和批准区2015年财政预算执行情况和2016年财政预算草案的报告；批准区2016年财政预算；听取和审议区人大常委会工作报告、区人民法院工作报告、区人民检察院工作报告。

【重要会议】　2月25日，区第十七届人大常委会召开与“一府两院”联席会议，通报区人大常委会2016年主要议题和有关工作并作说明，征求各位副区长、副巡视员、法检两长对区人大常委会2016年主要议题安排和工作的意见和建议。4月12日，区第十七届人大常委会召开街道人大工作第十一次会议，考察赛虹桥街道人大工作。现场查看和尚山、小行医院、邓愈墓、赛虹桥街道社区文化中心等地，听取相关工作情况汇报。6月22日，区第十七届人大常委会召开《南京市养犬管理条例》执法检查组全体会议，听取公安分局关于《南京市养犬管理条例》贯彻落实情况介绍并开展座谈；考察雨花台区贯彻执行《南京市养犬管理条例》工作情况。6月24日，区第十七届人大常委会召开区政府有关工作部门主要负责人向区人大常委会报告履职情况并接受专题询问工作部署会。9月23日，区人大常委会召开换届选举工作会议，学习贯彻习近平总书记关于换届选举工作的重要指示精神并部署换届选举工作。

【省市人大领导到区考察调研】 5月20日，该区市人大代表小组第二轮“定向定点”考察市“一府两院”活动启动，考察南京众彩农副产品批发市场。市人大常委会副主任、党组副书记李琦，区人大常委会主任杨明，副主任迟延安、郭幼佩、张虎、赵明顺参加考察。7月13日，市人大常委会副主任、党组副书记李琦率市第二督查组来该区督查中央、省委、市委关于加强县乡、区镇人大工作和建设文件贯彻落实情况，区人大常委会主任杨明参加督查。9月13日，市人大常委会副主任臧正金及市人大农委相关领导一行到该区调研农业生态科技示范园区建设和水环境治理工作，区人大常委会副主任赵明顺及区人大财经工委相关负责人陪同调研。10月20日，市人大常委会副主任林克勤一行来该区调研人大换届选举选民登记工作情况，实地调研雨花街道花神庙社区，区人大常委会副主任迟延安、张虎参加调研。11月22日，市人大常委会副主任、党组副书记单景南率调研组一行调研该区房屋安全管理工作，区人大常委会主任杨明、副主任迟延安参加调研。11月24日，省人大常委会人大代表联络委员会主任陈继福率观摩团一行近40人到该区现场观摩人大换届选举工作。区人大常委会副主任迟延安参加观摩。12月22日，该区市人大代表考察全市粮食工作，实地察看南京粮食集团新港粮油批发市场和灵山粮食储备库。区人大常委会主任杨明，副主任迟延安、张虎等参加考察。

【换届选举工作】 11月24日，区人大常委会贯彻落实换届法定原则和程序，在全区86个选区内，237309名选民投票选举产生新一届区人大代表180名，完成区第十八届人大代表选举工作。区委书记黄河，区委副书记、区长李世峰，区人大常委会主任杨明，区政协主席黄唯佳在各自选区参加现场投票。

（江　峰）

雨花台区人民政府

·概　述·

【概　况】 2016年，全区上下主动适应和把握经济发展新常态，统筹推进稳增长、调结构等各项任务，完成各项工作，实现“十三五”良好开局。全年，雨花台区地区生产总值444.69亿元，同比增长8.6%；实现一般公共预算收入69.7亿元，同比增长13.7%；实现全社会固定资产投资242.01亿元；实现社会消费品零售总额366.62亿元，同比增长10%；城镇居民人均可支配收入48289.3元，同比增长8.6%；外贸出口总额21.71亿美元；文化产业销售收入105亿元。全区三次产业比0.2:16.8:83。实现软件和信息服务业收入1900.4

亿元，新增软件产业建筑面积60.8万平方米、软件从业人员2.61万人、涉软企业132家。打造通信软件、服务外包、大数据等特色产业集群，建成大数据产业基地、科创城、创业创新城等特色载体，汇聚世界500强及世界软件百强企业9家、国内软件及电子信息百强企业25家。每万人发明专利拥有量24件，科技研发经费支出占GDP比重3.62%，高新技术产业销售收入1920亿元，新增高新技术企业65家。加快南站高铁枢纽经济区建设，推进绿地之窗、证大喜玛拉雅等重大项目。关停搬迁高污染、低效益企业60家。推进“两桥”地区更新改造，推进征收拆迁、道路建设、保障房项目等重点工作，完成拆迁面积102万平方米，拆除违章建筑面积18.21万平方米。完成龙翔大道红线内“三集中”房屋收(退)回工作。完成棚户区和危旧房拆迁改造面积46.95万平方米，完成雨花新村一村、五村及普德花园等出新任务。完成工农河控源截污、河道清淤等整治工程。全年优良天数230天，优良率62.8%。完成绿化整治面积100余万平方米，新增城市绿地面积5万平方米，绿化覆盖率48.71%，新增成片造林20公顷，林木覆盖率30.05%。实施五项民生社会事业改革发展提升工程，完成为民办实事项目211个。新增城镇就业1.1万人。新增养老机构床位数170张，每千名老人拥有床位44张。完成南京市雨花台区实验小学东校区竣工交付，完成南京市小行小学主教学楼封顶，创建省优质幼儿园7所。深化“平安雨花·法治雨花”建设，社会矛盾调处成功率99.26%，人民群众公共安全感92%。铁心桥社区卫生服务中心获全国百强社区卫生服务中心称号。

2016年雨花台区人民政府常务会议一览表

表16

时　间	会议名称	主　要　议　题
2月1日	第一次常务会议	听取全区安全生产有关情况汇报：(1) 区安监局汇报全区安全生产情况；(2)传阅《区长安全生产目标责任书》。研究《雨花台区加强环境监管执法的实施意见(送审稿)》。听取2015年度全区经济和社会发展目标考评等情况汇报(其中阳光工资补差部分按月发放事项由人社局汇报)。听取有关贷款情况汇报：(1)土储中心2亿元贷款申请；(2)雨经发1.85亿元贷款申请；(3)软件园发展公司1.2亿元贷款申请；(4)农行不良贷款批量处置申请；(5)软件谷发展公司10亿元股权融资、10亿元PPN融资申请
2月25日	第二次常务会议	通报区政府领导同志分工调整情况。研究区水污染防治行动计划及2016年水污染防治实施方案(水务局补充汇报黑臭河道整治有关工作)。研究区2016年为民办实事工作。研究2016年区城建资金预算安排
3月14日	第三次常务会议	研究《雨花台区2016年大气污染防治实施方案》。研究2016年江苏省劳动模范和先进工作者的推荐评选名单。研究《关于进一步加强我区基层统计力量的报告》。研究《雨花台区2016年外贸出口奖励办法》。听取区2016年新增建设用地项目土地保供方案及低效用地整治情况的汇报。研究春江新城等4个保障房项目政策性亏损补亏协议。听取有关贷款情况汇报(1)软件谷发展公司理财直融6亿元、债权融资5亿元申请；(2)赛虹桥街道南河左岸公司贷款3亿元申请

续表

时　间	会议名称	主　　要　　议　　题
4月9日	第四次常务会议	研究《盘活财政存量资金，推进财政资金统筹使用试行办法》。听取全区一季度经济运行情况汇报。研究《雨花台区开放型经济工作考核奖励办法》。听取全区开展第三届国土资源节约集约模范区创建活动情况汇报。听取全区 2016 年征收拆迁工作计划安排情况汇报。听取 2016 年度教育附加费安排情况汇报
5月3日	第五次常务会议	研究全区防汛工作意见及预案。听取全区安全生产有关情况汇报。听取区 2016 年义务教育阶段招生工作有关情况汇报。研究《雨花台区知识产权战略专项资金管理办法》。研究《雨花台区关于以“府院合作”为抓手　加快建设全市一流的健康服务强区的实施意见》。听取 2015 年政务服务暨“12345”政务热线工作先进集体和个人进行表彰有关情况汇报
7月2日	第六次常务会议	研究雨花台区 2016 年江苏生态文明建设工程考核任务分解工作。研究《雨花台区残疾居民社会保险暂行办法》。研究落实市政府关于南站地区防汛属地化管理有关事项。听取 2016 年省转贷新增地方政府债券安排和地方政府债务限额的汇报。听取开发区向建设银行申请 2 亿元贷款有关情况汇报。听取雨花台中学人防工程招投标方案情况汇报。通报区政府领导同志工作分工临时调整有关情况
8月12日	第七次常务会议	听取 2016 年金洽会雨花台区专场活动筹备情况工作汇报。研究区政府年度重点工作挂图作战实施方案。研究全区公租房货币化实施工作研究街道(园区)社工招聘工作。听取开发区人居森林项目启动相关事项情况汇报
9月1日	第八次常务会议	研究全区环境综合整治工作。听取全区经济运行情况汇报。研究雨花台区 2016 年度经济和社会发展目标考评办法。听取 2016 软博会参展情况汇报
9月23日	第九次常务会议	研究雨花台区环境综合整治 3 年行动计划。研究 2016 年防汛抗洪先进集体、先进个人表彰工作。研究事业单位“绩效工资总量调控方案”。研究食品药品安全协管人员招聘工作。听取有关贷款情况汇报：(1)铁心房地产开发公司申请贷款 2 亿元；(2)软件谷明发通信公司申请贷款 3.65 亿元；(3)国开雨花公司申请贷款 10 亿元。研究马家店保障性住房提前开工建设事宜
10月29日	第十次常务会议	听取全区第六届社区居委会换届选举工作汇报。听取全区为民办实事工作的情况汇报。研究《区有关部门安全生产工作职责规定》。听取板霞线提前开工建设的情况汇报。研究雨花台区人民广播电台 FM96.6 频率转借工作。研究机关事业单位住房(提租)补贴、公积金调整工作
11月11日	第十一次常务会议	研究 2017 年雨花台区城市建设任务计划
12月3日	第十二次常务会议	研究机关事业单位养老保险制度改革工作。研究区安委会议事规则。听取 2017 年全区人代会重点项目编制情况汇报。听取世界智能制造大会筹备情况汇报。听取全区国土大会筹备情况汇报。研究区总工会职工文化与服务阵地建设。研究区财政给予软件谷发展公司 2016 年第二批注册资本金事宜
12月19日	第十三次常务会议	听取区 2016 年国民经济和社会发展计划执行情况与 2017 年国民经济和社会发展计划草案情况汇报。听取 2016 年《雨花台区政府工作报告》撰写情况汇报。听取区 2016 年财政预算执行和 2017 年财政预算草案情况汇报。听取国开雨花公司、铁心房地产公司、软件谷明发通信公司、雨经发公司等平台融资情况汇报

【领导分工】 2016 年 8 月，根据雨政发〔2016〕112 号文，区政府领导分工如下：

区长李世峰主持区政府全面工作，兼管机构编制、审计、监察、人民武装、“两桥”地区城市更新改造等工作。

常务副区长孙中华负责区政府常务工作，负责发展计划、经济体制改革、工业经济、民营经济、重大项目、财政(国有资产管理)、税收、人力资源和社会保障、统计、安全生产、消防、机关事务、政府政务、智慧雨花建设、应急、信息化等工作。分管政府办公室(机关事务管理局)、发展和改革局(经济和信息局)、财政局(政府国有资产监督管理办公室)、人力资源和社会保障局(公务员局)、统计局、安全生产监督管理局、政务服务管理办公室等。联系软件谷、国税局、地税局、消防大队、电信(移动、联通)分局、驻区各金融单位等。

副区长蒋冰负责城市规划建设、环境保护、城市管理、交通运输、拆迁、人防、为民办实事等工作。分管住房和建设局(房屋征收管理办公室)、环境保护局、城市管理局(城市管理行政执法局)、交通运输局、人民防空办公室、南京市规划局雨花台分局、南京南站综合管理办公室。联系国土分局、南京供电公司营销部。

副区长薛国安负责民政、社区建设、农林、水务、双拥等工作,协助分管人民武装工作。分管民政局(双拥办、老龄办)、农业局(农村集体资产管理办公室)、水务局等。联系驻区部队(武警部队)。

副区长余清负责教育、卫生(含爱国卫生)、人口与计划生育、文化、旅游、体育、民族宗教、残联、档案、地方志等工作。分管教育局、卫生和计划生育局(爱卫办)、文化局(旅游局)、体育局、民族宗教事务局、残联、档案局(档案馆、地方志办公室)、江苏国家数字出版基地南京园区管委会办公室等。联系总工会、团委、妇联、文联、红十字会。

副区长江磊负责科学技术、物价、市场监督管理、商贸服务、招商引资、外经外贸、外事、对台、侨务、信访、司法、法治、公安等工作。分管科学技术局(知识产权局)、物价局、市场监督管理局(食品药品监督管理局、食品安全委员会办公室)、商务局(贸促会)、政府外事办公室、信访局、司法局、政府法制办公室等。联系台办、侨办、工商联、科协、雨花粮油总公司、公安分局、交警八大队。

副巡视员王传忠协助蒋冰做好有关工作。

副巡视员钱颐协助薛国安做好有关工作。

副区长汪东明因对口支援西藏,不参与区政府工作分工。

【人大、政协议案提案办理】 2016年,区政府加强和改进督查工作,创新工作方法,落实各项工作。办理省委书记信箱、省长信箱、市委书记信箱、市长信箱、区长信箱、网络舆情、人民来信889件;办理市人大建议、政协提案及区人大建议、政协提案313件,满意率和基本满意率100%;办理省、市、区领导批示件31件次。同时,对全区职能部门和街道(园区)督查工作进行考核评分,对信箱办理和建议提案进行网上公开。

【外事工作】 2016年,区政府贯彻落实中央及省市各项决策部署,围绕全区中心工作,融入"一带一路"战略,统筹协调并推动各项外事工作。科学制定区因公出国境计划,严格执行出国境相关规定,全年未发生一起超时、绕道等违反外事出访纪律事件。全年执行党政干部因公出国境15批、34人次,出国批次、人数实现双下降。其中,区政府自组团执行因公出国境4批、22人次(另有香港招商团组2批、8人次),参加上级部门组织的出访活动11批、12人次。按照省教育厅培训计划,协助办理教师出国培训7批、9人次。接待斯洛文尼亚扎莱茨市代表团、文莱驻华大使、英国约克市长一行等外事交流团组3批、12人次。通过市外办牵线搭桥,与斯洛文尼亚扎莱茨市缔结为友好城市。承办“2016年第九届南京—新加坡中小学校长圆桌会议”，接待新加坡教育部学校司(东区)校群督导黄绣婷率领的新加坡校长代表团一行。

【徐鸣视察雨花台区森林防火情况】 2月3日，省委常委、副省长徐鸣视察该区森林防火情况，实地视察将军山风景区，详细了解全区森林防火组织指挥体系、管理责任体系建设情况及春节期间巡查工作安排；问候护林员并送上节日祝福；对该区森林防火工作给予充分肯定，并指出该区林区面积较大，政府要进一步增加投入，加强林区巡查，明确责任，确保山林和周边居民安全。2016年，全区建成森林防火通道长度43千米，备有防火指挥车2辆、消防运输车7辆、灭火把600把；组建半专业消防队伍15支和专业消防队伍1支，消防队人数193人；安排183个护林员全天巡查山林，确保山林有任何突发情况及时发现、及时解决。区领导李世峰、薛国安陪同视察。

【区政府全体(扩大)会议】 8月9日，区政府全体(扩大)会议召开。会议总结上半年工作，分析当前经济形势，安排下半年主要任务。区委副书记、区长李世峰出席会议并作重要讲话。肯定全区在产业转型升级、城市建设管理、民生社会事业发展、社会安全稳定方面所取得成绩；分析当前发展形势还存在经济下行压力依然较大、城市功能配套滞后、一些干部执行力还需加强等问题；提出下半年要紧紧围绕打好三大攻坚战，强化经济运行组织，推进产业转型升级，加快重点板块建设，改善群众生活，促进社会安全稳定，确保完成全年经济社会发展主要目标任务。会议指出，2016年下半年，全区各部门、街道(园区)要强化经济运行组织，狠抓经济运行监测、有效投入和外贸进出口，确保完成年初下达的目标任务；聚焦重点难点，发展软件和信息服务业，完善高端商务商贸业布局，持之以恒增强创新动力，强化招商引资，加快推进产业转型升级；拉开“两桥”建设框架，加强城市基础设施建设，提升城市管理能力，强化生态环境治理，注重功能品质，提升城市规划建设管理水平；提高民生保障能力，提升公共服务品质，提高社会治理水平，加快完善社会民生保障体系；持续强化监管力度，强化市场监督管理，做好社会稳定工作，营造安全稳定社会环境。

【区政府党组召开扩大会议】 11月10日，区政府党组扩大会议召开。会议学习贯彻十八届六中全会、市第十四次党代会精神，落实全区负责干部大会要求，部署下一阶段工作，要求全区进一步坚定信心、强化举措、奋力攻坚，确保完成全年经济社会发展目标任务。针对当前和下一阶段工作，会议指出，要强化经济运行组织、狠抓重大项目建设、盘紧盘实各项考核目标，确保全年综合考核继续位列第一方阵；落实当前重点任务，做好“双清”工作推进、环境综合整治任务落实、“国考”“国查”确保通过、社会安全稳定环境维护四项重点任务；紧扣“三大攻坚战”，推进产业转型升级、提升城市功能品质、保障和改善民生，抓紧谋划部署2017年重点工作；狠抓全面从严治党，通过“加强和规范党内政治生活、持续改进工作作风、狠抓工作推进落实”，做到真管真严、敢管敢严、长管长严，增强党的凝聚力、政府公信力、干部执行力和制度约束力，打造清正廉洁实干型政府。

(林　武)

·信　访·

【概　况】 2016年,雨花台区信访工作以党的十八大和十八届三中、四中、五中全会精神为指导,推进信访制度改革。开展信访积案化解攻坚行动,推行信访网上代理,实施诉访分离和法定途径分类处理信访诉求,深化"依法逐级走访权益保障卡"制度,规范信访基础业务,提升初信初访办理质量和效率,坚持信访事项首办责任制,打造"责任信访""阳光信访""法治信访""和谐信访"。采取领导包案、信访听证、专项资金救助、协商会办、律师参与、第三方评议等方式,加大化解信访案件力度。全年党政领导接待来访群众123批,推进化解信访矛盾35件,其中党政主要领导接待来访群众11批,化解信访问题7件,化解率86%;运用法治思维和人文关怀并重推动问题解决,救助帮扶19人,化解信访积案5件,使用救助资金130余万元。完善重点时段应急机制,做好信息预警、重点人员管控、劝返接回、落地稳控、警信联合工作,完成全国两会、北戴河暑期维稳、G20杭州峰会、党的十八届六中全会、国家公祭日和省市各级党代会等重大活动信访稳定任务。至年末,区人民来访接待中心受理群众来信来访667批2906人次,信访总量批次上升51.9%、人(件)次下降11%。其中来信163件,上升39.3%;集体访119批2076人次,批次下降7.8%、人(件)次下降27.6%。辖区群众到省集体访1批30人次,批次下降66.7%、人(件)次下降44.4%;到市集体访4批107人次,批次下降33.3%、人(件)次上升21.6%;进京访112人次,人次上升4.7%。实现全区信访总人次、集体访、重信重访及进京非访量总体下降,无重大影响群体性事件发生。

年内,雨花台区被南京市信访工作联席会议评为2015年全市信访工作绩效考核先进区(第三名);西善桥、板桥、铁心桥和梅山街道被南京市信访工作联席会议评为2015年全市信访工作先进街道(镇);区信访局被南京市信访局评为2015年信访调研工作优秀单位。

【化解信访积案集中攻坚行动开展】 3月,全区开展化解信访积案集中攻坚行动。由区委办下发《雨花台区2016年关于区领导包案处理重点信访事项的通知》,区维稳办、纪委、信访局、公安分局等组成联合督查组,开展专题督查5次,深入一线听取稳控人员落实、了解积案化解推进情况;区信访联席办召集会议32次,协调研究疑难复杂信访案件,抓好居家看守、信息预警、疏导化解、以谈促稳、路铁联动、稳控对接、依法处置、重点时期"日点名"等环节工作;区主要领导带头包案攻坚,将久拖不决、涉及面广、群众反映强烈、社会关注度高的积案,纳入接访包案范围。全年全区梳理包案事项47件,其中涉法涉诉和外区稳控积案24件、稳控率100%,信访积案23件、结案率和稳控率均100%;省市交办进京来省重复访1件、结案率100%,交办信访积案攻坚事项8件、结案率100%,化解率87.5%。

【全市信访网上代理试点工作完成】 5月,雨花台区作为南京市信访网上代理系统试点单位,推进"互联网+信访"工作模式,打造自动化办公和信访网上代理系统,把市、区两级信访机构接待窗口延伸至社区、街道(园区)和行政机关,打通与群众的"最后一公里",让"数据多跑路,群众少跑路",把群众吸附在当地,减少群众走访，维护社会稳定。制定《雨花台区信访网上代理试点工作方案》，明确组织领导、职责分工、时间步骤、受理范围、办理流程及工作要求；对全区23个区级机关部门、8个街道及54个社区150余名工作人员进行信访网上代理业务培训，明确工作规范和程序；多渠道筹措资金5万余元，分别在区人民来访接待中心、西善桥街道便民服务中心和赛虹桥街道便民服务中心配置信访自助终端1台，方便群众自助查询信访事项办理结果；组织工作人员深入基层调研指导工作8次，发放相关宣传手册1500份、信访网上代理登记表1000余份，向上级提出合理化建议25条。9月，信访网上代理系统在全市全面施行，全区受理信访网上代理件16件，占全年来信总量9.8%。

【法治信访】 6月，雨花台区推行群众“依法逐级走访权益保障卡”制度，按照“初次走访领卡、逐级走访凭卡、处理结果记卡、保障权益用卡”规范操作法定信访渠道内的信访事项，实施卡网同步，“依法逐级走访权益保障卡”建立“三个倒逼”机制，即：倒逼责任单位依法按政策解决问题、倒逼信访群众依法逐级走访和倒逼信访干部能力，全区权益保障卡发卡率82.6%。10月，全区14个部门制定法定途径处理信访诉求分类清单，推行法定途径优先，强化行政职能。完善诉访分离制度，在行政机关、司法机关之间加强衔接，配合政法机关依法处置越级非访等违法信访行为。全年，越级访5批，同比减少24.5%。

【越级进京访专项整治“百日会战”开展】 10—12月，全区开展越级进京访专项整治“百日会战”活动。召开区委常委会，学习《信访工作责任制实施办法》，听取全区信访工作情况汇报；成立由区委常委、政法委书记和分管副区长为组长的越级进京访专项整治工作领导小组，完善越级进京访劝返、带离、接回、处置、稳控工作应急预案，做好居家看守，对重点人员“一人一案”“一人一组”。全区拉网式排查不稳定因素群体性矛盾21件和重点人员28人，结合排查情况进行领导包案，区领导对包案事项多策并举、分类施策，瑞尔大厦购房问题、西营村拆迁问题得到有效推进。引导信访人依法信访、逐级走访，对非法信访行为加大依法处置力度，拘留7人次、训诫53人次，进京非访、越级集体访降幅均超50%。 （杨茂华）

·民族宗教·

【概　况】 2016年2月，区宗局由与区委统战部一套班子、两块牌子调整为单独设置的区政府工作部门，主要负责全区民族宗教管理事务。全区有少数民族24个，少数民族常住人口3296人；少数民族社团2个，少数民族清真食品企业1家；宗教活动场所10个(其中佛教场所2个，基督教聚会点8个)，区级宗教团体1个，信教群众约1.5万人。年内，区宗局完成全区少数民族回族等10个少数民族居民牛羊肉补贴申请、核对，符合条件享受牛羊肉补贴少数民族居民2933人，向市、区两级财政申报发放补贴资金415728元。春节走访慰问少数民族人士、少数民族群众贫困家庭，发放慰问金0.46万元。完成41名中考少数民族考生身份确认。协调保障市委常委统战部、市政协到高座寺调研指导工作。协调做好市佛教协会、天隆寺筹备处举行“三时系念”法会活动秩序维护和保障工作。协调保障台湾佛光山中华人间佛教联合总会代表团一行180余人参访天隆寺。组织宗教界开展公益慈善活动,联合区妇联、基督教三自爱国运动委员会为10名单亲贫困母亲家庭就读高中生发放春季学期“天使爱心”助学金各3000元,并为10个宗教场所颁发捐款证书。开展宗教慈善捐助活动,组织全区宗教界群众向遭受龙卷风冰雹袭击的盐城灾区捐款32273元。指导三自会在大定坊聚会点开展春季义工培训,来自全区基督教界100余名传道人及义工参加学习培训。开展宗教场所安全隐患排查,举办消防安全知识讲座,完善宗教活动场所消防、防汛安全和群体性事件应急预案。加强宗教家庭聚会点监管,排查甄别宗教活动点17处,取缔宗教活动点5处,纳入管理的宗教活动点7处,其余5处人数少视为家庭聚会点。推进宗教场所达标创建,高座寺被区城治办评定为城市治理标准化建设达标示范单位,大定坊、三山聚会点被区城治办评定为城市治理标准化建设达标单位;高座寺被南京市星级宗教场所评定为省三星级宗教场所标准。至年末,全区达到省三星级标准宗教场所6个、达到省二星级标准宗教场所1个、达到省一星级标准宗教场所3个;达到省一星级宗教档案工作场所6个,达到“六有”标准宗教档案工作场所4个。

【少数民族特需供应品清真食品企业检查】 1月19日,市民宗局副巡视员曲学云一行检查该区南京韩复兴清真食品有限公司少数民族特需供应品清真食品生产情况。先后听取该企业生产经营情况汇报,参观清真食品展示室和生产线,详细查阅原料来源渠道、生产销售、贷款贴息和少数民族员工就业等台账资料。最后,要求该企业全年发扬成绩、拓展生产,确保产品清真,加大向西北穆斯林居住区产品销售量,加大对少数民族地区困难群众扶持力度,为全市民族团结进步事业作出贡献。“韩复兴”创办于1866年,为中华老字号著名清真企业,“十二五”期间完成全国民族特需商品供应,2012年、2015年连获全市民族团结进步模范集体称号。

【宗教政策法规学习培训开展】 5月9日,为贯彻落实全国宗教工作会议精神,强化信教群众依法依规开展宗教活动意识,区基督教三自爱国运动委员会邀请市民宗局政策法规处处长江东为全区基督教界教牧同工进行宗教政策法规学习培训。该培训活动为期5天,区基督教界教牧同工300人参加。通过分析和解读近年来国内多起宗教涉法案例,教育和引导宗教界法治意识,做到办事依法、自觉守法、遇事找法、解决问题靠法。通过该次培训,广大教牧同工普遍认识到宗教问题有其特殊性,信教群众在遵规守法上没有任何特殊性;依法依规开展宗教活动既是社会对宗教界最基本要求,也是宗教界维护自身合法权益现实需要。

【纪念金陵刻经处成立150周年】 7月5日,中国佛教协会和南京市政府在大报恩寺遗址公园举行金陵刻经处成立150周年纪念会。国家宗教事务局局长王作安,副局长蒋坚永,全国政协民宗委主任朱维群,中央统战部二局副局长王志刚,中国佛教协会会长学诚,副会长觉醒、纯一、宗性,中国佛教协会秘书长刘威,中国佛教协会副会长兼江苏省佛教协会会长心澄,台湾佛光山长老星云法师,澳门佛教理事会理事长健钊长老,中国佛教文化研究所所长楼宇烈等应邀出席纪念活动。金陵刻经处于1866年由杨仁山居士创建，是近代第一家由私人创办的融经书雕刻、印刷、流通及佛学业内就于一体的佛经出版机构，也是世界规模最大汉文木刻佛教经像版收藏中心和目前内地唯一汉文雕版印刷佛经流通中心，完整保存中国雕版印刷、木刻水印、线装函套等传统工艺。

【第五届“宗教慈善周”活动】 9月12—18日，区民宗局指导区基督教三自爱国运动委员会和10个宗教活动场所，开展第五届“宗教慈善周”活动。活动期间募集善款79314.5元。其中，响应市基督教“两会”倡议，募集18194.5元善款资助陕西延安富县教会建造教堂；募集61120元善款捐助区妇联“天使爱心”助学项目，帮助单亲贫困母亲家庭就读高中阶段子女就学，助学金标准每人每学年5000元。全年资助符合要求在校高中生12名，发放助学金6.4万元；奖励该项目首期资助考上大学的高中生2名，发放奖学金各4000元。

【宗教活动场所消防安全检查】 11月15—16日，市民宗局办公室副主任吴晓永率队先后到佛教高座寺、基督教大定坊聚会点对消防安全进行大检查。详细检查场所消防器材、消防用水及器材技术状况，检查厨房设施及环境卫生，肯定好的、并指出问题。指出秋冬季节火灾多发，宗教场所人群密集，消防安全关乎生命，要切实加强安全防范，确保场所绝对安全。区民宗局传达市民宗局关于做好今冬明春火灾防控工作通知及场所消防安全防控工作部署，排查和整改各场所消防安全隐患。

（石化英）

·台湾事务与侨务·

【概　况】 2016年，雨花台区对台工作继续贯彻中国共产党对台方针政策，重点把握宁台合作战略机遇，扩大对台经贸交流和产业对接，完成全年各项工作任务。年内，组织考察团赴台开展产业推介对接等招商活动。接待台湾青年菁英大陆研习营一行30余人考察调研翠竹园社区。邀请接待台湾商业总会一行20余人考察团，对全区经济发展情况进行交流与座谈。组团3批次赴台开展文化、经贸考察交流。在与台湾省新北市板桥区及永安里“区区对接”基础上，与永和区、新店区、芦洲区等地开展友好对接交流。逐个走访台资企业18家，建立台资企业名录。联合有关部门协调台资企业做好安全生产、安全生活工作，建立和谐劳资关系，开展“平安台企”创建活动，帮助协调解决问题16起。做好困难台胞台属调查建档，配合相关部门做好困难补助。坚持走访慰问制度，走访慰问困难台胞台属45户、台资企业10家。做好台胞台属、台资企业来信来访工作，解决台胞证件签注、企业生产经营、家庭矛盾等信访、纠纷6起。

全年该区侨务工作围绕全区工作中心，做好归侨侨眷、侨资企业和引资引智工作，促进全区经济社会发展，完成全年各项目标任务。全区在册归侨15人，华侨42人，外籍华人17人，常住侨眷247人，企业归侨9人，侨资企业21家，新侨企业18家。年内，区侨办举办华侨华人高层次人才雨花洽谈会。邀请接待江苏中嘉通讯技术有限公司到雨花经济开发区考察洽谈。联合东南大学开展“科技进社区”活动，与7家用人单位进行人才对接。推荐4名台、侨商代表参加市政府国庆招待会。接待中国侨联经济科技部部长赵红英一行120人参观考察软件谷。利用西善桥街道侨联平台，召开侨资企业银企合作会议，邀请江苏省高科技产业投资公司、威特曼生物科技（南京）有限公司等十余家侨资企业负责人进行座谈。走访慰问困难归侨侨眷19户100余人次，发放慰问金近2万元，侨资企业11家。接待来区探亲、考察、经贸洽谈涉侨人员近40名，为涉侨人员解决墓地迁移、拆迁安置、生活医疗、子女就学、工资等问题11件。为3名困难归侨申请困难补助16000元。做好归侨侨眷、侨资企业来信来访工作，解决台胞证件签注、企业生产经营、家庭矛盾等4起信访、纠纷。侨情资源较多的雨花街道翠竹园社区、梅山街道上怡新村社区、赛虹桥街道玻纤院社区3个社区被列为全市重点涉侨社区，其中雨花街道翠竹园社区是国家级社区侨务工作示范点，梅山街道上怡新村社区是省级社区侨务工作示范点。软件谷等16家单位被省侨联命名为江苏省侨联新侨创新创业基地。

【台资企业普查工作开展】 2016年，区台办开展全区台资企业普查工作。协调台资企业艾德克斯电子有限公司新建办公、研发大楼1万平方米，并于年底投入使用；协调雨花经济开发区汽贸园区为2家台资企业进行水、电、气接入；协调区交通局在台资企业周边建成公交站点20个；联合有关部门协调台资企业做好安全生产、安全生活工作，开展“平安台企”创建活动，帮助协调解决问题6起；发放工作联系卡，强化对台商台资企业管理和服务工作针对性和有效性。年内，逐个走访台资企业18家，建立台资企业名录，并上报市台办，掌握全区台商台资企业真实情况。

【王薇调研雨花台区侨务工作】 8月2日，市侨办主任王薇一行5人调研雨花台区基层侨务工作，听取侨务工作情况汇报及2016年重点工作总结，对该区侨务工作取得成绩给予肯定，要求区侨务部门深入宣传落实侨法，营造为侨护侨氛围，完善服务机制，为侨办实事，维护海外华侨、归侨、侨眷和广大侨商合法权益。区委常委、统战部部长艾长青陪同调研。

【季斌走访驻区台资企业】 8月8日，市台办副主任季斌一行5人走访艾德克斯电子（南京）有限公司。艾德克斯电子（南京）有限公司总经理张顺龙介绍上半年企业经济运行情况并表达子女在南京小学就读想法。季斌对企业发展表示肯定，并与区台办和街道主要负责人现场研究解决台商子女入学问题。区委统战部副部长、台侨办主任张福喜，西善桥街道党工委书记王金玉陪同走访。10月21日，市台办副巡视员杨兆明调研亚锐电子（南京）有限公司，详细了解企业当前发展情况和今后发展思路，询问企业在发展过程中遇到的重点、难点问题。区委统战部副部长、台侨办主任张福喜陪同调研。

【“科技进社区”活动开展】 10月13日，区侨办联合东南大学在翠竹园社区开展“科技进社区”志愿服务活动启动仪式。社区居民及广大侨界朋友160人参加。区委统战部副部长、台侨办主任张福喜致辞并宣布开幕。该活动通过防诈骗视频播放、有奖竞答等形式，向社区涉侨人员和居民宣传科技知识，增强防范意识，远离犯罪分子骗局，得到现场居民踊跃参与和一致好评。

【赵红英参观考察软件谷】 10月26日，中国侨联经济科技部部长赵红英一行120人到软件谷参观考察。先后参观软件谷总部成果展厅和中兴通讯股份有限公司。省侨联副主席镇翔，南京市侨联主席周雯，区委常委、统战部部长艾长青等陪同调研。（李国辉）

·政务服务·

【概　况】 2016年2月15日，根据《中共南京市委办公厅、南京人民政府办公厅关于〈南京市雨花台区人民政府职能转变和机构改革〉的通知》（雨委发〔2016〕7号）要求，雨花台区暨中国（南京）软件谷政务服务中心撤销，南京市雨花台区政务服务管理办公室（简称“区政务办”）成立，挂南京市雨花台区政务服务中心牌子，划入原区政务服务中心全部职责，主要负责组织协调、监督检查各部门行政许可、审批及其他行政权力与公共服务等事项集中办理及“12345”政务热线管理、电子服务数据库建设。

全年，区政务办开展“三严三实”学习教育活动，召开专题组织生活会，开展专题党课3次、专题学习研讨2次、集中学习6次；规范管理进驻事项运行与服务窗口，完成涉及31个区、谷及相关垂直管理部门的262项行政审批与公共服务事项全部进驻区政务中心；实施全员绩效考评，制定《窗口单位及其工作人员绩效考评实施细则》《区政务服务中心服务规范情况监督检查办法》；完善政务服务体系，实现政务综管系统上线运行，完成全区8个街道（园区）9个便民服务中心建设；全面实施“三证合一、一照一码”登记制度改革，通过省企业注册登记并联审批平台累计办结“三证合一、一照一码”注册登记企业近万家；受理各类行政许可、审批及其他行政权力与公共服务事项15.6万件次，同比增长122.5%，综合办结率100%、综合满意率99.9%。

年内，区政府被市委、市政府评为2016年度“12345”政务热线工作先进单位；区政务办被市妇联、南京城镇妇女巾帼建功领导小组授予2016年度市级巾帼文明岗称号；区政务办综合管理科被区委、区政府评为2016年度区先进集体。

【行政审批制度改革落实】 2016年，区政务办会同区市场监督管理局，全面实施“三证合一、一照一码”登记制度改革。1—9月，通过省企业注册登记并联审批平台累计办结“三证合一、一照一码”注册登记企业近万家；10月，启动“多证合一、一照一码”改革，整合社会保险登记证和统计登记证；会同区发改局、国土分局、环保局等行业主管部门，推动辖区内涉及“多评合一”中介机构，申报纳入市中介机构库，推广应用市级投资项目“多评合一”系统平台，方便建设单位办理相关许可审批，合理高效选择立项阶段8类中介服务；立足南京南站高铁枢纽经济区建设，依托街道（园区）实地调研入驻企业政务服务需求，联合区市场监督管理局、雨花街道和绿地集团，举办企业注册登记业务知识讲座，开展现场业务咨询，开辟入驻楼宇企业注册登记绿色通道。至年末，区政务服务中心各窗口受理各类行政许可、审批及其他行政权力与公共服务事项15.6万件次，同比增长122.5%，综合办结率100%，综合满意率99.99%。完成涉及

31 个区、谷及相关垂直管理部门的 262 项行政审批与公共服务事项全部进驻区政务中心，发生事项 104 项(区部门 93 项、谷部门 11 项)，进驻事项发生率 36.29%；窗口承诺件办结 5499 件，办件平均用时由法定21.36 天降至 1.5 天，对照法定时限节约率 92.97%。在全市政务服务工作综合考核中，区政务办列全市第四名。

7 月 9 日，区政务办在雨花经济开发区锦华新城开展“12345”进社区活动　（区政务办　供稿）

【“互联网+政务服务”建设】 2016 年，区政务办全面推进“互联网+政务服务”建设。融入市“互联网+政务服务” 平台建设国家级试点工作，按照市政务办统一部署，参加市政务办改革试点预备讨论会，配合做好平台建设可行性与顶层设计调研论证，争取“投资项目服务”分试点建设任务；会同区环保局，与市环保局上下联动，系统梳理环保类 10 个主事项和 18 个子事项的办理流程，为平台建设提供基础信息源；按照“服务一站通”建设要求，编写录入事项办理套餐式服务 32 项，解答常见问题 178 条；组织 30 个区级部门和 4 个垂管部门将行政权力事项标准化清单和办事指南录入省政务服务网公示，推进政务服务“全省一张网”建设。

【“12345” 政务热线工作列全市第五】 2016 年，区政务办通过集中培训、专项培训、上门送训、岗位锻炼等方式打造工作骨干队伍，累计培训人员近 500 人次，召开调研座谈会 20 场次，收集工作创意 100 条，工作意见建议约200 条。开展“12345”进社区活动，受理群众各类投诉 1000 件，接受群众咨询 2000 人次，服务群众 4000 人次，为群众现场解决实际困难500 起，协调街道(园区)联系近 70 家企业走进社区，提供招聘岗位 450 个，达成意向就业协议 113 人。至年末，区政务办热线平台受理“12345” 政务热线工单 29015 件，办结率 99.96%，群众满意率 86.24%。在全市“12345”年度考核中，区政务办位列全市第五名，区政府被市委、市政府评为 2016 年度“12345”政务热线工作先进单位，周红林、张云、陈罗明三名工单承办人被市委、市政府评为 2016 年度市级先进个人。（曹玉超）

政协雨花台区委员会

【概　况】 2016 年是“十三五”建设开局之年，也是区政协八届委员会收官之年。全区政协工作坚持以中共十八大和十八届三中、四中、五中全会精神为指导，贯彻落实区委十届二十二次全会确定的目标任务，突出团结和民主两大主题，围绕中心、服务大局，聚焦改革发展履行职能，推进政协协商发挥优势，增强履职能力提升实效，为建设经济强、百姓富、环境美、社会文明程度高的新雨花作出贡献。全年召开常委会议4次，主席会议8次，各专委会、政协工委、界别组开展调研、考察对口协商、民主评议活动62次，形成专题调研报告34份，提出建议意见97条。收到委员提案226件，立案191件，全部办结。开展"两学一做"学习教育，围绕"三个专题"组织学习研讨、专项调研、对照检查，查找自身突出问题10条，完成参观、调研、座谈、现场教学等配合活动32场次，召开区政协党组、政协办领导班子"两学一做"学习教育专题民主生活会2次，制定整改措施10条，修订完善各类制度2项。继续开展"富裕百姓、促进发展"专题考察调研工作。发挥各街道(园区)政协工委(片组)、政协各界别在反映社情民意工作中主动性与积极性，及时掌握和反映社会不同阶层、不同群体的愿望诉求。全年上报信息80条，其中20条信息被市政协采编，"民生领域建设工程项目审批制度改革的三点建议"被全国政协采编；"关于修改南京市社区居家养老服务申请地的建议"获市领导批示。区政协社情民意信息工作连续4年被市政协评为先进单位。

【区政协八届委员会第五次会议】 1月11—13日，区政协八届委员会第五次会议在雨花台中学学术报告厅召开。来自全区各个界别189名政协委员出席会议，驻区各民主党派、人民团体、相关部门负责人列席会议。区委书记张一新在开幕式上讲话，强调要"科学谋划今年及'十三五'发展的大事，即心无旁骛，坚持决胜软件谷建设；坚定信心，坚决决战"两桥"地区改造；高度负责，大力推动社会事业发展提升"，肯定政协在促进全区经济社会发展中做出积极贡献，对政协工作寄予希望。会议听取区长李世峰作《政府工作报告》及其他相关报告。审议通过区政协主席黄唯佳代表区政协常务委员会作工作报告和区政协副主席于志珍作关于提案工作情况报告。补选杨洋为区政协第八届委员会副主席。

5月17日，政协南京市雨花台区委员会理想信念教育培训班在遵义干部学院举行开班仪式 (区政协办 供稿)

2016年政协雨花台区第八届委员会常务委员会会议一览表

表17

时　间	会议名称	主　要　议　题
2月25日	第18次会议	1.审议通过《政协雨花台区委员会2016年度工作要点和协商议题安排》 2.审议通过《政协雨花台区委员会关于开展评选表彰先进集体和委员先进个人活动的意见》(修订稿)；审议通过《区政协关于优秀提案评选表彰的办法》 3.听取区政协八届五次会议提案审查立案情况的报告和区政协主席、副主席、秘书长、专委会主任工作分工调整情况的报告 4.协商通过有关人事调整事项。因部分委员工作岗位发生变动等原因，会议决定免去李来娣、贾静、鲍黎、朱向东、汪丹彦政协雨花台区第八届委员会委员职务。同时增补庄捷、施晓明、盛云生、张婉如、李明、翟红军为政协雨花台区第八届委员会委员

续表

时　间	会议名称	主　要　议　题
8月5日	第19次会议	1.传达学区第十一次党代会精神 2.听取区政府2016年上半年工作情况和下半年重点工作安排通报 3.听取区政府关于区政协八届五次会议以来提案办理情况通报 4.总结区政协2016年上半年工作,部署下半年任务 5.区政协常委述职
9月28日	第20次会议	考察江苏创业大街的黑马孵化器、阿里百川网、36氪、创客街等软件谷众创空间,听取软件谷管委会题为"凝聚创新创业服务共识,争当南京国际软件名城建设的排头兵、主阵地、核心区"情况通报,并进行协商讨论
12月27日	第21次会议	1.听取区政协换届筹备工作情况汇报 2.审议通过区政协九届一次会议议程(草案)、日程(草案)等有关事项 3.审议区政协八届常委会工作报告(审议稿)和区政协八届常委会关于提案工作情况报告(审议稿) 4.审议通过政协雨花台区第九届委员会参加单位、委员名额和人选名单,批准区政协2016年度受表彰的先进集体和委员先进个人名单以及区政协八届委员会优秀提案表彰名单

2016年政协雨花台区第八届委员会主席会议一览表

表18

时　间	会议名称	主　要　议　题
2月25日	第37次会议	1.协商讨论《区政协2016年度工作要点和协商议题安排》(讨论稿) 2.《区政协关于评选表彰先进集体和委员先进个人的意见》(讨论稿) 3.批准《区政协各专委会、政协工委(片组)、界别组2016年工作计划》 4.审议通过区政协八届五次会议提案审查立案情况报告和《区政协关于优秀提案评选表彰的办法》(讨论稿) 5.协商确定区政协主席、副主席,秘书长、专委会主任工作分工,协商提出有关人事事项 6.听取区政协八届十八次常委会议筹备情况报告,决定八届十八次常委会议于2月25日下午召开
3月25日	第38次会议	考察春江新城社区社会组织工作情况,听取全区社会组织发展情况通报并进行协商讨论
4月28日	第39次会议	考察嘉吉饲料(南京)有限公司安全生产工作情况,听取全区安全生产工作情况通报并进行协商讨论
5月31日	第40次会议	考察板桥河闸扩建工程建设现场,听取区水务局工作暨全区黑臭河道整治情况通报并进行协商讨论
6月29日	第41次会议	考察小河北路工程建设现场,督办加快完善全区交通路网规划建设重点提案
8月29日	第42次会议	考察铁心桥社区食药品安全科普宣传站和雨花街道石华路茶叶一条街,听取全区食品安全监督管理情况通报并进行协商讨论
10月18日	第43次会议	考察龙翔大道一期工程和马家店保障房建设现场,听取"两桥"地区更新改造推进情况通报并进行协商讨论
12月27日	第44次会议	1.协商讨论区政协换届工作筹备方案 2.协商通过会议的相关事项 3.协商讨论《区政协常委会工作报告(讨论稿)》 4.协商讨论《区政协常委会关于关于提案工作情况的报告(讨论稿)》 5.协商讨论区政协九届一次会议的有关事项和相关建议名单 6.研究确定大会发言名单 7.研究区政协2016年度先进集体和委员先进个人建议名单、八届区政协优秀提案表彰建议名单 8.讨论决定召开区政协八届二十一次常委会议有关事项

【政治协商】 2016年,区政协围绕区委、区政府工作中心,组织开展多层次协商议政活动,发挥政治协商优势和作用。开展全会协商,召开区政协八届委员会第五次会议,委员们通过分组讨论、大会发言、提案、社情民意信息等形式,围绕加快软件谷建设、推进"两桥"地区更新改造、提升全区民生事业发展水平等事关全局重大事项、涉及经济社会发展突出问题及人民群众关心的热点难点问题进行协商讨论和议政建言,会议收到发言材料34篇,安排6人作大会发言,邀请区四套班子和软件谷全体领导听取委员意见和建议,提高参政议政实效,促进相关决策科学化和民主化。开展专题协商,以每个月主席会议为协商平台,分别就社会组织发展、安全生产工作、食品安全监督管理等6个方面议题,听取相关部门情况通报,开展协商讨论,提出意见建议近20条。开展对口协商,引导各专委会、政协工委(片组)、界别组围绕党政工作中心,分别就"两桥"改造过程中文物保护、雨花国际汽车商贸区建设、西善桥食品安全快速检测中心发展等议题与相关街道(园区)、部门开展调研、考察、座谈等对口协商活动32场次,协商意见被相关单位重视和采纳。

【民主监督】 2016年,区政协完善民主监督机制,开展行风评议监督,探索民主监督新形式、新方法,畅通民主监督渠道,加大民主监督力度。继续选派委员担任有关部门特约监督员、检察员和人民陪审员,通过组织委员参加民主评议、行风测评、审判旁听等活动,对部分党政部门进行民主监督,促进机关部门作风转变和工作效能提升。在2016年度区级机关执行力要素评议中,推荐20名综合素质高的委员全程参与评议,测评依法办事、服务质量、信息公开、制度建设、廉洁自律5个方面,提高机关效能。

【参政议政】 2016年,区政协围绕区委工作部署,开展调研和视察活动,联系实际提出意见建议。搭建委员议政建言平台,邀请政协委员和群众代表列席区政协常委会议、主席会议和专题议政会,拓宽委员和群众参政议政渠道;开展政协调研月活动,围绕区第十一次党代会提出的"抓产业转型、促城市建设、补民生短板"三大攻坚战,依托各专委会组成了6个调研组,由分管主席带队,分别就提高软件谷创业创新能力、集体土地征地拆迁、提升教育品质等议题开展调研,通过赴先进地区考察学习、召开调研座谈会、走访专家学者等形式,听取各界意见建议;开展"富裕百姓、促进发展"专题调研,全区各民主党派、工商联、人民团体,区政协各专委会、政协工委(片组)、界别组按照区政协要求,就加快产业转型、优化经济结构、推进软件谷建设、提升城市功能品质、保障和改善民生等区委区政府重视、人民群众关注的课题深入调研。至年末,受邀参加区政协常委会、主席会等协商会议委员代表30余人次、群众代表20余人次;收到调研论文49篇,并将论文汇编成册报送区领导和相关部门。

【提案办理】 2016年,区政协坚持和完善主席会议督办重点提案、专委会对口督办、提案委协调督办、委员参与督办等制度,采取情况通报、专项视察、提案办理专题协商座谈会和"回头看"等方式,加大提案督办力度。八届四十二次主席会议就"加快完善全区交通路网规划建设"提案进行重点督办，邀请提案委员和区交通运输局、住建局等相关部门负责人开展面对面协商，提高办理实效。自八届五次会议以来，区政协收到提案226件，审查立案191件，立案率84.5%。对未予立案的35件，转为社情民意信息或作为提案线索转报市政协相关部门。立案提案全部得到承办单位重视和办理，所提建议在有关政策文件、重要规划和部门工作中得到落实，委员满意率和基本满意率100%。

【社情民意信息】 2016年，区政协加强社情民意信息收集和反映工作。把反映群众呼声、维护群众利益作为政协工作重要切入点，利用政协位置超脱、联系广泛优势，坚持在履职过程中认真收集社会各界意见和建议，及时反映社情民意；发挥特邀信息员和各政协工委联络员作用，每季度寄送全国政协重点选题，定期召开座谈会进行讨论交流；坚持联系和走访委员制度，由各位主席率机关干部分别走访委员和委员企业，了解委员履职情况，收集和反映社情民意信息，增进政协组织与委员之间沟通，激发委员履职积极性。至年末，报送信息80余条，被市政协采编20条。其中，"民生领域建设工程项目审批制度改革的三点建议"被全国政协采编，"关于修改南京市社区居家养老服务申请地的建议"获市领导批示。

【委(片)组活动】 2016年，全区各街道(园区)政协工委(片组)、区政协各界别组[简称"委(片)组"]认真履行政治协商、民主监督和参政议政职能，开展形式多样的委(片)组活动，组织委员考察、座谈、听取情况通报等各类活动32次。其中，8个街道政协工委开展活动16场次，提交调研报告20篇，各界别组组织活动20场次，提交调研报告23篇。

【扶贫帮困】 2016年，区政协发挥委员专业优势，通过开展义诊、咨询、学雷锋等系列便民惠民服务活动，密切委员与群众联系。其中，板桥新城政协片组联合医卫组、科技组开展送法、送医、送科技进社区活动；铁心桥街道政协工委、工青妇组联合开展"春蕾圆梦花神助学"活动，发放助学金10万元。全年各专委会、政协工委(片组)、界别组组织委员开展便民惠民服务36场次，参加委员82人次，服务群众近800人次，捐助款物100余万元，受到群众一致好评。

(王　新)

中共雨花台区纪律检查委员会

【概　况】 2016年，区纪委、监察局强化监督执纪问责，推进纪律检查体制改革，改善党风政风，抓好全区党风廉政建设和反腐败工作。落实"两个责任"(落实党风廉政建设责任制，党委负主体责任，纪委负监督责任)，研究制定党风廉政建设"两个责任"工作方案和责任制考核暂行办法，督促各级落实"五项清单"制度，建立健全"确责、履责、问责"责任体系。深化纪律检查体制改革，加强对中央八项规定精神执行情况监督检查。督促职能部门依法履职，对不作为、慢作为、失职渎职行为严肃问责。加强纪律教育，把廉政教育提醒贯穿于党风廉政监督日常工作中。坚持有腐必惩、有贪必肃，把"四种形态"★贯穿到监督执纪问责各方面、全过程。加强纪检监察干部队伍建设，加强对纪检监察干部执行党的纪律和规矩内部督查,用严格的纪律打造纪检监察队伍,防止“灯下黑”。

★链接 “四种形态”:即指党内关系要正常化,批评和自我批评要经常开展,让咬耳扯袖、红脸出汗成为常态;党纪轻处分和组织处理要成为大多数;对严重违纪的重处分、作出重大职务调整应当是少数;严重违纪涉嫌违法立案审查的只能是极少数。

【党风廉政建设责任制落实】 2016年,区纪委、监察局履行监督职责,坚持问题导向,强化监督检查。与24个纪工委(纪检组)、4个派驻工作室签订年度党风廉政建设监督责任书,明确维护党纪、作风督查、纪律审查等具体工作任务;建立党风廉政建设责任“季度有巡查、半年有督导、年度有考核”常态化检查机制。全年,对55个单位开展季度巡查、年度重点检查考核,提出整改意见118条,对“两个责任”落实不到位的,采取约谈、组织处理、诫勉谈话、批评教育等方式处理32人。

【作风建设】 2016年,区纪委、监察局结合省委巡视组反馈意见整改落实,开展“小金库”专项整治行动。开展基层五项专项整治行动,重点查处和纠正在工程建设、征地拆迁、国有(集体)资产管理、执行财经财务纪律、落实中央八项规定精神等领域问题。围绕春节、端午、中秋等重要时间节点,开展作风建设常态化和重点式监督检查,协调相关单位对8个基层单位开展“五一”、端午期间作风建设专项督查,提出整改意见15条。加强防汛纪律督查,保障区委、区政府有关防汛工作要求落实。开展违规吃请和公款吃喝专项整治,采取批评教育、约谈等方式处理26人,并对相关单位10名区管干部进行约谈或提醒谈话,同时通报检查情况,要求各单位严格执行公务接待相关管理制度。严格“三公”经费支出,同比下降30.4%。严格规范办公用房管理,清理空置办公用房66间。完成全区党政机关公车改革,车改后保留公车117辆,公务用车费用节支率21.82%。严格因公出国(境)审批,全年办理干部因公出国(境)13批30人次,有22人次上交礼金券17.07万元。

【腐败案件查处】 2016年,区纪委、监察局坚持有腐必惩、有贪必肃,把“四种形态”贯穿到监督执纪问责各方面、全过程。加强同反腐败协调小组成员单位联系,促进信息资源交流共享。坚持有案必查、一查到底,强化“不敢腐”的氛围。探索践行“四种形态”,综合运用好谈话提醒、函询诫勉、立案审查、纪律处分等处理方式。全年共提醒谈话50人,诫勉谈话7人,通报批评7人;收到信访举报107件,立案查处党员干部违纪案件69件69人,案件数同比增长109%,其中处级干部3人,科级干部16人,查处案件中,5人被“一案双查”。

【勤廉教育活动】 2016年,区纪委、监察局加强勤廉教育工作。结合调研、巡查、考核、督察、暗访等工作,了解纪检监察干部履职行为。将干部监督管理工作与宣传教育工作相结合,制作警示教育片《贪腐人生不归路》。强化对“一把手”教育提醒,组织全区120余名党员干部旁听法院庭审,零距离接受廉政警示教育,对20名新提拔区管干部集体谈话,对348名区管以上领导干部进行年度述责述廉述法，发送廉洁短信2.8万余条。

【区纪委十届七次全会】 2月4日，中国共产党南京市雨花台区第十届纪律检查委员会第七次全体会议在雨花台区召开。区纪委委员出席18人，列席234人。全会深入学习中央纪委、省市纪委和区委全会精神，回顾总结2015年全区党风廉政建设和反腐败工作，部署2016年工作任务。审议通过区委常委、纪委书记谢祖国代表区纪委常委会所作题为《坚持挺纪在前　忠诚履职尽责　推动党风廉政建设和反腐败工作取得新成效》工作报告。

【联合党支部活动举办】 3月11日，区纪委、监察局联合党支部联和委局机关工会共同组织支部党员和工会会员赴溧水，开展以"观廉水、学廉吏、看廉花、登廉山"为主题的党风廉政建设警示教育活动，通过"接地气式"宣传反腐倡廉教育方式，警示党员干部要清廉从政、勤政为民，感受信念坚定、坚持不懈、脚踏实地、团结协作精神。　（王　敏）

民主党派

【概　况】 2016年，雨花台区各民主党派发挥民主监督职能作用，通过参与有关执法监督和专项检查，支持民主党派了解成员和广大群众愿望、呼声和利益要求，畅通民主党派成员和所联系群众权益诉求反映渠道，及时反映社情民意，做好情绪疏导、矛盾化解工作。发挥党外人士人才作用，摸底排查全区党外干部，更新完善党外后备干部名单，做到备用结合、人岗相适；解决选拔任用党外领导干部源头问题，完善党外干部考察机制；了解认识党外干部，把优秀党外干部选出来、推上去；发挥党外人士人才密集、知识密集优势，组织统战各团体围绕区委、区政府工作重点开展专题调研，形成调研报告12篇。年内，区民建邀请民建中央宣传部处长于国栋举行会史学习报告会，宣讲民建"三个与时俱进"建设发展规律和六个共同价值理念；组织会员远赴淮安盱眙开展"红色之旅"主题社会实践活动；完成农工雨花总支、民进雨花总支、民盟雨花科技支部、致公雨花支部、九三学社雨花支社等换届工作。

【农工雨花总支"紫缎带"新春送温暖活动】 2月2日，农工雨花总支部分党员和志愿者在雨花台区社会福利院开展"紫缎带"新春送温暖活动，向61名空巢老人、残疾老人、低保老人送去价值3万余元礼品和健康体检。该活动由农工雨花总支成员谢菊萍组织和召集，由南大商学院企业家捐钱捐物，雨花总支成员曹兴旺和刘金良等提供义诊。该活动旨在让更多无依无靠的老人感受到关心和温暖，传承中华民族助人为乐传统美德，传播农工雨花总支党员和志愿者服务社会的文明风尚。

【民进会员企业慰问受灾居民】 7月7日，南京突降暴雨，造成西善桥、梅山、赛虹桥街道等8个街道严重受淹，造成全区受灾群众23600余人、8000余户，全区安置群众1037人。区红十字会联合区政协委员、民进会员企业南都花卉有限公司、钟山驾校、旭坤置业有限公司等紧急筹措物资。7月10日，区红十字会向辖区四个街道受灾居民安置点发放T恤衫、文化衫1000件及急救箱等物品。

【民革雨花总支主委改选工作完成】 11月15日，在区政府中楼601会议室民革雨花总支举行主委改选工作。市民革副主委王真理、组织处处长张卫全，民革雨花总支下属各支部主委及委员出席会议。在市委会领导主持下，一致通过彭庆东担任民革雨花总支主委。

（王 蔚）

工商联

【概 况】 2016年，区工商联开展“五有五好”基层商会创建活动。在市工商联的指导下，区工商联联合赛虹桥街道商会承办全市工商联系统“五有五好”街镇商会建设推进会。大力发展新会员，发展直属会员3家、基层商会会员130家，吸收江苏绿地企业家俱乐部加入工商联组织。下发《关于做好基层商会换届工作的实施意见》，完成4家商会换届工作。向市委统战部推荐非公有制经济代表33名，向市工商联青年企业家联合会推荐候选人11名。

年内，区工商联第五次被江苏省工商联评为先进集体，获2016年度全市工商联系统宣传信息工作一等奖、政务信息工作二等奖；赛虹桥街道商会被江苏省工商联评为2016年度省工商联商会组织先进集体。

【诚实守信教育实践活动开展】 2016年，区工商联围绕习近平总书记在全国政协十二届四次会议民建、工商联界委员联组会议上讲话精神，通过走访调研、研讨交流等方式，在领导班子内部、会员企业及街道商会范围内进行学习传达，征集企业家“学讲话 谈体会”体会文章11篇；与区委统战部联合下发《以守法诚信、坚定信心为重点深入开展理想信念教育实践活动实施方案》并传达部署教育活动；选派1名非公经济代表人士参加市联组织的井冈山革命传统培训班；选派2名代表人士“重走抗联路”；安排4名新生代企业家参加市委统战部举办的“第三期新生代非公有制经济人士培训班”。

【服务民营企业】 2016年，区工商联加强服务民营企业。加强与司法部门和法律服务机构联系，推荐4名代表人士被区检察院聘为特邀检察员；完成7家上规模企业和22家私营企业问卷调查工作；根据市工商联安排，组织人员赴泰州市工商联考察中小微企业信息直报工作，全年完成22家中小微企业信息直报点调查问卷上报工作6次；与吉林省桦甸市工商联、淮安市洪泽区工商联签订友好商会协议，与成都市成华区工商联、泰州市海安区工商联达成友好商会意向；开展招商推介活动，组织80家区内企业参加市联组织的“中国·南京互联网+外贸创新发展论坛”“山西省承接产业转移（南京）推介对接会”“中澳自由贸易协定解读研讨会”“第六届南京—大田企业洽谈会”“金陵工商讲坛”等招商推介活动。 （姚业建）

人民团体

·雨花台区总工会·

【概 况】 2016年，全区各级工会组织劳动竞赛近百场次，参与职工近3万人次。组织各类培训近100场,培训职工2100人次。举办专场招聘会6场,安置就业1200余人。走访慰问困难企业、困难职工、困难劳模和困难农民工1776人次，发放帮扶资金114余万元。组织4557人次职工参加市职工互助互济保障计划，全区56人次获赔互助互济保障待遇，互助金额11.5万元。对全区106人次市(区)级建档在册的特困职工子女、受灾困难职工子女、在城市上学的困难农民工子女，分别发放1000—4000元助学金,累计发放助学金14万元。组织120余名职工会员参加市、区两级工会举办的“健康快乐、与我同行”职工会员疗休养活动。发挥劳动关系三方机制作用，在31家规模以上企业开展规范工资集体协商工作。利用劳动法律宣传月、全国法治宣传日等契机,开展送法到基层、广场咨询等普法活动26场次,向企业及一线职工赠送各类法律宣传资料1300余份,受益群众3000余人次。开展“2016年夏季送清凉活动”，走访慰问一线高温作业企业及公共服务行业职工,发放“清凉关爱包”(茶叶、香皂、毛巾、洗衣液)1900个、饮料1900箱。启动区总工会首届职工运动会,举办“放歌雨花劳动最美”职工合唱汇演、“安康杯”竞赛、职工垂钓、趣味运动竞赛等系列活动。组织女职工参加省、市“世界读书日”活动,开展“智慧女性、幸福家庭”为主题的女职工读书征文活动,征集稿件80余篇,全区获优秀组织单位称号3家,获优秀奖征文2篇、获鼓励奖6篇。组织80名职工参加南京市第二十一届运动会暨南京市第十五届工人运动会,区总工会获得市优秀组织奖,教育工会主席徐承健获市群众体育先进个人,南京梅山工贸实业公司和江苏润和软件股份有限公司获市群众体育工作先进单位。武琴、赵光辉、杨勇军当选为2016年度省级劳动模范,严俊、蒋建锋获2016年度市“五一”劳动奖章，南京丰盛产业控股集团有限公司获2016年度市“五一”劳动奖状。

年内，花神庙社区文化活动中心被评为2016年南京市总工会“职工书屋”示范点;江苏润和软件股份有限公司被评为2016年省级“职工书屋”示范点、市级职工文化建设示范基地和市级“书香企业”;“润和书友会”获南京市职工优秀阅读组织奖。

【庆祝“五一”国际劳动节表彰大会暨职工会演举办】 4月28日，区总工会在区政府雨花学术报告厅举办庆祝“五一”国际劳动节表彰大会暨职工合唱会演，全区千余名职工代表参加。区人大常委会副主任、区总工会主席郭幼佩主持并致词。区委书记、软件谷党工委书记张一新出席并讲话。副区长余清、区政协副主席于志珍、区总工会常务副主席程顺友、副主席庄捷出席。大会表彰武琴、赵光辉、杨勇军3名2016年度省级劳动模范;严俊、蒋建峰2名2016年度市“五一”劳动奖章获得者;南京丰盛产业控股集团有限公司1家市 “五一劳动奖状”(荣誉)称号获得单位;江苏润和软件股份有限公司、雨花台区科技成果转化服务中心、雨花台区军队离退休干部第一休养所、雨花台区疾病预防控制中心、雨花台区建设工程质量监督站、南京市烟草专卖局四分局、南京市雨花台中学7家区职工职业道德建设先进单位;盛以林、刘宝树、姜涛、王继平、杜宗和、高海霞(女)、苏建新、刘伟、王宪明、薛文顺、龚磊、李虹(女)、吴德旭13名区职工职业道德建设先进个人,出席领导为获奖集体和个人颁奖。会后，来自全区17家单位700余名干部职工进行合唱会演。

【工资集体协商培训班举办】 5月31日，区协调劳动关系三方委员会在梅山新产业开发公司会务中心举办工资集体协商培训班。来自全区各街道(园区)总工会、工会联合会副主席(兼职工资协商指导员)、社职化工作者、部分局系统工会联合会主席、区总工会专职工资集体协商指导员、部分企业单位(50人以上企业为主)工会主席及街道(园区)人力资源和社会保障服务所干部近百人参加。培训班邀请市人社局和市总工会专业人士为参训人员讲授《中共中央、国务院关于构建和谐劳动关系的意见》等法规，列举和解答工资集体协商过程中常见问题，重点就工资集体协商程序、内容、方法和技巧作具体培训。全年，区总工会编印《平等协商签订集体合同工作手册》，发放要约书1120份，应约率91%，集体合同签订率92%，覆盖职工3.8万人，在31家规模以上企业开展规范工资集体协商工作。

【区总工会首届职工运动会举办】 6月23日，区总工会首届职工运动会开幕式在梅山新产业小竹楼垂钓中心举行。区总工会常务副主席程顺友主持并宣布运动会开幕。该活动由区总工会主办，全区17家企事业单位近百名职工会员参加。随后举行垂钓比赛，以传统手杆钓为主，铁心桥街道、南京丰盛产业控股集团有限公司、梅山街道、江苏润和软件股份有限公司、教育工会、赛虹桥街道总工会分获团体前六名，艾宝祥、阮庆明、韦晓云等8人分获个人前八名。12月16日，区总工会首届职工运动会在西善桥街道福润社区广场举行，由区总工会主办，各街道(园区)总工会、软件谷工会联合会、各系统工会联合会、各直属单位工会及部分机关企事业单位200余名干部职工参加。运动会上，举行跳绳、踢毽子、自行车慢骑等项目比赛，丰富职工文化生活，展现该区职工永葆青春精神面貌。

6月23日，雨花台区首届职工运动会职工垂钓比赛在梅山新产业小竹楼垂钓中心举行 (区总工会 供稿)

【六届十二次全委（扩大）会议召开】 8月12日，区总工会六届十二次全委(扩大)会议在区政府大楼501会议室召开。区总工会第六届委员会全体委员，各街道(园区)总工会、工会联合会，软件谷、各系统工会联合会主席、副主席，直属单位工会委员会负责人，各街道(园区)社会化职业化工会工作者45人参加，区人大常委会副主任、区总工会主席郭幼佩主持。会上，区总工会副主席庄捷传达学习市总工会十六届四次全体(扩大)会议精神、中共雨花台区第十一次代表大会精神；会议听取审议《振奋精神　真抓实干　充分发挥工会组织作用》；总结上半年工作，部署下半年工作任务。

【职工疗休养活动开展】 9月27—30日和10月11—14日，为贯彻落实市总工会关于会员普惠工作要求，区总工会开展职工疗休养活动，分两批组织全区部分职工会员赴安徽和浙江疗休养。全区各类先进、模范人物，长期从事有毒有害、特殊工种职工，苦、脏、累、险岗位人员，在本单位工作年限较长且从未享受过疗休养的在职职工，因工负伤和即将退休职工，认真履职、主动配合党政领导及围绕大局有效开展工会工作且工作成绩突出的工会干部代表120人参加。该活动为区总工会首次举办，旨在增强工会组织凝聚力，提高职工身心健康水平，调动职工工作积极性。

【职工法律援助律师团巡回课堂案例研讨活动开展】 12月4日，区总工会在雨花经济开发区开展职工法律援助律师团巡回课堂案例研讨活动。区总工会常务副主席庄捷率雨花经济开发区(社区)工会干部、部分企业工会干部、负责劳资人事人员及区职工法律援助服务站律师56人参加。活动通过案例分析、面对面答疑等方式对到会人员进行研讨交流，现场发放《中华人民共和国工会法》等法律宣传资料200余份。全年，区总工会职工法律援助服务站办理法律援助案件12件，帮助8名受援职工争取直接经济利益10万余元，其中韩某诉南京某建筑公司工伤争议案被评为市工会系统法援优秀案例。 (韦 忠)

·共青团雨花台区委员会·

【概 况】 2016年，团区委辖基层团(工)委18个、团委10个、团总支3个、团支部582个，团员11312人。年内，在少先队员中开展“红领巾心向党”“红领巾相约中国梦”“核心价值观记心中”等主题教育活动，并对125个“雏鹰假日小队”活动情况开展评比。举办“雨花有为青年”评选活动，宋端成等10人获“雨花有为青年”称号。举办“江苏好青年”青春梦想分享会，来自雨花台区爱之光公益发展中心主任代贤伟、南京盲点软件科技有限公司董事长戴军明与青年朋友分享各自励志故事。联合软件谷、区科技局打造青年创业空间、软件人才苗圃，入驻企业60家，青年120人；制作《青年创业服务手册》，推出“一分钟创益视频”项目。开展“青年文明号”评比活动，评选出先进单位17家。举办“小雨点”公益夏令营5场，受益青少年527人。联合三江学院、南京中华中等专业学校每周三、五和节假日期间开展南京南站志愿服务活动，全年开展106场，参与青年2500人次。实施“共青团社区助力计划”，购买青年社会组织志愿服务项目6家，对接街道(园区)8个，开展各类青少年志愿服务活动98场。开展“小雨点”青少年公益成长营系列活动180场，全区65名青年教师志愿者每周六走入社区为青少年授课120余次，直接服务青少年5000余人次。在全市推行“小雨点·青年志愿服务卡” 和志愿服务积分制，实名注册青年志愿者1447人，开展志愿活动132场，参与青少年2100人次。创新“党建带团建”工作模式，举办“为党旗添彩”志愿服务暨中国青年志愿者服务日活动，参与活动党团员志愿者260名。举办全区首届少先队辅导员风采大赛，来自17所小学68位大中队辅导员报名参赛。雨花台中学春江分校在南京市少先队纪念红军长征胜利80周年鼓乐团大赛中获全场总冠军(最高分)。

年内，安德门社区“希望来吧”被团中央命名为共青团关爱行动“七彩小屋”；团区委被团省委、江苏省青少年发展基金会授予2016年全省青年志愿者服务春运“暖冬行动”先进集体；团区委与三江学院、南京中华中等专业学校联合开展的南京南站志愿服务活动项目被团省委、江苏省志愿者协会评为江苏省优秀青年志愿服务项目。

12月17日，团区委在西善花苑社区举办青少年成长营活动
（团区委　供稿）

【青少年困难帮扶】　2016年，团区委实施帮扶困难家庭青少年“助力微心愿”活动，在“雨点微TAO”志愿服务淘宝网店更新发布微心愿151个，动员全区各级团组织、团员青年和爱心人士帮助困难青少年实现微心愿，捐赠各类微心愿物品价值近2万元，发放“微心愿联系卡”306张；发放“希望工程”各类助学金2.6万元，帮助困难家庭青少年12人；依托2家“希望来吧”，开展各类关爱外来务工人员子女志愿服务活动30场次。

【青年社会组织培育】　2016年，团区委做好青年社会组织培育工作。在全市团组织中率先注册成立青年社会组织，主动承接政府青少年事务，购买23家社会组织服务助力基层团组织，通过推动青年社会组织及其项目良性“小自转”带动整个区域团建工作“大自转”；推动工作资源向基层倾斜，召开公益志愿服务项目对接会，完成爱在云端、心芽、卓越、智高科技、小萝卜和思想吧6家社会公益组织分别对接雨花街道、铁心桥街道、西善桥街道、板桥街道、板桥新城5家街道，开展青少年公益活动50场次；开设共青团青少年公益成长营，全区150名青年教师志愿者每周六走入社区为青少年授课120次。年内，团区委青年联盟项目“‘青年汇’公益服务微中心计划”被省民政厅、团省委表彰为2016年江苏省青年公益项目大赛优秀项目奖。

【“雨花有为青年”评选】　3月14日，团区委联合区委宣传部举办“雨花有为青年”评选活动。通过组织推荐、公众推荐和个人自荐等方式，辖区社会组织、企业、学校、社区服务机构、行政单位等行业领域100人申报参评。经过单位推荐、资格审查、网络票选、专家综合考核等环节，宋端成、冯晔、杨程、吴涛、陈海翔、都斌、翁蕾、韩蕴智、谢军桃10人获“雨花有为青年”称号，任丽君、刘琳、刘蓓蓓、孙志敏、李伟、李玲蔚、李颖慧、陆弘翰、陈吉、徐义云10人获“雨花有为青年”提名奖。5月3日，团区委在雨花台中学学术报告厅举办纪念“五四”运动97周年暨“雨花有为青年”表彰大会。区四套班子分管领导，各直属团组织分管领导，2016年度区“雨花有为青年”及提名奖获得者，历届青联委员代表，青年文明号集体代表，各团工委、团支部负责人，驻

“雨花有为青年”名单

表 19

序号	姓　名	性别	工作单位	职　务
1	方玉春	男	西善花苑小学	校　长
2	冯　晔	男	雨花台区住房和建设局	工程师
3	杨　程	男	千米网络科技有限公司	市场主管
4	吴　涛	男	江苏省地质环境勘查院	助理工程师
5	宋端成	男	中兴软件有限责任公司	行政管理经理
6	陈海翔	男	雨花台区商务局招商科	副科长
7	都　斌	男	诚迈科技(南京)股份有限公司	副总裁
8	翁　蕾	女	雨花台区疾病预防控制中心	科　员
9	韩蕴智	男	雨花台区爱之光公益发展中心	副主任
10	谢军桃	女	威特曼生物科技(南京)有限公司	总经理

“雨花有为青年”提名奖名单

表 20

序号	姓　名	性别	工作单位	职　务
1	任丽君	女	雨花人民广播电台	主持人
2	刘　琳	女	安德门社区	团支部书记
3	刘蓓蓓	女	雨花台中学	团委书记
4	孙志敏	男	迅云网络科技有限公司	总经理
5	李　伟	女	新立讯电器有限责任公司	行政经理
6	李玲蔚	女	板桥新城柿子树社区	主任助理
7	李颖慧	女	雨花台区纪委监察局	宣教室副主任
8	陆弘翰	男	雨花台区人力资源和社会保障局	劳动监察员
9	陈　吉	女	雨花台区妇幼保健所	主治医师
10	徐义云	女	润网信息科技有限公司	总经理

区高校、企事业单位团员青年等600余人参加。会上，区领导为10名“雨花有为青年”、10名“雨花有为青年”提名奖获得者颁奖，都斌和翁蕾2位获奖代表分享各自成长故事。

【市中学中职共青团工作暨“六个一”团建项目推进会召开】 4月11日，2016年全市中学中职共青团工作会议暨“六个一”团建项目推进会在雨花台中学召开。该会议由团市委联合市委教育工委组织召开。团市委学校部副部长徐正超主持会议。各团区委分管学少书记、学少干事，市、区教育团工委负责人和全市各所中学中职团委相关负责人约300人参加会议。与会人员实地观摩雨花台中学团建工作；团市委学校部副部长徐正超传达2016年全省中学中职共青团工作会议精神，并就南京中学中职共青团重点工作作出部署；团省委学校部部长陈文娟针对“六个一”工作项目和市承担改革试点工作项目作专题辅导；江宁团区委、玄武区教育局团委、雨花台中学团委、金陵中等专业学校团委交流发言；大会表彰13家获全省十佳中学共青团组织、全省十佳中职共青团组织和全市十佳中学中职共青团组织称号的学校团委。最后，团市委副书记王慧作重要讲话，指出要以“六个一”团建项目为契机，凝练中学中职共青团特色品牌，发展中学中职共青团工作。市教育局宣德处处长赵贵林、雨花台中学校长穆耕森出席推进会。

【市青年创业空间负责人座谈会】 8月10日，团市委在极客站举办市青年创业空间负责人座谈会。团市委书记林武平，区委常委、组织部部长袁迅及全市36家青年众创空间负责人出席。座谈会上，青年众创空间负责人介绍各自经营项目及发展规划，并对众创空间发展提出“创业者除依赖政府支持外，还需明确自身特色定位，避免结构雷同，探索出适合自身发展的模式”等意见和建议。针对众多创业者遇到的发展难题，市、区共青团发挥自身优势，通过举办创新创业座谈会、推介会等方式，将创业者们集聚在一起，探索新模式和发展业态，加强与创新创业服务平台对接互动。

【张向群调研雨花台区基层团建工作】 8月11日，团中央基层组织建设部部长张向群一行到西善桥街道西善花苑社区，调研基层团建和青年之家综合服务平台建设运行情况。张向群一行听取西善桥街道团工委负责人关于街道团建概况和青少年综合服务平台建设情况。随后参观安德门社区“希望来吧”、青春会客厅、检察官工作室、青创工作室、小雨花等共青团工作阵地，并与部分现场组织活动项目负责人、志愿者进行交谈。参观过程中，张向群肯定该区基层团建“强自身、善借力”的团组织格局创新和青年之家综合服务平台运作取得成果，并提出强化阵地建设、加强团建品牌建设、加强队伍建设三点意见。

【全区首届少先队辅导员风采大赛举办】 9月28—29日，团区委联合区教育局、区少工委在雨花外小花神庙分校举办区首届少先队辅导员风采大赛，全区68名少先队辅导员参加比赛。该比赛分为少先队基础专业知识笔试、辅导员专业技能展示、少先队活动课说课3个项目环节，最后雨花外国语小学、雨花台中学春江分校、金地自在城小学、雨外小西善花苑分校获团体特等奖。该比赛集中展现少先队辅导员昂扬精神风貌，推进少先队活动课程实施，促进少先队辅导员专业成长。 （李　青）

·雨花台区妇女联合会·

【概　况】 2016年，区妇联以联系服务妇女群众为主线，贯彻落实区委中心任务和上级妇联部署，进一步增强大局意识，推动各项工作取得新进展。

汇聚巾帼正能量。举办“争当最美女性，展现精彩人生”——纪念“三八”国际劳动妇女节主题活动，评选表彰“雨花最美女性”20人、提名奖10人；与区委宣传部、文明办联合开展寻找“最美家庭”活动，编印《雨花家风故事》宣传册，表彰区“最美家庭”20户、市“最美家庭”10户，深入社区组织“最美家庭讲好家训”巡讲活动40场次；承办省妇联“好家风，伴我行”传统家训文化社区行，参加省妇联“家风家训”征集活动，区妇联获优秀组织奖；制定出台“书香家庭”建设实施意见，围绕“阅女人，悦生活”主题，开展“三个一”活动，即一场女性读书会、一场亲子阅读，一场家庭共读展示，举办“雨花阅女人”读书会等阅读活动75场（其中女性阅读会31场，亲子阅读活动41场，家庭共读展示活动3场）；建立“毓闺书房”女性阅读基地，添置5000元妇女儿童书籍，开展“一本书换一杯茶”活动；联合各街道（园区）、社区举办邻里文化节活动50余场次；各级妇联开展“与爱同行”志愿服务，结对帮扶单身贫困母亲、困境儿童、空巢老人6000余人次；开展“巾帼学雷锋”活动，提供各类广场便民服务110余场次。

助推女性创业就业。举办“春风送岗”女性专场招聘会13场，提供就业岗位1400余个，现场达成初步意向570余人。开展女性创就业培训52场次，培训女大学生、残疾妇女、下岗女工等群体近3000人次。推进女性小额贴息贷款，帮助26名创业女性申请小额担保贷款421万元。2人被表彰为江苏省“三八红旗手”。4家单位和个人被表彰为南京市巾帼文明岗（巾帼岗位明星）。助力女企业家发展，新增会员9人，组织企业参访等活动6场次，推荐麦瑞克科技公司、润和软件公司等会员单位接受全国妇联、省妇儿工委等上级单位视察，1人获南京市女企业家创业创新先进个人。

维护妇女儿童合法权益。开展“三八”维权周、“11·25”国际反家暴力日、参加南京南站党建联盟组团式服务活动等广场咨询服务14场次，发放宣传资料3000册。开展“送法进社区”公益讲座8场，组织各街道（园区）妇联主席参加全市反家庭暴力工作培训3次。通过区妇联网站、微博、区有线电视台、安德门法律服务中心等播放“3分钟读懂《反对家庭暴力》”宣传短片。依托社会组织实施和谐家庭建设项目，围绕家庭教育、夫妻沟通和反家暴主题组织开展各类活动，受益家庭400余个。全年接待妇女群众维权信访26件，办结率100%。

推进妇女儿童事业发展。完成“十二五”妇女儿童发展规划终期评估和2015年度妇女儿童发展规划监测统计，顺利通过省市“十二五”妇女儿童发展规划督导。围绕妇女创业就业、完善学前教育等妇女儿童发展重点、难点问题，完成“十三五”妇女儿童规划送审稿，新增指标5项。举办女性“两癌”防治讲座50场次，组织10000名妇女参加“两癌”检查。各级“母亲学堂”举办各类讲座培训128场，培训妇女6800余人次。围绕单身贫困母亲、残疾妇女、下岗失业妇女等特殊群体开展专题调研，撰写《单身贫困母亲现状调查及对策分析》等调研报告。

提升妇女儿童服务水平。争取省市项目4个，争取社会资源项目3个，自主投入20余万元设立项目8个。实施省级“黄丝带巾帼行动”项目，帮助指导残疾妇女发展来料加工，人均增加月收入500元。实施市级“芳茉莉未成年人保护”项目，对困境儿童给予情感关爱、学业辅导、心理疏导、安全监护四重关爱。实施“困难女性创就业帮扶”“妇女电脑技能培训”项目，举办就业培训30余场，服务女性2900余人次。实施“癌症妇女综合支持”项目，帮助服务癌症妇女10余名。联合区民宗局实施“天使爱心”项目，资助单身贫困母亲12名。联合花神科技公司实施“花神助学”项目，定向资助困难学生20名。联合江苏银行南京雨花支行实施“苏银助困”项目，长期结对帮扶困难学生2名。实施“书香沁童心，家庭共成长”亲子阅读项目，在社区、幼儿园和小学举办亲子阅读活动24场；实施“母婴健康大讲堂”项目，举办健康知识讲座132场次；实施“女干部人文素养提升工程”项目，举办活动4场，实施“午间瑜珈班”项目，开展学习54课时。

年内，板桥新城“与爱同行”女大学生村官志愿服务基地被评为2016年度江苏省巾帼志愿服务示范基地。

【周红养督导雨花台区“十二五”妇女儿童发展规划落实情况】 1月6日，省司法厅副厅长周红养率省政府妇儿工委督导组一行，督导雨花台区“十二五”妇女儿童发展规划落实情况。督导组一行先后来到雨花台区妇幼保健所、铁心桥小学和江苏润和软件股份有限公司，通过实地查看、听取介绍、现场询问、查阅台账等形式，了解自规划实施以来，该区妇女儿童在经济、教育、健康、文化等优先发展领域发展现状，并对该区在推进妇女儿童健康发展上所作努力给予肯定，要求政府不断创新服务妇女儿童发展形式，在新起点上科学谋划好未来五年妇女儿童事业发展。市妇联主席、市妇儿工委副主任宋晓辉，副区长、区妇儿工委主任余清，区妇联主席、区妇儿工委副主任李茜等陪同督导。

【区妇联十届五次执委(扩大)会议召开】 1月19日，区妇联召开十届五次执委(扩大)会。区妇联十届执委、各街道(园区)、各系统党工委分管领导、系统妇工委主任及受表彰的先进单位代表和区妇女儿童公益微创投项目负责人80余人参加会议。区委常委、组织部部长袁传军出席并讲话。区妇联主席李茜代表区妇联常委会作题为《凝心聚力 开拓创新为全面建设美丽幸福新雨花而努力奋斗》工作报告，总结回顾2015年工作并部署2016年妇联工作。会上，2个执委代表作述职报告，增替补区妇联十届执委。与会领导为获得省市先进荣誉9个单位颁牌，颁发2016年区妇女儿童公益微创投6个项目的首批18万元，并为2015年度区妇联系统信息工作先进集体颁奖。区人大常委会副主任郭幼佩、副区长余清、区政协副主席于志珍出席会议。

【纪念“三八”国际劳动妇女节106周年暨“雨花最美女性”表彰大会举办】 3月8日，纪念“三八”国际劳动妇女节106周年暨“雨花最美女性”表彰大会在雨花台中学学术报告厅举办。各街道(园区)及系统党(工)委分管领导、

3月8日，雨花台区纪念“三八”国际劳动妇女节106周年暨“雨花最美女性”表彰大会在区召开

(区妇联 供稿)

妇联执委、机关女干部、基层妇联干部、社区妇女和家庭代表及受表彰人员650余人参加。大会由区委常委、组织部部长袁传军主持，区委书记张一新出席并致辞，区四套班子领导出席会议。大会播放寻找“雨花最美女性”活动专题短片《世界因你而美丽》，并表彰20名“雨花最美女性”。会后，来自全区机关和各街道（园区）文艺骨干们为现场观众表演舞蹈《中华全家福》、瑜伽《爱的结合》、歌舞《爱》等节目。

5月10日，雨花台区第七届邻里文化节暨赛虹桥和美家庭文化日开幕式在小行社区时光滟韵广场举行　（区妇联　供稿）

【崔卫燕调研雨花台区女大学生创就业工作】 5月5日，全国妇联发展部部长崔卫燕一行调研雨花台区女大学生创就业工作。崔卫燕一行参观南京（雨花）软件外包产业园内的全国女大学生就业创业实践基地、省巾帼科技创新示范基地和南京软件人才培训实训基地，对市区妇联发挥软件谷企业资源、在“互联网+”新业态中主动作为、扶持女大学生实现创业创新梦想做法给予肯定，并要求全省各级妇联继续发挥优势，引导广大妇女创业创新、实现梦想。省妇联副主席顾敏，市妇联主席宋晓辉，副主席徐晓洁，区委副书记、区长李世峰，副区长余清等陪同调研。

【第七届邻里文化节举办】 5月10日，在第23个国际家庭日来临之际，以“和谐家风　和美家庭　和乐人生”为主题的第七届邻里文化节暨赛虹桥街道和美家园文化月活动，在小行社区时光滟韵广场举办。市妇联宣教部部长王亚琴、区政协副主席于志珍、区妇联主席李茜出席开幕式。开幕式上，表彰“南京市最美家庭”10户、“雨花台区最美家庭”20户，并为赛虹街道评选出的“恩爱好夫妻、和睦好妯娌、互敬好婆媳、孝顺好儿女”等最美家庭角色获得者颁奖。最后，赛虹艺术团、社区巾帼志愿者为现场观众表演情景剧《相亲相爱》、舞蹈《环保出行》、旗袍秀、歌舞《和谐欢歌》等节目。

【全市首个家风家训教育馆建成】 6月7日，南京市首个家风家训主题展馆——板桥新城古雄社区家风家训教育馆正式揭牌。市妇联副主席贾慧，市文明办综合协调处处长刘妙雄，区委常委、宣传部部长谢山出席揭牌仪式。仪式上，全国、市、区最美家庭荣誉获得者戴榉、盖振河等家庭代表分享各自家风家训故事。教育馆内设有朱子家训经典、最美家庭家风家训、党群同晒家风家训3个展示区。

【区三级妇联干部培训班举办】 12月13—14日，区三级妇联干部培训班在区委党校举行。区、街、社区妇联和机关妇工委主任91人参加。副区长、区妇儿工委主任余清出席并作开班动员。培训会上，邀请市妇联副主席徐晓洁主讲《基层妇联如何借力社会组织等各方力量做事》、雨花街道办事处副主任兼翠竹园社区书记董红主讲《如何培育社会组织提供高品质的社区服务》、专职律师主讲《反家暴解读及案例分析》。最后，组织参训人员参观南京六朝博物馆。该培训活动贴近工作实际，具有理论性、实践性和针对性。 （赵为海）

法 治

·政法委与综治·

【概 况】 2016年，区委政法委围绕省市政法综治工作总体部署和全区中心工作，以维护国家安全和社会稳定、创新社会综合治理、加强思想政治和纪律作风建设为着力点，推进政法维稳各项工作。

维护国家安全和社会稳定。创建“无邪教示范区”，组织反邪教专题授课2次、咨询57场次，实现“四个不发生”和“零插播”目标。以首个“4·15”全民国家安全教育日”为契机，在三胞集团全国3000余家门店同时播放国家安全宣传片。重点做好全国两会、十八届六中全会、G20峰会、“12·13”国家公祭活动、南京国际马拉松比赛活动等重要节点、敏感时期维稳安保任务。

推进矛盾预防化解。推进社会稳定风险评估，加强联合督查和地毯式排查，摸排“南站蜜刻城”“瑞尔”“万科维权” 等涉稳人员450人次，排查矛盾纠纷1275次，全年进京访39批49人次、同比下降50%。开展企业欠薪隐患排查整治专项行动，发放拖欠工资500余万元，讨回欠薪、工程款等1100余万元。化解、妥善处置跨世纪装修建材市场搬迁、润泰市场、金融科技大厦等矛盾，全年调处社会矛盾纠纷1083件，成功调处1075件，成功率99.26%，涉及人员2018人、金额3236.16万元。

提升群众安全感。完善“1+2+4+X”常态巡防机制，开展集中整治治安突出问题“百日专项行动”“反扒专项行动”“春季打防攻势”“春之盾巡防会战”“扫毒安宁行动”“护安”“访千家、进万户”等专项行动，破获各类扒窃案件118起、扒窃团伙7个，抓获各类扒窃人员56人，刑拘30人，其中在“扫毒安宁行动”中，打处涉毒人员62人，查处涉毒人员254人，强制隔离戒毒44人。推进“两点、三线、五十面”*常态化巡防体系建设，六类侵财性刑事案件发案率同比下降14%，八类暴力刑事案件发案率0.67%，与前三年平均值相比下降24%，发案降幅、破案率、抓获5年刑以上判刑人员数均列全市前列。

推进依法治区工作。贯彻落实省、市、区法治建设“1+1+5”文件各项工作任务，推进法治“雨花”建设为民办实事项目8件，组建区法学会开展法学课题和法学理论研究。推进基层组织法治创建，明确法治建设品牌创建目标，提档改造升级预防职务犯罪警示教育基地和花神庙社区法治文化建设；开展“村规民约”等自治章程法律体检，解决严格执法、公正司法、矛盾纠纷化解、社区自治等“最后一公里”难题。

创新基层治理体系。完善“六位一体”(社区工作站、业主委员会、物业管理公司、城管、司法、公安相结合的新型小区管理模式)和网格化信息化基层治理体系，开展新一轮“平安社区”创建。加快综治信息化建设，开通区、街、社区三级综治信息监控系统，提高实战化运用程度。推行花神庙社区“社区治理和物业服务公示牌” 制度，打造16个社区治理示范点，将专群防范力量、管理服务责任落实到网格中。

年内，雨花台区被江苏省社会治安综合治理委员会（省综治委）评为2015年度平安县（区）。

★**链接**　“两点、三线、五十面”：“两点”指软件谷、安德门警务服务站，“三线”指205国道、宁丹路和花神大道三条贯穿雨花南北主干道，“五十面”指辖区内51个社区。

【**重大活动维稳安保**】　2016年，区委政法委完成G20峰会、南京国际马拉松比赛活动安保维稳任务，实现“六个绝不发生”工作目标。其中在G20峰会期间，开展信访突出问题排查整治、涉稳重点群体教育稳控及群防群治等保障行动，排查重点防控目标911个，重点涉稳群体性矛盾12个，稳控各类重点人员94人，组织发动平安志愿者20000余名参与群防群治；在南京国际马拉松比赛当天，设立信访维稳和群防群治工作保障行动临时指挥部，投入警力500名、平安志愿者400名，对长虹南路、应天大街雨花赛段重点部位、重点路线、重点人员严防死守，确保相关安保维稳任务完成。

【**社会治安巡防体系建设**】　2016年，区委政法委加强全区社会治安巡防体系建设。完善社区“1+2+4+X”常态巡防机制，每月编发《雨花大巡防工作动态》；增加专群力量，保安、特勤、协管员全部配备到位，专职巡防队伍做到巡防规范“六必清”（岗位职责、工作规范、人员、车辆、时段、路线必清）、巡逻盘查“六必问”（可疑人员、可疑车辆、可疑物品、可疑聚集、可疑线索、可疑信息必问）、重点部位“六必到”（即人口密集区、政府机关、大中小学幼儿园、银行网点、加油汽站点、内保重点单位必到），平安志愿者队伍做到职责明确、规范管理；以升级改造的郁金香小区为蓝本，明确7个老旧住宅小区安全防范设施升级改造基本标准和实施步骤；实施“三门”建设、“政府补贴更换锁芯”、“非机动车保管站”建设工程。全年，出动武装巡逻警力770人次、普通巡逻警力10070人次、车辆3290车次，发动平安志愿者43000人次，盘查可疑人员8253人、可疑车辆2420辆，抓获各类违法犯罪人员101人，查货管制刀具20把，电动车56辆；更新安装监控400余个、智能防盗门300扇，新建非机动车保管站10个，利用政府补贴更换防盗锁芯15000把。

【**区法学会成立**】　2月3日，区法学会成立大会暨第一次会员代表大会召开，来自社会各界110名法学会会员代表参加会议。区委常委、政法委书记李邦全主持会议并作区法学会筹备工作报告。会议按照中国法学会章程选举产生会长1人、副会长14人、常务理事16人、理事69人、会员109人，审议通过《雨花台区法学会关于筹备工作报告的决议（草案）》《雨花台区法学会关于实施〈中国法学会章程〉的决议（草案）》和《雨花台区法学会关于大力发展法学会新会员的决议（草案）》。全年，区法学会协调相关部门开展法治宣传活动300余次，制作并发放法治宣传折页1万余份、海报2000余张、普法口袋书2000余本、青少年法治宣传读本1500本、普法环保袋5000只、普法笔记本1000本、典型案例汇编1000本、法治宣传帽500只，编发法治宣传资料近4万份，覆盖人数20万人次。

【“百日专项行动”开展】 5—8月,区委政法委围绕“压降侵财性案件、提升群众安全感”总目标,开展集中整治治安突出问题“百日专项行动”。安排2500余名平安志愿者加强巡查管控主次干道,特别是安德门民工市场、宁南汽配城、景明佳园、梅山集贸市场、205国道沿线、弘阳装饰城、胜利南苑小区、花生塘街区8个重点区域。专项行动期间,累计举办特色活动32场、警民恳谈会50场次,利用新媒体上报信息416条,开办宣传栏50期、电视栏目15档,发放《致居民的一封信》30万封、《安全防范宣传手册》1万余册;排查重点整治地区25个,整治重点地区19个,整治突出治安问题18个,排查重点人员110人;排查涉铁矛盾纠纷及隐患8个,防止铁路沿线发生危害国家安全和社会稳定的重大政治事件及涉路重大群体性事件。

(游　飞)

·法治政府建设·

【概　况】 2016年,区政府法制办推进依法行政、政府法治建设,区政府出台2016年推进依法行政加快建设法治政府工作计划。设立行政复议受理中心,在8个街道(园区)设立行政复议联系点;成立政府法律顾问委员会,组织召开专题论证会8次;开展案卷评查活动2次,办理重大行政处罚备案35件;备案执法证件625件、监督证65本,新办执法(监督)证件68本;办理行政复议案件15件,代理区政府诉讼案件10件,受理信访复查案件1件,办理督办件3件,办理信息公开申请34人次;审查42份重大合同,提供法律意见书42份。全年累计上报各类法制信息700余篇,完成市法学会课题“PPP合同文本中政府契约的风险防范”。

【依法行政工作】 2016年,区政府法制办落实由区政府出台的2016年推进依法行政加快建设法治政府工作计划,明确25项重点任务;实行全程动态考核,要求各部门、街道(园区)双月报表、半年报总结,并进行统计分析,对发现的问题及时提出整改建议;编写“国有土地上房屋征收与补偿的操作流程”及法律文书样本;协调解决环保部门与市场监管部门关于油烟排放治理等各类执法争议10件;协助城管部门制作协管员工作证、区卫计局规范再生育审批流程。年内,区政府常务会议听取依法行政工作汇报2次,及时解决依法行政中存在的突出问题,研究部署具体任务。

【行政执法监督】 2016年,区政府法制办组织区监察局、检察院、档案局、依法治区领导小组办公室开展行政执法案卷评查2次,抽查20个执法部门案卷250卷,从案件办理程序、法律适用、文书制作等方面提出意见(建议)150余条,评选出优秀案卷8卷;建立重大执法行为备案台账,对报备时效、证据、程序、文书、法律适用等要素作重点审查,对存在问题及时向部门提出整改意见,全年审查备案35件,对1件存在法律瑕疵备案发出行政执法监督建议书;实行零处罚半年报,全年上报零处罚情况报告单位4家;组织开展行政执法公示制度、执法全过程记录制度、重大执法决定法制审核制度三项制度自查活动,督查《南京市规范行政执法裁量权规定》等5个文件落实情况。

【行政执法人员管理与培训】 2016年,区政府法制办严格做好证件年度年审工作,强化证件档案管理,备案执法证件625件、监督证65本，新办执法（监督）证件68本；严格审核行政执法主体及其行政执法人员，对工勤、临聘、合同制、内勤、执法辅助人员等不具备执法资格的人员一律清理，其持有执法证件一律收回注销；制定2016年行政执法人员法律业务培训计划，组织新申领证件人员68人参加市法制办统一举办的培训和网上在线考试。

【行政复议】 2016年，区政府法制办推进行政复议受理中心及8个行政复议联系点建设，全年收到案件15件，其中不予受理2件、作出维持决定9件、驳回2件、确定违法2件；针对违法建设和三无产品类型案件，召开听证会7场，涉案行政机关负责人到场率100%；制发行政复议建议书2份，督促责任单位尽快整改；向辖区内企业和群众发放《行政复议指南》及行政复议工作宣传彩页2000份，举办行政复议专场知识讲座及咨询会，提升行政复议知晓率。

【行政诉讼】 2016年，区政府法制办加强与区法院沟通，及时听取区法院对行政诉讼情况意见，采取有针对性措施加以改进；完善行政负责人出庭应诉工作制度，要求行政机关负责人出庭应诉时要做到“出庭、出声、出效果”；强化对行政机关负责人出庭应诉考核，将考核结果纳入年底依法行政考核；建立行政诉讼案件定期分析制度，每半年分析全区诉讼情况，提出改进措施；组织行政诉讼案件庭审观摩，并就行政机关负责人行政诉讼出庭应诉实务进行培训，提高行政机关行政应诉质量。全年办理区政府出庭应诉案件10件，无案件败诉，区政府领导出庭率100%。

【规范性文件管理】 2016年，区政府法制办建立第三方评价评估机制，请律师事务所加入规范性文件后评估工作，提供全面系统分析意见。重点对《雨花台区区级行政事业单位国有经营性资产监督管理办法》运行情况进行后评估；完善公众参与机制，要求送审的草案，都必须附送征求意见情况、专家论证会情况、群众座谈会情况等；严格执行审查备案程序，确保规范性文件报备率、及时率、规范率100%。全年区政府制定《雨花台区知识产权战略专项资金管理办法》《雨花台区残疾居民社会保险补贴暂行办法》规范性文件2件。

【行政执法与刑事司法衔接工作】 2016年，区政府法制办转发《南京市行政执法和刑事司法衔接工作实施细则（试行）》《涉嫌刑事犯罪案件移送标准（试行）》，规范案件移送、受理、立案、监督等程序，制作涉嫌犯罪案件移送书、立案通知书、提请立案监督建议书等标准格式文书，推进衔接程序法定化、制度化、规范化；发挥两法衔接联席会议办公室作用，召开联席会议2场次，研究案件移送率不高、证据收集不规范、立案标准不统一等难题。全年区市场监管局向公安机关移送案件5件，区环保局向公安机关移送案件1件。

【法制保障】 2016年，区政府法制办参与两桥地区清理违法用地、违法建设及“三集中”房屋收退回工作，研究工作实施方案，组织省市法律专家论证方案，派主要负责人和一名工作人员现场驻点办公，承担法律保障职责。主动参与瑞尔大厦遗留问题解决、疑难拆迁谈判、协调拆违及环境整治中矛盾纠纷，提供各类法律意见书32份，发挥参谋、助手和顾问作用。

（彭媛媛）

·公　安·

【概　况】 2016年，区公安分局完成G20峰会、全国及省市两会、十八届六中全会、国家公祭日等重大活动及重要节点安保维稳任务；化解各类矛盾纠纷2000余起，纠纷成功调解率89%；发案总数同比下降18.56%；入室盗窃、盗窃车辆、扒窃、盗窃商店、盗窃车内物品、两抢六类侵财性刑事案件发案率同比下降14%；抢劫等八类暴力刑事案件发案率0.67%，较前三年平均值下降24%。

犯罪打击。整合刑侦力量，在实战中完善合成作战机制，夯实特情网络基础、阵地控制基础、刑嫌调控基础和图侦网侦基础。通过合成办案，破获“4·20”故意杀人案、“5·28”持刀抢劫案、“春江新城系列盗窃案” 等重大案件。开展“扫毒安宁行动”，打处涉毒人员62人、查处涉毒人员254人、强制隔离戒毒44人。开展“反扒专项行动”，破获各类扒窃案件118起，抓获各类扒窃人员56人，其中刑拘30人、破获扒窃团伙7个。全年，破各类刑事案件805起，公诉397人（侵财公诉125人、打黑除恶公诉65人），抓获“三逃”77人（其中历年“三逃”20人），电信诈骗为群众挽回经济损失175.5万元，发案总数同比下降18.56%。

治安管控。以群众反映强烈的治安问题为主，提升打防管控一体化能力水平，推进群众安全感新提升。结合雨花台区“北城南郊”区域特点，组建软件谷、安德门警务服务站；在每个服务站配齐民警18名、特勤54名、巡逻车3辆，集巡防、接警、打处、服务多功能一体街面战斗实体，并以服务站为核心，辐射周边重点区域，实现全天候、全方位巡防；在深化微警务工作上，坚持警民互动。全年完成“微警务”平台构建社区30个，社区覆盖面60%；居民关注总量达6万余人，居民住户覆盖面40%。

人口管控。区公安分局办证服务中心办理行政审批、服务事项97115件；接受群众户口咨询9万余人次，办理各类户口5512户7968人；办理各类出国（境）证照34591本；办理二代身份证29806人，办理临时身份证4750人；受理出入境网上预约百余件，网上公安局户口申请29件，全部按时办结；窗口服务接受群众评价7万余次，满意率100%。登记临时住宿境外人员18819人，接收常住境外人员数178条，登记法定不批准出境人员通报案表734人次。辖区发生涉外案事件189起，其中“三非”案件8起。

交通管理。全年交警八大队开展“防风险、补短板、抓规范、提能力”集中攻坚行动，做好“防事故、保安全、保畅通”主业，推进“百日整治”助力交通秩序治理三年行动计划，重点解决辖区交通安全管理、交通环境治理、疏堵保畅、交通文明建设、公安改革等重点难点问题。以全区环境综合整治为契机，综合研判205国道203道口、宁丹路铁心桥段、龙西路西善桥段、软件大道、雨花南路等易堵节点，改进路口渠化和信号配时，提升路口通行效率。根据进出城口、快速内环、贯通性道路早晚高峰区别，科学合理设置交通信号灯，扩大绿波带覆盖面。树立“安全第一、预防为主、综合治理”理念，围绕压降重特大道路交通事故总体目标，解决影响道路交通安全源头性、根本性、基础性问题。全年辖区发生道路交通事故25起，死亡 17 人、受伤 20 人，事故起数和伤残人数分别同比上升 13.63%和 15%，死亡人数同比下降 5.56%。

消防管理。全年区消防大队出警 633 次，发生火灾 345 起，死亡 2 人，直接财产损失 246 万元。区消防大队及各派出所共检查单位 3642 家，督促整改火灾隐患或违法行为 7053 处，行政处罚共 268 起，火灾调查 30 起，临时查封 39 家，整改重大火灾隐患单位 4 家。

年内，区公安分局办证服务中心获市公安局户政条线五星级窗口、市局政治部五星级文明窗口“双五星”单位称号。交警八大队被区委区政府评为 2016 年度防汛抗灾有功集体和 2016 年度先进集体。

【特大销售假药案件破获】 3 月 23 日，区公安分局在市局禁毒、刑侦、技侦等部门支持下，破获一起特大销售假药案件，抓获犯罪嫌疑人 9 名，扣押假药数十箱，累计涉案金额近千万元。2015 年 12 月，区公安分局在侦办张某销售假药(美容针)案件时发现，通过微信销售给张某“BOTOX”牌肉毒素假药的北京上线可能是一个经营假药的销售大团伙，随后组织民警通过银行账目及取款监控视频分析，初步判断吴某和姚某为该销售假药团伙核心人物，李某、孙某为团伙中业务员。2016 年年初，区公安分局以销售假药罪对该案件侦查，并成立专案组。根据情报研判，发现该销售假药团伙内部分工明确，分老板、业务员及仓库保管员，业务员负责通过微信向下线销售，达成购买意向后告知老板，吴某、姚某作为老板接到订单后负责货源并亲自通过物流发货，仓库保管员负责盘货及装货，买家收货后再将货款汇至老板账户。在交易全过程中，买卖双方均不见面，交易方式隐蔽。同时，该团伙成员均使用虚假信息进行收发货，还将发货地址选择偏僻小区。3 月 23 日，专案组民警奔赴北京，抓获犯罪嫌疑人9 名，扣押假药数十箱，累计涉案金额近千万元。

【“男扮女装”入室盗窃案破获】 5 月 17 日，区公安分局在市局禁毒、刑侦、技侦等部门支持下，破获一起“男扮女装”入室盗窃案，抓获犯罪嫌疑人方某。该案被江苏电视台《新闻360》《法制集结号》和南京电视台《直播南京》《法制现场》等媒体报道。5 月，虹悦城一家西餐厅保险柜内 18000 余元营业款不翼而飞，区公安分局组织民警通过案发时监控录像，锁定一名高个女孩为案犯嫌疑人，随着调查深入，发现这名女孩方某竟然是男儿身。原来方某为该餐厅离职员工，为掩人耳目买来道具化妆，“男扮女装”入室盗窃，警方最终抓获嫌疑人。

【全警动员抗汛】 7 月 6 日，南京市遭遇50 年一遇强降雨天气，雨花台区大部分地区出现大量积水现象。其中，凤台南路、205 国道西善桥段、龙西路、宁丹路、花神大道 128 号路段、雨花西路中华门段积水过多导致交通中断；西善桥琥珀森林、梅岭小区、梅欣小区、赛虹桥菊花小区、铁心桥春江新城、水文所小区，板桥柿子树社区、大方工业园区、板桥老街等居民区积水严重，雨水倒灌居民家中和地下车库，导致群众无法出行。受灾群众 3535 户 16490 人。7 月 7 日 0 时至 9 时，区公安分局接报涉水警情近 1200 起，警情量为平时同时段十余倍。区公安分局迅速出动，调集民警、特勤600 余名和冲锋艇 1 艘参与抗洪救灾，并协调区城管局、梅山公司、消防大队调集重型车辆28 辆、消防救援车 4 辆、救生艇 2 艘参与抗洪救援。

（严　霜）

【南京南站地区管理】 2016 年，针对南京南站地区人车流量逐年增大情况，交警八大队加大交通设施投入、加强交通组织、宣传引导和警力投入等措施，维护停车行车秩序，做好春运和节假日超大客流期间南京南站地区交通安保工作；将锦绣街设为单行线，只允许车辆由西向东行驶，避免道路双向通行造成的交通拥堵；加强与南站综管办等相关部门密切配合，定期组织警力对“摩的”、“三小车”、黑车违法营运、出租车站外带客、机动车违停等开展专项整治，保障南京南站地区交通秩序总体良好。

【交通事故防范】 2016 年，交警八大队做好交通事故防范工作。加强源头安全监管，强化辖区重点驾驶员培训和教育，尤其是对客运和危化品单位，坚决预防“两客一危”、大客车、营转非客车等重点车辆发生群死群伤重特大交通事故，保障道路交通安全形势稳定，深化隐患车辆及驾驶员专项治理工作；拉网式清查辖区内交通标志、标线、信号灯、隔离护栏等交通设施设置情况，发现设施设置不合理、不全、损坏等，及时采取信号配时优化、标志设立、标线施划及设施修复等完善措施。全年新增信号灯13 组，信号灯干线下地 8 处，增设隔离护栏275 节，增设各类交通标志牌 49 块，非机动车标线优划 48 处。

【交通违法整治】 2016 年，交警八大队加强交通违法整治。针对交通违法高发现象，组织警力加大对“三超一疲”及酒驾、毒驾、无牌无证、高危车上路、渣土车等重点交通违法整治；采取定点设卡、流动巡逻相结合方式，强化交通违法行为查处；对查处的重点交通违法行为，一律实行顶格记分处罚，对达到刑事处罚标准的，一律追究刑事责任。开展假牌、套牌、过检、多违等高危车辆专项清理会战，查扣高危车 328 辆。全年，查处机动车重点违法行为14 万余起，治安拘留 21 人；查处酒后驾驶 323 起、醉酒驾驶 103 起，采取刑事强制措施 60 人，立案 60 起。

【交通安全宣传教育】 2016 年，交警八大队开展“122”交通安全宣传日、安全生产月等主题活动，借助广播、电视、互联网、微博、短信、电子显示屏等媒介，运用网络直播等形式，宣传安全行车常识，推进“百日整治”助力交通秩序治理三年行动计划；定期邀请组织媒体记者随警作战，深入基层一线采访报道严重交通违法行为和交通肇事典型案例，宣传交通安全意

7 月 26 日，区委副书记、区长李世峰（右一）到软件大道安德门大街路口慰问执勤民警

（交警八大队　供稿）

识、交管业务政策及队伍正面典型；在主要路口、路段悬挂横幅 60 条，摆放宣传展板 40 块，发放宣传彩页 2000 余份、车贴 1500 张、文明宣传手拎袋 200 份。全年开展夜间酒驾整治等网络直播 8 场次；开展“五进”宣传 178 场次，播发稿件 1396 篇次。

【“三小车”整治】 2016 年，交警八大队按照条块结合管理方式，坚持长效管理与集中整治相接合，及时成立“三小车”（残疾车、正三机、三轮货车）专项整治组，坚持每天上路拉网整治，重点突出城郊接合部窗口地区、地铁站口等重点区域，重点查处“三小车”在禁区内违法载客（货）营运、停放聚集、闯红灯、走快道、逆向行驶等重点违法行为 649 起。通过强化路面查控，重点窗口地区落实辅警看守，始终保持严管态势。

【“渣土车”管理】 2016 年，交警八大队坚持将渣土车作为日常整治管理重点，定期分析研判，建立渣土车长效管理机制，加强渣土车联合处罚、共同执法工作对接，形成多部门管理合力，查处在渣土运输弃置各个环节中各类违法违规行为。加强对渣土运输车辆路面管控力度，每日组织晚间留守值班民警上路上线，加大对经常有渣土车通行的道路及工地周边巡逻管控力度。在城郊结合部凤台南路、软件大道、宁丹路和南京南站等周边道路，设立整治点加大夜间渣土车不按时间线路行驶、抛洒、滴漏、故意遮挡、污损号牌、GPS 不在线和擅自改装栏板等违法行为的专项治理。工作中做到逢车必检、逢车必查，凡存在违法行为，发现一起、处罚一起。全年，查处渣土车各类交通违法 746 起，其中暂扣违法渣土车 106 辆。

【“百日整治”推进】 2016 年，交警八大队按照全市交通秩序治理三年行动计划工作安排，树立“排头兵、主力军”意识，推进文明宣传、违法整治、设施管理等工作。联合街道城管部门，围绕辖区交通秩序治理的重点路口、路段和区域，开展非机动车整治，严查严处非机动车闯红灯、走快车道、逆向行驶、行人不走人行横道、跨域道路隔离设施等违法行为，实行首违必罚、上限处罚。严厉查处机动车违停、违鸣、加塞变道、不礼让斑马线及“三小车”上路和违停聚集等交通违法行为。整治行动期间，组织文明宣传活动 27 场次、整改交通设施问题 19 处，查处行人、非机动车违法 1 万余起、机动车违法 1.8 万余起。

2 月 26 日，交警八大队组织民警对安德门地铁站口“三小车”进行整治
（交警八大队　供稿）

【监控系统点位布设】 2016 年，交警八大队推进监控系统点位布设。联合交管局，在铁心桥口、大定坊等重点路口安装高空监控点 5

个，新增高清监控点位17个，建立高低空全方位视频监控系统；加快快速内环、隧道和国省道等重点区域高空监控建设，实现高空监控基本覆盖主要道路；加强指挥调度岗位民警、文员教育培训，精于指挥、勤于巡视、善于调度，发挥现代化指挥室实战应用效能。

（杨　仲）

【火灾隐患专项整治】 2016年，按照上级部门统一部署，消防大队加强火灾隐患专项整治。开展“人员密集场所”“社会福利机构及幼儿园、托儿所”“劳动密集型企业”“公众聚集场所”“易燃易爆危险品场所”“高层地下建筑”等各项专项整治工作；联合板桥街道对三山工业园区内86家单位进行消防安全大检查，关停单位8家；会同区工商局、城管局、派出所等部门对位于铁心桥街道宁双路28号的大缘馆实施临时查封；会同区卫生局、民政局对全区8家医院、13家养老院开展消防安全大排查；会同区教育局对全区中小学开展校园消防安全大检查；联合区住建局对在建工地开展消防安全专项检查。

【4家单位被挂牌督办】 2016年，区消防大队按照《重大火灾隐患判定标准》，判定南京好彩洗浴休闲有限公司、南京龙虎电力安装有限公司、南京软件谷垠坤资产管理有限公司、嘉吉饲料（南京）有限公司4家单位为重大火灾隐患单位。经区消防大队上报市消防局认证，确定南京好彩洗浴休闲有限公司、南京龙虎电力安装有限公司为市级重大隐患单位并由市政府挂牌督办；确定南京软件谷垠坤资产管理有限公司、嘉吉饲料（南京）有限公司为区级重大隐患单位并由区政府挂牌督办。整改期间，联合区安监局、各街道（园区）、各社区相关责任人多次检查整改现场；每周不少于2次组织警力上门检查隐患整改进度、安全防范措施落实情况；区政府定期召开重大火灾隐患整改工作情况汇报会，研究解决整改过程中遇到各类问题。至年末，4家单位均已符合验收条件并摘牌销案。

【消防安全网格化管理】 2016年，区消防大队以社区为基本单元，将全区8个街道（园区）、50个社区、171家二级重点单位和85家三级重点单位划分为大、中、小网格，明确街道（园区）、社区、区消防大队、派出所网格化管理职责任务，确保每个网格有人管、网格内具体工作有人做，所有街道（园区）、社区、行政村做到有组织、有制度、有规划、有设施、有队伍、有教育，构建“全覆盖、无盲区”网络体系。同时，在全区重点单位建立消防“户籍化”档案，对重点单位实施动态监管户籍管理模式，单位定期报告消防安全管理人员、消防设施维护保养和消防安全自我评估情况。2016年，建成雨花、铁心桥、赛虹桥、西善桥街道网格化示范点。

【区域联防联治】 2016年，区消防大队按照“有人员、有器材、有战斗力”和“救早、救小”原则，推动70%重点单位、100%街道（园区）和社区建成符合标准的微型消防站，将火灾防控和灭火救援力量延伸到最基层、最末端，纳入灭火救援联勤联动体系。全年全区建成消防安全重点单位微型消防站256个，建设社区微型消防站41个，购买消防宣传车7辆。同时，在花生唐、紫荆广场和明发广场等商业集中区成立联防联治小组。

（许译文）

·检　察·

【概　况】 2016年,区检察院围绕全区决胜软件谷建设、决战"两桥"地区改造、全面建设一流社会事业强区"三大攻坚战"中心工作,以司法办案为核心,以检察改革为动力,以队伍建设为保障,履行法律监督职能,坚决维护社会和谐稳定,服务经济社会发展。

强化办案。严厉打击严重刑事犯罪,严惩暴力犯罪、危害公共安全犯罪和多发性侵财犯罪,起诉故意杀人、故意伤害、强奸、聚众斗殴、寻衅滋事、非法持有枪支暴力犯罪452人,其中涉暴团伙40个;起诉抢劫、盗窃、诈骗、传销、侵财犯罪780人;起诉交通肇事、危险驾驶犯罪277人,办理全市首例发生在地铁内的非法携带危险物品危及公共安全案;办理全市首例外销型假药案件,起诉销售有毒有害食品、销售假药犯罪77人,打击黑色产业链,起诉制假售假团伙11个;起诉利用电信和网络实施犯罪121人;起诉非法吸收公众存款涉众型金融犯罪5人,涉案金额达10073万元;起诉保险诈骗、信用卡诈骗等金融诈骗犯罪14人。

反腐倡廉。自侦部门初查线索7件10人,立案7件10人,其中反贪6件8人,反渎1件2人,自侦部门以省院下发的《关于全省检察机关开展智慧侦查建设深化年的指导意见》为蓝本,推进侦查模式转型升级,加快转变侦查理念和方式,以信息化引领侦查工作发展,提高新形势下查办职务犯罪案件能力和水平。加强职务犯罪预防,召开案例剖析会1次,开展预防调查3次,形成预防调查报告3篇,撰写案例分析14篇,发出检察建议3份推动出台制度15项。开展警示教育183批次,受教育人数4937人,开展行贿档案查询2454批次(其中,涉及单位2415家,涉及个人5112人)。

强化刑事侦查监督和审判监督。坚持有错必纠,要求侦查机关说明不立案理由17次,监督立案15件20人,提出纠正不当立案意见11件13人,提出纠正违法意见48次,纠正漏捕26人,纠正漏诉36人,依法提请抗诉4件。建立案件流转"绿色通道",开展全面风险评估,妥善处置信访举报、申诉案件451件。开展刑事被害人救助活动,救助48人次,发放司法救助金16.8万元。受理民事行政申诉案件193件,提出再审检察建议10件,提请抗诉23件,再审改判或再审和解24件,支持、督促起诉30件。监督呈报减刑、假释及暂予监外执行罪犯7578人,对其中268人提出检察意见,均被监管单位采纳。督促社区矫正机构对11名不符合假释、暂予监外执行条件的罪犯收监执行。受理服刑人员控告申诉88件,为被监管人员追回财物160余万元,纠正错误刑期210天。

推进司法改革。强化检警一体化模式,职务犯罪案件实行专科专人办理,建立侦捕诉快速通道,强化内部协同化作战,推动诉前从"以侦查为中心"向"以公诉为中心"转变。探索刑事速裁,提升诉讼效益,公诉刑事速裁案件246件295人,约占同期公诉案件总量50%,平均每案审查期限7天,有罪判决率100%,量刑建议采纳率100%。主动争取上级院支持,深入进行法理研究,对生产、销售有毒有害食品罪,组织、领导传销活动罪和挪用资金罪等罪名尝试速裁程序,办理上述罪名案件15件46人。在审查逮捕、审查起诉环节,发挥证据审查闸口作用,全面审查证据证明内容是否充分,证据收集程序是否规范,对不能证明取证程序合法又不能补强的，坚决舍弃。弃用瑕疵证据30份，退回补充侦查23次，自行侦查23次，补强证据70份。在庭审环节，主动通过协调会、工作函等方式与法院沟通证据材料的审查方式，取得法院支持。推动逮捕理念从“构罪即捕”向“少捕慎捕”转变，将逮捕必要性审查作为审查必经程序，从严把握逮捕条件，在严惩严重刑事犯罪同时，坚决防范羁押扩大化等侵犯人权情况发生。做出证据不足不捕、无逮捕必要不捕22件40人，不捕率为12.38%。推动羁押理念从“一捕了事”向“慎重羁押”转变，强化捕后羁押必要性审查，杜绝以捕代侦和久押不决，经审查做出变更羁押决定20件，成为羁押必要性审查通过率达到最高人民检察院规定标准的全市两个基层院之一。

【知识产权保护】 2016年，区检察院与法院、公安、知识产权局、软件谷科技人才局等相关单位加强工作联动，与企业对接，提升社会化工作力度，建设知识产权保护“一站式”服务中心、知识产权罪案预防教育基地，推动完善“政府主导、企业主体、市场导向、司法保障”知识产权保护体系。开展“百企链接”“百千万工程”及“4·26”知识产权日系列活动，深入科技园区、智能楼宇等为各类企业开展流动培训宣传和专场培训讲座。自知识产权罪案预防教育基地建成以来，为本市及北京、上海、广州等地企业高管提供培训50批次300人。坚持“立案—侦查—起诉—审判—预防”一条龙服务，深入走访企业，收集案件线索，推动案件办理。年内，审结23件47人，批捕案件4件16人、审查决定逮捕13人(不予逮捕3人)，公诉审结案件19件31人，不起诉2件4人，提起公诉17件27人。

【法律监督】 2016年，区检察院坚持深入群众实现重心下移检力下沉。实施社区检察官工作机制，覆盖51个社区。实行《重大疑难案件听取检察机关意见制度》，通过提前介入、引导侦查、类案指导，开展事前和事中监督。坚持问题导向，运用法治方式督促相关部门正确履职，提升社会治理水平。结合办案，组织案件成因专题分析11次，向相关部门发出工作提示和纠正意见9次，督促完善管理制度11次，提供领导决策参考性调查报告和工作建议2份。

【“一窗式”检察为民服务中心】 2016年，区检察院在全市检察机关中率先整合案件受理、律师接待、信息查询等十余项对外业务功能，设计建成前台统一受理、后台专业保障的“一窗式”检察为民服务中心，打通服务群众的“最后一公里”。接待律师650人次，接待群众1317人次，提供行贿档案查询6587批次，提供个人信息查询14386人次，接待各级人大代表、政协委员视察和天津、宁波等地检察机关考察50余批次。坚持每年两次通报检察工作，向区人大常委会专题汇报知识产权司法保护工作、民事行政检察工作、职务犯罪惩治和预防工作等检察履职情况。邀请人民监督员参与职务犯罪案件审查起诉阶段权利告知63次，参与刑事案件公开听审、公开答复7次。聘任特约检察员6名，扩大社会监督范围。公开检务信息，以“能公开尽公开”为原则，最大限度保障人民群众知情权、参与权和监督权。2016年人民检察院案件信息公开网和本院微博微信平台建成以来，先后公开重要案件信息53条，发布各类检察工作动态177条。

【队伍建设】 2016年，区检察院实施“铸魂、提神、赋能”三位一体队伍建设工程。开展“党的群众路线教育实践活动”“三严三实”“两学一做”等学习教育及政法干警核心价值观教育实践活动。组织领导干部带头深入学习贯彻习近平总书记系列重要讲话精神，增强队伍理想信念、宗旨意识和法治信仰。坚持检察官专业化和职业化培养路径，加强人才梯队建设，努力培养骨干型、领军型人才。通过业务岗位轮换、骨干导师帮带、基层社区锻炼培养年轻干警，更好更快适应岗位要求。举办“花神御史论坛”，通过检校共建、专家咨询、精品案件评审，推动干警加强对新类型案件、疑难复杂案件、前沿司法实务研究，提升司法办案能力、协同作战能力、精细操作能力和群众工作能力。

（王　义）

·法　院·

【概　况】 2016年，区法院履行审判职责，推进司法改革，加强自身建设，完成各项工作任务。审理翟某等14人利用“网络关键词”实施网络诈骗案等社会关注案件。完成司法改革过渡期首批法官入额遴选工作。建成集指挥、查控、管理等功能于一体的执行工作快速反应指挥中心。在未成年人及家事案件审判中引入心理疏导干预机制。全年受理各类案件（新收，不含旧存）10235件，首次突破万件，同比上升25.27%，审（执）结9232件，同比上升12.31%，结收案比为90.20%。其中，受理各类刑事案件438件，审结415件，同比分别上升16.49%和10.49%；受理各类民商事案件6994件，审结6508件，同比分别上升28.19%和19.83%。

【执行工作规范化建设】 2016年，区法院受理执行案件2788件，同比增长31.51%，执结案件2285件，同比上升3.11%，执行标的额8.26亿元，实际执结率68.87%。建成执行工作快速反应指挥中心，实时统一组织、调度、指挥全院执行力量，妥善执行跨世纪装饰城搬迁等重大案件；重视执行群体性案件，采取争主动、早介入、多协调方式，妥善执结顺宏玻璃公司60人劳动争议执行案、天利新食品公司73人劳动争议执行案等群体性案件，维护民生与社会稳定；加大对规避执行行为惩治力度，注重在执行过程中利用好各种强制执行手段，在户外电子显示屏、法院门户网站等处曝光“老赖”信息1816人次，对被执行人限制出境35人次，罚款77人次、采取拘留措施135人次。

【司法责任制落实】 2016年，区法院以审判权为核心，贯彻“让审理者裁判，让裁判者负责”要求，改革裁判文书审签流程，规范院庭长审判管理权行使方式，明确主审法官审判案件不受任何非法干预等权力，同时承担案件相应责任和义务；保障主审法官、合议庭独立行使审判权，除重大、疑难、复杂案件需提交审委会讨论决定外，所有案件均由主审法官和合议庭自行定案；健全完善院庭长办案常态化机制，使优质审判资源重回审判一线，发挥示范带头作用。全年院庭长及非一线审判部门负责人办结案件4802件，占结案总数53.55%，同比上升45.52%。

【首批法官入额遴选工作完成】 2016年，区法院在区委领导和上级法院指导下，在对人员和案件情况摸底基础上，开展司法改革过渡期首批法官入额遴选工作。经省法院批复，全院首批入额法官29人。员额制改革后，区法院工作人员分为法官、审判辅助人员和司法行政人员三大类，员额法官与一定数量的审判辅助人员共同组成审判工作团队，作为独任制、合议制审判组织载体，实现审判资源整合和优化，提升案件质量和效率。

【审判管理信息化建设】 2016年，区法院强化信息化建设和应用。投资140余万元，加强机房的建设，更新大楼网络和安全设备，提升网络通信稳定性，保障审判系统运行通畅；改造审委会会议室，将原先传统审委会会议室改造成为语音控制、多媒体显示、计算机网络接入等系统有机结合的数字化审委会会议室，实现"无纸化"办公，提升法院工作信息化、智能化水平；建成集指挥、查控、管理等功能于一体的执行工作快速反应指挥中心，与上级法院执行指挥系统联网，强化指挥和管理，提高执行效率。

【董志超、谢文浩破坏生产经营案入选2016年度市法院十大案例】 2016年，董志超、谢文浩破坏生产经营案入选2016年度市法院十大案例。该案为南京首例淘宝网恶意刷单案，也是全国首例因"恶意反向炒信"行为被检察机关提起公诉案件。2013年9月，北京某科技有限公司在淘宝网注册成立网上店铺，主要经营论文相似度检测业务。2014年4月，另一在淘宝网经营论文相似度检测业务的被告人董某，为谋取市场竞争优势，打击竞争对手，雇佣被告人谢某，多次以同一账号大量购买被害公司北京智齿数汇科技公司南京分公司淘宝网店铺商品，导致其订单交易额损失15万余元。区法院在查清事实基础上，认为被告人董某、谢某出于打击竞争对手目的，以其他方法破坏生产经营，二被告人行为均已构成破坏生产经营罪，并于2015年12月28日作出一审判决：董某犯破坏生产经营罪判处有期徒刑一年六个月，缓刑两年；谢某犯破坏生产经营罪判处有期徒刑一年，缓刑一年两个月。后被告人董某、谢某不服判决向南京市中级人民法院上诉，由于二审期间出现新证据，南京市中级人民法院对损失数额作出重新认定，并于2016年12月19日作出二审判决：董某犯破坏生产经营罪，判处有期徒刑一年，缓刑一年；谢某犯破坏生产经营罪，免予刑事处罚。市区两级法院首次以破坏生产经营罪对董某、谢某"恶意反向炒信"行为定罪追责，回应互联网经济法律保护需求，拓展《中华人民共和国刑法》破坏生产经营罪适用范围。

【南京市首起人身安全保护令案件受理】 4月11日，区法院受理并审结《中华人民共和国反家庭暴力法》施行以来南京市首起人身安全保护令案件。1月，申请人徐某在经法院判决不准予离婚后，经常遭到被申请人梅某辱骂甚至殴打。徐某不堪忍受梅某家庭暴力行为，向法院申请人身安全保护令。区法院受理该案后，承办法官立即依法对证据材料进行审查，并向其住所地居委会、派出所了解情况，认为被梅某行为已构成家庭暴力，于48小时之内作出人身安全保护裁定：禁止梅某对徐某进行辱骂、殴打等家庭暴力行为。4月13日，承办法官及时将人身安全保护裁定书送达给徐某、梅某及其住所地居委会、派出所。该起案件体现法律向家庭暴力行为说"不"的信心和决心，制止家暴行为，保护家庭暴力受害人合法权益。

【未成年人及家事案件中引入心理疏导制度】 7月，区法院在未成年人及家事案件的审判中引入心理疏导制度。法官根据实际案情向当事人提供心理咨询和疏导的建议，由当事人自行选择是否申请心理疏导。在双方都同意申请情形下，区法院联系心理疏导专业人士参与旁听案件，适时进行心理疏导，及时化解矛盾，同时配备专门家事案件倾诉沟通室，为心理疏导当事人放下戒备、放松心情提供良好环境。在未成年人及家事案件中引入心理疏导制度，利于发挥家事审判工作对危机家庭修复职能，形成有特色的家事纠纷处理模式。

【翟某等 14 人利用“网络关键词”实施网络诈骗案公开审理】 11 月 15 日，区法院刑庭公开审理被告人翟某等 14 人利用“网络关键词”实施网络诈骗一案。该案为利用网络产品管理制度上漏洞骗取钱财的新型网络诈骗案件。2014 年 12 月以来，被告人翟某等 3 人，成立多家公司并雇佣被告人李某、何某等人，以非法占有为目的，利用虚假化名冒充他人身份，虚构有客户要购买被害人手中持有的“网络关键词”，要被害人赶紧为关键词注册网络端口，购买被告人提供的端口服务。被告人郭某、汪某在明知公司人员从事诈骗情况下，仍帮助他人制作、打印虚假证书，打印合同，邮寄虚假证书。以上 14 名被告人用该种方式借机骗取 17 名被害人 900 余万元。区法院在查清事实基础上，认为该案 14 名被告人通过虚构身份，利用“网络关键词”骗取他人财物，涉案资金数额特别巨大，其行为均已构成诈骗罪。被告人翟某等 3 人组织、领导 14 名被告人进行犯罪活动，系犯罪集团首要分子，故判处被告人翟某有期徒刑 15 年，罚金 20 万元，其他被告人分别被判处刑期不等的有期徒刑。　（张　瑶）

·司法行政·

【概　况】 2016 年，全区司法行政系统有街道（园区）人民调解委员会 8 个，公安派出所公调对接工作室 9 家，社区人民调解委员会 58 个。年内，全区各级调解机构共开展纠纷排查2299 次，预防纠纷 742 起，劝阻群体性上访278 批次 2921 人次，参与处理社会矛盾纠纷 1621 件，成功处理社会矛盾纠纷 1602 件，成功率 98.82%；区社区矫正管理局接收社区服刑人员 121 人，解除矫正人员 120 人，年底在册社区服刑人员 166 人，其中缓刑 158 人、假释 6 人、暂予监外执行 2 人，办理审前和假释前调查评估 179 例，被法院采信 148 例，采信率 83%；区法律援助中心办理各类法律援助案件 523 件，接待解答各类法律咨询 5354 人次，“12348”热线解答法律咨询 3796 人次，各援助工作站点接待解答法律咨询 836 人次，办理法律援助案件 76 件；全区注册律师事务所 23 家，执业律师 227 人，担任法律顾问 395 家；注册法律服务所 2 家，基层法律工作者 10 人；雨花台公证处办理各类公证 2260 件。

年内，区司法局被省委宣传部、省法制宣传教育工作领导小组办公室、省司法厅表彰为 2011—2015 年全省普法工作先进单位，被中华全国人民调解员协会表彰为全国人民调解宣传工作先进集体。

【公共法律服务体系全覆盖推进】 2016 年，区司法贯彻落实省市“四个全覆盖”要求，提升全区法律服务供给水平，加快推进公共法律服务体系全覆盖。自 2015 年以来，以区公共法律服务中心建设为龙头、街道（园区）公共法律服务中心为枢纽，社区法律服务站点、法律顾问为延伸，打造公共法律服务圈；重新疏理全区"一社区一顾问"制度，全区8个街道（园区）、57个社区统一建立法律顾问制度，明确定期服务、限时服务、联系联络、工作日志、工作报告、信息公开、考评等制度，并将聘请的法律顾问专职律师姓名、照片、执业证号、联系电话在街道、社区服务大厅以公示牌形式向市民公示；法律顾问全程参与"法律六进"活动，通过定期参与街道（园区）信访、涉法涉诉接待、送法进社区、学法讲座等，向居民宣讲婚姻家庭、劳资关系、工伤保险、法律援助等相关法律法规。

【农民工法律援助工作机制健全】 2016年，为提升法律援助水平，区法律援助中心建立健全农民工法律援助工作机制。实行"零门槛"农民工法律援助受理，对前来求助的农民工，只要其合法权益确实受到侵害，不需提供困难证明，一律及时予以援助，并指派经验丰富的律师承办案件；放宽对农民工法律援助申请审查，对因情况特殊无法提供身份或经济状况证明的、只要有事实证明的、为保障自身合法权益需要法律援助的农民工，一律及时受理；对涉及人数较多的群体性讨薪案件均先予受理，允许农民工事后补办有关证明等材料，确保农民工讨薪案件"急事快办"和"特事急办"；对群体性农民工矛盾纠纷，实行优先受理、优先接待、优先办理"三优"服务，为农民工开辟绿色通道。

【后续照管人群管理】 2016年，按照市司法局《解戒人员后续照管工作实施方案》要求，区司法局做好后续照管人群管理。推进"三项"工作融合发展，借助社区戒毒、社区康复中"尿检""定期报告"等强制性手段和措施，实现对后续照管对象有效"管控"；搭建沟通平台，开展心理辅导和应急性谈话；定期召开由区后续照管服务站、分管社工、照管对象、后续照管对象亲属"四方"参加的"见面会谈"；定期开办"亲属学堂"，向后续照管对象亲属宣传亲情在帮助后续照管对象巩固操守、回归社会中的重要作用，传授戒毒康复知识和技巧；发挥社区工作人员、安置帮教志愿者岗哨力量，及时掌握后续照管对象生活状态、行动动向。全年接收市后续照管工作指导站指派后续照管人员37人，并会同市局、街道（园区）及社区，对生活特别困难后续照管人员给予特困补助和生活关照。

【第二届"司法日"联动服务宣传活动开展】 4月8日，为提升全区司法行政工作社会知晓率和群众满意度，打造司法行政服务品牌，树立服务为民良好形象，区司法局联合赛虹桥街道在安德门民工市场开展第二届"司法日"联动服务宣传活动。该活动以"'12348'法润千万家志愿者行动"为主题，通过法律咨询、宣传册发放、"12348"服务产品展示、问卷调查等形式，向广大市民及外来务工人员展示"12348"平台主要功能和服务产品，提供便民法律服务，征集对"12348"服务意见建议。活动发放法治宣传资料约300份，为40余人提供法律咨询，完成"12348"平台调查问卷50余份，提高"12348"平台知晓率，提升司法行政工作群众满意率。

【非人大任命领导干部任前法律知识考试】 5月6日，为贯彻落实《雨花台区非人大任命领导干部任前法律知识考试办法》，加快法治政府建设进程，区司法局会同区委组织部在区政府九楼会议室对全区拟提拔的19名非人大任命干部举行任前法律知识考试。考试内容涉及社会主义法治理念、宪法、公务员法、行政处罚法等十余门法律，全面考核领导干部依法执政水平。考前，区司法局相关负责人明确此次考场纪律、考试目的及意义：对因缺考或考试成绩不合格的人员还要进行补考；考试成绩单由区委组织部、区司法局签章后，及时送达参加考试人员单位，并载入领导干部考试档案库；通过以考促学，逐步引导养成领导干部法治思维。

【区创新创业法治宣传与法律服务中心成立】 6月，区创新创业法治宣传和与法律服务中心在软件谷注册成立。针对软件谷区域内企业特点，该中心加强对软件企业法律服务和法治宣传，提高软件从业人员法律意识，保护企业合法利益；摸排软件企业人员流动快导致的矛盾纠纷，积极化解矛盾，依法开展人民调解工作，为企业排忧解难；借鉴司法行政"法律援助"机制，拓展"知识产权维权援助"渠道和模式。至年末，该中心为全区科技企业提供各类知识产权和法律服务2000件，专利技术成果合法转移140件，走访并建立紧密联系企业221家，组织各种活动75场次，其中大型知识产权法治宣传活动5场，举报投诉26件，经调查摸排取证21件，调解12件，知识产权类维权援助审查3件，调解后案件无一进入诉讼。

【雨法社会组织培育中心成立】 11月，区司法局依托雨花台区社会组织孵化中心，牵头组建区级社会组织孵化中心——雨花台区雨法社会组织培育中心。该中心位于花神大道11号，主要负责培育全区司法行政领域社会组织，研发和实施社会组织建设体系、公益项目运营体系、司法社工培育体系及政府购买社会组织服务绩效评估体系，集社会组织培育发展、成果展示、洽谈交流、成果转化和法治分享等功能为一体，为不同需求的社会组织提供服务。

（陆　煦）

军　　事

·人民防空·

【概　况】 2016年，区人防办根据中央和省市人防工作要求，深入学习贯彻习近平总书记系列重要讲话精神，推动全面从严治党向基层延伸，巩固拓展党的群众教育路线和"三严三实"专题教育成果，开展"两学一做"学习教育，完成各项工作。年内，利用防灾减灾等时机，开展人防演习2次；通过公开摇号向辖区居民发放家庭应急包15000个；受理群众"12345"平台投诉4件次，政府交办件2件，满意率100%。

【人防工程备案年检】 2016年，区人防办通过事前监督指导使用人合法，规范人防工程管理单位使用行径，对于侵占人防工程、擅自改变人防工程主体结构、拆除防护设施等行为，责令整改，确保年检到位率。年内，列入人防年检备案工程234个。

【人防知识教材和教育器材发放】 2016年，区人防办贯彻落实《中华人民共和国人民防空法》《中华人民共和国国防教育法》及中共中央、国务院、中央军委关于重视和加强在校中小学生人民防空知识教育要求，向全区中小学校发放《民防知识》教材6015册，其中小学3180册、中学2835册；向全区中学发放人防教育器材10套。

【防空防灾疏散演练开展】 2016年，区人防办落实上级安全工作精神，增强居民安全意识和自我保护能力，营造全社区居民关心和支持社区安全工作新局面，维护社区正常生活秩序，以提高防灾减灾意识为主题，分别在赛虹桥和铁心桥街道社区组织防空防灾演练。培训群众紧急疏散及应急技能，传播防空防灾应急救护知识技能，接受防空防灾知识普及教育，提高社区实际应对和处置突发安全事件能力，受到广大群众认可。

【警报器维护管理】 2016年，区人防办对所有防空警报器进行一次系统检查并及时配合市人防办做好不间断信号检测，组织新增警报点维管人员集中培训等工作，对发现问题及时处理上报，提高本区防空警报维护管理水平，确保“12·13”国家公祭日能够正常鸣放。年内，全区新增多媒体警报器10台，维护管理警报器50台（电声警报器和电动警报器21台，多媒体警报器19台，一体机警报器10台）。

【家庭应急救援包发放】 10月13日，按照市人防办部署安排，在区纪委、政府办、公安分局、公证处、人武部、各街道（园区）负责人参与和监督下，区人防办在人防办三楼会议室，对全区所有户籍家庭进行“应急救援包”摇号派位，产生名单15000个。摇号以街道派出所为单位，采用分街道电脑抽取方式，其中雨花经济开发区1100名、雨花街道3815名、铁心桥街道2035名、板桥街道（含板桥新城）2505名、西善桥街道1930名、赛虹桥街道2700名、梅山街道915名。摇号结束后在区政府门户网站和各个社区公示摇号结果，公示结束后向摇号中签居民家庭发放应急救援包。

（陈雅奕）

·人民武装·

【概　况】 2016年，雨花台区人民武装工作贯彻军委、国防动员部和省军区、警备区统一部署，开展“两学一做”学习教育，狠抓军事斗争准备，坚持依法从严治军，开展各项工作。年内，组织后勤干部参加警备区“三实”（实爆、实射、实掷）训练考核和业务学习。采取集中培训和跨区联训的方式，选派民兵骨干7批次189人参加省军区、警备区组织的新任专武干部、“四会”（会讲、会做、会教、会做思想工作）教练员比武、应急连、抗洪抢险骨干、通信业务训练和民兵情报信息员、森林防火集训。组织6批次218人参加区人武部组织的民兵应急排应急拉动演练、森林防火、抗洪抢险和情报信息员集训。

【国防教育】 2016年，区人武部突出强军主题实践，利用各种时机、阵地资源和双拥活动，开展全民国防教育。组织领导干部过军营日，指导大中小学校军训，组织高校大学生参加市国防教育知识竞赛，组织南京晓庄学院、三江学院和金肯职业技术学院50名大学生参加由国家国教办组织的国防法规问卷调查活动。安排各街道（园区）武装部利用第16个全民国防教育日时机，开展“传承红色基因，共建巩固国防”为主题的宣传教育活动，举办讲座十余场次，发放资料 2000 份，教育对象 1.1 万人次。

【征兵工作】 2016 年，根据区委、区政府传达学习《征兵工作量化考评暂行办法》，区人武部层层分解 5 项一级指标、16 项二级指标任务，掌握征兵工作“五率”（即报名率、上站率、合格率、择优率、退兵率）标准，与各街道（园区）、学校签订责任状，逐级按责落实。利用手机、网络等现代传媒，发布征兵信息和政策规定；在全区设征兵报名咨询点 7 个，开通 QQ、微信群 10 个，悬挂横幅、标语 680 余条，发放宣传资料 3000 余份，张贴海报 180 余张，户外大屏滚动宣传 800 余次，广场宣传 6 次。组织 90 余名专武干部、高校辅导员、社区工作者登门入户，逐家逐人宣传；针对部分高校前期报名人数偏少实际情况，走访对接挂钩南京晓庄学院、三江学院、金肯职业技术学院等高校 4 次，召开优秀大学生入伍事迹报告会，开辟大学生应征“绿色通道”。协助区卫生局在雨花医院开设“雨花台区征兵体检站”，制作征兵展板21 块，张贴各类宣传画 23 幅。按照《全国征兵体检信息管理系统》操作使用手册网络版要求，安装 32 台计算机，严把体检关。全年，征集新兵 99 名，其中大学生 89 人，占总数 89.9%。

（谢少华）

·优抚安置与双拥共建·

【概　况】 2016 年，雨花台区双拥优抚安置工作在区委、区政府领导下，支持国防和军队改革，做好全区拥军优属、拥政爱民等各项活动，以创建全国双拥模范城“八连冠”为新起点开展双拥共建活动。春节期间，区领导走访慰问驻地部队、军休所、各类优抚对象、无军籍职工和军休所老干部，送去慰问金 148 万元，为军属、残疾军人等优抚对象发放春联 900 余幅。“八一”建军节前，区领导走访慰问抗洪部队，送去慰问金 20 万元。各街道（园区）认真开展座谈会、主题晚会等形式多样军民共建活动。

【优待抚恤】 2016 年，雨花台区继续执行城乡优抚对象抚恤补助标准一体化。为重点优抚对象提供医疗补助 657 人次，支付医疗补助额 20 余万元。组织两参人员（参战参试部队的军人）到职业病防治院健康体检并上报体检人员报告，由专家进行评调残筛查，其中一人调整残疾等级，由六级调整为四级，一人评定残疾六级，一人评定十级。为 3 名退役残疾军人办理换证手续，并落实相关抚恤补助待遇。加强优抚系统信息化管理，及时更新上报优抚数据，确保优抚数据细化至村委会，做到优抚数据管理五级联动，使优抚数据准确化、精细化、动态化，完成上级布置的优抚对象数据采集核查工作，安排重点优抚对象赴祖堂山社会福利院疗养。为 20 名随军未就业军官家属发放生活补贴 13.83 万元。年内，全区有优抚对象 564 人，其中伤残人员 128 人、三属 16 人、在乡复员军人 17 人、带病回乡退伍军人 14 人、参战涉核人员 120 人、农村籍老兵 268 人、老年烈士子女 1 人。

【接收安置】 2016 年，雨花台区接收秋季退役士兵 66 人，冬季退役士兵 10 人，接收军队退休干部 2 人。发放 2016 年秋季退役士兵优待金227.4万元、自主就业一次性补助金397万元；发放2015年冬季退役士兵自主就业一次性补助金117.6万元；发放2015年、2016年秋季入伍义务兵慰问金47.2万元。召开2016年度退役士兵教育培训动员大会，其中参加短期培训班退役士兵34人，参加中高级培训班退役士兵6人，复学或参加学历教育退役士兵23人。组织全区退役士兵参加市民政局举办的“退役士兵专场招聘会”。按照低保标准，为5名符合政府安置条件的退役士兵、转业士官发放待安置期间生活补助费3.1万元。召开符合安排工作条件退役士兵积分选岗会议，退役士兵根据量化积分由高到低顺序依次进行现场公开选岗。 （曾加员）

8月1日，区双拥办联合赛虹桥街道举办“军民团结一家亲”庆八一建军节 叙军民鱼水情文艺演出 （区双拥办 供稿）

【双拥共建】 2016年，区人武部创新拥军模式，丰富双拥共建活动，组织动员民兵900余人次，参与社会治理、环境整治、安保等活动，协助地方做好打击刑事犯罪、维护社会治安。会同区委宣传部、区双拥办、工青妇等部门，通过向社区街道、行业系统延伸，开展常态化学雷锋志愿活动。3月，各街道武装部组织军民300人，集中开展学雷锋活动，服务群众550余人次。会同区人社局做好驻区部队军人随军家属就业安置摸底、统计和定向招聘录用工作。协助地方，组织协调驻区部队官兵和民兵参加防汛救灾行动。7月，在南京遭受重大洪涝灾害时，落实上级关于抗洪抢险指示精神，及时与区防指建立24小时热线，并组织部全体干部职工及应急分队“驻部待命”，同时加强与驻区部队沟通联系，全面做好抗洪救灾准备，先后出动民兵预备役人员和现役官兵，完成南河500米堤坝加固，用土93立方米、矿石40立方米，转移安置743名群众，帮运财产近百万元。

（谢少华）

街道

雨花年鉴

2017 YUHUA ALMANAC

2017 YUHUA ALMANAC

Subdistrict

雨花街道

【概况】 雨花街道位于雨花台风景名胜区南麓，东至宁溧路（卡子门大街）行政区划边界、南至宏运大道边界、西至宁丹路边界、北至应天大街（雨花西路）边界，辖区土地面积12.06平方千米。年末总人口约10万人，其中，常住人口8.1万人，户籍人口7.32万人，60周岁以上老人1.31万人。辖雨花、丁墙、花神庙、农花、康盛花园、翠竹园、共青团路、雨花台、普德村、能仁里、翠岛花城、青龙山、凤凰山、云台山、吉山15个社区。设有社区党委1个；党总支12个，其中机关党总支1个、社区党总支11个；党支部71个，其中一级党支部9个、二级党支部62个（含社区党支部52个）；党员3044人。

全年实现地区生产总值55.32亿元；一般公共财政预算收入7.44亿元，同比增长22.7%；社会消费品零售额114.05亿元，同比增长6.5%；累计注册外资实际到账2600万美元；外贸出口总额9286万美元，超全年目标任务4000万美元；软件和信息服务业收入26.1亿元；服务外包执行额9774万美元。推进万科、绿地、证大、中交等11个在建重点项目，累计实现投资45.8亿元，完成固定资产投资56亿元，占全区23%。在楚翘城举办绿地北广场项目招商推介会，注册企业44家，其中新注册企业42家，注册资金超1000万元以上企业10家。完成万圣伟业、车程网总部签约并落户雨创二期。

全年新增就业再就业及自主创业2888人，为3名创业人员申请贷款30万元，为742人申请领取失业保险金待遇，为125人享受大龄延长失业保险金，为12947名企业退休人员做好社会化服务管理工作，为1968名居民办理居民医保。调处各类劳动争议案件60起，接待政策咨询服务480起，有效解决欠薪事宜单位6家，追回欠薪款20.21万元。为1662名育龄妇女实施孕环情检测、妇女病检查及两癌筛查。为1348名特困老人免费安装“安康通”。完成全国第六次体育场地普查工作。筹集资金61.6万元用于农村合作医疗。走访慰问低保户、三无人员等632户、973人，发放低保补助金728.32万元。走访慰问优抚对象、农村籍老兵、无军职职工、烈士家属、立功授奖战士等130人，发放双拥优抚慰问金255.78万元。春节期间，向各困难群体发放慰问金119.6万元。为298名残疾人发放各类残疾人补贴、护理补贴126.24万元。

年内，雨花街道被市委、市政府评为2015年度法治南京建设先进街道；花神庙社区被省科学技术协会评为2015—2016年度江苏省科普示范社区；翠竹园社区被省精神文明建设指导委员会评为2013—2015年度省级文明社区；农花社区被省地震局评为2016年度江苏省地震安全示范社区；雨花街道志愿服务总站被市文明办评为南京市街道（镇）志愿服务总站首批示范点。

【区域建设】 2016年，雨花街道立足信息化、网络化和高效化，推广“雨花街道微城管”微信互助平台和街道智慧城管微信公众号，强化拆违控违、渣土管理、门前三包等工作，拆除违章建筑357处、面积2922平方米。启动雨花新村一村、五村和普德花园7-11栋35幢居民楼8.7万平方米老旧小区出新改造任务。开工建设映山红路西延一期工程，完成雨花新村二村17幢和18幢8800平方米棚户区改造。完成翠岛花城小区二次供水设施改造工程及功德园、区地税局雨污分流工程。7月汛前，对农花河明发段河堤进行降坡消险处理，改造丁墙路汽配城门前积淹水片区，新铺设排水管道3条。制订《雨花街道环境综合整治三年行动计划(2016—2018)》。投入360万元建成双龙嘉园小区绿色游园。投入90万元提升共青团路沿线整体景观水平，建成花好月苑景观小游园。投入20万元完成农花河、丁墙河等5条河道清淤清杂，清理淤泥及各类生活垃圾杂物等100余车。投入50万元完成柏家河污水处理，新增水质净化设备，河水过滤日处理量40吨。

【社区建设】 2016年，雨花街道按照"起航、导航、助航"模式，围绕国家级"社区治理试验区"验收，联合区民政局在花神庙社区打造全区首个公益众创空间——雨花公益众创空间。借鉴仙林、迈皋桥、东山街道成功经验做法，结合街道全科社工和治安巡防体系建设，推广网格化管理，将街道划分一级网格11个，将各社区按区域、工作人员数量划分二级网格105个，吸纳社区志愿者、离退休党员、社区在职党员为网格员协助工作；组织基层网格员以两人一组，划分楼栋片区实行入户走访，走访居民28117户，走访率99.1%；发放"致全区人民的一封信"和"群众安全感入户调查问卷"28117份，收到反馈意见建议133条。利用"金陵微雨花"等新媒体，向群众介绍小区出新改造基本情况和改造目标。召开居民代表座谈会6场，发放调查问卷700份，收集有效意见建议20余条。主动与南京大学管理政府学院合作开展党建与社会治理相融合的创新研究，提出全红色价值引领、全结构互动共建、全任务融合服务、全社区共享发展"四全模式"，在探索中形成"党建+社会治理"融合创新模式。年内，花神庙社区被省精神文明建设指导委员会评为2013—2015年度省级文明社区；翠竹园小区被市城市治理委员会评为南京城市治理标准化示范单位。

【平安建设】 2016年，雨花街道推进平安"雨花"、法治"雨花"建设。在紫荆广场举办"公证惠民生服务促和谐"主题宣传活动，发放宣传品2000余份，现场咨询服务500人次。投入80万元在辖区内增设高清监控探头185个，并以道路、建筑工地、老旧小区、各类场所为主控点，定期开展常态巡查286次。针对宁南汽配城区域流动人口多、商铺多、管理混乱现象，联合雨花台派出所组建30人的治安志愿者队伍，做好各类矛盾纠纷调解，调解矛盾纠纷178起。妥善处置凯润能源等非法集资案3起，加强对P2P、互联网金融公司监管。利用"@2012新雨花"官方微博发布微博226篇。化解汽配城商户偷倒废旧汽车电池电解液事件等涉及城市管理、停车纠纷、食品安全的负面舆情5起。全年开展纠纷排查348次，化解矛盾纠纷178起。

【党的建设】 2016年，雨花街道结合建党95周年，开展"我为党旗添光彩，立足岗位做贡献"系列活动，组织领导班子成员到联系点社区开展讲党课、书画摄影征文比赛、优秀党员评比、先进党员事迹巡回宣讲、党员示范岗创建等主题活动，参与党员2700余人。通过集中学习讲座、实地调研参观等形式组织开展中心组学习12次。完成社区学堂教学81期，受益群众近万人。严格执行中央“八项规定”和省、市、区委关于党风廉政建设责任制各项要求，执行民主生活会、领导干部述职述责述法和重大事项报告制度。以整改落实省委巡视组反馈意见为契机，分层次签订《党风廉政建设责任书》27份，签订认真清理和不设立任何形式“小金库”承诺书60份。配合区纪委、审计局，完成公务接待、办公用房等落实中央“八项规定”情况的抽查和街道离任领导在任职期间的经济责任审计工作。

5月14日，雨花街道政协工委、工青妇组组织委员在紫荆广场开展志愿活动 （雨花街道 供稿）

【智慧城管系统上线】 2016年，雨花街道与中国电信合作开发智慧城管系统。在辖区范围内设立高清摄像头43个，开通宽带网络20兆，配合手机APP，使城管队员日常巡查信息化，完善监督体系；开通“雨花微城管”微信公众号并广泛宣传，居民只需关注公众号，即可自主上报城管菜单，系统将诉求问题上报智慧城管指挥中心，由指挥中心进行派遣处理，及时下发菜单，迅速整改，全年，微信公众号关注人数63人；实现街道智慧城管系统与市、区平台菜单并轨，市、区、街菜单全面结合，可直接通过街道智慧城管系统进行派遣，实现数字互联网城市管理，迅速发现并有效处理城市管理中各种问题，提高城市管理水平与效率。

【宁南物业公司成立并进驻雨花新村片区】 7月，为解决雨花新村片区物业管理问题，根据“短期自管、逐步转型、走向市场”思路，雨花街道抽调4名工作人员成立宁南物业公司。该物业公司有保安、保洁员30余人；与街道城管科及雨花新村片区4个社区明确划定管理职责，配合做好片区内1.32平方千米小区物业服务；参照全市已出新老旧小区物业管理规范制定服务标准，年底由居民代表和第三方机构进行评价，评价结果作为街道补贴考核重要依据。年内，该物业公司进驻雨花新村五村和普德花园7-8栋居民楼，接管雨花西路16号雨花苑小区、养回红村5号大院。

【雨花公益众创空间建成】 8月，全区首个公益众创空间——雨花公益众创空间建成。该众创空间位于花神庙社区宏图上水园小区，建筑面积940平方米，总投资98万元；按照“一空间、多平台、多中心、多基地、一目标”功能定位，设有舞蹈室、会议室、培训室等功能室，分采购中心+公益区、党建服务+公益区、互联网+公益区、创客空间+公益区、文化创意+公益区五大功能区，其中包含社区基金会指导中心、社会组织服务中心、社会创业指导中心、社会组织联合会支持中心；由市公益创投协会负责技术指导等支持，由南京金苹果社会工作服务中心实施运营；建成后由南京恩派公益组织发展中心、南京金苹果社会工作服务中心、南京市益民社会服务中心3家机构负责孵化社会组织，最多可同时容纳20家社会组织入壳孵化，为社区居民提供文化、体育、路演等8类服务。（毛　慧）

赛虹桥街道

【概况】 赛虹桥街道位于雨花台区西北部，南起宁芜公路（安德门——宁芜铁路小行道口段）中心线，北至该区与秦淮区交界处，东起中山南路高架桥、雨花南路中心线，西至该区与建邺区交界处，土地面积7.31平方千米。常住人口6.3万人，户籍人口4.86万人，60岁以上老人0.98万人。辖赛虹桥、安德门、小行、长虹路、玻纤院、菊花里、邓府山、龙福8个社区。设机关党总支1个、社区党委1个、社区党总支6个，党支部30个（含社区党支部1个，非公企业党支部4个）；党员1649人。

全年实现地区生产总值39.43亿元，一般公共预算收入4.17亿元，全社会固定资产投资33.5亿元，社会消费品零售总额增幅10%，注册外资实际到账6000万美元，外贸出口总额5473.66万美元。新增科技创业投资额2000万元，大学生创业数60人。推进区人代会重点项目10个（含市重点项目2个），其中产业项目2个、房地产项目5个、民生项目2个、公共服务项目1个。完成创E梦工厂招商工作，分别协助中南、恒大1.7万平方米办公用房和2.37万平方米商业配套整体招商。万谷移动互联科技园、中舜赛虹数字科技产业园、无为文化产业园等实施提档升级，淘汰低端企业20个，引进企业22个，其中万谷移动互联科技园被市促进就业委员会评为南京市2016年度示范创业园（基地）。

全年搜集空岗信息1200余个，实现各类人员就业600余人次，援助就业困难人员55人。开展困难帮扶工作，向低保户570人、困难群众747人次、持证残疾人768人等发放低保金、救助金、慰问金540余万元。办理城镇居民医保7418人，其中办理新生儿医保1129人，老年居民医保18人，其他38人，居民养老16人。

年内，赛虹桥街道被省精神文明建设指导委员会评为江苏省文明单位；被市委、市政府评为创建全国双拥模范城市有功单位；被市精神文明建设指导委员会评为2013—2015年度市级文明单位。

【区域建设】 2016年，赛虹桥街道完成拆迁房屋建筑面积8.6万平方米，拆除违章建筑面积1.2万平方米。投入600余万元建成赛虹桥公交场站配建道路，启动怡康街东延项目。投入1000余万元实施丁树村道路建设，投入200余万元出新雨花南路16号、22号、24号、26号小区4个。推进雨花南路以北片区控制性详细规划修订，摸排雨花南路以北所有老旧小区。投入368万元完成旱厕改造等72个零星工程。及时改造涵闸泵站、险工险段等，投入近42万元对邓府山村、尤家凹3号进行紧急消险及地质灾害治理勘察设计。投入约155万元对望江矶小游园、和尚山实施绿化补植。启动宁芜铁路环境专项整治，清理和尚山、丁树村拆迁工地、宁丹路、宋家洼等处菜地5万平方米。做好国家卫生城市迎复审工作，保障南京马拉松比赛有序进行，清理乱张贴约 2300 张、大型违规广告店招 24 块、广告牌 32 处。投资 60 余万元加大数字城管建设，新建高清探头 41 个。投入 126 万元进行保洁服务外包，在邓府山教师楼、凤台南路 58 号、康润园 3 家小区成立业委会。年内，赛虹桥街道“四化融合构建多中心城市治理格局”获“南京市社会建设创新优秀案例”。

【社区建设】 2016 年，赛虹桥街道按照《全区社会事业发展五年提升计划》要求，制定《赛虹桥街道区划调整方案》，微调社区边界 4 个。投入 150 万元完成安德门、长虹路、小行 3 个社区用房改造及氛围设计。完成第六届社区居委会换届选举，举办“社区论坛”5 场。创新社会组织培育模式，围绕为老、为小、调节治理、助残、社区营造等服务项目，招标引进社会组织 20 家、淘汰 2 家。开创枢纽型加盟制社会组织运行模式，将 30 余家社会组织嵌入到文化类、民生服务类、为小类、志愿者等四大社会组织联盟中去，推进“善行邻里”志愿者服务队、幸福社区网和新市民驿站三大区级公益创投项目。创新社区治理体制机制，以社区、社工、社会组织、社会工作等“多社”互动为路径，促成社会组织落地社区承接服务，促进居民互动，实现居民自我服务、自我提升、自我管理。完善养老服务体系，在赛虹桥、安德门、小行、长虹路四大片区分别打造“志愿者养老”“社会养老”“医养融合”“居家养老”四种养老模式。针对汛期部分居民房屋车辆受淹受损情况，为 306 户受淹居民争取保险理赔 18.3 万元。年内，安德门社区被国家民政部评为全国综合减灾示范社区；赛虹桥街道社区教育中心被省教育厅评为江苏省标准化社区教育中心；赛虹桥社区被省民政厅评为江苏省和谐社区建设示范社区；安德门社区被省精神文明建设指导委员会评为江苏省文明社区；菊花里社区被市妇联、市教育局评为南京市优秀家长学校。

【平安建设】 2016 年，赛虹桥街道以 G20 峰会、南京国际马拉松赛、各级“两会”等敏感时期为重点，走访重点人员 43 人次，接收处理信访件 19 件，接待个访事件 40 余人次、群访事件 1300 余人次，排查化解不稳定因素 4 起，调处矛盾纠纷 88 起，调处成功 88 起。梳理存量涉稳问题 10 个，其中西营村拆迁遗留问题取得重大突破，完成协议签订 13 户。开展法治宣传 21 次，法治广场活动 6 次，公调对接成功 107 件，形成调解协议书 40 份。落实“一岗双责、党政同责”，开展拉网式、地毯式检查行动 3 次，开展危化品行业、农贸市场等专项检查

7 月 12 日，赛虹桥街道联合三江学院在安德门社区开展青少年夏令营活动 （赛虹桥街道　供稿）

12 次，检查“厂中厂”、建材市场等各类场所4000 余次，发现安全隐患 537 处。加大法律知识宣传力度，开展法律咨询服务 45 次。

【党的建设】 2016 年，赛虹桥街道制定《“两学一做”学习教育实施方案》。围绕党员教育、发展、结对共建等制度，开设上党课 52 次，结对共建企业党支部 4 个，组织各支部登门送学 125 人次，发放各类学习资料 1240 份，组织开展 QQ 群视频直播党课 3 次。完善一体化党群服务平台，拓展“五心服务”(聚民心服务、暖民心服务、顺民心服务、贴民心服务、乐民心服务)微信平台功能。抓好“12345”工单及领导信箱来信办理，办理“12345”工单 2817 件、领导信箱群众来信 57 件。开展党员服务项目 18 个，为 145 名困难党员群众建档，发放慰问金 42 余万元。开展廉政专题教育 8 次，编发《准则、条例，问责条例》80 册，向 40 名副科级以上干部进行廉政谈话。成立 3 个督查组展开重点督查，编发《督查通报》9 期。

【公共文化建设】 2016 年，赛虹桥街道通过练场、赛场、演艺场等活动形式，继续打造“赛虹大舞台”群众文化品牌，举办群众文化会演 12 场、群众体育赛事 8 场，各类文化培训 150 场。成立街道文联，出台《南河左岸》杂志奖励考核办法，动员社区、科室通讯员参与编写《南河左岸》杂志老地名、老工业遗址材料，并发动有写作能力、写作意愿的志愿者加入写作队伍。组建音乐、舞蹈、合唱、戏曲等十大艺术协会，并从中选拔优秀人才进入赛虹艺术总团，举办活动 16 场，吸纳文化志愿者 500 余人，参与演出 3000 余人次，吸引观众近 2 万人次。建立赛虹桥街道文体志愿者积分服务体系，调动志愿者积极性。吸引中博信息、雨花园林有限公司等文化产业项目入驻，全年实现文化产业增加值 0.38 亿元、文化创意产业销售收入 2.43 亿元。

【流动党员管理】 2016 年，安德门社区加强流动党员管理。成立流动党员服务站，与安徽省凤阳县驻雨花台区流动党委签订管理共建协议，解决流动党员管理难题，帮助流动党员亮身份、树形象。借助团省委重点项目“希望来吧”平台，对外来务工人员子女开展学业辅导、亲情陪伴、感受城市、自护教育、爱心捐赠等服务，服务人次 3000 余人次。组织社区 10 名党员代表与凤阳县流动党委 45 名党员代表开展实境党课与专题讨论，在雨花台烈士陵园举行“重温入党誓词”活动，参观“两学一做”专题展示区，帮助党员们相互促进、相互学习，坚定理想信念。

【赛虹桥社区服务中心改造完成】 2 月，为进一步加快医养结合发展，赛虹桥街道利用小行医院扩建时机，完成赛虹桥社区卫生服务中心改造。该中心位于小行路 35 号，建筑面积约 10000 平方米，其中门诊 5000 平方米、病房 5000 平方米，主体建筑分地面六层、地下一层；设置床位 138 张，其中养老床位 54 张；有员工 120 人，其中高级职称员工 12 人，中级以上职称员工 33 人，全科医生 18 人。全年该中心突出中医、肿瘤、养老三大特色，并签约成为省人民医院和市肿瘤医院社区工作基地；就诊量 22 万人，出入院人数约 1000 人，家庭医生重点人群签约 15447 人，并在全市首创有偿家庭医生签约服务包，破解以往家庭医生上门服务“赔本赚吆喝”困境。

(陈天骄)

铁心桥街道

【概况】 铁心桥街道位于雨花台区南郊,距中华门4千米、南京禄口国际机场15千米,省道宁丹路贯穿南北,绕城公路、纬九路、龙西路横贯东西,东、西、南与江宁区接壤,北与雨花街道和赛虹桥街道相邻,土地面积27.71平方千米,年末总人口12.41万人,其中常住人口3.76万人,户籍人口3.70万人,60岁以上老人2.67万人。辖铁心、尹西、定坊、高家库、马家店、春江、新河、景明佳园、翠岭银河9个社区。设有机关党总支1个、基层党委2个、社区党总支7个,党支部49个,党员2114名。

全年实现地区生产总值26.82亿元,其中第一产业0.29亿元,第二产业11.21亿元,第三产业15.32亿元,三次产业比重为1.08:41.80:57.12。完成省地质资料展览馆项目,软件谷标志区A、B、C、D地块等10个征地项目风险评估工作;完成规划路道路新建工程;启动尖山防火通道道路建设工程;配合完成铁心桥桥体爆破工作;完成公共自行车9个点施工;完成宁和城际春江站地块内开闭所迁移前期造价审计;完成铁心桥大街(6处)和江艺路(1处)的城东污水干管切换点建设及春江学校、春江幼儿园、派出所、春江商业街、办事处5处排水达标区建设。完成二次改水一标段工程,并移交市水务集团。

全年新增城镇就业1575人,登记失业人员再就业740人,援助困难人员就业69人,灵活就业人员社保补贴579人,举办招聘会3场,提供各层次岗位600个,扶持大学生创业95人,申报14个优秀项目,组织职业培训22场1630人。完成社会保险净增缴费1365人,社会保险缴费基数申报297家,办理新生儿居民医保506人,办理征地项目6个、进保429人,组织退休人员免费体检3300人。发放低保金及各类补助1419.98万元。审核大重病8人、临时救助29户,发放救助金9.05万元。帮助2名低保家庭大学生申请1万元助学金。节日期间走访慰问低保户、低保边缘户、优抚对象、军属、重度残疾人等各类困难家庭2972人(户),发放各类慰问金291.67万元。向20户特殊困难低保家庭发放价值20000元的爱心救助卡。完成社会组织网上年检和"三证合一"工作79家,评估管理及上报社会组织11家,其中评估AAA级资质1家、AA级资质10家。完成辖区居民水灾理赔申请131户、火险理赔申请1户、意外伤害理赔申请2人。在市人口服务管理系统平台录入流动人口26913人,其中育龄妇女数8721人,登记流动人口个案信息10842人。

年内,铁心桥街道被省精神文明建设指导委员会评为2016年度省级文明单位;被市委、市政府评为2016年度市级文明标兵单位标兵;被市信访局评为2016年度全市信访工作绩效考核先进街道;被市委、市政府和南京警备区评为2016年南京市创建全国双拥模范城有功单位;被市政协评为2016年度政协工作先进集体。

【区域建设】 2016年,铁心桥街道列入考核拆迁项目10个(含上年结转项目4个),计划拆迁面积约46.82万平方米,实际完成项目8个,完成搬迁企业32家、农户375户,拆除房屋面积约35万平方米。完成机场二通道大周路段扫尾工作及龙翔中段三集中收(退)回工作。完成大冯韦、冲西蒋、中路王、周家洼、吴尚等地块 700 户拆迁户 1135 套房屋申购手续的办理、选房及安置工作。协调处理翠岭银河、南京医药、华为二期老案子中 152 户办证遗留问题。完成征地补偿安置协议签订土地项目 33 个，协议代劳约 1600 人。完成大定坊经济适用房 A 地块 1357 套房屋全部交付入住。对铁心桥大街、宁丹路等 14 条主次干道进行整治与复绿。对定坊高架桥、小村、曹梁、吴家跳、牛首福园、养老院附近及管道路拆迁工地和待建空地进行平整与覆盖。查处违规渣土运输车辆 11 起、偷倒渣土 3 起。登记备案辖区内在建工地证件及相关情况 16 家。取缔流动摊贩、占道经营 245 起，重点整治春江商业广场等新疆烧烤摊点。清刷“牛皮癣”800 余处，清理门前乱堆放杂物 800 吨，拆除重复店招 626 处，清理卫生死角、绿化带漂浮垃圾 200 余吨，清洗护栏 5600 米、垃圾桶 2450 个、门头店招 480 处，拆除违章建筑 36 处，面积 10396 平方米。

7 月 16 日，区委书记黄河（中）调研铁心桥街道大定坊经适房建设情况
（铁心桥街道　供稿）

【社区建设】 2016 年，铁心桥街道抓好社区党建基础工作，落实“三会一课”“统一活动日”等制度，完成社区党支部换届、居委会换届选举工作。拓展微信平台，重点开展“两学一做”学习教育。开放利用社区健身室、舞蹈室和书画室等活动室，最大限度服务社区居民。联合社会组织在各社区开展文化活动十余场次，基本做到月月有活动。在景明佳园、春江、铁心等社区修建健身路径 2 条，更新体育器材 2 套。完成博爱救助 33 人次，救助金额 3.2 万余元，救助困难儿童 1 人次。推进全民教育暨社区教育“4·12”计划工程，加强社区教育办公室统筹职能。实施“一村一名大学生计划”。成教中心毕业大专学员 546 人。年内，翠岭银河社区获全国综合减灾示范社区、南京市和谐社区称号；定坊、翠岭银河、春江、景明佳园社区分别获 2013—2015 年度南京市文明社区称号。

【平安建设】 2016 年，铁心桥街道协调处理因地铁施工引发的凤翔花园二期 8 幢和正和坊房屋开裂、春江路沿街业主不能正常经营问题；妥善处置尹西大冯韦地块拆迁户安置选房矛盾；完成拆迁、城建项目、拆违等社会稳定风险评估 10 件。投入 150 万元以租赁方式安装监控设备，实现安德门大街、铁心桥大街、宁丹路等道路监控全覆盖。打造微信公众平台“定坊微警务”，在辖区内 9 个社区均开通微警务平台。检测放心菜 600 批次。完成电梯 1182 台、厂内机动车辆 78 台、起重机械 61 台、锅炉 8 台、压力容器 9 台、电动观光车 4 辆、特种作业人员 22 人定期告知、督促、年审工作。检查使用特种设备及作业人员单位安全生产工作 92 家。做好森林防火、“7·7”防汛防台工作，落实各项责任措施和预案,全年未发生一起山林火灾。与辖区内企业签订安全承诺书1560余份。针对“厂中厂”生产经营单位进行安全大检查1100批次,发现隐患562处,整改率100%。开展“治违打非”专项整治,重点打击无证照经营和非法小作坊,督促整改无证经营户73户,取缔非法小作坊4个、非法快餐1个。开展各类安全培训及应急演练15场,发放各类安全知识宣传品近万份。

【党的建设】 2016年,铁心桥街道推进“两学一做”学习教育。制定学习教育方案和工委班子成员挂钩联系点制度,成立“两学一做”协调小组,组织49个支部制定实施方案、学习计划,做到措施任务、时间节点和工作标准“三个明确到位”;组织2000余名党员佩戴党徽“亮身份”,打造春江社区“两学一做”快板说唱、高家库社区“我是党员我光荣”等党建品牌并受到广大党员一致好评。成立街道宣讲团,邀请13名区管干部上党课22次。开展“领导干部立家规、共产党员正家风”主题活动。坚持周三政治学习日、党组织统一活动日,开展“荐好书、读好书”活动,实行干部学习积分制,向干部推荐《毛泽东选集》《如何是好》等书籍6套。开展社会主义核心价值观教育,树立打造高家库夕阳红党支部、农阳大家庭、夜间110队伍等一批先进典型和项目品牌。结合春节、“五一”、端午、中秋等反腐敏感时期,利用“企信通”短信、微信等平台发送廉政提醒、约谈各社区书记和科室负责人,廉政谈话32人次。组织街道拆迁办等重点科室、涉农社区负责人旁听雨花经济开发区案件庭审,开展警示教育活动11次。

【城市管理】 2016年,铁心桥街道加强城市管理。按照“一路一带一片区”总体构想,建立以社区分队属地化管理为基础,以城管中队片区网格化巡查为目标的管理模式,在重点时段、重点路段、重点区域加强巡查值守;采取“1+9”模式队伍管理体制,将9个社区协管员纳入城管科垂直管理,设立分队长,配备巡查电动车14台、对讲机40台、执法记录仪30台,组建片区巡查组4个、应急机动保障组1个、夜巡机动保障组2个,实施半军事化管理;投入100万元配齐配足电动自行车、执法记录仪、冲洗车及相关执法装备,投入150万元在所有路段安装监控摄像头;下发《铁心桥街道定人定岗管理标准》和《铁心桥街道城市长效管理考核评分细则》,制订“五定”(即定人、定岗、定责、定标准、定奖惩)管理机制;设立红、黄、绿三色袖章上岗制,在主干道、窗口区域设置城市管理执勤岗和道路长效管理公示牌,各管理队员佩戴相应袖章上岗(红色代表市容管理员,黄色代表车辆管理员,绿色代表卫生保洁员),分段分片,定岗定责;建立全方位全时段管理体系,早7点至晚10点按照一级定岗模式管理辖区内道路和商业街,晚10点至早7点按照二级巡逻保障模式管理辖区内道路和商业街。

【资源资产清理】 2016年,铁心桥街道加大对相关社区空置和被占用房产招商及清理力度,清理并出租房产3178.35平方米,新增租金收益334.55万元。梳理出20年以上长期租赁合同37份,邀请街道法律顾问商讨解决方案。审核新签、续签土地、房产租赁合同,杜绝10年以上中长期合同,改变街道资产空置贱租局面,协议价款同期递增5%。年内,新增集体房产4519平方米;完成在高家库社区清产核资试点工作;推进村集体产权股份制改革,确保社区集体经济良性发展。 (窦　君)

板桥街道

【概况】 板桥街道位于南京市西南郊,距主城区 15 千米。东南紧邻新组建成立的板桥新城管委会,西依长江,北接雨花经济技术开发区和西善桥街道,土地面积 30.51 平方千米。常住人口 1.76 万人,暂住人口 0.89 万人,户籍人口 1.88 万人,60 岁以上老人 0.37 万人。辖板桥、三山、新建、孙家、永安、建通、绿洲共 7 个社区。设有一级党组织 15 个、二级党组织 32 个,党员 946 名。

全年实现地区生产总值 23.5 亿元, 其中第一产业增加值 0.45 亿元,第二产业增加值 14.81 亿元,第三产业增加值 8.24 亿元,三次产业比重为 1.91:63.02:35.06。公共预算财政收入达到 4.23 亿元,同比增长 26%,税收全口径 8.62 亿,同比增长 17.3%。新建中兴路南延三期、龙腾南路、南环路等道路 3 条; 实现市场群 G1 地块成功摘牌;完成普迪市场开工建设;建成交付绿洲南路经适房一期并妥善安置拆迁居民。

全年新增城镇就业 1919 人, 登记失业人员再就业 859 人,援助困难人员就业 40 人,灵活就业人员社保补贴 630 人,享受失业金 1671 人,大龄人员延长失业金 131 人。举办"春风行动"等专场招聘会 2 场,帮助实现就业 464 人,培育创业典型 3 人,自主创业 121 人,带动就业人数 856 人,培育大学生自主创业 86 人,完成"产生你的企业想法"创业培训课程(简称"GYB")60 人。新增居民医保 566 人, 续保 5563 人,享受全额补助 158 人,被征地人员进保 177 人,组织退休人员健康体检 670 人。全年发放低保、残疾等各类补助 260.2835 万元,走访各类困难群众 491 户、发放救助金 45.71 万元, 投入资金 570.86 万元用于社会救助、民生保障和群众健康。购买社会组织服务补缺民生工作短板,引进社区组织 17 家,孵化本土社会组织 3 家。

年内,板桥街道被省委组织部、宣传部评为 2015—2016 度全省基层党员冬训工作示范街道;被省精神文明建设指导委员会评为江苏省文明单位;被市信访工作联席会议评为 2015 年全市信访工作绩效考核先进街道; 被市委、市政府、南京警备区评为创建全国双拥模范城有功单位。

【区域建设】 2016 年,板桥街道按照区"拆清治绿"工作部署要求,拆除违章建筑 29 处、面积 7858 平方米。完成永安俞家、小西王地块 3.1 万平方米拆迁工作。完成 85 家大户、207 家小户交房单签订,交房率 100%。完成滨江大道三山工业园约 5 万平方米企业厂房拆迁。实施启动黄家洼、杨戴三拆迁丈量工作。完成市场群 G1 地块 2 户困难户房屋拆除和协议签订工作。交付安置绿洲南路经适房 C 地块,妥善安置三山环保搬迁二期拆迁居民, 组织 90 套房源提前安置永安俞家、小西王拆迁居民。全年拆除违规广告牌 21 处、违规灯箱 72 处;查扣处罚违法渣土车 16 台次;清除各类"牛皮癣"、小广告、乱张贴约 15800 处。摸排废旧回收站点 107 家,取缔无证经营、异地经营 86 家,规范整改有证经营站点 21 家。投入 200 余万元改造工农河永安花苑段, 完成绿化 2.8 万平方米。投资 3000 余万元用于工农河水利工程开工建设。完成生态园"樱花大道"2600 米建设,种植樱花近 900 株。投入 10 万元,初步建成街道数字化城市管理指挥中心,对街道重点区域实施联网监控，取缔占道摊点2000余处、纠正倚门出摊587家，制止沿街晾晒、清除乱堆乱放1230起，张贴车辆违停告知单3413张。

【社区建设】 2016年，板桥街道举办区级各类群众文化体育活动约30场次。其中，在板桥生态园举办2016年南京·板桥生态园自行车嘉年华活动和区首届欢乐跑活动，参与人数分别约400人和800人；在板桥市民广场举办2016年雨花台区"多彩雨花和谐文化社区行"暨板桥街道读书节启动仪式，参与人数约500人。新建板桥街道综合文体服务中心，建筑面积1036平方米，设有图书阅览室、电子阅览室、多媒体功能室、舞蹈室、书画室、青少年活动室、棋牌室等功能教室8个。利用"12·4"法治宣传日和纪念日，在广场、学校、军营、社区、厂矿开展多种形式集中宣讲、法律咨询和文化演出。全年，购买社会组织服务17家，孵化本土社会组织3家；举办各类法律知识讲12场次，参训人员13157人次，党员干部参学率98%；出版法治宣传板报8期，创作法治节目20个，辖区内4所中小学均聘请法制副校长，5个社区创建"民主法治村（居）"100%全部达标。

【平安建设】 2016年，板桥街道完成高效能污染企业关停、征地拆迁等社会稳定风险评估6件。协调相关律师事务所为辖区重大项目、决策提供法律建议并审核各类合同420余份。办理群众来信来访230件，办结230件，办结率100%，排查矛盾纠纷48次，调解处理矛盾纠纷192件，办结192件，办结率100%。关停落后产能企业3家，投资2000余万元完成三山社区沿江5家无证黄砂码头整治。检查"厂中厂"企业、作坊414家次，发现隐患211处，责令整改209处，限期整改2处。专项整治"职业危害治理"重点企业21家。检查九小行业场所950家次，检查一般隐患285处，全部按期整改。开展"打非治违"专项行动，检查各类生产经营单位133家次，查出隐患67处，整改67处，整改"三合一"隐患1处。在"安全生产月"宣传期间，展出安全消防展板10块，现场发放手册100余本，接待群众200余人，悬挂横幅60余条，刊登黑板报20余期，增设安全宣传牌、警示牌、安全标志150余个，张贴安全宣传图300张，新增宣传标语200条。参加由区安委会组织的广场咨询活动，举办企业法人和安全员业务培训班，对10家重点企业含"厂中厂"法人进行约谈。

【党的建设】 2016年，板桥街道将"两学一做"学习教育作为党建工作龙头任务，通过集中上党课、专题辅导、社区学堂等形式，引导党员干

7月16日，板桥街道永安社区选区选举区第十一次党代会代表选举现场
（板桥街道　供稿）

部以“四讲四有”★为镜，累计征求意见建议642条，落实851名党员确定整改事项4327项。完成社区党组织换届选举工作，实现老中青有序结合、平稳过渡基本格局。划拨党建工作专项资金166.3万元、社区工作经费234万元，转移支付28万元，确保基层党建有人管事、有钱办事。健全共驻共建共享工作机制，联合润泰集团党委打造党建工作联盟，开通“新润泰”——大板桥幸福直通车，打通市场服务“最后一公里”。整合解放军国际关系学院、梅钢集团等军地企社党建资源。引进“创业南京”人才14人，连续三年在全区考核名列前茅。

★链接　“四讲四有”：即讲政治、有信念，讲规矩、有纪律，讲道德、有品行，讲奉献、有作为。

【永安花园幼儿园开班】　9月1日，全区首家街道级公办幼儿园——永安花园幼儿园开班。该幼儿园成立于2015年9月，位于雄风路永安花苑小区内，占地面积约0.21公顷，建筑面积2149平方米，户外活动场地1166平方米。年内，板桥街道按照省优质幼儿园标准，投入资金500余万元进行装修改造，实现班班拥有约140平方米的活动室、独立盥洗室和午睡房；配备完善的生活设施和现代化教学设备，建有现代化多功能活动室、开放书屋、艺术创意室、户外科探乐园等专业特色活动室。全年该幼儿园开设小班2个、中大混合班1个，有教职工16人、幼儿51人。

【名优教育工作者奖励基金设立】　9月10日，为落实区委、区政府民生五大工程之“教育提升”工程目标要求，板桥街道制定下发《关于设立名优教育工作者奖励基金的实施办法》，成立街道名优教师评选工作组，评选名优教育工作者。该评选工作定于每年6月启动，设教育之星、教学之星、团队之星、闪亮之星、学校之星、幼儿园之星、特殊贡献之星等奖项，按照公开推荐、公平竞争、公正选拔原则，分自愿申报、逐级推荐、严格考核、择优选拔等程序，由评选工作组根据学校（幼儿园）初评情况进行综合审评，并于每年9月10日教师节通过召开表彰大会、表彰座谈会等方式实施表彰。年内，表彰首批教育之星等125人，发放奖励基金79500元。

（张　瑛）

西善桥街道

【概况】　西善桥街道位于雨花台区西部，东临雨花科技园核心区，北接河西新城CBD，西连雨花经济开发区和板桥新城，南倚岱山眺望长江，绕城、宁马、宁芜公路和皖赣铁路穿境而过，土地面积17.04平方千米。年末总人口11.23万人，其中常住人口4.55万人，暂住人口2.13万人，户籍人口2.24万人。辖油坊、福润、古遗井、西善桥、西善花苑、嘉业、齐修7个社区及岱善润福城筹备组。设有社区党委1个；党总支3个，其中机关党总支1个、社区党总支2个；党支部31个；党员1053人。

全年实现地区生产总值32.77亿元，其中第一产业0.01亿元，第二产业16.43亿元，第三产业16.33亿元，三次产业比重为0.03:50.14:49.83。推进艾德克斯研发中心、岱山创业园、银泰产业园、岱山购物广场、福润会所、西善桥街道文化基地、建成禹洲地产商住楼、西善桥派出所项目等8个区人代会重点项目建设。

全年新增办理失业金 309 人、大龄延长失业金 74 人，办理就业失业登记证 1237 人。办理灵活就业人员社保补贴 453 人，发放金额 218.9 万元。举办招聘会 6 场，提供招工单位 575 家，各类岗位 1651 个，推荐就业 191 人，完成农村劳动力转移就业 182 人。培育自主创业 236 人，带动就业 1791 人，树立创业典型 2 人。完成社会保险净增缴费 418 人，组织退休人员免费健康体检 1383 人，再就业职业指导培训 147 人；完成“产生你的企业想法”创业培训课程（简称“GYB”）20 人；在职职工培训 256 次；在就业技能培训进网 40 人。录入结婚信息 201 条，怀孕信息 11223 条，出生信息 553 条，录入独生子女证号 67 条；修改错误信息 2000 余条。完成社会组织网上年检 40 家，评估 18 家，新成立 1 家。发放医疗救助、关爱基金约 159.83 万元，其中大病救助 180 人次，发放金额 26.55 万元；临时救助 144 人次，发放金额 29.48 万元；慢病救助 357 人次，发放金额 43.60 万元；特护补贴 45 人次，发放金额 14.16 万元；教育补贴 54 人次，发放金额 5.02 万元；生活补贴 111 人次，发放金额 22.80 万元；住房补贴 26 人次，发放金额 1.87 万元；教育救助40 人次，发放金额 6.70 万元；教育奖励 24 人次，发放金额 3.30 万元；特扶补助 41 人次，发放金额 6.34 万元。春节、“八一”期间走访慰问驻地部队 11 家，发放慰问金 17 万元；落实各项优抚政策，向 58 名优抚对象发放生活补助、抚恤金等优抚资金 94.24 万元。

年内，西善桥街道被市委、市政府评为 2016 年防汛抗洪有功集体；被市委、市政府和南京警备区评为 2016 年南京市创建全国双拥模范城有功单位；被市农民工工作领导小组办公室评为 2016 年度南京市示范新南京服务中心；被市信访工作联席会议评为 2015 年度全市信访工作绩效考核信访工作先进街道（镇）。

【区域建设】 2016 年，西善桥街道推进圣戈班地块、龙西路以北危旧房改造结转项目，完成企业交房 5 家，拆除房屋面积 12.42 万平方米。做好刘家村危旧房改造项目、“两桥”协议搬迁一期项目（吴家山口、张家湾、寺门口及金家庄地块）、建宁一村危旧房改造项目拆迁工作，完成农户交房 243 户，拆除房屋面积 7.58 万平方米。按照国有土地上企业征收流程，推进南京复合材料有限责任公司、南京宝宁机械电器制造有限公司 2 家企业征收工作。自加压力做好“两桥”协议搬迁二期项目（曹家洼、胡家庄、建宁组地块）入户调查工作。安装 205 国道沿线机非隔离栏 4 千米，整治宁芜铁路西善桥段沿线卫生死角 7 千米。取缔无证或证照不齐废品收购站 59 家，规范经营证照齐全废品收购站 45 家。整治城中村 14 个、背街小巷及无物管小区 12 个。专项整治农贸市场 6 家。修复破损路牙、路面近 1000 平方米。推进垃圾分类市场化运作，投入近 30 万元将福润雅居、东升山庄、东升裕园、龙凤佳园等 7 个小区纳入到垃圾市场化运作范畴。取缔露天垃圾场 2 个、露天农贸市场 1 个。实行主次干道环卫保洁市场化运作，将辖区 12 条主次干道、30.66 万平方米的道路保洁、垃圾清运移交由区环卫所负责。整治河塘 9 条并及时清理河塘沟汊有害水生植物、垃圾杂物和漂浮物。投资700 余万完成西善桥派出所装修加固项目。安装收费公示牌 25 处，出新禁停黄线 15 千米，张贴违停罚单 12757 张，清拖违停车辆（包含僵尸车）28 辆。完成岱山片区 11 条收费道路泊位审批工作，并在龙淮路试点停车收费管理工作。

【社区建设】 2016年，西善桥街道根据区委、区政府工作部署要求和群众需求，组织开展党员学习、政策法规宣传、健康知识讲座、职工技能培训、下岗职工和失地农民再就业创业培训、青少年校外活动、棋牌类培训(比赛)、健身类培训(展演、比赛)等各类教育培训和体育活动。承办西善桥街道2016年老年人体育节、军地篮球联赛、迎"七一"书画展、区2016年全民终身学习周开幕式等大型活动，参与人数近40000人次。组织开展"八一·军民同乐夜"等大型文化广场活动9场次。做好"西善民歌"传承和"书香街道、书香社区"创建工作。投入92万元建成福润社区、西善花苑社区便民服务中心。投入260余万元建成全省首家街道级食品安全快速检测站，常态化开展食品安全检测和宣传教育。投入460余万元建成崇善坊等居家养老服务中心9家，实现居家养老服务在各个社区全覆盖。与雨花恒宇居家养老服务中心、悦心居家养老服务中心等合作，开设崇善坊居家养老服务中心，开展"助餐助浴""公共保姆"等项目，通过设置"携才·银发配餐"中心厨房，全年辐射辖区老人就近、就便用餐超10万人次。引进永真基金会、南京友航社会发展服务中心等，开展"暖芽""四点半课堂""亲子活动日"等项目。年内，福润社区被省精神文明建设指导委员会评为2016年江苏省文明社区；油坊、福润和西善桥社区被市精神文明建设指导委员会评为2013—2015年度市级文明社区；岱善润福城文化中心被市政府评为2016年南京市示范文化站。

11月18日，西善桥街道在文化站举办"最美是乡音"西善民歌传承比赛 (西善桥街道　供稿)

【平安建设】 2016年，西善桥街道涉诉案件数32件，新增案件16件，终结案件19件，挽回经济损失超4500万元；完成小额工程招投标26起，涉及金额150.22万元，核减额27.47万元；完成区招标工程项目审计19项(含2014年未审完结)；审查2014年合同协议468份，审查2015年新合同406份。收到并办结派发工单1668件，按时办结并回复各类督办件103件。提供法律服务200余人次，信访接待124件360人，信访书面回复20件，调解成功47件，形成调解协议书38份，涉及金额372万元。完成全市第一台"自助信访机"在西善花苑政务中心安装使用。常态化管理社区"1+2+4+X"巡防队伍，组织127名平安志愿者骨参与交通整治、文明创建等活动，推进技护入户工程，举办"锁芯工程"大型惠民宣传活动、"中华锁王争霸赛"江苏赛区分会，在西善花苑社区和福润社区更换家庭锁芯1000户，建立街道级数字化管理平台，安装监控探头348个。全年，开展各种学法宣传活动10余次，开展法制广场活动8次，开展法律知识讲座4场，受教育人数5千人次；开展食品生产加工小作坊专项整治，规范治理小作坊19家，实现办证1家、关停搬迁3家、强制取缔6家；完成各类疫情防治，生猪五号病防疫6590头次，蓝耳防疫3344头，猪瘟防疫6590头次，禽类防疫6879只次，全年无重大疫情；加强森林防火基础设施建设，实现森林防火、防汛、防台、防旱“零事故”。

【党的建设】 2016年，西善桥街道加强党员干部队伍和党风廉政建设。继续深化“两学一做”学习教育，组织开展专题党课、专题学习研讨、专题民主生活会。组织领导班子成员深入学习习近平总书记系列重要讲话精神，学习党章和党的纪律规定，重点研读《习近平谈治国理政》《习近平关于党风廉政建设和反腐败斗争论述摘编》和新修订的《中国共产党廉洁自律准则》《共产党纪律处分条例》等党的纪律规定。制订党风廉政建设五项责任清单并与各社区、科室部门、直属事业单位签订党风廉政建设责任书，全面落实党风廉政建设建设责任。定期通过短信、QQ群等发送廉政自律提醒，特别对涉及城建、城管、拆迁等重点领域、重点岗位人员开展廉政提醒谈话。召开述职述廉及评议大会，推进党风廉政建设。建立党员冬训QQ群、龙虎网社区网群、龙虎网西善桥专题页面、《新西善》社区报等媒体平台，通过汇编读本、专家授课、网上冬训等开展流动宣讲，成立党员志愿服务队，开展“情系独居老人”送关爱、青少年寒假公益学习班等系列志愿服务项目，组织动员辖区居民代表投票选出“西善好人”20名、“十佳平安志愿者”10名。全年，开展专题研讨6次，形成心得体会22篇；开展党员冬训工作，开展机关干部政治学习24次。

【安全生产】 2016年，西善桥街道提档升级安全生产工作。在黄村建成街道首个微型消防站，解决3分钟到场救火问题，发挥其贴近群众优势，实现消防管理、消防救援和消防宣传全覆盖；加大隐患整改查处力度，查处三合一厂房、线路老化、消防设施配备不齐全等隐患780余起，关停污染类企业、有刺激性气体排放的喷漆、喷涂类企业11家；建成博济创业园污水处理池并通过验收，拆除泡沫夹芯板房2000平方米，跟进、处理中央环保督查工单4件。

【迪卡侬项目落户岱山创业园】 4月11日，西善桥街道与迪卡侬项目签约仪式在街道四楼会议室举行，迪卡侬中国生产总部、重针部研发中心两大基地落户岱山创业园。副区长江磊、区商务局局长陈正儒、西善桥街道党工委书记王金玉、迪卡侬北亚区工业采购总裁Frederic Merlevede、中国纺织品采购总裁David Moynihan、南京重针生产部总经理Edouard Desrippes、南京工业采购部总经理吴倩出席签约仪式。该项目位于梅山村姚南160号，总占地面积1.5公顷。入驻后，企业将扩大生产总部规模，在重针部研发中心投入帐篷、背包、睡袋研发设计生产线3条，加强安全监管、企业管理、员工关怀等。迪卡侬成立于1976年，2003年进入中国，作为世界500强和雨花台区第一大外贸企业，年出口额超1亿美元，对岱善片区就业、区域形象具有推动和提升作用。

(朱　璟)

梅山街道

【概况】 梅山街道位于雨花台区西南郊，南部与江宁区接壤，周边与板桥街道、板桥新城搭界，距离主城区新街口约24千米。年末，户籍人口约2.78万人。辖中兴路、上怡新村、梅清苑、梅欣、梅岭5个社区,辖区总面积11.04平方千米(其中厂区占地面积7.38平方千米、矿区占地面积3.66平方千米)。设有社区党委1个;党总支6个(机关党总支1个、社区党总支及4个、非公企业党总支1个);党支部53个,党员2156人。

全年实现地区生产总值26.92亿元,同比增长21.61%;公共财政预算收入1.57亿元,全社会固定资产投资2.11亿元,社会消费品零售总额增幅70.4%,软件和信息服务业收入17亿元,外贸出口总额30372万美元。推进梅山老生活区改造、景观路改造、工农河梅山段整治3个区人代会重点项目建设。引进南京正方市场管理服务有限公司、南京大土澳国际贸易有限公司、江苏卓达信息科技有限公司重点企业3家,总投资5000万元。引进领军型科技创业人才2人,完成率100%。煤炭消费量450万吨,城镇居民人均可支配收入增长率10%,完成既定目标。

全年新增城镇就业人数850人,实现再就业350人,大学生创业122人,招聘会6场,援助就业36人,在职职工培训1800人,完成率100%。发放小额担保贷款70余万元。树立创业典型2人。春节走访慰问低保户、低保边缘户256户,发放慰问金25.27万元,发放困难群众一次性生活补贴2.03万元,为48户低收入家庭办理保障住房。全年帮扶救助514人次,发放救助金39.03万元;发放低保金165余万元;发放80岁以上老人尊老金41.27万元;发放优抚金15人约21万元。

年内,梅山街道被市文明办评为2013—2015年度市级文明单位;被市信访工作联席会评为2016年度南京市信访工作绩效考核先进街道;被市全民阅读活动领导小组办公室评为2016年度南京市书香街道。

【区域建设】 2016年,梅山街道推进梅山集资建房一期项目,总投资2.5亿元,其中拆迁总投资1000万元,拆迁面积约12000平方米;拆除中兴路老生活区8幢352户,总建筑面积13593.74平方米,并在原址新建停车场,总建筑面积约2000平方米;改造中兴路社区,总投资97万元,改造面积约1200平方米。完成世纪苑小区停车位试点改造,新增275个停车位,完成世纪苑道闸系统工程。完成辖区内23处室外公共休闲椅安装及3743户住户天然气切换工作。整治吴家山区域脏乱差现象,完成地面硬化1500平方米,埋设管道420米。重点整治工农河梅山段,完成河道清淤3500立方米,封堵废水排口5处。根据区拆清治绿环境整治要求,梳理街道问题菜单100个。强化"门前三包"工作,查处商业大楼、集贸市场、中兴路、上怡南苑等院落搭建12起。新增垃圾分类示范小区3个,与南京惠邻公益发展中心签订垃圾分类合同。完成中兴路、街道广场停车复线工作。完成港华燃气、梅山市政公司道路开挖、停车场改造审批2起。启动城市治理街道考核社区二级平台运用机制,建立二级平台考核值班制度。

【社区建设】 2016年,梅山街道投入资金40万元改造梅山街道便民服务中心,实现所有项目一门受理。引进上海屋里厢社区服务中心、十方缘老人心灵呵护中心等社会组织6家。投入100万元对中兴路社区进行软、硬件改造。在上怡新村社区、梅欣社区、中兴路社区引进手牵手居家养老服务中心、青葵园青少年服务中心、南

8月30日，首届“书香雨花 梅山矿工读书节”启动仪式在梅山矿业公司举行 （梅山街道 供稿）

京乐名文化艺术培训中心、爱之光公益发展中心、;和家居家养老服务中心、南京市韩博士青少年综合素质发展中心等社会组织6家，培育南京市雨花梅山癌友康复协会、梅山少数民族联谊会、梅山三乐诗社等3家协会。打造青少年之家平台，每周六开展机器人制作、赛车竞技场、魅力礼仪等青少年活动，全年累计开展40余场次。推进“阳光驿站”“邻里节”“学习节”等“一居一特”建设。围绕“书香梅山”建设，举办“书香雨花”全面阅读启动仪式。年内，梅欣社区被省法制办评为2016年度省级民主与法制社区称号；上怡新村社区被省科学技术协会评为2016年度江苏省科普示范社区称号；梅岭社区被省人力资源和社会保障厅评为2016年度江苏省充分就业社区称号；上怡新村社区和梅岭社区被市公全民阅读活动领导小组评为2016年度南京市书香社区称号。

【党的建设】 2016年，梅山街道按照中央“九个严禁、九个一律”*纪律规定和市委、区委要求，完成社区党组织换届和社区居委会换届、区人大换届和党代表选举工作。开展“两学一做”学习教育，组织各级党员领导干部带头讲党课、学习研讨。开展“晒家规家训、正党员家风”“三比三争”等活动，组织街道领导班子赴非公党组织、联系点送学34场次。落实“三会一课”和“统一活动日”制度，开展建党95周年系列活动。在7月份梅山抗洪抢险中，引导街道全体党员干部发挥先锋模范作用，转移受灾居民100户，安置居民64户。按照《街道月度绩效考核标准》，每月督查通报全体机关干部工作纪律、工作状态等。落实党委主体责任和纪委监督责任，严格执行党章党规党纪，刚性执行中央八项规定和省、市委、区委系列规定精神，落实领导干部重大事项报告制度。全年提任、调整科级干部27人次；开展专题党课4场次，开展专题学习研讨活动6次；组织下基层调研、走访慰问群众90余人，为基层和群众解决问题20余个。

★链接 “九个严禁、九个一律”：指严禁拉帮结派，对搞团团伙伙、结党营私的，一律给予纪律处分；严禁拉票贿选，对在民主推荐和选举中搞拉票、助选等非组织活动的，一律排除出人选名单或者取消候选人资格，并视情节给予纪律处分，贿选的依法处理。参与或帮助他人拉票贿选的，比照为自己拉票贿选的行为依法依规给予处理；严禁买官卖官，对以谋取职务调整、晋升等为目的贿赂他人或者收受贿赂的，一律先停职或者免职，并依纪依法处理；严禁跑官要官，对采取拉关系或者要挟等手段谋取职务或者职级待遇的，一律不得提拔使用；严禁造假骗官，对篡改、伪造干部档案材料的，一律对相关人员给予组织处理或者纪律处分；严禁说情打招呼，对搞封官许愿或者为他人提拔重用说情打招呼的，对私自干预下级干部选拔任用的，一律记录在案，情节严重的严肃追究责任；严禁违规用人，对突击提拔调整干部、超职数配备干部和违反规定程序选拔任用干部的，一律宣布无效，并视情节对相关人员给予纪律处分或组织处理；严禁跑风漏气，对泄露、扩散涉及换届人事安排等保密内容的，一律追究相关人员责任；严禁干扰换届，对造谣、诬告他人或者妨害他人自由行使选举权的，一律严厉查处，涉嫌违法犯罪的移送司法机关处理。

【平安建设】 2016年，梅山街道对13家重点生产、经营企业，4处人员密集场所，2个农贸市场，300余家个体工商户开展安全巡查。对46部在用电梯、20余台套（段）特种设备（压力管道）、2100余只气瓶（包括液化气）开展专项检查，重点检查电梯等特种设备检验检测、维护保养、使用管理及压力管道、气瓶检验等情况。联合区安监局组织日常和专项联合检查组10个，对163处重点生产经营单位（含个体工商户）开展专项联合检查，排查各类隐患112处；排查各类矛盾纠纷54件，其中，排查医患纠纷2件，成功调处54件。开展集中整治突出治安问题“百日专项行动”，联合辖区派出所开展专项行动5次，组织治安巡逻200余次。全年未发生非正常死亡和民转刑案件。

【首届“梅山矿工读书节”启动仪式举行】 8月30日，由梅山街道、区文联、区文化局、梅山矿业公司联合主办的雨花台区首届“书香雨花梅山矿工读书节”启动仪式在梅山矿业公司采矿场举行。约500名矿工参加启动仪式，副区长余清出席并致辞。活动现场，由区图书馆举行向梅山矿业公司图书室捐书仪式并向采矿区矿工图书室“中国作家雨花读书俱乐部”授牌。随后，由区文联邀请的十余位中国作协会员，到井下420米进行采风并向矿工赠书。该读书节为期3个月，其间，安排名家讲座、读书征文比赛、矿工读书沙龙、诗歌朗诵会、组织矿工看“雨花”等活动5个专项、十余场次，旨在拉近矿工与书籍之间距离，提高矿工文化素养。

【为民办实事工程】 2016年，梅山街道通过广泛听取居民代表、责任科室、社区居委会、人大代表等各方面的意见和建议，确立梅山街道社区服务中心改造等为民办实事项目15项。涵盖社会管理、文化体育、城市建设、城市管理等类别，其中社会管理5项、文化体育1项、城市建设4项、城市管理5项。全年总投资1272.5万元。

（邱元飞）

板桥新城

【概况】 板桥新城位于雨花台区西南部，东至江宁区行政区划边界、南至板桥街道古雄村和新建村村界沿绿洲机器厂北围墙至梅山街道上怡二村北边界、西至宁芜铁路边界、北至西善桥街道边界，行政区域面积11.29平方千米。年末常住人口4万人，户籍人口2.34万人。辖大方、古雄、柿子树、新林4个社区。设有社区党委1个、社区党总支3个、党支部17个；党员 578 名。

全年实现地区生产总值 15.69 亿元，一般公共预算收入 3 亿元，服务业增加值 14.45 亿元，全社会固定资产投资 32 亿元，社会消费品零售总额 2.4 亿元，完成注册项目计划总投资 30.8 亿元。承担区人代会重点项目 9 个，其中商务商贸项目 1 个、商住项目 5 个、公共服务项目 1 个、基础设施项目 2 个。完成板桥新城便民服务中心建设、古雄社区活动中心建设、湖景路充电桩配套建设等为民办实事项目 5 个。完成金域华府近 5000 平方米楼宇招商。联合区商务局，完成板桥中学培训楼 8000 平方米楼宇招商。引进江苏云蚁网络科技有限公司等一批高科技企业 14 家。

全年向 173 户 244 人发放城乡低保金 189 万元；发放医疗临时救助 42 万元、残疾人救助和生活补贴 49.5 万元及各类抚恤金 56 万元；向 383 名 80 周岁以上老人发放“尊老金”27 万元，为 1191 位高龄老人免费办理老年人意外伤害保险，发放安康通老人手机 308 部。落实新型农村合作医疗制度，参保人数 1498 人，完成三级配套筹资 92 万元，参合率 99%。建成全民阅读中心及社区综合文化服务中心，发展文艺骨干 260 余人，创作新京剧《智斗》、小品《婆婆也是妈》等文艺节目。举办板桥新城第四届社区运动会、莲花湖之夏纳凉晚会、全国第七届南京赛区航模公开赛等一批大型赛事。

年内，板桥新城“与爱同行”女大学生村官志愿服务基地被省妇联评为 2016 年度江苏省巾帼志愿服务示范基地；板桥新城关工委被省关工委、省精神文明建设指导委员会办公室评为 2016 年全省关心下一代工作先进集体；板桥新城被市全民阅读活动领导小组办公室评为 2016 年南京市书香乡镇（街道）建设示范点，被市第 21 届运动会组委会评为南京市群众体育工作先进集体。

【区域建设】 2016 年，板桥新城完成大方工业园拆迁 11 万平方米，交房 20 家。完成古雄积淹水片区水利改造项目拆迁 9000 平方米，其中集体 31 户、面积 6000 平方米，国有 59 户、面积 3000 平方米。完成林业队选房安置 123 套、河下组选房安置 365 套。建成新林芳庭三期经济适用房 3.4 万平方米，完成四期经济适用房 4 万平方米全面封顶；建成华新路道路建设工程二期，开工建设三号街，开通古雄路、5 号路等新建道路 2 条，完善道路标志标线和信号灯等交通附属设施，优化提升内部路网。完成柿子树沟、邱沟整治和小柿泵站建设，启动古雄积淹水片区水利改造工程，提升地区防汛排涝能力。全年拆除新增违章建筑 19 起、建筑面积约 4849 平方米，现场制止违章建筑 120 起，确保违章建筑零增长；查处偷运渣土车辆 240 台次，移交渣土办处理 2 辆；加强占道经营整治，开展专项整治 48 处，取缔流动摊点、占道经营、倚门出摊 2700 处，清理“三乱”（即乱贴、乱画、乱堆放）1100 处；开展停车秩序整治，粘贴违停告知单约 18000 张，上交交警部门清拖高危车辆、僵尸车辆等 5 辆；定期检查辖区内餐饮单位 127 家、工地食堂 3 家、农贸市场 2 家，发现和整改食品安全隐患 25 条，查处取缔违法食品黑作坊 5 家。完成大气污染控制专项计划和重污染天气应急响应特别管控措施，成立领导小组，完成年度 VOC 污染专项整治。落实扬尘防控“九个 100%”*要求，规模以上工地文明施工达标率 90%。加强秸秆、落叶、垃圾焚烧管控，年内辖区范围内无焚烧秸秆、落叶、垃圾等行为发生。

★**链接**　“九个 100%”：指工地扬尘防治公示牌设置率 100%、工地标准化围挡率 100%、冲洗台设置率 100%、出场车辆冲洗率 100%、工地现场裸露土方的覆盖率 100%、工地主要道路和操作场地硬化率 100%、土方外运渣土车密闭化运输率 100%、拆迁工地湿法作业率 100%、主次干道每日冲洗率 100%。

【社区建设】　2016 年，板桥新城完成第二届社区居民委员会换届选举工作，实现辖区 4 个社区新老班子交替。成立板桥新城社区综合服务中心，招标引进支持性社会组织“互助会”，推进社区标准化、精品化建设。推进“一街一品”“一社一特”工作，形成板桥新城大学生村官工作室、“莲之韵”社区行、大方邻里中心、古雄新市民服务、柿子树黄丝带助残行动、新林社区养老及党员志愿服务等社区建设品牌。全年各社区接待市外参观学习近 1500 人次。年内，大方社区被中国社区发展协会儿童友好社区工作委员会评为 2016 年度中国儿童友好社区；柿子树社区被省民政厅评为 2015 年度江苏省和谐社区建设示范社区；新林社区被省地震局评为 2016 年度江苏省地震安全示范社区；柿子树社区黄丝带巾帼行动被省政府妇儿工委评为 2016 年度江苏省妇女儿童公益社工服务二类项目。

10 月 29 日，中国社区整体营造论坛在板桥新城大方社区举行

（板桥新城　供稿）

【平安建设】　2016 年，板桥新城针对征地拆迁、天灾、企业欠薪、村民小组集体资产分配等问题接待来访人员 670 余人次，受理各类来访事件 90 余件，现场解决来访事件 82 余件，来访群众满意度 98%。排查各类矛盾纠纷 166 起，调解处理成功率 97%，化解新林社区 32 栋房屋渗漏、柿子树社区巨环树脂企业失火导致财产受损赔偿事件、颜云机械欠薪问题、河下安置房选房纠纷等一批个人、群体矛盾，全年信访积案化解稳控率 90%。制定《板桥新城 2016 年系列平安创建活动工作方案》，推进平安村、平安示范校园、平安宗教场所、平安企业、平安家庭、平安交通、平安商场、无邪村、无毒村、无邪校园等 14 个系列基层平安创建活动。开展“法治宣传进社区”“普法大家讲”等专题讲座 8 场，参与人数 450 人，重点开展平安综治宣传月、学雷锋日、防范和打击非法集资宣传月及“6·26”国际禁毒日等活动，制作并拍摄《法治雨花》节目一期，悬挂横幅 80 条，发放各类宣传材料 3500 余份、平安主题宣传扇 600 余把，制作展板 26 块，张贴海报 150 张。打造大方社区“微型课堂”、新林社区“124 普法讲座”等特色法治文化品牌，借助社区网站、微信、QQ 群、微博等新媒体载体，推送法治案例

89 条、法治常识 350 则，实现法治教育信息化网络化覆盖。

【党的建设】 2016 年，板桥新城开展“两学一做”学习教育，邀请党工委领导讲授党课 3 次，开展“两学一做”专题交流研讨活动 4 场。在开展“两学一做”学习教育过程中推行党员议事会、居民议事会等民主议事平台，各社区举办各类民主议事会 33 场，参与党员群众代表 600 人次，解决民生事项 40 件，收集建议意见 150 条，有效化解大方西拆迁安置、新林社区安置房两证办理、“以地换保”、汛后处置等矛盾纠纷。在各社区建立社区网站、微信、QQ 群等，方便各类信息公布、党务政务公开、居民办事咨询、志愿者招募、文体活动组织等。加强党员干部廉政教育，保证工程优秀、干部优质。在新林社区建立首个廉政文化影院，在晟龙影院开设廉政文化墙，并不定期组织党员集体观看《长征》《焦裕禄》等爱国、廉政题材电影。组织各部门、各社区负责人去法院旁听雨花经济开发区拆迁案庭审，用身边违纪违法案件开展警示教育，增强党员干部勤政廉政意识，筑牢拒腐防变思想道德防线。全年开展各类廉政主题教育 8 次。

【安全生产】 2016 年，板桥新城开展安全生产大检查。召开季度安全生产工作会议 4 次，检查消防安全、特种设备、职业危害、在建工地、辖区围墙、厂房安全、危化企业、燃气、粉尘防爆、有限空间作业等各类安全生产领域 1355 家次，整改一般隐患 698 条，下发《隐患限期整改通知书》91 份，整改限期隐患 112 条；开展春节、汛期及高温、国庆、中秋双节等安全大检查活动 4 次，排查生产经营单位 619 家次，整改一般隐患 315 条；开展消防、特种设备、职业病危害、建筑工地、围墙、厂房安全、危险化学品、燃气、粉尘防爆、有限空间作业等各类安全生产领域专项整治行动 8 次，专项整治行动检查各类单位、场所 216 家次，整改完成一般隐患 89 条。

【十期地块公告出让】 2016 年，板桥新城十期地块公告出让。该地块为二类居住用地，东至三号街（规划），南至华兴路，西至板桥大道（规划），北至板桥河，总出让面积约 4.21 万平方米，挂牌出让起始价为 7 亿元，最高限价 10.2 亿元，容积率 1.0<R≤2.8，建筑密度≤20%，建筑高度≤100 米，绿地率≥30%。1 月 29 日，该地块在市公共资源交易中心竞拍出让。年内，该地块被四川蓝光和骏实业有限公司以 12.6 亿元竞得，溢价率 80%，楼面地价 10689 元/平方米。

【古雄社区家风家训教育馆建成】 6 月 7 日，全市首个家风家训主题教育馆——古雄社区家风家训教育馆揭牌。该教育馆分朱子家训经典展示区、最美家庭家风家训展示区、党群同晒家风家训展示区三大板块。2016 年，板桥新城结合“文明家庭”创建、“最美家庭”评选等活动，组织社区大学生村官及社会组织力量，开展“口述历史古雄馆”“社区戏剧工作坊”等古雄特色文化挖掘收集整理工作。通过社区主动搜集和居民自发捐赠，整理出口述历史文稿 6 万字、老照片 20 张、老物件 8 件、好家训 10 条、民谣俚语 3 条，制作老古雄历史文化及华兴侨史展板 40 块，开展“党员家庭”挂牌、创建“党员示范户”及“家风家训”故事分享会等，发掘老街家风故事，弘扬传统家风文化。

（邹　悦）

雨花年鉴

2017 YUHUA ALMANAC

人物和荣誉

2017 YUHUA ALMANAC

Figures and Glory

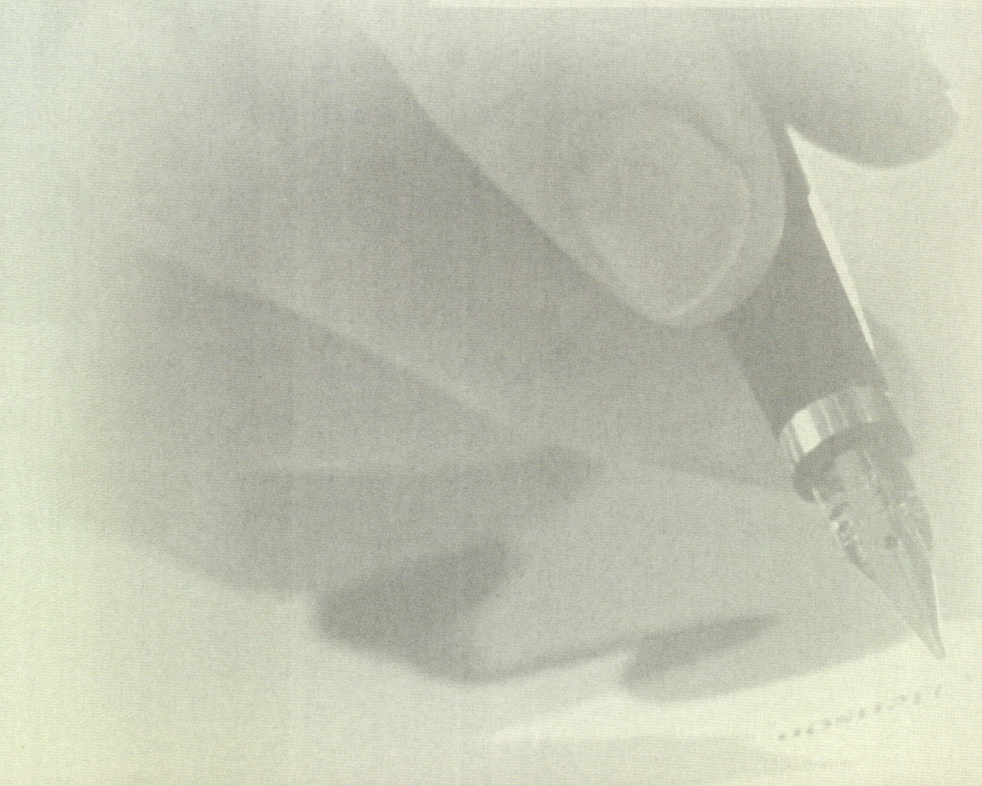

先进模范人物

·江苏省劳动模范·

杨勇军

雨花台区人力资源社会保障局就业促进科科长杨勇军，2016年被江苏省总工会授予江苏省劳动模范称号。

杨勇军，男，1964年2月生，本科学历，中共党员。2003年由部队转业，杨勇军锐意进取，精心开展雨花人力资源市场建设，在全市率先实现了劳动力市场和人才市场的统一。雨花人力资源市场成为全市首家省级四星级示范职业介绍机构、首家省级五星级公共人力资源市场，年均提供岗位信息近6万个，在全市有较大的影响力。他建立并完善失业预警稳定就业机制和市场服务推动就业机制，扎实提高全区就业再就业水平，雨花台区就业工作始终走在全市前列。他所负责的雨花台区就业管理中心被省文明委评为精神文明先进单位，被市委、市政府评为文明单位，被市创业办评为就业创业宣传工作先进单位。雨花人力资源市场被省人社厅评为文明窗口。区劳动就业管理中心党支部被评为省创先争优先进基层党组织。个人曾获省人力资源社会保障系统“先进个人”、市就业再就业“先进个人”称号。

武　琴

雨花台区农业技术推广站武琴，2016年被江苏省总工会授予“江苏省劳动模范”称号。

武琴，女，1965年7月生，大专学历，高级农艺师。自1987年从南京农业专科学校毕业分配到雨花台区蔬菜技术推广站工作，近30年来一直在农业生产第一线从事基层农业技术推广等工作，历经栽培、植保、耕保和蔬菜检测等岗位。先后组织编写南京市农业地方标准（生产技术操作规程）12个，获省农技推广奖项目2项、省农委丰收奖项目3项、市政府自然科学三等奖论文2篇。个人曾获市农委农产品质量“优秀监管员”、市“五一劳动奖章”、市劳模等称号。

赵光辉

雨花台区春江学校校长赵光辉，2016年被江苏省总工会授予“江苏省劳动模范”称号。

赵光辉，男，1973年7月生，本科学历，中共党员，中学高级教师。1996年毕业于安徽师范大学，任教期间秉承“明白做人，踏实做事”准则，始终坚守在教学一线，担任学科把关教师，任教过12届高三数学，所带班级均取得优异成绩，累计

395人超本二录取分数线。2013年2月，赵光辉不慎跟腱断裂，医生交代手术后要静卧3个月，可他只休息了20天就绑着石膏、拄着拐杖走上讲台。2014年9月，母亲查出患白血病晚期住院化疗，他在学校、医院之间奔波，没有耽误一节课、没有请一天假，坚持把学生作业带到医院，在母亲病床前完成批阅。近年来，他一直主管高三教学工作，没有休过一次完整的假期。学校连续10次蝉联南京市普通高中发展性评估综合奖，获南京市首届教学质量突出奖。个人被评为南京市教学先进个人。

·江苏省"三八红旗手"·

姜　玲

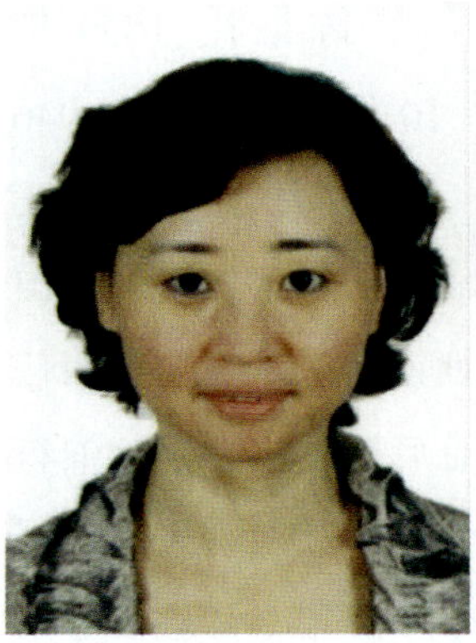

南京石林集团副总裁、南京石林家乐家商业广场董事长姜玲，2016年被江苏省妇联授予江苏省"三八红旗手"称号。

姜玲，女，1965年2月生。她认真研究市场、开拓思路、严格管理、创新经营，在南京石林家乐家广场打造"完整家居""一站式扮家"商业模式。南京石林家乐家广场先后被评为"全国诚信示范市场""江苏省五星文明诚信市场""市五星级消费服务站""市十大无假货商场""市平安市场"等称号。

为解决楼盘业主需求，姜玲利用公司资源，亲自奔走20多个幼儿园，成功引进东方剑桥、双语幼儿园和上怡省级师范幼儿园，解决当地居民上学难题。积极投身公益事业，以不同形式参与"光彩事业"和慈善活动，扶贫济困、爱心助学。作为江苏省SYB（创办你的企业）导师，她帮助结对女大学生孙雪清创立"开心菜场"，教她如何寻找客户、整合资源，合理搭配品种，树立品牌意识，使小店生意越来越兴旺。她还捐资100万元用于六合区的教育事业，奖励50名当年高考、中考及高中优秀生，资助290名在读贫困生以及考上大学低保家庭学生等。她关爱单亲母亲和困难家庭，逢年过节都到所属辖区慰问贫困家庭和贫困学生。曾获江苏省巾帼牵手SYB导师行动优秀导师、江苏省第七届优秀女企业家、雨花台区统一战线"爱心奉献先进个人"等称号。

张婉如

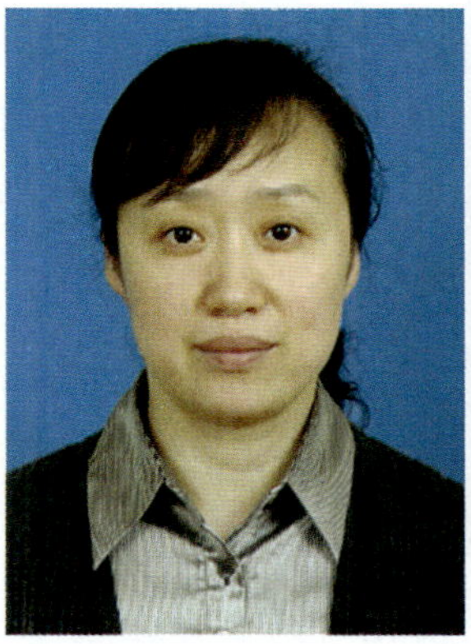

南京市雨花台区卫生局副局长张婉如，2016年被江苏省妇联授予江苏省"三八红旗手"称号。

张婉如，女，1971年11月生，本科学历，中共党员。1993年参加工作，先后在雨花医院内科、医务科工作。2003年担任西善桥卫生院院长；2005年9月调任至雨花中西医结合医院（宁南社区卫生服务中心）主持工作，后任院长（中心主任）。2010年12月被任命为雨花台区卫生局副局长，现兼任南京市雨花医院党支部书记。在工作中，她一丝不苟，认真抓住每一个细节，勇于开拓。

在带领医院发展道路中，她认真把握政策知识，清理卫生工作发展思路，找出适合雨花医院发展的道路；在推进公立医院改革时，她和领导班子成员一起紧抓机遇，积极推进服务能力建设；在推进基本公共卫生服务中，她带领全中心医务人员开展省、市级示范社区卫生服务中心、中医特色社区卫生服务中心创建等。她以女性的严谨、细致，以及独特的创新思路，兢兢业业地为雨花卫生事业贡献自己的力量。先后获南京市“三八红旗手”、雨花台区“十大杰出女性”称号。

逝世人物

庄恒楼

雨花台区退休干部庄恒楼，1989年退休，2016年1月9日病逝，享年77岁。

庄恒楼，男，汉族，1938年9月出生。1963年8月参加工作，1971年加入中国共产党，1984年6月任雨花台区委办公室主任，1990年9月任雨花台区委常委、纪委书记，1993年2月任雨花台区人大副主任。

冯桐馥

雨花台区军队干休所离休干部，1983年离休，2016年1月27日病逝，享年86岁。

冯桐馥，1930年5月出生，汉族，1948年12月投身革命，1949年12月加入中国共产党。1951年1月在华东军区炮兵后勤军械科任科员，1969年11月至1979年9月任华东军区装备部弹药科副科长，1979年10月任驻国营九七一厂军事代表团副总军事代表，1982年7月任驻江苏第六军事代表团副总军事代表。

陈裕礼

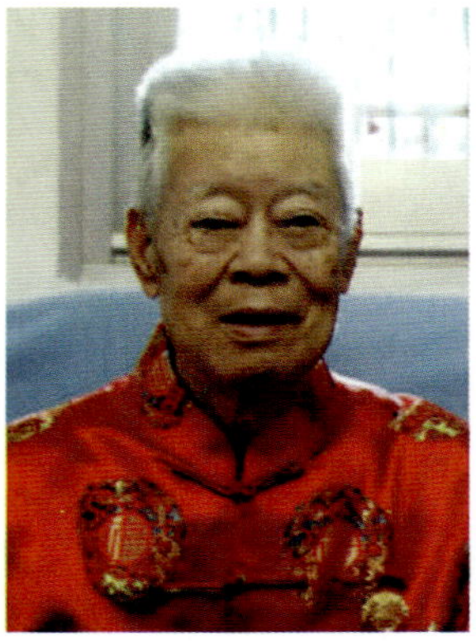

雨花台区军队干休所离休干部，1983年离休，2016年11月6日病逝，享年87岁。

陈裕礼，1929年10月出生，汉族，1946年11月参加革命，1949年9月加入中国共产党。1951年6月在西南军区后勤监护团任副排长，1955年6月任总后驻重庆办事处油料二库股长，1972年9月任总后驻南京炼油厂军事代表团副总军事代表，1982年7月驻江苏第十军事代表团副总军事代表。

鲁跃金

雨花台区军队干休所离休干部，1984年离休，2016年12月2日病逝，享年88岁。

鲁跃金，1928年8月出生，汉族，1949年2月参加革命，1949年10月加入中国共产党。1955年1月在空军十二师三十六团二大队做

飞行员，1960年8月在空军第十一航校直属大队做飞行员，1972年10月在空军第十一航校运先后任五中队副中队长，1978年12月任五中队中队长，1980年7月任空军第十一航校运五中队中队长。

先进集体

2016年雨花台区获市级以上表彰的先进集体名录

一、受市以上单位表彰的先进集体

（一）部省级（12个）

雨花台区被国家民政部评为全国社会工作服务示范地区

雨花台区被国家教育部认定为全国安全教育实验区

雨花台区政府被国家卫计委疾控局、宣传司评为《中国健康知识传播激励计划》（胆固醇管理·2015）贡献奖

区工商联被全国工商联办公厅评为全国“五好”县级工商联

区红十字会被中国红十字会总会评为全国红十字防灾避险知识竞赛二等奖

区市场监管局被共青团中央评为全国“青少年维权岗”（2014—2015年度）

区档案局被中国档案报社评为2015—2016年度发行先进单位

雨花台区科创中心被国家科技部评为2015年度国家级科技企业孵化器考核优秀（A类）

赛虹桥街道安德门社区被国家民政部评为全国综合减灾示范社区

铁心桥街道翠岭银河社区被国家民政部评为全国综合减灾示范社区

铁心桥社区卫生服务中心被中国社区卫生协会评为全国百强社区卫生服务中心

中华中专、梅山一中、梅山高中被国家教育部评为2016年全国青少年校园足球特色学校

（二）省厅级（52个）

雨花台区被省综治委评为2015年度平安区

雨花台区被省卫计委、省财政厅评为2015年度基本公共卫生服务项目绩效考核优秀单位

软件谷被省经信委评为江苏省互联网产业园

软件谷被省侨联评为江苏省侨联新侨创新创业基地

区工商联被省工商联评为江苏省“五好”县级工商联

团区委被团省委、省经信委、省教育厅、省公安厅、省交通厅、省总工会评为2016年江苏青年志愿者服务春运“暖冬行动”先进集体

团区委被团省委、省教育厅、省少工委评为第十一届江苏省少年儿童书信文化活动优秀组织奖

区司法局被省委宣传部、省法治宣传教育工作领导小组办公室、省司法厅评为2011—2015年全省普法工作先进单位

区物价局被省物价局评为2015年度全省价格工作先进单位

区安监局被省安监局评为全省冶金等工

贸行业安全生产工作先进集体

区卫计局被省卫计委评为全省疾病预防控制工作先进集体

区老龄办被省老龄办评为全省老龄宣传工作先进单位

区关工委被省关工委、省文明办评为全省关心下一代工作先进集体

区供销合作总社被省供销合作总社评为2015年度全省供销合作社系统优胜单位

区护林防火指挥办被省森林防火指挥部评为2013—2016年度江苏省森林防火工作先进单位

区司法局办公室被省司法厅评为2015年度全省司法系统办公室工作先进集体

区司法局法制宣传科被省司法厅评为2015年“法润江苏”系列专项活动先进集体

区法律援助中心被省司法厅评为全省法律援助工作先进集体

区预防职务犯罪警示教育基地被省委宣传部、省依法治省领导小组办公室、省法制宣传教育工作领导小组办公室、省司法厅、省文化厅、省新闻出版广电局评为省级法治文化建设示范点

雨花台区科技成果转化服务中心被省科技厅评为江苏省科技创业孵化链条建设试点单位

雨花台区科技创业中心加速器被省科技厅评为江苏省科技企业加速器

区检察院被省检察院评为江苏省检察机关规范办案工作区

区检察院基层党员干部警示教育基地被省委组织部评为江苏省党员干部现代远程教育示范基地

雨花街道翠竹园社区、花神庙社区被省精神文明建设指导委员会评为2013—2015年度江苏省文明社区

雨花街道丁墙社区被省人社厅评为2015年度省级充分就业示范社区

雨花街道农花社区被省地震局评为2016年度江苏省地震安全示范社区

赛虹桥街道龙福社区被省人社厅评为2015年度省级充分就业示范社区

赛虹桥街道赛虹桥社区被省民政厅评为全省和谐社区建设示范单位

赛虹桥街道社区教育中心被省教育厅评为江苏省标准化社区教育中心

铁心桥街道被省精神文明建设指导委员会评为2013—2015年度江苏省文明单位

铁心桥街道人民调解委员会被省司法厅评为江苏省人民调解委员会规范化建设示范点

铁心桥街道景明佳园社区被省精神文明建设指导委员会评为2013—2015年度江苏省文明社区

铁心桥街道春江社区被省民政厅评为全省和谐社区建设示范单位

板桥街道被省精神文明建设指导委员会评为2013—2015年度江苏省文明单位

板桥街道被省委组织部、省委宣传部评为2015—2016年度全省基层党员冬训工作示范街道

板桥街道人民调解委员会被省司法厅评为江苏省人民调解委员会规范化建设示范点

板桥法律服务所被省司法厅评为2012—2015年度江苏省优秀基层法律服务所

板桥街道孙家社区党委被市委评为先进基层党组织

西善桥街道福润社区被省精神文明建设指导委员会评为2013—2015年度江苏省文明社区

梅山街道梅岭社区被省人社厅评为2015年度省级充分就业示范社区

开发区被省民政厅评为全省和谐社区建设示范单位

开发区被省委组织部、省委宣传部评为2015—2016年度全省基层党员冬训工作示范街道

开发区司法所被省司法厅评为全省社区矫正“严格执法、严格管理”集中整治活动先进集体

板桥新城关工委被省关工委、省文明办评为全省关心下一代工作先进集体

板桥新城柿子树社区被省民政厅评为全省和谐社区建设示范单位

板桥新城新林社区被省地震局评为2016年度江苏省地震安全示范社区

板桥新城新林社区远程教育站点被省委组织部评为江苏省党员干部现代远程教育示范站点

板桥新城“与爱同行”女大学生村官志愿服务基地被省妇联评为江苏省巾帼志愿服务示范基地

雨花医院被省精神文明建设指导委员会评为2013—2015年度江苏省文明单位

雨花台中学被省精神文明建设指导委员会评为2013—2015年度江苏省文明校园

雨花外国语小学被省教育厅、省科协、省文明委、省科技厅评为青少年科技教育先进学校

家禾幼儿园、翠岭银河幼儿园、软件谷幼儿园、翠岛花城幼儿园、金苹果幼儿园、观云国际幼儿园、宏图上水幼儿园被省教育厅评为江苏省优质幼儿园

（三）市级（67个）

雨花台区被市委、市政府评为2015年度完成全市经济社会发展目标先进单位

雨花台区被市质量强市工作领导小组评为2015年度质量强市工作优秀区

雨花台区被市信访工作联席会议评为2015年度信访工作先进区

雨花台区被市城治委办公室评为2015年度城市治理工作优秀区

雨花台区被市环委会办公室评为2015年区长生态环保工作目标完成情况考核优秀单位

雨花台区被市建设中国软件与新兴产业名城领导小组评为2015年度高标准建设中国软件名城先进单位（三等奖）

雨花台区被市政府办公厅评为2015年度政府信息公开工作先进单位

雨花台区被市第二十一届运动会组委会评为优秀组织奖青少年部二等奖、社会部二等奖

雨花台区被市第二十一届运动会组委会评为体育道德风尚奖（青少年部、社会部）

雨花台区被市第二十一届运动会组委会评为青少年部综合奖三等奖、社会部综合奖二等奖

雨花台区被市第二十一届运动会组委会评为青少年部输送贡献奖二等奖

雨花台区政府被市委、市政府评为2015年度市“12345”政务热线群众诉求办理工作先进单位

雨花台区政府被市安委会评为2015年度安全生产工作优秀单位

雨花台区政府被市城治委评为全市城市治理标准化工作先进集体

雨花台区政府被市献血领导小组评为2015年度南京市无偿献血先进区政府

雨花台区政协被市政协评为2015年度政协信息工作二等奖

软件谷被市建设中国软件与新兴产业名城领导小组评为2015年度高标准建设中国软件名城先进单位(一等奖)

软件谷管委会被市精神文明建设指导委员会评为2013—2015年度市级文明单位

区委办被市委、市政府、南京警备区评为创建全国双拥模范城有功单位

区人大办被市人大常务会办公厅评为2015年度全市人大新闻宣传工作先进单位二等奖

区政府办被市委、市政府、南京警备区评为创建全国双拥模范城有功单位

区政府办被市政府办公厅评为2015年度政务信息工作先进集体

南站综管办被市城治委办公室评为2015年度城市治理工作优胜单位

南站综管办被市春节运输暨节假日运输工作领导小组办公室评为2016年度春节运输工作先进集体

区编办被市学前教育领导小组评为南京市支持学前教育发展有功单位

区发改局被市级机关工委、市全民阅读活动领导小组办公室评为2016年南京市“书香机关”建设示范点

区住建局被市城市建设立功竞赛领导小组评为2015年度南京市城市建设立功竞赛先进单位

区教育局被市委、市政府、南京警备区评为创建全国双拥模范城有功单位

区民政局被市委、市政府、南京警备区评为创建全国双拥模范城有功单位

区财政局被市委、市政府、南京警备区评为创建全国双拥模范城有功单位

区财政局被市学前教育领导小组评为南京市支持学前教育发展有功单位

区人社局被市委、市政府、南京警备区评为创建全国双拥模范城有功单位

区市场监管局被市精神文明建设指导委员会评为2013—2015年度市级文明单位

区渣土办被市渣土办评为2015年度渣土管理优秀单位

区城管执法大队被市精神文明建设指导委员会评为2013—2015年度文明单位

区电台被市精神文明建设指导委员会评为2013—2015年度市级文明单位

区劳动就业管理中心被市精神文明建设指导委员会评为2013—2015年度市级文明单位

雨花街道被市委、市政府评为2015年度法治南京先进街道

雨花街道翠竹园社区、花神庙社区、雨花社区、能仁里社区、丁墙社区、康盛花园社区、雨花台社区、共青团路社区被市精神文明建设指导委员会评为2013—2015年度市级文明社区

赛虹桥街道被市委、市政府、南京警备区评为创建全国双拥模范城有功单位

赛虹桥街道被市精神文明建设指导委员会评为2013—2015年度市级文明单位

赛虹桥街道安德门社区、小行社区、邓府山社区被市精神文明建设指导委员会评为2013—2015年度市级文明社区

赛虹桥街道安德门社区被市精神文明建设指导委员会评为最美志愿服务社区

铁心桥街道被市委、市政府、南京警备区评为创建全国双拥模范城有功单位

铁心桥街道被市委、市政府评为2013—2015年度市级文明单位标兵

铁心桥街道被市信访工作联席会议评为2015年度信访工作先进街道

铁心桥街道景明佳园社区、春江社区、尹西社区、翠岭银河社区、定坊社区被市精神文明建设指导委员会评为2013—2015年度市级文明社区

板桥街道被市委、市政府、南京警备区评为创建全国双拥模范城有功单位

板桥街道被市信访工作联席会议评为2015年度信访工作先进街道

板桥街道被市精神文明建设指导委员会评为2013—2015年度市级文明单位

板桥街道被市第二十一届运动会组委会评为群众体育工作先进集体

板桥街道孙家社区、板桥社区被市精神文明建设指导委员会评为2013—2015年度市级文明社区

西善桥街道被市信访工作联席会议评为2015年度信访工作先进街道

西善桥街道新南京人服务中心被市农民工工作领导小组评为2016年度南京市示范新南京人服务中心

西善桥街道西善桥社区被市委、市政府评为南京市2016年防汛抗洪有功集体

西善桥街道福润社区、油坊桥社区、西善桥社区被市精神文明建设指导委员会评为2013—2015年度市级文明社区

西善桥街道岱善润福城文化中心被市政府评为南京市示范文化站

梅山街道被市信访工作联席会议评为2015年度信访工作先进街道

梅山街道被市精神文明建设指导委员会评为2013—2015年度市级文明单位

梅山街道被市全民阅读活动领导小组办公室评为市书香街道示范点

梅山街道梅岭社区、上怡新村社区被市精神文明建设指导委员会评为2013—2015年度市级文明社区

梅山街道上怡新村社区、梅岭社区被市全民阅读活动领导小组办公室评为市书香社区示范点

开发区被市委、市政府评为南京市2016年防汛抗洪有功集体

板桥新城管委会被市全民阅读活动领导小组办公室评为市书香街道示范点

板桥新城管委会被市第二十一届运动会组委会评为群众体育工作先进集体

板桥新城新林社区、柿子树社区被市精神文明建设指导委员会评为2013—2015年度市级文明社区

雨花台中学被市委、市政府评为2013—2015年度市级文明单位标兵

先进个人

2016年雨花台区获市级以上表彰的先进个人名录(选编)

表21

姓　名	工作单位	荣誉称号	表彰单位
蒋爱国	市政管养与综合服务中心	全省风景园林和绿化工作先进个人	省住建厅
严　俊	南京市雨花台区西善桥街道总工会	南京市五一劳动奖章	南京市总工会
蒋建锋	南京板桥新城开发有限公司	南京市五一劳动奖章	南京市总工会
白　玲	雨花台区板桥新城管委会	南京好市民	南京市精神文明建设指导委员会办公室
徐传辉	交警八大队二中队	南京好市民	南京市精神文明建设指导委员会办公室
胡叶丽	雨花台区菊花二村居民	南京好市民	南京市精神文明建设指导委员会办公室
李玲蔚	雨花台区板桥新城柿子树社区	南京好市民	南京市精神文明建设指导委员会办公室
李震伟	南京麦德龙雨花商场	南京好市民	南京市精神文明建设指导委员会办公室
刘晓贵	西善桥街道退岗人员	南京好市民	南京市精神文明建设指导委员会办公室
崔圣菊	雨花台公安分局西善桥派出所	南京好市民	南京市精神文明建设指导委员会办公室
孙华兰	长虹路社区	南京好市民	南京市精神文明建设指导委员会办公室
韦法琴	铁心桥街道定坊社区居民	南京好市民	南京市精神文明建设指导委员会办公室
张　平	江苏省地质矿产局第一地质大队	南京好市民	南京市精神文明建设指导委员会办公室
周　毅	江苏苏盛商贸有限公司	南京好市民	南京市精神文明建设指导委员会办公室
郑海涛	滴滴邦尼代驾有限公司	南京好市民	南京市精神文明建设指导委员会办公室

大事记

2017 YUHUA ALMANAC

Major Events

1 月

5 日,斯洛文尼亚扎莱茨市市长杨科·考斯一行到该区参观南京软件产业博览馆,并与该区签署建立友好市区关系意向书。区、软件谷领导李世峰、蒋冰、卞艳艳等出席签约仪式。

6 日, 省司法厅副厅长周红养率督导组督导该区"十二五"妇女儿童发展规划终期评估工作。市妇联主席、妇儿工委副主任宋晓辉,副区长余清参加督导。

8 日, 省体育局局长陈刚一行到该区视察体育工作,实地视察南京体育学院奥林匹克学院、板桥生态园骑行步道和大胜关大桥,了解项目建设及投入使用情况。区领导李世峰、薛国安等参加视察。

9 日,区政府召开全体(扩大)会议。

10 日,省委第八巡视组组长陈照煌、南通市通州湾江海联动开发示范区管委会主任羌毅等调研该区工作, 视察南京软件产业博览馆、大数据产业基地、楚翘城、江苏创业大街、人才公寓和科创城等地。区、软件谷领导张一新、谢祖国、袁传军、卞艳艳参加调研。

△ 位于南京高铁南站北广场东侧的金轮星立方项目封顶。该项目出让面积 1.83 公顷,总投资 4.9 亿元,计划开发 8400 平方米商业用房和 25300 平方米办公用房。

11–13 日, 政协雨花台区第八届委员会第五次会议在雨花台中学学术报告厅召开。

13 日,民盟南京市委"南京民盟科普教育基地"揭牌仪式在雨花台中学举行。民盟江苏省委副主委、民盟南京市委主委、市社会主义学院院长、南京大学地球科学与工程学院院长王汝成,中共雨花台区委常委、统战部长蒋冰共同为"南京民盟科普教育基地"揭牌。

12–14 日, 区十七届人大第五次会议在雨花台中学学术报告厅举行。

15 日,区委常委会召开"三严三实"专题民主生活会。市委常委、常务副市长刘以安以及市纪委、市委组织部相关人员到会指导。区委书记张一新主持会议。

17 日, 高座寺举行释迦牟尼佛成道日·腊八施粥暨重修一周年祈福法会并对外开放。

20 日,市城市治理委员会办公室发布《关于表彰 2015 年度全市城市治理工作先进单位、个人的决定》,南站综管办位列窗口地区组第一名。

21 日,省委第八巡视组组长陈照煌、副组长史顺良向区委反馈巡视情况。陈照煌代表巡视组作具体反馈,市委副书记、纪委书记龙翔对该区整改落实工作提出要求,区委书记张一新主持会议并作表态发言。

22 日,"2016 年江苏省青年志愿者服务春运暨南京市'暖冬行动'启动仪式"在高铁南站候车大厅举办。来自机场、铁路、高校的青年志愿者代表近 200 人参加启动仪式。

27 日,省妇联副主席常胜梅一行走访慰问西善桥街道困难群众,参观街道居家养老中心和西善桥青少年寒假公益学习班,并向新西善慈善基金会捐赠 3000 元。

29 日,区四套班子领导分三组走访慰问驻区部队。

2 月

3 日,省委常委、副省长徐鸣视察该区森林防火情况,实地视察将军山风景区,了解全区森林防火组织指挥体系、管理责任体系建设情况和春节期间巡查工作安排。区领导李世峰、薛国安参加视察。

△ 该区召开法学会成立大会暨第一次会员代表大会。市委常委、政法委书记、市法学会会长刘志伟，区领导张一新、李邦全、张虎、汪东明、陆景文等出席会议，来自社会各界110名法学会会员代表参加会议。

5日，该区开展烟花爆竹禁放检查工作，副区长汪东明率区政府办、公安分局、安监局、城管局等部门检查烟花爆竹禁放工作，实地检查第一医院南院、烈士陵园北大门、中石化南郊加油站、地铁软件大道站、铁心桥大街、春江新城社区以及春江新城大酒店等地，重点检查禁放宣传发动和重点保护单位、重点地区禁放标识张贴等情况。

△ 7-13日春节小长假期间，高铁南京南站共发送旅客396904人，地铁南京南站进站338696人，出站266255人，汽车客运南站发送103527人。与上年同期相比，高铁客流增长近10万人，汽车客运南站客流平稳。

16日，全区负责干部暨机关作风建设大会召开。区委书记张一新讲话并提要求。区委副书记、区长李世峰主持会议。

18日，全区召开政府职能转变和机构改革工作专题推进会，部署涉改部门职能、人、财、物划转等工作。区领导张一新、李世峰、杨明、黄唯佳等出席会议。

19日，市长缪瑞林带队检查南京南站南广场和市政道路工程。区领导李世峰、蒋冰参加检查。

20日，软件谷召开2015年度总结表彰暨2016年度部署动员大会，总结2015年工作，部署2016年重点工作。区、软件谷领导张一新、李世峰、谢祖国、卞艳艳、王辉、黄敖齐出席会议。

24日，淮安市委常委、常务副市长戚寿余率考察团一行11人调研南京南站高铁枢纽经济区规划建设运营情况。市政府副秘书长赵晶夫及相关部门负责人参加调研。

△ 省编办主任俞军率队调研软件谷，参观南京软件产业博览馆并座谈。区、软件谷领导张一新、卞艳艳参加调研、座谈。

25日，区第十七届人大常委会召开与“一府两院”联席会议，通报区人大常委会2016年主要议题和有关工作并作说明，征求各位副区长、副巡视员、法检两长对区人大常委会2016年主要议题安排和工作意见和建议。区委常委、副区长钱维出席会议。

26日，软件谷在2015年度全市现代服务业集聚区综合考评中，被评为南京市现代服务业集聚区先进单位。

27日，市长缪瑞林检查该区水污染防治工作并提要求。区领导张一新、李世峰、倪兴龙、薛国安等参加检查。

29日，该区召开国家卫生城市迎查复审工作部署会。区领导张一新、李世峰、杨明、黄唯佳等实地视察工农河、新亭大街、西营村等重点区域，详细了解河道水环境治理、厂中厂安全隐患、河道沿岸和道路两旁的环境卫生等情况。区委书记张一新现场提要求。

3 月

1日，省司法厅、市司法局和区政府联合在雨花台区紫荆广场举办纪念《中华人民共和国公证法》实施10周年广场宣传服务活动，现场发放宣传资料约1000份，解答群众公证法律咨询300余人次。区相关部门、街道及社区群众300余人参加活动。

△ 地铁1号线软件大道站冠名为“创业车站”，1号出口40余平方米站厅“创意创业空间”成为软件谷推进“大众创业、万众创新”的新平台。在创业车站启动仪式上，软件谷把首届“优培产品发布会”引进现场。

3日， 区工商联召开四届五次执委会，听取审议《2015年区工商联（总商会）工作报告》，选举产生第四届区工商联主席、副主席、增补执委。

4日，“南京好人365”一周年分享会在该区楚翘城会议中心举行，省委宣传部副部长、文明办主任杨志纯等出席活动。

△ 该区召开平安志愿服务调研座谈会。该区现有注册会员26520人，8个街道（园区）和51个社区均成立工作站。区委常委、政法委书记李邦全出席会议。

5日，“帮助他人 快乐自己——学雷锋南京慈善义工在行动”启动仪式在南站北广场举行。南站综管办、汽车客运南站、高铁南站、地铁南站被挂牌“南京慈善义工服务基地”。

8日， 该区在雨花台中学学术报告厅举办纪念“三八”国际劳动妇女节106周年暨“雨花最美女性”表彰大会，卫文灿、吕亦勤等20人获“雨花最美女性”称号，王丽娟、杨凤珠等10人获“雨花最美女性”提名奖称号。全区各界妇女代表650余人参加大会。

10日， 省民政厅厅长侯学元调研该区民政建设工作，实地调研铁心桥街道春江社区“好日子”公益服务中心和雨花街道普德村悦心居家养老服务中心。市民政局副局长赵军，副区长余清参加调研。

11日， 全区人代会重点项目之一绿地之窗项目一二期所有建筑主体封顶。绿地之窗项目占地面积约20公顷，总建筑面积86万平方米，计划总投资100亿元，其中2016年计划投资14亿元。建成后将集国际超甲、准甲写字楼、独栋商业、酒店式公寓为一体。一、二期销售量超90%。

12日， 板桥生态园首届自行车嘉年华启动，全市约200名自行车爱好者参加活动。骑行活动从雨花台风景区到板桥生态园，全程25千米，历时1小时。区领导余清、杨洋出席活动。

15日， 全区人代会重点项目之一的南京证大大拇指项目一期所有建筑主体封顶。该项目位于南部新城核心区，紧邻火车南站。计划总投资77亿元，其中2016年计划投资10亿元，建成后将是集商业、办公、酒店式公寓、文化娱乐为一体的复合型城市文化商业综合体。

16日， 位于雨花国际汽贸区的区人代会重点项目沃尔沃汽车4S店试营业，成为该园区内2016年首家建成并试营业的汽车4S店。沃尔沃汽车4S店由南京泰信汽车销售有限公司投资建设，于2014年10月开工，占地约6000平方米，建筑面积约1.2万平方米，总投资约7000万元。

17日， 省委常委、市委书记黄莉新调研该区“互联网+”产业发展，现场考察软件谷重点互联网园区产业发展情况。市、区、软件谷领导陈勇、黄澜、张一新、李世峰、王辉参加调研。

18日， 南京华为软件基地项目建成封顶，该项目由华为控股有限公司投资建设，项目占地116亩，总建筑面积18.5万平方米，包括北区研发中心和南区会议中心，总投资9.5亿元。建成后用于通信网络技术与产品的研究、开发、生产与销售，为电信运营商提供网络数据通信领域和增值业务领域的网络解决方案。

19日，“智领先机—汇聚未来”互联网营销峰会在楚翘城会议中心成功举办。清博大数据副总裁蔡幼林、金梧桐创学院院长朱奕霏、新浪江苏总裁杨建良等十多位知名企业家、互联网运营权威参会，企运网、西里尼科技、中国手游联盟、清华大学移动互联网研学院等45家企业及研学机构集中签约。

△ 首批30多家中小型“互联网+”企业签约入驻科创城。区委常委、宣传部长谢山出席活动。

21日，全市空港、海港、高铁港枢纽经济区重大项目专场开工仪式在江宁区金万信无线通讯产业园举行。该区证大喜马拉雅、绿地等5个项目集中开工。市区领导黄莉新、缪瑞林、李世峰等出席开工仪式。

△ 在2016年全球服务与外包领军者峰会上，软件谷被授予“2015年度全球最佳服务外包园区——中国十强”，软件谷企业富士通南大软件技术有限公司和软通动力信息技术有限公司挤进“2015年度全球最佳服务外包供应商——ITO中国20强”和“2015年度全球最佳服务外包供应商——中国50强”。

24日，市委常委、统战部部长徐锦辉调研该区统战工作，实地查看雨花街道翠竹园社区、南京华博科技有限公司、润和创智中心、高座寺等地，了解社区组织建设、非公经济企业发展、宗教文化活动等工作情况。区领导张一新、蒋冰参加调研。

25日，南京市校长培训基地工作实施推进会在雨花台中学举行，雨花台中学等6所普通高中获“南京市高中校长培训基地”荣誉。市教育局相关负责人、市直属学校校长及各区部分中小学校长等170余人参加会议。

26–27日，在北京举行的“2016黑马运动会路演决赛”上，软件谷黑马在孵项目“1001号制造云”从30个创业项目中脱颖而出斩获冠军头衔，现场获得由刘强东、姚劲波、周鸿祎等出资成立的黑马基金会100万元股权投资。

28日，区十七届人大常委会第三十一次会议召开。

4　月

2日，全区“拆、清、治、绿”整治工作现场会暨城建城管大会召开，区领导一行现场检查板桥街道工农河双学桥至宁芜铁路桥段，开发区轮胎村，西善桥街道曹家洼，雨花街道雨花新村及能仁里菜场。区领导张一新、李世峰、杨明、黄唯佳等出席会议。

7日，中国法律援助基金会理事长张彦珍参观该区公共法律服务中心。省司法厅副厅长万力，副区长汪东明陪同参观。

8日，全区召开武装工作暨征兵工作会议，总结2015年全区武装工作，部署2016年征兵任务。区领导金宏、汪东明出席会议。

8–9日，由江苏教育报刊总社、苏派教育研究中心主办的“教师发展地图与教师个性化成长”主题活动暨“教师发展学院”揭牌仪式在雨花台中学举行。来自全省各中学的校长、骨干教师等300余人参加活动。

9日，全省第一个街道级食品安全快速监测站暨南京首个食品安全快速监测站落户西善桥街道。该食品安全快速监测站和国家轻工业食品质量监督检测南京站、南京工业大学食品与轻工学院合作，并投入300多万元添置科学仪器和实验室，每天抽检150个样品。

△ 由软件谷管委会主办、软件谷科技人才局联合前程无忧承办的“软件谷IT精英汇”在润和创智中心三楼会议室召开。软件谷企业华为、中兴、东软、润和、趋势科技、酷派集团、金证财富等近70家参加，现场提供300多个岗位。本次活动线上收到3500份简历，现场收到1000份简历，参聘人才多达1000人次，初步达成就业意向400人次。

11日，省委常委、市委书记黄莉新专题调研该区“学党章党规、学系列讲话，做合格党员”学习教育工作。市、区领导郭腊军、张一新、李世峰、袁传军参加调研。

△ 西善桥街道与世界500强法国迪卡侬正式签约，迪卡侬中国生产总部、重针部研发中心两大基地进驻岱山创业园，该研发中心主要从事迪卡侬品牌帐篷、睡袋、背包的生产研发，预计年销售额2200万元。副区长江磊出席签约仪式。

12日，“全国知识产权宣传周”南京区域首场活动——“我的麦田”知识产权公共服务平台启动仪式在中国(南京)软件谷举行。

△ 南京市首家获得ACT授权的公办学校雨花台中学国际部“GAC—ACT”项目启动暨揭牌仪式在国际部会议室举行，雨花台中学国际部正式被授权为“GAC—ACT”教学考试中心。

14日，全区卫生计生暨医改工作会议召开。副区长余清出席会议。

△ 区委副书记、区长李世峰专题调研全区环保工作。2015年，全区空气质量达到国家二级标准217天，较上年增加33天，降尘均值为5.16吨，较上年下降17.4%。区功能区噪声达标率为100%，区域环境噪声和交通噪声均优于考核标准。

15日，区法律顾问委员会成立，区政府分管副区长任主任委员，法制办主任、司法局局长、政府办副主任任副主任委员。副区长汪东明出席成立大会。

△ 首届南京社会创业大赛决赛暨雨花台区四期孵化机构毕业典礼在区社会组织孵化中心举行。南京雨花小绿叶环境发展中心、南京市卓越青少年科技创新能力发展中心、南京雨花葡萄树青少年艺术服务中心等10家机构进入决赛，雨花台区和家居家养老服务中心摘桂冠。

21日，副市长黄澜调研软件谷软件产业发展情况，区、软件谷领导张一新、卞艳艳、黄敖齐参加调研。

22日，2016年“书香雨花首届读书节”暨“梅山读书月”活动启动。区领导谢山、郭幼佩出席活动。

26日，郑州市委常委、航空港实验区党工委书记张延明调研软件谷，区、软件谷领导张一新、卞艳艳、黄敖齐参加调研。

△ 该区最大的广电实体旗舰店——江苏有线雨花旗舰店开业，该旗舰店是集产品展示、用户体验、业务办理于一体的一站式综合服务门店，直接服务周边约3万户有线电视用户。

28日，省司法厅党委委员、厅直属机关党委书记魏钟林率全省司法行政系统16个试点县(市、区)司法局局长、社会组织发展领导小组办公室主任和厅直有关部门领导一行40余人到该区社会组织孵化中心,参观考察社会组织培育工作。

△ 软件谷"消灭零专利"系列活动在软件谷管委会举行,向软件谷初创企业提供含发明专利申请费贴补在内的服务抵扣券200余份,帮助百家企业迈出创新成果转化的第一步。

5 月

4月29日–5月2日"五一"小长假期间,高铁南京南站发送旅客约52.6万人次;地铁南京南站进站约31.6万人次,出站约37.9万人次;汽车客运南站发送旅客约18.8万人次。

3日,2016年市重大建设项目、区人代会重点项目——南京键桥通讯软件园项目实现23层主体封顶。该项目位于雨花经济开发区凤集大道旁,总建筑面积5.2万平方米,计划总投资2.5亿元。预计2017年上半年主体竣工交付,投产后可实现年税收1000万元。

5日,全国妇联发展部部长崔卫燕一行到驻区企业——南京麦瑞克科技发展有限公司调研女大学生创业就业工作。省妇联副主席顾敏、市妇联主席宋晓辉,区领导李世峰、余清参加调研。

△ 首届"万步有约"职业人群激励健走大奖赛江苏省暨雨花台区启动仪式举行。来自全省22个国际级、省级慢病综合防控示范区代表参加启动仪式。该次健走大赛从6月16日正式开始,到9月23日结束,为期100天。全省范围内将有3万余人参与,通过专业计步器累计每天行走步数进行积分。

6日,区委副书记、区长李世峰视察全区防汛工作情况,现场视察区新防汛仓库、工农河上游堤防防洪能力提升工程现场、新湖大道积淹水点、农花河堤防薄弱地段等。区领导杨洋、顾晓春、钱颐参加视察。

△ 大族能联华东总部项目落户软件谷签约仪式在深圳大族集团总部举行,在区委、谷工委书记张一新、大族董事长高云峰的见证下,软件谷管委会副主任卞艳艳、大族副总裁唐泳代表双方签署合作协议。该项目总投10亿元,注册资本5000万元,主要从事工业机器人、电网变电站自动化软件、光伏发电监控系统的开发及光伏电站交易中心运营等业务。

7日,首届"中国创新科技成果交流会"全国创新创业大赛(南京、合肥赛区)在软件谷开赛。15个智能硬件和大数据应用项目创业团队经过激烈比拼,牙小白智能儿童牙刷、VR骑行和智能农用无人机项目分获前三名。

9日,该区召开"两桥"地区"三集中"房屋收(退)回工作动员会。区委书记张一新主持会议。

10日,副市长黄澜率队到驻区企业——南京中旭电子科技有限公司、南京沁恒电子有限公司和南京美辰微电子有限公司,调研该区集成电路企业发展情况。区、软件谷领导钱维、卞艳艳参加调研。

11日,内蒙古自治区赤峰市红山区副区长苗秀明率考察团考察该区城市管理工作情况,实地察看金蕊家园小区垃圾分类工作。

△ 市委宣传部、市文联、市音乐家协会、市广播电视集团实地调研古雄小学民乐团发展情况。古雄小学民乐团是全国首家和唯一一

家全部由小学生组成的大型民乐团。

△ 南京泰通科技股份有限公司——北京交通大学通信与物联网联合创新实验室揭牌仪式在雨花经济开发区举行。区、软件谷领导钱维、黄敖齐出席揭牌仪式。

16日，国家督学、韶关学院院长廖益率教育部青少年校园足球工作督察组一行到该区检查。省教育厅体卫艺处处长张鲤鲤、市教育局副局长张利明、副区长江磊及区校园足球领导小组成员单位相关负责人等参加检查。

18日，南京宝德软件园项目实现主体封顶。该项目由深圳宝德集团投资兴建，总占地面积4公顷，总规建面积约16万平方米，计划总投资7.6亿元。预计2017年竣工投产，投产后可实现年产值5000万元。

19日，全区2016年防汛抢险演练在长江大胜关举行。各街道（园区）防汛抢险人员，区水务总站、区防汛抢险队约100人参加演练。区领导李世峰、薛国安、钱颐、顾晓春观摩指导。

△ 由区、软件谷共同主办的“2016年南京高铁枢纽经济圈（上海）推介会”在上海市举办。软件谷招商合作局做现场推介，贝塔斯曼欧维特现场参加和软件谷签约仪式。

23日，该区召开全面深化改革领导小组会议，传达贯彻中央、省、市委会议精神，总结2016年改革推进工作，研究部署下一步改革任务。区、软件谷领导张一新、李世峰、杨明等出席会议。

25日，区委副书记、区长李世峰率队调研软件谷城建项目推进情况。区、软件谷领导倪兴龙、卞艳艳、王辉、王传忠参加调研。

△ 由工业和信息化部主办、中国软件行业协会支持的第二十届中国国际软件博览会在北京展览馆举行，软件谷作为南京的代表园区参会，并连续三年荣获“中国软件园区最佳产业环境奖”，同时获“2016年度中国互联网行业领军产业园区奖”。

△ 软件谷企业江苏赛联信息产业研究院股份有限公司通过工信部两化融合管理体系贯标评定，获批两化融合管理体系贯标咨询服务机构，成为软件谷首家获此资质企业。

26日，四川省雅安市名山区委书记吴宏率队到该区调研。区、软件谷领导张一新、薛国安、卞艳艳参加调研。

30日，市委常委、常务副市长刘以安督查该区市重大项目推进情况。区领导张一新、钱维参加督查。

31日，“金陵五月风”第十届南京市文学艺术节古雄小学专场演出在雨花台中学学术报告厅举行。市委常委、宣传部部长、市委文联主席徐宁与区委书记张一新为南京小花神少儿民族管乐团揭牌，南京古雄小学少儿民族管乐团更名为南京小花神少儿民族管乐团。区领导谢山、郭幼佩、余清、于志珍等出席并观看演出。

6 月

1日，副市长华静率队视察南站地区防汛工作。市政府副秘书长许明，市水务局、市防办相关负责人参加视察。

2日，南京易司拓电力科技股份有限公司在北京成功挂牌“新三板”，成为软件谷内第9家成功上市“新三板”企业。

3日，区、软件谷领导李世峰、薛国安、顾晓春、钱颐检查全区部分防汛工程、重点部位及各项防汛准备工作落实情况。

4日，中建八局总经理校荣春一行考察软件谷。区、软件谷领导张一新、凌向前、王辉、彭金斌参加考察。

6日，区委副书记、区长李世峰，副区长余清等到雨花台中学实地察看2016年高考考点组织准备情况。

7日，全省首个家风家训主题教育馆在板桥新城古雄社区揭牌。市妇联副主席贾慧，区委常委、宣传部部长谢山出席揭牌仪式。

△ 安徽省马鞍山市司法局局长侯沪东等一行7人到该区公共法律服务中心参观调研工作。市司法局副局长李世刚参加调研。

8–11日"端午"期间，高铁南京南站发送旅客约45.4万人次；地铁南京南站进站约40.6万人次，出站约39.5万人次；汽车客运南站发送旅客约16万人次。

12日，市委副书记、市长缪瑞林检查该区防汛工作，实地查看板桥河闸拆建工程现场并提要求。市、区领导华静、张一新、李世峰、薛国安、钱颐、顾晓春参加检查。

14日，市委副书记、市长缪瑞林到西善桥街道接待信访群众，当面听取群众诉求并提出解决措施。区领导张一新、李世峰、倪兴龙等参加接待。

15日，位于雨花国际汽贸区的区人代会重点项目保时捷4S店正式对外运营。保时捷4S店于2014年底开工，建筑面积约1.25万平方米，总投资1.7亿元。

16日，区安监局、总工会、住建局，消防大队、交警八大队等多部门在雨花经济开发区弘扬装饰城开展"安全生产宣传咨询日"活动。副区长江磊出席活动。

△ 区政府与市第一医院"院府合作"共建紧密型医联体签字仪式举行，市第一医院院长张颖冬与副区长余清在合作协议上签字。市卫计委主任孙家兴参加签字仪式。

16–19日，第十四届中国国际软件和信息服务交易会（简称软交会）在大连世博广场开幕。本届"软交会"，江苏展团由江苏省商务厅和江苏省经济和信息化委员会共同组织，南京、苏州等市的27家单位参展，软件谷作为南京地区代表园区，与软件谷内优秀企业参加本次盛会。

17日，区政府与市安监局、环保局联合主办的全市首场安全生产应急演练重点项目——"南京华润热电有限公司重大危险源（液氨）泄漏事故应急演练"在该区开展。该演练动用救援车辆15辆、各类设备50余台，参与演练和观摩人员共200余人。市安监局副局长李广庆、副区长江磊观摩指导。

18日，莲花湖电商大厦首家"重量级"电商企业——江苏云蚁电商基地开业。江苏云蚁电商基地项目面积1250平方米，注册资金1000万元，预计首年年平台交易额将达到4亿元。

20日，根据中共南京市委宁委〔2016〕228、232号文通知：黄河任雨花台区委委员、常委、区委书记；免去张一新雨花台区委书记、常委、委员职务。

22日，省法律援助基金会副秘书长徐旻一行到该区岱善润福城法律援助工作站调研保障房片区法律援助工作情况。市法律援助中心主任惠玲参加调研。

△ 区委书记黄河专题调研"两桥地区"和西善桥街道、铁心桥街道相关工作。

23 日，区委书记黄河专题调研雨花经济开发区、板桥街道、梅山街道和板桥新城相关工作。区委副书记、区长李世峰参加调研。

△　区委书记黄河专题调研赛虹桥街道、雨花街道相关工作。

24 日，区委书记黄河专题调研软件谷工作。区、软件谷领导李世峰、卞艳艳、王辉、黄敖齐、彭金斌参加调研。

25 日，怡化电脑华东研发中心隆重举行入驻仪式，首批入驻员工近 500 人，致力于银行自助设备的软件研发、办公及营运平台支撑。该项目为怡化电脑在深圳总部外建立的第一个研发中心，规划建筑面积约 10.6 万平方米，计划总投资 5 亿元。

△　国内最大存取款一体机制造商怡化电脑华东研发中心在软件谷揭牌启用。市科委主任张新年，区、软件谷领导李世峰、卞艳艳、王辉、黄敖齐、彭金斌及怡化电脑董事长彭彤出席揭牌仪式。

△　南站枢纽经济区最大商业综合体——绿地之窗部分建成亮相，首批入驻企业 160 余家。区领导李世峰、江磊、陆景文出席活动。

△　软件谷重大创新平台北京大学南京创新研究院成功创建江苏省产学研联合重大创新载体，是 2016 年南京市唯一入选单位。

27 日，中宣部组织中央主流媒体负责人和《人民日报》近 50 名编辑记者采访团到软件谷，专题采访软件谷调结构转方式。软件谷管委会副主任卞艳艳参加采访。

28 日，区委书记黄河到区水务、征拆、信访等部门调研工作。区领导李世峰、薛国安、汪东明等参加调研。

△　区委书记黄河专题调研区公安分局工作。区领导李邦全、汪东明参加调研。

29 日，南京外国语学校雨花国际学校项目代建签约仪式在市城建集团会议室举行。区、软件谷领导黄河、李世峰、卞艳艳、王辉参加签约仪式。

△　市委副书记龙翔专题调研区委党校工作。区领导黄河、杨明参加调研。

30 日，市领导缪瑞林、储永宏率队实地调研该区中兴路北延跨秦淮新河大桥建设现场并听取汇报。区领导黄河、李世峰参加调研。

7　月

2 日，区委副书记、区长李世峰检查全区重点路段水务防汛工作，实地查看区防汛防旱指挥中心、大胜关险工堤段和泰通科技有限公司门口积淹水点。区领导薛国安、顾晓春参加检查。

6 日，区委副书记、区长李世峰检查全区重要地段防汛抢险工作，实地查看南河西善桥段、板桥河闸、秦淮新河开发区段、格子桥泵站、江宁河闸等。

7 日，省委常委、市委书记黄莉新察看该区南河西善桥段抢险情况，并慰问一线抢险人员。

△　省委常委、市委书记黄莉新率队视察雨花经济开发区防汛工作，实地察看中兴路北延跨秦淮新河大桥工地、大胜关现场。区领导黄河、李世峰等参加视察。

△　市委副书记龙翔察看地铁三号线明发广场站积水点并现场指挥防汛抢险工作。

8 日，根据宁委〔2016〕258 号文件：谢祖国任软件谷管委会主任,免去李世峰软件谷管委会主任职务。

9日,市委副书记、市长缪瑞林率市建委、市交通局等部门主要负责人检查该区防台防汛工作,实地查看板桥新城和昌工地防台及板桥老街淹水情况。区领导黄河、李世峰、顾晓春参加检查。

12日,中国首任常驻文莱大使刘新生携夫人潘正秀到该区考察渤泥国王墓申遗等事项。副区长余清参加考察。

△ 工业和信息化部发布了2016年(第15届)中国软件业务收入前百家企业名单及发展报告,华为、中兴、东软、软通动力、亚信科技、步步高、润和集团等16家落户软件谷企业上榜,其中,软件谷本土企业润和集团以14.6215亿元软件业务收入首次入选,位列榜单第91名。

14日,区领导黄河、李世峰会见中兴通讯高管一行,双方就中兴光电子项目合作等事宜进行座谈交流。

16日,区、软件谷领导黄河、李世峰、凌向前、王辉、王传忠调研"两桥"地区拆迁工作,实地调研龙翔路东段、吴尚一组、马家店保障房、铁心桥大街、龙翔启动区、圣戈班片区。

18日,江苏省经信委、省工商联发布2015年度全省百强民企榜单,软件谷企业宏图三胞、南京建工集团有限公司入围,分列榜单第5位和第76位。

23日,软件谷被江苏省经济和信息化委员会批准认定为"江苏省互联网产业园"。

27日,市委常委、常务副市长刘以安检查该区国控秦淮新河节制闸断面现场并听取相关汇报。区领导李世峰、蒋冰、顾晓春参加检查。

29-30日,中共南京市雨花台区第十一次代表大会在雨花台中学学术报告厅召开。大会回顾总结第十次党代会以来的工作,研究确定今后五年奋斗目标和主要任务,选举产生雨花台区第十一届委员会和纪律检查委员会。大会分别由区委书记黄河,副书记、区长李世峰主持。

30日,软件谷与清华大学软件学院合作,在软件谷设立创新创业实践基地,并在软件谷管委会举行揭牌仪式,标志着软件谷与清华大学软件学院成为固定合作关系。

8 月

3日,区、软件谷领导黄河、杨明、袁传军、金宏、王辉、彭金斌调研区委党校异地重建项目和区人武部基地项目。

△ 工信部中小企业局副局长田川率队对软件谷APEC中小企业信息化促进中心相关筹备工作进行调研。

△ 国家发改委2016年"双创"青年调研组一行到该区调研"众创空间"发展工作。

△ 工信部发布2016年中国软件业务收入百强名单,软件谷企业江苏润和软件股份有限公司首次上榜。

4日,市规划局局长叶斌一行到该区专题调研规划编制工作并现场办公。区、软件谷领导黄河、李世峰、蒋冰、凌向前、王辉参加调研。

△ 车城网南京总部基地正式落户雨花街道雨创中心并签约。区领导孙中华、江磊出席签约仪式。

6日,区委召开十一届二次全体(扩大)会议,总结全区上半年工作,明确下半年工作任务并部署城市工作。区委书记黄河主持会议。

10日,团市委书记林武平一行调研软件谷中国极客站创梦空间。区委常委、组织部部长袁迅参加调研。

11日,团中央基层组织建设部部长张向群一行调研西善桥街道西善花苑社区团建和青少年之家平台运作情况。团市委书记林武平参加调研。

12日,软件谷召开上半年总结大会,回顾总结上半年工作,明确下半年重点工作。

13日,市委副书记、市长缪瑞林,副市长谢志成率市建委、市水务局等部门主要负责人实地查看该区秦淮新河节制闸断面和新农花河水质改善情况。区领导李世峰、蒋冰、薛国安参加检查。

16日,区总工会召开六届十二次全委(扩大)会,传达市总工会十六届四次全体扩大会议及区第十一次党代会精神;总结上半年工作,部署下半年工作任务。

18日,区人代会重点项目——中交·锦致项目开工建设。该项目位于南京南站南侧、明城大道与南宏运大道交会处,占地面积约25公顷,建筑面积约11.5万平方米,总投资约14.5亿元,预计2018年年底建成并交付。

△ 合肥市政协副主席奚芝英一行8人到该区专题调研社区矫正工作。市司法局副局长王善坤参加调研。

23日,市民宗局副局长纪勤率市星级宗教活动场所认定工作小组一行13人,检查认定高座寺申报江苏省星级宗教场所创建工作。副区长余清参加检查。

25日,国家中医药管理局医政司副司长杨龙会率调研组一行到该区专题调研中医药工作,实地调研铁心桥社区卫生服务中心和雨花社区卫生服务中心。

△ 全市首家互联网科贷企业——天下捷融互联网科技小额贷款有限公司在软件谷开业。区委常委、常务副区长孙中华向三胞集团负责人授予互联网科贷企业牌匾。

26日,省委常委、市委书记黄莉新调研软件谷,实地调研中兴通讯全球云计算中心、华博集团和怡化华东研发运营中心。市委常委陈勇,区、软件谷领导黄河、李世峰等参加调研。

△ 全市智慧医疗调研工作会议在该区召开。副市长胡万进实地调研西善桥街道岱山社区卫生服务中心,了解基层卫生信息化工作情况。

△ 东台市委书记陈卫红率队调研软件谷,参观华为、千米网、南京软件产业博览并座谈。软件谷管委会主任谢祖国、副主任卞艳艳参加调研。

30日,区文联、区文化局、梅山街道联合梅山矿业公司举办首届“书香雨花·梅山矿工读书节”活动。副区长余清出席活动。

9 月

1日,民政部民间组织管理局副局长黄茹一行调研该区民政工作。省、市、区领导刘亚军、何德剑、薛国安、钱颐参加调研。

△ 市民宗局党组书记李兰、市佛教协会会长隆相、副会长马荣恩等一行考察该区普德寺遗址。副区长余清参加考察。

2日,第十二届南京软博会在南京国际博览中心拉开帷幕。软件谷企业华为、中兴、亚信、SAP 等 21 家知名企业参展，参展面积超过 1600 平方米。市、区领导黄莉新、缪瑞林、黄河、李世峰等参观软件谷展台及部分软件谷企业展示区。

△ 软件谷专场活动——2016 年“互联网+跨界融合”国际高峰论坛在南京国际博览中心举行。

△ 区物价局与市物价局价监局签订加强雨花价格监管战略合作协议。副区长江磊出席签字仪式。

3 日，省委书记李强到第十二届南京软博会现场江苏润和软件等企业展台详细了解企业运行情况。

5 日，第十二届南京软博会重大项目签约仪式在博览中心举行。软件谷签约 15 个项目，总数量和总投资额均列全市园区首位。

△ 软件谷园区短驳公交正式开通运营，软件谷各大专业园区“最后一公里”被打通。338 路途经人才公寓、大定坊，跨秦淮新河到达天隆寺地铁站、菊花台公园、安德门地铁站等 14 对站点，全长 8.5 千米；340 路从安德门地铁站出发，途经润和软件、大数据产业基地等站点，全长 5 千米，密布 12 对站点，两条公交线路共计 15 台车辆，发车间隔约 5~8 分钟。

8 日，省委常委、市委书记黄莉新，市委副书记、市长缪瑞林等领导会见“金洽会”客商。该区重点客商中国农业发展集团有限公司总经理助理胡立斌等参加会见。

△ 区委副书记、区长李世峰会见“金洽会”重要客商代表。区领导孙中华、江磊参加会见。

9 日，全区第 32 个教师节庆祝表彰大会在雨花台中学学术报告厅举行。区委副书记、区长李世峰主持会议。

△ 该区召开互联网金融风险专项整治与非法集资防范处置工作会。区委常委、常务副区长孙中华出席会议。

△ 台湾佛光山常务副住持慧传法师率中华人间佛教联合总会代表团一行 180 余人参观走访天隆寺。副区长余清参加走访。

△ 国务院新闻办举办的拉美语国家新闻官员和记者研修班 60 余名学员参观考察软件谷。

10 日，2016 年南京“金洽会”雨花专场活动“雨花台区创新型经济发展推介会”在明发国际大酒店举行。市委副书记龙翔出席活动。

△ 第九届中国国际服务外包合作大会北美专场对接会在南京金陵饭店举行。副区长江磊率该区 20 家企业代表参加对接会。

12 日，区委召开常委会，传达中央、省委关于辽宁拉票贿选案查处情况及其警示通报，研究区委党校相关工作等事项。区委书记黄河主持会议。区人大常委会主任杨明、区政协主席黄唯佳列席会议。

14 日，该区召开经济工作推进会，分析 1-8 月全区经济运行情况，研究部署下一步工作。区、软件谷领导黄河、李世峰、谢祖国等出席会议。

19 日，该区现代服务业市重点引进项目——步步高软件研发南京总部项目建设转入幕墙阶段。该项目总建筑面积 6.5 万平方米，总投资 3.5 亿元，主要从事移动互联网移动智能终端产品研发、销售。预计年销售收入达 15~20 亿元，年纳税额超 3000 万元以上。

△ 软件谷“菁英公寓”A 区成功交付。

△ 软件谷科创城一期（Q3Q4 地块）竣工

交付,交付面积约 30 万平方米。

20 日,国家技术指导专家督导组到该区督导“健康口腔幸福家庭”项目并给予好评。

21 日,西藏自治区党委常委、拉萨市委书记齐扎拉率党政代表团一行到该区考察交流。市委副书记龙翔,区委副书记、区长李世峰等参加考察。

23 日, 该区召开人大换届选举工作会议,学习贯彻习近平总书记关于换届选举工作的重要指示精神并部署换届选举工作。区领导黄河、杨明、袁迅、谢山出席会议。

△ 软件谷 2016 年“精鹰归谷”大型校园招聘招募会在楚翘城会议中心举行。中兴等近 70 家软件谷软件企业参会揽才, 现场提供近 1000 余个岗位, 来自南大等院校 2000 余名学生参加招聘会。

24 日,“校园足球新长征”系列活动江苏站启动仪式在区实验小学举行。副区长余清出席启动仪式。

26 日,区人代会重点项目——南京证大大拇指项目二期所有建筑主体封顶。该项目位于南部新城核心区,紧邻火车南站。计划总投资 77 亿元,其中 2016 年计划投资 10 亿元,建成后将是集商业、办公、酒店式公寓、文化娱乐为一体的复合型城市文化商业综合体。

27 日,国家第五督察组督查南京市解决企业拖欠工资问题并在软件谷 A5 项目工地召开工作会议。交通运输部总工程师周伟出席会议并讲话。

△ 国家行政学院副院长杨克勤一行调研软件谷, 实地调研南京软件产业博览馆、东大光传感研究中心、江苏创业大街及中兴通讯全球云计算中心。

28 日,“两桥”民生工程马家店保障性住房项目 B、C 地块建设正式开工。该项目位于铁心桥街道马家店,东至规划水科路、南至马定路、西至规划经四路、北至秦淮新河,总建筑面积约 48 万平方米, 计划总投资 26 亿元。预计 2018 年底竣工,建成后用于安置铁心桥、西善桥片区拆迁户,总计提供 4300 套保障住房。

△ 工业和信息化部信息中心、中国互联网协会工业应用委员会、中国互联网协会“互联网+” 研究咨询中心联合发布 2016 年中国“互联网+” 在工业应用领域十大新锐案例,来自软件谷壹千零壹号自动化科技公司的“1001 号云制造平台”项目从全国 100 多个项目中脱颖而出,成为全省唯一入选案例。

△ 软件谷企业睿悦信息技术有限公司获国家中小企业发展基金首轮 6200 万元投资。

10 月

9 月 30 日–10 月 7 日国庆期间,高铁南京南站发送旅客 104.3 万人次, 较上年同期增长 40.6%;地铁南京南站进站约 86.5 万人次,较上年同期增长 13.5%,出站约 90.9 万人次,较上年同期增长 19.9%; 汽车客运南站发送旅客约 30.3 万人次,较上年同期下降 8.4%。

7 日,市委副书记、市长缪瑞林,副市长储永宏率市建委、规划局、安居集团等相关部门主要负责人一行到该区视察岱山社区卫生服务中心。区领导黄河、李世峰参加视察。

8 日,市委副书记、市长缪瑞林率队检查南京南站北落客平台、玉兰路亮化提升工作。

△ 农民工及外来务工人员招聘季活动

在区人力资源市场开幕，华龙物业等28家单位提供工作岗位400个，吸引求职者约210人次，现场达成初步求职意向53人。市人社局副局长马淑婷参加首场招聘活动。

9日， 省工商局局长王元慧一行调研该区基层体制改革开展情况和商事制度改革推进落实情况。副区长江磊参加调研。

10日， 高座寺创建江苏省三星级宗教活动场所达标。2016年，全区10个宗教活动场所中达到省三星级标准6个、省二星级标准1个、省一星级标准3个。

11日， 位于雨花大道上的雨花台中学地下人防工程开始桩基施工。该项目总投资1.18亿元，总建筑面积1.6万平方米，预计2017年年底竣工，建成后将新增地下停车位400个。

12日， 区人代会重点项目——金证南京研发中心有序推进。该项目总建筑面积7.8万平方米，建筑高度35米，总投资约4亿元，预计2016年年底前部分主体实现封顶，2017年8月竣工交付。建成后以研发办公为主并配以相关辅助设施，将满足1万余名软件人才办公需求。

13日， "2016全国大众创业万众创新活动南京主题日"雨花台区专场首场活动——软件谷"UP微路演"在南京联合产权交易所举行。

14日， 省委副书记、市委书记吴政隆专题调研软件谷创新发展工作，实地调研南京软件产业博览馆、江苏润和软件股份有限公司及中兴通讯股份有限公司。

15日， 市秦淮河重点断面水质改善工作现场会在该区召开。副市长谢志成，区领导李世峰、蒋冰等出席会议。

18日， 中兴光电子总部项目正式落户软件谷并签约。该项目将建成光电子产品研发基地，形成光电子产业集群，未来10年预计实现营业收入550亿元，累计实现利税80亿元。市领导吴政隆、缪瑞林、杨学鹏、谢志成，区、软件谷领导黄河、李世峰、谢祖国、彭金斌参加签约仪式。

19日， 司法部律公司副司长施汉生视察雨花台公证处并听取相关汇报。省司法厅副厅长张亦军等参加视察。

24日， 文莱驻华大使张慈祥一行拜谒浡泥国王墓。区领导余清、江磊参加拜谒。

△ 区人代会重点项目——亚信华东总部及产业互联网基地项目有序推进，桩基工程预计月底前全部完成。该项目总占地面积约5.33公顷，建筑高度24米，建筑面积7.5万平方米。建成后将集聚1万余名软件人才，主要从事通信软件研发、总部办公及产业互联网业务。

26日， 中国侨联副秘书长赵红英率团参观视察南京软件产业博览馆。省侨联主席史宇参加视察。

△ 市委副书记、市长缪瑞林专题调研上海梅山钢铁股份有限公司转型升级工作。市区领导谢志成、李世峰、孙中华参加调研。

△ 区委书记黄河调研板桥新城社区建设工作，实地调研大方、新林、古雄及柿子树等社区。

28日， 山东省德州市政府考察团一行到该区考察浡泥国王墓及中国文莱友谊馆。副区长余清参加考察。

29日， 软件谷在楚翘城天使谷咖啡举办小微企业技术招聘专场会，来自正泽科技等10家小微企业、70余名IT精英和企业高管参加活动。

11 月

1 日，该区小花神少儿民族管乐团与应邀来华访问的埃及阿斯旺艺术团在南京青春剧场开展交流演出。

3 日，省新闻出版广电局副局长吴以桥参观视察江苏国家数字出版基地(南京园区)。副区长余清参加视察。

5 日，该区第二十五届中小学生田径运动会在梅山高级中学开幕，全区 27 所中小学、785 名运动员参加活动。

8 日，区委书记黄河实地调研板桥街道、雨花经济开发区部分重点项目及龙翔大道推进情况并现场办公。

9 日，副市长华静率市民政局、水务局、农工委等部门负责人调研该区重点项目推进情况，实地调研工农河、凤台南路苏果总部、雨花公益众创空间。区领导李世峰等参加调研。

10 日，区委副书记、区长李世峰与陕西省丹凤县县委副书记、代县长徐秀全签订《关于进一步加强扶贫协作和经济合作的战略框架协议》。区委常委、常务副区长孙中华出席签字仪式。

11 日，由区地志办编纂出版的《雨花年鉴(2015)》获南京市“十二五”地方志优秀成果奖。

12–13 日，由国家体育总局举办的第七届全国航空模型公开赛南京站在板桥新城莲花湖体育公园举行，来自全国各省市 13 支代表队、90 余名航模选手参加比赛。副区长余清出席开幕式。

15 日，省委书记李强到云栖大会江苏新视云科技股份有限公司展台详细了解企业运行情况。

△ 该区成立岱山专职消防队，负责保障岱山及周边地区居民消防安全。岱山专职消防队位于西柿路西善花苑附近，有专职消防员 20 余名，消防车 4 辆，消防器材设施配备齐全。副区长江磊出席成立仪式。

18 日，副市长谢志成调研软件谷产业发展情况，实地调研安讯大数据产业基地、亚信科技有限公司和南京天数信息科技有限公司。市经信委副主任翟胜强参加调研。

△ 青海省西宁市副市长金九辰调研软件谷。

23–24 日，民政部专家组对该区“全国社区治理和服务创新实验区”建设工作开展终期验收。区领导李世峰、袁传军、薛国安参加验收。

24 日，是该区选举十八届人大代表选举日，全区划分为 86 个选区，237309 名选民投票选举产生 180 名新一届区人大代表。区委书记黄河，区委副书记、区长李世峰，区人大常委会主任杨明，区政协主席黄唯佳等领导在各自选区参加现场投票。

△ 省人大常委会人大代表联络委员会主任陈继福率观摩团一行近 40 人到该区现场观摩人大换届选举工作。

△ 在第十届中国专利周南京分会场启动仪式上，软件谷联合南京市知识产权局、江苏省专利信息服务中心共同打造的第三方网上服务平台“我的麦田”知识产权互联网公共服务平台正式开通。

25 日，市司法局局长黄永祥到该区调研指导工作，实地调研雨花经济开发区司法所、公共法律服务中心、公安派出所公调对接工作室、区创新创业法治宣传与法律服务中心、花神庙社区司法行政服务站、雨花台公证处。副区长江磊参加调研。

26日,2016首届南京大数据产业年会暨大数据发展高峰论坛在软件谷举行,中国工程院院士倪光南、沈昌祥等400余名政、产、学、研界人士参加会议。副市长谢志成出席会议。

30日,该区数字化城管系统数字二级平台建设通过市级检查验收。

12 月

2日,2016年中国(南京)软件互联网创新创业峰会暨黑马大赛软件信息行业总决赛在软件谷楚翘城会议中心举行。

4日,省委宣传部、省司法厅、市法宣办等部门于第3个国家宪法日和第16个全国法治宣传日当天,在雨花台烈士陵园纪念碑广场联合举办"省暨南京市新入职法治专业人员向宪法宣誓"活动,该区同时举办雨花台区分会场法律咨询广场宣传活动。省司法厅副厅长周红养出席活动。

5日,市国土局挂出2016年第八批土地公开出让预公告,板桥A地块剩余地块将挂牌出让。该地块位于雨花经济开发区,南至板桥A地块石林大公园驻区项目,北临凤舞路及京沪高铁高架桥,东靠205国道,西至龙飞路。此次出让土地用地面积71113.6平方米,A、B两个分区容积率分别为≤4.5和≤4,建筑限高80米。

6日,省发改委调研组一行调研该区软件企业,实地调研江苏润和软件股份有限公司研发中心。

△ 南京中华中等专业学校接受省高水平现代化职业学校创建、省高水平示范性实训基地建设专家组现场视导评估。副区长余清参加视导。

△ 台湾新北市中和区里长联谊会代表团一行到该区参观考察。副区长江磊参加考察。

6-8日,由工业和信息化部、省政府联合举办的世界智能制造大会在南京开幕,该区华为、中兴等6家世界500强企业参展。区、软件谷领导黄河、李世峰、谢祖国、等出席大会。

8日,市政协主席沈健等一行6人走访高座寺。市民宗局党组书记李兰,区领导黄唯佳、艾长青、余清参加走访。

△ 世界智能制造大会软件谷专场活动"智能制造信息安全专题论坛"在南京国际博览中心举行。区、软件谷领导谢祖国、孙中华、黄敖齐出席论坛。

9日,2016年"创意雨花"文化产业创业大赛颁奖仪式在楚翘城会议中心举行。市委宣传部副部长潘谷平出席活动。

12日,徐州市贾汪区党政代表团一行到该区参观考察,实地考察中兴通讯南京研发中心和华为软件技术有限公司。区、软件谷领导黄河、谢祖国、孙中华参加考察。

13日,区委副书记、区长李世峰检查全区6家涉钢企业。区委常委、常务副区长孙中华参加检查。

△ 全国第三个南京大屠杀死难者国家公祭日。区领导谢山、郭幼佩、余清、于志珍和市民代表、中小学生代表参加位于花神庙丛葬

地的公祭活动。

△ 软件谷举办首期 TIC 科技创新专家诊断堂。

16 日，该区召开首批“攻坚之星”评选工作部署会。区委副书记袁传军，区委常委、组织部部长袁迅出席会议。

20 日，国家知识产权局及同济大学、中国社科院领导专家一行对软件谷国家级知识产权集群管理试点进行中期检查。对软件谷知识产权集群管理模式以及由此发展出来的基于生态系统理念的园区创新创业服务体系建设理念表示认同。

21 日，区委召开常委会议，听取研究区委十一届三次全体扩大会议、区人大十八届一次会议、区政协九届一次会议筹备情况等相关事项。区委书记黄河主持会议。

22 日，市人大代表视察全市粮食工作，实地察看南京粮食集团新港粮油批发市场和灵山粮食储备库。

△ 该区召开经济及考核形势分析会，分析研究全区当前主要经济指标完成情况并排定 2017 年重点经济指标计划。区、软件谷领导孙中华、江磊、黄敖齐出席会议。

23 日，由区文化局、团区委、区残联联合主办的“无声光影”聋人公益巡回影展暨“润细无声”文化青年助残志愿服务项目展示活动在极客站创梦空间开幕。团市委副书记王慧、副区长余清出席开幕式。

26 日，江苏省普通高中课程基地学科联盟学校(文化类)研讨活动在雨花台中学举行。

27 日，建邺区委书记张俊一行 200 余人参观考察软件谷，实地察看南京软件产业博览馆、中兴通讯南京研发中心和华为软件技术有限公司。区、软件谷领导黄河、谢祖国、卞艳艳、彭金斌参加考察。

△ 区委书记黄河录制南京电视台《民声》栏目《贯彻省市党代会精神》特别节目，主题为《雨花台区：深化科技创新 走出富民新路》。

28 日，区委召开十一届三次全体扩大会议。区委书记黄河主持会议并作题为《打好攻坚战 建设新雨花 为高水平全面建成小康社会而努力奋斗》工作报告。

附录

雨花年鉴

2017 YUHUA ALMANAC

2017 YUHUA ALMANAC

Appendix

文件选编

中共雨花台区委　雨花台区人民政府 关于推进供给侧结构性改革的意见

雨委发〔2016〕33号

（2016年6月23日）

贯彻落实中央、省委省政府和市委市政府关于推进供给侧结构性改革的部署，是“十三五”时期我区全面深化改革的重点任务，迈上新台阶、实现“强富美高”，建设自主、专业、科学、理性新雨花的必然要求。为确保我区在建设“强富美高”新南京中走在前列、争当排头兵，现就推进我区供给侧结构性改革提出以下意见。

一、指导思想

全面贯彻党的十八大和十八届三中、四中、五中全会以及中央经济工作会议精神，深入贯彻落实习近平总书记系列重要讲话特别是视察江苏重要讲话精神，牢固树立和贯彻落实创新、协调、绿色、开放、共享的发展理念，主动适应和引领经济发展新常态，紧紧围绕市委市政府关于推进供给侧改革的意见，聚焦软件谷开发建设、“两桥”地区更新改造，以及民生社会事业改革提升工程，在适度扩大总需求和调整需求结构的同时，大力推进去产能、去库存、去杠杆、降成本、补短板各项工作，坚定不移、心无旁骛地在国际国内一流园区比照中，加快中国(南京)软件谷建设，努力把软件谷打造成为南京国际软件名城的核心区、标志区。

二、基本原则

1.坚持供给侧改革和需求侧管理相结合。把破解供给与需求不匹配、不协调和不平衡问题作为出发点和落脚点，着眼于保持中高速增长和迈向中高端水平，在适度扩大总需求的同时，从供给侧发力，以科技创新、结构升级和制度优化全面提升供给水平，从生产领域扩大有效供给，加强中高端产品和优质服务供给，减少无效供给，进一步创新有效供给，带动需求扩展，以释放有效需求倒逼供给升级，增强供给结构对需求变化的适应性和灵活性。

2.坚持创新发展与改造提升相结合。把创新驱动发展战略作为推进供给侧结构性改革的关键支撑，增加创新资源和技术、设备供给，积极营造有利于大众创业、万众创新的良好市场环境，加快技术、产品、业态、商业模式的创新，加快培育发展新产业，不断增强持续增长动力。通过技术改造等手段激活存量资产，增强现有产业和企业发展动力，加快淘汰落后产能，积极化解过剩产能，有序推进产业转移和国际产能合作。

3.坚持市场主导和政府引导相结合。充分发挥市场在资源配置中的决定性作用，强化企业的市场主体地位和主体责任,实现优胜劣汰和市场出清,提高要素配置效率和有效性。更好发挥政府作用,将完善制度供给作为推进供给侧结构性改革的核心,加大重点领域和关键环节的改革攻坚力度,调整各类扭曲的政策和制度安排,市场准入更加开放公平,创新活力充分迸发。

4.坚持统筹部署与精准施策相结合。加强系统谋划和总体设计,立足当前,着眼长远,找准影响要素配置效率的突出问题,以精准识别引导精准施策,量化任务,细化措施,提高政策措施的针对性和有效性。把握好工作节奏和政策配合,重视补短板兜底线,防范引发社会风险,确保各项工作稳妥有序推进。

三、主要目标

坚持分类指导、分步实施、统筹推进,经过3年努力,供给侧结构性改革取得重要进展,全社会创新能力稳步提高,战略性新兴产业和现代服务业加快发展,新技术、新产业、新业态、新模式不断成长,新的经济增长动能持续壮大;落实"五大任务"工作取得明显成效,过剩产能和房地产库存有效化解,各类市场风险总体可控,企业生产经营成本和盈利能力回归合理水平,公共产品和公共服务供给能力不断增强,与供给侧结构性改革相适应的政策体系进一步健全。再经过2年努力,到"十三五"末,重点领域和关键环节改革取得实质性进展,供给结构对需求变化的适应性和灵活性显著提高,形成多层次、高质量、高效率的供给体系,实现由低水平供需平衡向高水平供需平衡的跃升。

——去产能。围绕去产能、促转型、降能耗目标,重点推进梅钢片区规划、省级搬迁改造试点申报、中小工业企业关停等七个方面重点任务。到2020年,全面完成"十三五"压减产能目标,梅山片区环境整治和布局调整取得初步成效,退出钢铁(轧钢)产能200万吨,压减粗钢产量150万吨,压减水泥产能105万吨,产能利用率达到合理水平,传统行业退出一批低端低效产能,产业转移和国际产能合作取得更大进展,产业竞争力明显增强。

——去库存。严格落实市支持合理住房需求、优化库存结构、稳定房地产市场的各项措施,加快建立健全多层次、宽覆盖、多功能的住房保障和供应体系,加快棚户区改造,满足不同层次居民的住房需求。到2020年底,房地产市场运行效率效能显著提升,基本建立符合市场规律、购租并举的住房体系。

——去杠杆。进一步完善政府性债务管理体系,扎实推进地方政府债务置换和债券发行工作,有效压缩和控制政府性债务规模,积极防范系统性金融风险。主动稳妥降低企业部门杠杆率水平,符合置换条件的政府存量债务全部置换为政府债券。到2018年,非金融企业直接融资占社会融资增量的比重达到30%,全区在境内外多层次资本市场挂牌上市企业达到50家。到2020年底,各类法人金融业企业资本状况符合相关监管政策要求,有效防范各类金融风险,切实维护地方金融稳定。

——降成本。深入推进营改增、简政放权、商事制度等重点领域改革,鼓励担保机构减低担保费率,有效降低企业成本负担。到2018年底,企业税费负担、融资成本和制度性交易成本进一步下降,确保所有行业税负只减不增,其中2016年重点落实好有关减税政策,完成为全区实体经济企业直接减免税负和降低其它各类成本的目标。到2020年底,企业生产经营环境明显改善,发展活力和盈利水平进一步提升,与减轻企业成本负担相适应的政策体系及长效机制更加健全。

——补短板。坚持政府、市场和社会协同发力,紧扣全区"两件大事"和五项民生社会事业改革发展提升工程,加快基础设施建设,完善民生保障服务体系,着力加强生态环境保护,进一步增强发展的协调性和全面性。到2020年,城市规划品位、建设水平、服务功能、承载能力大幅提升,软件谷配套能力显著提升,南站枢纽功能明显增强,"两桥"改造基本完成,生态环境质量明显改善。

四、重点任务

按照中央和省市的部署和要求,围绕结构性改革"五大任务",立足当前、着眼长远,着力推进结构性改革与经济转型,狠抓关键环节,强化政策配套,促进供给与需求有效对接、产业升级与需求升级协调互动,不断提高供给体系质量,加快形成有利于效率提升、可持续发展的长效机制。

(一)大力发展创新型、服务型经济,着力放大新动能

按照市委、市政府部署和要求,以软件谷为龙头,坚定不移地把软件和互联网新兴产业作为第一产业,作为加快雨花转型升级的战略重点和主攻方向,大力发展创新型经济、服务型经济、枢纽型经济、开放型经济、生态型经济,不断优化产业结构和布局,壮大民营经济发展规模,提升自主创新能力和对外开放水平,推动全区经济发展迈上新台阶。

1.实现软件(互联网)产业升级发展。围绕"做强特色产业、夯实产业基础,进一步提升软件和信息服务业(互联网)产业发展能级。以规划面积70平方公里的软件谷为载体,做大优势产业、扩大产业规模;加大本土软件企业扶持力度,探索"政府引导、企业跟进、优势互补、良性互动"的本土企业发展道路。以企业管理现代化、项目运作市场化、资产运营专业化为目标,提升软件谷公司化运作水平。强化招商引资力度,力争"十三五"期间新落户全球软件500强、国内百强、国内外涉软上市挂牌企业数10家。到2020年,软件和信息服务业销售收入达到4000亿元,软件产业面积达到900万平方米,涉软企业总数达到2500家,培育年销售收入过亿元企业超过80家,国家规划布局重点软件企业、上市或挂牌企业、计算机系统集成一级资质企业数量大幅提升,建成"中国软件产业第一基地"。

2.推动商务商贸服务业快速崛起。顺应消费升级规律,加快会商旅文体联动发展,大力培育服务消费、信息消费、绿色消费、时尚消费、品质消费等消费新热点、消费新模式。加快发展总部经济、现代金融、知识产权服务等高端商务业,加快布局商贸综合体、专业市场,提升商务商贸业发展层级,完善载体、平台建设,打造一个市级中心(南站高铁枢纽经济区),三个区级中心。三个区级中心包括:"两桥"新中心、安德门地区中心、莲花湖商业中心,从而形成市级、区级、社区三级商务商贸中心体系。到2020年,全区社会消费品零售总额突破500亿元,商务商贸设施总面积累计达到800万平方米。稳步推进二次招商服务工作,吸引国内外大企业以及在行业中处于领先地位的省内外民营企业总部入驻,到2020年,南站高铁枢纽经济区发展成为南京新商业中心,成为重要的枢纽型商务中心和总部经济发展基地。

3.深入实施创新驱动战略。抓住用好苏南国家自主创新示范区建设和科技体制综合改

革试点等重大机遇，发挥企业创新的主体作用，大力推进大众创业、万众创新，促进创新型经济加快发展。深化科技体制机制创新，优化科技创新载体布局。坚持以本土软件人才为基础，着力培育一批研发实力雄厚、技术水平领先、具有国际影响力的软件人才和人才团队，鼓励支持其科技成果转化和创办企业。大力支持润和、诚迈、邦宁等一批本土高成长性软件企业到国内设立研发中心或上市，或参与国际标准制定。到 2020 年，创新型城区建设取得重要进展，创新驱动发展的体制机制基本建立，自主创新能力显著增强，创新成为经济发展的主引擎，主要创新指标力争达到创新型国家和地区中等以上水平，研发经费支出占 GDP 比重提高到 3.7%。形成较为完备的科技创新公共服务体系，形成一批拥有自主知识产权，占领核心技术和技术标准高地的科技型大企业大集团，高新技术企业、创新型企业数达到 150 家。

4.大力增强开放发展动能。加快构建全方位开放新格局，全面营造市场化、法治化、国际化营商环境，提升开放型经济规模和质量。发挥出口对增长的促进作用，增强对外投资和扩大出口结合度，积极、有序、安全开展对外投资合作，引导有实力的企业和个人到海外整合和延伸产业链，提高华为、中兴等大型企业在全球范围内配置要素资源的能力。加强企业品牌建设，鼓励软件骨干企业通过国际 CMM/CMMI 以及 ISO9000、ITSS 等认证。“十三五”期间，合计实现外贸出口总额 100 亿美元以上。建立利用外资科学评价体系，着力提高利用外资水平，支持外资研发机构实施或参与实施科技计划项目、组建或参与组建产业技术创新战略联盟。拓展国际化招商领域，引导外资向高端商贸综合体、金融业、信息服务与信息消费业、生态旅游与健康养老业等高端商务商贸业投资。推进高铁枢纽经济区建设，健全枢纽功能、拓展枢纽空间，打造枢纽经济品牌，推动高铁枢纽型经济成为全区经济发展的重要动力和新增长点。推进雨花经济开发区创新发展、转型发展，实现雨花开发区“二次创业”，到 2020 年雨花经济开发区一、二期全面建成，启动三期建设。

5.加快特色小镇建设。认真研究对接南京市《关于优化全市区域功能定位和产业布局的意见》中关于特色小镇建设的有关政策，坚持产业化、信息化、城镇化“三化融合”，区域生态、环境、产业等方面的特色优势，合理布局生产、生活、生态等空间，着力打造“互联网+”创业小镇等一批行业领先、优势明显的特色小镇。以板桥生态园为载体，大力建设呼吸小镇。以软件谷科创城为平台，大力建设互联网小镇。以天隆寺、渤泥国王墓风景区为载体，大力建设历史文化小镇。以板桥市场群为载体，大力建设商集小镇。

(二)综合施策化解过剩产能，推动产业结构转型升级

做好“减法”，通过倒逼机制减少无效供给。坚持优化存量与引导增量并重，积极化解过剩产能，实现资源优化配置和市场出清。做好“加法”，通过转型升级增加有效供给，培育更多产业新增长点，切实推动产业转型升级，激发产业创新活力，加快我区产业结构向中高端迈进，着力构筑起具有国际竞争力的现代产业体系。

1.加快淘汰落后产能。实施严格的能源消费总量控制，优化能源消费结构，形成资源消耗低、环境污染少、资源利用高的经济社会发

展新格局。进一步深入研究梅钢及周边地区城市规划，形成符合我区实际，具有可操作性的控制性规划，并积极争取将梅钢及周边地区纳入省老工业区搬迁改造示范点。协助梅钢公司加快编制完成转型发展实施方案，加快产品结构和企业转型升级。加强结构减排，严格控制高耗能、高排放行业新增产能。加快全区“三高两低”、“两高一资” 企业关停并转步伐，全面实施燃煤企业脱硫脱硝工程，加大梅山钢铁及周边区域化工、冶金、建材等重点行业污染治理力度，全力推进工业企业实现全面达标排放，有效控制污染物排放总量。加快实施工业企业燃煤锅炉（窑炉）改造、余热余压利用、电机系统节能改造工程，提高能源利用效率。优先发展城市公共交通，鼓励使用清洁交通运输工具，大力推广先进高效绿色运输方式。“十三五”期间，单位工业增加值能耗等主要指标达标。

2.有序推动国际产能合作。落实《南京市推进国际产能和装备制造合作实施方案》，积极配合省级境外经贸合作区和产业集聚区建设，营造市场化、法治化、国际化营商环境，积极参与对接“一带一路”和长江经济带战略，提高雨花经济的国际化水平。拓展国际化招商领域和水平，引导外资向高端商贸综合体、金融业、信息服务与信息消费业、生态旅游与健康养老业等高端商务商贸业投资。积极支持企业扩大技术密集和服务密集产品出口，着力扩大先进技术、关键设备和重要零部件的进口。引导有实力的企业和个人到海外整合和延伸产业链，提高华为、中兴等大型企业在全球范围内配置要素资源的能力。加强与世界创新型国家和地区的全方位科技合作与交流，促进软件谷园区、企业与世界著名高科技园区、企业间建立稳定的合作关系。

3.加快构建现代产业体系。围绕南京市“四大名城”建设目标，突出把“五型经济”作为加快雨花转型升级的战略重点和主攻方向，以软件谷为龙头，坚定不移地把高端软件和新兴信息服务业（互联网）作为第一产业，大力发展创新型经济、服务型经济、枢纽型经济、开放型经济、生态型经济，不断优化产业结构和布局。重点布局发展四大产业，按照“一核心、一提升、两补充”的“1+1+2”（坚持以软件（互联网产业）为核心动力，着力提升高端商务商贸产业发展层级，使之成为支撑全区发展的战略引擎；加快发展文化创意和休闲旅游、电子商务和现代物流业产业）战略布局推进，为全区产业结构优化、经济转型升级提供战略支撑。按照二三产融合发展的思路，推进存量工业制造业转型升级，淡化产业边界、加快转型发展。到2020年，第三产业占地区生产总值比重提高到85%以上。

（三）着力化解供给结构失衡，促进房地产市场平稳健康发展

认真贯彻中央关于深化住房制度改革的决策部署，全面落实市委市政府要求，坚持“密切监测、精准施策、综合协调、确保长效”的工作原则，保持区域结构、业态结构、供需结构的均衡发展，有效防控市场风险，统筹实施去库存、促发展的房地产市场供给侧结构性改革。

1.分类施策做好去库存工作。认真对接国家、省、市去库存政策，充分发挥户籍、财税、信贷、公积金等政策效应，合理引导需求流向，鼓励刚性和改善性住房需求，遏制投机性住房需求。开展商办存量的系统性调查，在符合规划的前提下，经市政府批准，结合实际，可通过调整土地用途、规划条件，引导未开发商办用地

转型利用，用于国家支持的战略性新兴产业、养老产业、文化产业、体育产业等项目的开发建设，促进其他产业投资。

2.有效遏制房价过快上涨势头。采取更加有力措施，有效增加土地和中小户型住房供应。对保障性安居工程用地实行应保尽保、优先安排。切实加强房地产市场联动监管，规范房地产市场秩序，推进房地产市场诚信体系建设，建立健全开发企业市场交易行为的信用评价系统和失信惩戒机制。以价格行为、交易行为监管为重点，严厉打击房地产开发经营过程中的虚假广告、霸王合同、捂盘惜售等违规行为，及时公开曝光典型案例，净化房地产市场环境，保护住房消费者合法权益。

3.建立购租并举的住房制度。以满足新市民住房需求为主要出发点，做好房屋租赁社会化管理工作。大力发展住房租赁市场，培育和发展专业化、规模化租赁企业，支持房地产企业将闲置商品房转售为租。针对出现阶段性空置的商办用房，结合产业发展需求，探索 PPP 模式，发挥政府资源的示范带动作用，吸引企业进入，形成规模化租赁经营，满足现阶段使用需求。

4. 积极推进棚户区改造和保障性安居工程。构建以政府为主提供保障、以市场为主满足多层次需求的住房保障供应体系，加快保障性安居工程建设。结合住房保障体系转型、城市片区开发、新型城镇化建设，加大全区棚户区改造力度。以“两桥”地区、长虹路片区更新改造为突破，加快保障性安居工程建设，推进棚户区危旧房改造及小区整治，逐步实现整治改造工作区域全覆盖，“十三五”期间改造棚户区房屋面积 155.5 万平方米，新建保障性住房项目 84 万平方米。加强已建保障房小区配套设施建设及长效管理体系构建，科学设置和动态调整住房保障准入标准，建立年度审核、定期检查和举报查处机制和退出机制，加大信息公开力度，提升住房保障公信力。打通存量商品房与棚户区改造、拆迁安置之间的转换通道，提高棚改货币化安置比例，使更多群众享受住房改革红利。

（四）多措并举“去杠杆”，防范化解金融风险

将去杠杆与发展直接融资、建立地方政府债务管理新机制等改革举措紧密结合起来，妥善应对处置政府债务、金融、房地产等领域风险，继续做好地方政府存量债务置换工作，合理控制政府债务规模，降低债务成本，坚决守住不发生区域性系统性金融风险的底线。

1.提升股权融资比重。加快上市企业梯队建设，鼓励企业在境内外资本市场上市融资。支持科技创新企业在全国中小企业股份转让系统挂牌，支持中小企业在江苏股权交易中心、南京联合产权（科技）交易所等区域交易市场挂牌交易。健全资本支撑体系，采取直接融资与间接融资相结合的方式，加强与银行机构、证券机构的合作交流，吸引境外股权投资机构和资金进驻。探索建立各类产业发展基金，研究建立政府国资参股或控股的高科技风险投资基金，鼓励企业和科研机构联合组建股份风险投资公司，为中小企业提供技术创新资金和担保资金。

2.改善企业资产负债结构。主动争取国家开发银行政策性优惠贷款，积极稳妥申报发行债券，进一步扩大企业债券、公司债券和银行间市场债务融资工具发行规模，充分利用各类直接债务融资创新产品和工具。支持金融机构、企业开展资产证券化业务。鼓励发展金融租赁和融资租赁，提高融资租赁市场渗透率。

对资金周转出现暂时困难但仍具备清偿能力和市场竞争力的大中型企业,支持通过调整贷款期限、还款方式等贷款重组措施缓解企业债务压力。

3.优化金融资源配置。落实差别化金融政策,控制高杠杆率企业授信,提升对战略性新兴产业、现代服务业、高新技术企业、传统企业技术改造以及企业兼并重组、向外转移产能的金融服务水平。引导金融机构创新贷款方式,调整信贷资金投向,优化信贷资金配置结构。强化产业集群与各类金融机构对接,建立以政府资金投入为引导,社会、企业投资为主体,市场化运作的多层次、多元化的投融资体系,促进企业根据自身条件选择融资渠道、优化融资结构,提高实体经济特别是小微企业的信贷可获得性,进一步加大金融对实体经济的支持力度。

4.规范政府债务管理。完善债务风险预警机制,严格执行政府债务余额限额制度,强化政府债务预算管理。按时完成存量债务置换工作,缓解政府存量债务偿还压力。推动谷发展公司、"两桥"等融资平台公司改革转型与市场化运作,强化"企业化、市场化、专业化"运作,进一步完善"财政注资、运作项目、形成资产、覆盖贷款、良性循环"运作模式,广泛吸纳民营资本、社会力量参与园区开发建设。广泛吸收社会资本,鼓励运用PPP模式改造政府存量债务项目。

5.落实风险防范化解责任。落实属地管理责任和监管部门责任。加强对各类债务风险的监测预警,完善企业风险监控体系并实施动态、分类管理,改进法人金融机构及业务杠杆管理,重点做好部分大型企业资金链、企业互保联保等风险防范化解工作,增强地方政府防范化解债务风险能力。引导社会资本参与不良资产处置,积极拓宽不良资产处置渠道,加快不良贷款核销处置进度。防范打击非法集资等各类违法违规金融活动。

6.加强诚信体系建设。加快征信体系建设,完善诚信红黑名单发布制度,改善发展环境。按照市要求建立诚实守信市场主体和个人"红名单"评定与定期发布制度,对诚实守信者实行"绿色通道"。建立各行业主体信用分类分级管理和"黑名单"公开公示制度,全面推动行政监管性惩戒、市场性惩戒、行业性惩戒和社会性惩戒,主动释放信用违约风险,依法处置信用违约。

(五)打好"降成本"组合拳,增强企业竞争力

落实中央和省市资源性产品价格改革部署,以降低企业生产要素成本为重点,提高资源配置效率,多措并举帮助企业降低成本,优化实体企业生产经营环境,切实开展"降低实体经济企业成本行动"。

1.着力降低制度性交易成本。深化行政管理体制改革,深入推进"放、管、服"改革,进一步优化审批流程、提高审批效率。建立健全行政审批监管长效机制,加快形成权界清晰、分工合理、权责一致、运转高效、法治保障的地方政府机构职能体系。全力培育风投、创投等资本市场,积极举办国际型的专业论坛、培训、会展等,进一步畅通企业、行业、科技、金融市场等各方面的交流渠道,切实增强区域的创业创新活力和生命力。

2.切实减轻企业税费负担。按照国家、省市部署,将"营改增"试点范围扩展至建筑业、房地产业、金融业和生活性服务业。对符合相关规定的企业,在一定期限内实行税费缓收政策,帮助企业渡过难关。积极落实引进技术设

备免征关税、重大技术装备进口关键原材料和零部件免征进口关税和进口环节增值税、企业购置固定资产抵扣增值税、固定资产加速折旧等优惠政策。暂停征收防洪保安资金。取消网络计量检测费、油储存品质鉴定检验费等行政事业性收费。进一步清理和规范城市市政公用设施等政府定价管理的经营服务性收费项目。切实落实小微企业税收优惠政策。对按月纳税的月销售额或营业额不超过 10 万元（按季纳税的月销售额或营业额不超过 30 万元）的缴纳义务人免征教育费附加、地方教育附加、水利建设基金。对个人一次性缴纳非货币资产投资所得个人所得税有困难的，可合理确定分期缴纳计划并报主管地方税务机关备案后，分 5 年缴纳。

3.进一步降低用能、用地成本。从 2016 年起一般工商业及其它用电类别价格下调 3.12 分/千瓦时，扩大电力用户与发电企业直接交易规模。执行有保有控的产业用地政策，重点保障年度重大产业项目中的软件（互联网产业）等现代服务业等产业项目用地。将低效产业用地通过政府主导再开发、市场主体实施再开发、综合整治提升改造等多种方式进行再开发利用，提高土地利用效率，降低企业用地成本。

4.有效降低企业融资成本。鼓励金融机构为小微企业及棚户区改造领域提供更多资金供给和优惠利率支持。积极构建科技信贷风险补偿机制，支持金融机构加大对科技型中小企业的信贷投放。支持金融机构在有效管控风险的前提下，落实好无还本续贷、循环贷款等小微企业流动资金贷款还款方式创新，降低小微企业“过桥”融资成本。大力发展直接融资，引导企业更多从资本市场募集资金。继续探索“股权换租金”等园企合作模式，从供给侧发力降低企业用人成本。

5.合理降低企业用工成本。在继续实施现有降低失业、工伤、生育保险费率基础上，2016–2018 年企业缴纳的失业保险费比例再降低 0.5 个百分点，按 1%缴纳。对经认定的困难企业允许缓缴除基本医疗保险费之外的社会保险费，缓缴期最长可达 6 个月。加大对企业职工培训的补贴力度。

（六）聚焦率先基本实现现代化，补齐软硬基础设施短板

针对我区在民生、生态和消费等关键环节的短板，定向精准扩大有效投入，启动实施基础设施、民生保障、公共服务、脱贫攻坚、低碳生态等“补短板专项工程”，进一步增强发展的全面性、协调性。鼓励社会资本投向城市基础设施、文化产业、医疗服务、生态环境保护等领域。

1.全面拉开“两桥”改造框架。以建设“智慧两桥”为目标，充分依托河西新城、南部新城和主城的优势，发挥衔接雨花南北两端的枢纽作用，突出科学规划、集约发展，加快推进“两桥”城市更新步伐，融入南京主城区及河西–南站区域发展轴，把“两桥”地区重塑成该片区综合服务新中心、软件谷的产业服务中心以及生态低碳的宜居新城区。坚持高起点规划引领，形成“一带三轴、一核三心”的空间布局结构。坚持整体改造，分片实施，滚动推进，科学有序推动“两桥”片区改造工作。通过基础设施完善、生态景观提升、产业融合发展、公共设施配套，不断推进旧城更新改造，全面实现城市功能的升级。到 2020 年，主要建设框架全部拉开，核心区与重要节点全部建设，完成投资总额 200 亿元，新增建筑面积 120 万平方米，并布局城市改造覆盖大板桥和梅山地区。

2.加快推进城市交通体系建设。着力推进符合雨花发展实际需求的互联互通交通基础设施建设,推进与中心城区、河西板块间的城市公共交通建设,通过205国道南、北段和机场二通道辅导连接线等快速路的拓宽延伸,推动“绕城”“绕越”等公路体系完善。强化片区交通联系,增加路网密度,完善干道体系、增加支路建设,重点建设滨江大道、中兴路、龙翔路以及凤汇大道、管道路等道路,加快形成“五纵八横”的道路框架,提升道路畅通度。实行“公交优先”战略,优化调整公交线网,推进公共自行车全覆盖,积极发展定制公交、微循环公交、社区接驳公交等特色公共交通服务。

3.加快完善市政公用基础设施。优化公共服务、市政设施布局,高标准、高起点规划建设智能化基础设施,加快水、电、气等基础设施改造步伐,实现现代化的城市基础设施全覆盖。推动“智慧雨花”基础设施建设,进一步完善数字城管建设,实现市、区、街三级综合联动指挥,加大通讯网络、信息基础设施和信息高速网络建设投入力度,实施“无线软件谷”计划。启动推进数字化地下管线信息系统建设。推进城市老小区、道路光纤化改造,提升宽带网络入户速率和农村光纤覆盖率。以现有雨污分流系统为基础,探索实施综合管廊化改造方案。在“两桥”地区、新建主要道路试点实施地下管线管廊化改造,并逐步推广、分步实施。加快网络化、智能化的数据库建设,整合城市管理、社会治安、环境监管、防汛救灾、应急指挥等行政职能,建成跨部门、跨区域、信息资源共享的政务体系。

4.全面提升民生保障和公共服务水平。按照区委区政府民生事业五大提升工程部署,坚持教育优先发展,大力发展优质普惠学前教育,加快发展优质均衡义务教育,创新发展职业教育,推进集团化办学。重点完成雨花台区实验小学(东、西校区)、小行小学、宁南规划小学、古雄小学、中华中等专业学校、板桥中学三期等建设和扩建工程,加快推进软件谷小学、铁心桥马家店片区规划中小学和北部片区规划中学等建设工程。完善城乡一体的公共就业创业服务网络,推进基层公共就业服务内容项目化、目录化和标准化。实施全民参保计划,发展企业年金和商业养老、健康保险,提升人力资源社会保障公共服务标准化、信息化水平。深化医药卫生体制改革,全面实施“院府合作”,加快区域医疗联合体建设,促进卫生事业改革发展提升,努力打造健康服务强区。建成3–4个市级重点专科,3–5年内将雨花医院创建成为二级甲等医院。在社区卫生服务中心建成1–2个省级特色专科、8–10个市级特色专科,满足居民更高层次医疗服务需求。扎实做好全省“三个一”工程试点工作,全面探索实施“医养融合”。完成2个社区卫生服务中心建设,规划建设5–7个社区卫生服务精品站;同步推进公共卫生中心、区妇幼保健所改扩建规划、建设工作。持续推进“智慧医疗”项目,逐步达到“推进分级诊疗、方便就诊看病、降低医疗费用、实现健康管理”的总目标。加快推进新形势下养老服务体系建设,推动医疗卫生和养老服务相结合,打造“三大片区、一个中心”的机构养老总体布局,即建成1个以区社会福利院为依托的区域性养老服务中心,打造雨花、铁心、西善三大养老机构片区,逐步在全区开展老年人健康生活指导服务及老年康复、护理等服务,打造“医养融合”服务品牌。加快完善城乡一体的全民健身公共服务体系,完善区、街道(园区)、社区、晨晚练点四级公共体育健身服务网络，建成以区国民体质监测站为龙头、街道国民体质监测点为骨干的国民体质监测网络。合理规划布局城乡文化设施，统筹建设集多种功能于一体的基层综合性公共文化服务中心。建立与经济发展和财力状况相适应的基本公共服务财政支出增长机制，合理降低个人承担服务费用。加强社区综合服务中心建设，加强基层管理服务，扎实推进基层管理“六位一体”和社区“网格化”管理机制建设。

5.推进扶贫帮困专项工程。构建更加有效的群众利益保障体系，实现由“保障生存”向“保障发展”转型，着眼建档立卡低收入人口，积极帮助低保人口、有困难老年人，待就业大学毕业生等特殊群体解决特殊困难。强化社会救助托底功能，坚持低保、特困人员供养、临时救助等基本生活救助与医疗、教育、住房、就业等专项救助相结合，强化特殊群体服务，保障残疾人、困境儿童等特殊困难群体权益，积极发展体系健全、类型多样的社会救助和适度普惠的社会福利，落实特殊人群分类服务管理措施，建立健全政府、社会、家庭三位一体的社会关怀帮扶体系。创新社会救助管理运行机制，打造诸多功能于一体的综合性阳光大救助平台。着力提升转移性收入济困托底的功能，以低收入困难群体为主要对象，合理确定相对贫困人口规模和脱贫标准，做好扶贫开发金融服务，增强困难群体和经济薄弱地区居民的自我发展能力，帮助其实现增收。

6.健全生态经济发展机制。严守生态红线，落实生态空间管控与保护，确保生态红线区域总面积稳中有升。加快实施清水行动计划，全面落实“河长制”管理模式，加快推进黑臭河道整治，重点推进辖区内长江沿岸、秦淮新河、板桥河、南河等主要河流的水面、沿岸环境的整治，开展重点河道底泥疏浚、水质净化和生态护坡等环境综合整治，地表水水质达标率不低于省市考核目标要求。加快地下空间开发利用，统筹安排地下交通设施、地下公共服务设施、地下市政设施、人防工程等项目建设。加强环境应急机制建设、环境风险预测预警能力建设，完善突发环境应急体系和预案管理，建立各方参与、运转高效的应急联动机制。加快环境质量监测体系建设，构建完善的地表水、环境空气质量预警监测体系，加强降尘、工业烟粉尘、土壤等监测能力。强化重点领域节能减排，推动工业、交通、建筑等领域节能减排，引导并推行清洁生产，加快设备更新和技术进步，开展 ISO14000 环境管理体系、环境标志产品和其他绿色认证。

五、全面提升新的制度和政策供给水平

增强推进供给侧结构性改革的自觉性与坚定性，以经济转型和结构优化为关键，提高政府依法行政水平和工作效能，进一步解放和发展社会生产力。

（一）加大简政放权服务企业力度

按照南京市进一步简政放权、放管结合的要求，优化行政审批服务流程，深化重点领域投资项目审批改革，完善政府权力事项清单，逐步实现负面清单管理，激发市场活力，增加有效供给。创新监管方式，依法加强行政审批事中事后监管，强化信用监管，创新监管方式。创新政府服务方式，提供公开透明、高效便捷、公平可及的政务服务和公共服务。

（二）健全公平开放透明的市场机制

建立公平竞争审查制度，实现商品和要素自由流动、各类市场主体公平有序竞争。消除各种显性和隐性行政性垄断，制定保障各类市

场主体依法平等进入自然垄断、特许经营领域的具体办法。

(三)深化区属国有企业改革

分层分类、积极稳妥推进区属国有企业混合所有制改革，促进国有企业转换经营机制，提高国有资本配置和运行效率。支持具备实力的国有企业以公共服务、高新技术、生态环保、战略性产业为重点领域，通过投资入股、联合投资、重组等多种形式入股非国有企业。进一步落实国家和省、市非公有制经济发展政策，提高民间投资积极性，加快非公经济发展，探索实施混合所有制企业员工持股。

(四)完善土地政策和创新供给方式

优化新增建设用地结构，加快实施有利于新产业新业态发展和大众创业、万众创新的用地政策，重点保障新消费新投资发展需要的公共服务设施、交通基础设施、市政公用设施等用地，重点保障战略性新兴产业、生产性和生活性服务业、科研机构及科技企业孵化机构发展用地。优化存量建设用地结构，积极盘活低效利用建设用地。鼓励原用地企业利用存量房产和土地发展研发设计、创业孵化、节能环保、文化创意、健康养老等服务业。依法盘活农村建设用地存量，重点保障农村养老、文化及社区综合服务设施建设用地，合理规划现代农业设施建设用地。

(五)实施更积极的创新人才政策

积极落实国家“千人计划”、“万人计划”、省“双创”计划等重点人才工程。全面对接南京市打造三个“人才之城”和建好四支“人才新军”的战略部署，加强企业的自主创新能力建设，推动创新政策、创新资源、创新人才向企业集聚，打造以科技顶尖专家、创新型企业家和高层次创业人才为骨干的创新团队，支持一批青年大学生创业。把人才资源开发放在科技创新最优先的位置，完善和优化人才考核、准入退出、资金使用等机制，着力培养既通科技又懂市场的复合型创业创新人才。

六、强化组织保障

推进供给侧结构性改革是“十三五”发展的战略重点，供给侧结构性改革工作任务艰巨、影响深远、意义重大，要切实把思想和行动统一到区委区政府的决策部署上来，加强统筹协调，健全工作机制，完善政策配套，严格督促检查，努力形成齐抓共管、整体推进的工作格局。

(一)强化组织领导，形成压力。区委常委会、区政府常务会要经常性研究全区结构性改革重点重大事项，推动各项改革举措落到实处。区发改局(经信局)、区住建局、区金融工作领导小组办公室等作为牵头部门，对落实相关实施意见负总责，要建立健全推进供给侧结构性改革工作的网络化体系，加快研究并制定具体实施方案和配套措施。各有关参与单位要各司其职，主动配合牵头部门，主要领导总负责，分管领导具体抓的工作格局，明确时间表、路线图，推进和落实供给侧结构性改革各项任务。

(二)强化对接协调，形成特色。供给侧结构性改革涉及经济、社会、民生等方方面面，各部门一方面要做好向上对接，都要有专职领导、专门机构、专门人员负责对接工作，主动学习吃透文件精神，主动向上联系沟通；另一方面，要突出雨花主导产业发展、主要平台建设需要，从政策、资金、资源等方面予以保障，做到政策上倾斜、资金上集中、资源上集聚，确保雨花供给侧结构性改革取得实效。

(三)强化保障机制，形成合力。建立推进供给侧结构性改革的落实机制，加强对工作过程中遇到的突出问题和共性问题的研究，完善具体操作意见和对策措施。建立推进供给侧结构性改革的考核激励机制，实施改革项目领导责任制，将供给侧结构性改革工作纳入年度工作考核体系。建立推进供给侧结构性改革工作的监督机制，把供给侧结构性改革工作纳入专项督查体系，开展跟踪督查，确保供给侧结构性改革各项工作落到实处。

中共南京市雨花台区委员会　南京市雨花台区人民政府关于推进我区特色小镇建设的实施意见

雨委发〔2016〕51号

（2016年10月25日）

为加快推进我区特色小镇建设工作，根据市委、市政府《关于推进我市特色小镇建设的意见》精神，结合我区实际，提出如下实施意见：

一、主要目标

按照“创新、协调、绿色、开放、共享”发展理念和市“四个城市”和“五型经济”的决策部署，围绕“争当南京国际软件名城建设的排头兵、主阵地、核心区，打造高品质的城市化新区”的奋斗目标和“一核心、一提升、多补充”的产业定位，通过整合科创社区、重点产业园区、文化产业街区等存量资源，培育创建一批产业、文化、旅游和社区功能叠加的特色小镇，将特色小镇打造成为我区经济增长的新引擎、创业创新的新载体、产业转型的新平台、城市化建设的新动能。力争到2020年，力争建成4–5个市级特色小镇，建设一批区级特色小镇。

二、建设要求

（一）规划引领。要结合“十三五”国民经济和社会发展规划，高起点、高标准编制好特色小镇建设发展规划。特色小镇要充分利用现有园区平台和存量资源，规划区域面积一般控制在3平方公里左右，核心区域面积控制在1平方公里左右，文化创意、生态旅游类特色小镇可适度放宽。严格控制建设用地总规模，与城市总体规划、土地利用总体规划等有关法定规划做好衔接。

（二）产城融合。每个特色小镇只选择一个具有地域特色和比较优势的产业作为主攻方向，使之成为特色小镇未来发展的重要支柱。对新引进的重大项目优先布局到相同产业类型的特色小镇，强化特色小镇的产业特色。优化特色小镇空间布局，将特色小镇建设成为生态园林式的新型企业社区。鼓励有条件的特色小镇按照国家等级景区、度假区等相关标准打造和提升。

（三）投资强度。每个特色小镇要结合自身实际，认真谋划一批新的建设项目。3年内，区级特色小镇固定资产投资一般应达到20亿元，市级特色小镇固定资产投资一般应达到30亿元。金融、文创、科技创新、旅游等产业以及历史经典产业类特色小镇投资额可适当放宽。

（四）建设要求。特色小镇建设实行政府引导、企业主体、市场运作。每个特色小镇必须明确投资建设主体，吸引民营企业、社会资本参与建设。政府做好政策引导和服务保障，在规划建设、基础设施配套、资源要素整合、创业环境优化、文化内涵传承等方面更好发挥作用。

三、申报程序

（一）申报建设名单。各街道、园区自愿申报，制定特色小镇建设方案，明确四至范围、产业定位、投资主体、投资项目计划、用地规模、投入产出分析等。原则上每年申报一次，具体时间根据市通知要求确定。

（二）组织审核筛选。组织区相关部门和专家对各街道、园区申报的特色小镇建设方案进行初审，提出创建市、区特色小镇名单建议，并提交区特色小镇建设工作联席会议组织审核，筛选确定特色小镇建设名单。

（三）准备申报材料。新申报的特色小镇，根据市通知要求认真准备申报材料，2016年申报的特色小镇，要在9月15日前完成材料准备。

（四）制定实施计划。已确立的特色小镇，建设单位在每年11月底前向区领导小组办公室上报下一年度投资建设计划，明确项目名称、投资额度、建设规模内容、时间节点、进度要求、存在困难和管理责任人，经领导小组审议并综合平衡后，报区委区政府批准后公布实施。

四、推进机制

（一）落实推进责任。对照年度项目，严格落实项目管理主体责任制和领导包干推进机制，明确责任主体和时间节点，挂图作战，加快推进。

（二）及时破解难题。定期召开特色小镇项目建设分析会，把握推进节奏，总结工作得失。对于进展滞后和推进阻力大的项目，及时谋划方案，充分调动力量，确保各项工作有序推进。

（三）建立评估机制。建立信息交流和统计报送制度，定期通报特色小镇建设工作进展和形象进度情况，组织各建设主体现场观摩、交流成果、借鉴经验，积极营造比学赶超、争先进位的良好氛围。

（四）强化检查考核。制定特色小镇考核管理办法，对列入建设名单的特色小镇，实行季度通报情况、年度考核评估。对考核合格的特色小镇兑现相应扶持政策，连续两年未完成年度目标任务和未达到考核要求的区级特色小镇，实行退出机制，不再享受相关扶持政策。将特色小镇建设工作纳入全区经济和社会发展目标考评体系。市级特色小镇创建申报对象，原则上在区级特色小镇中择优产生。

五、保障举措

（一）加强组织领导。建立区特色小镇建设工作联席会议制度，由常务副区长担任召集人，区政府办分管副主任、区发改局局长担任副召集人，区相关单位责任人为成员。联席会议下设办公室，办公室设在区发改局，负责处理日常事务，及时协调解决问题。各街道、园区也应成立相应领导小组及办公室，切实增强对特色小镇培育建设工作的组织领导和统筹协调。

（二）加大宣传力度。各级各部门要统一认识，切实把特色小镇建设作为推动供给侧结构性改革、促进城乡统筹发展和新型城镇化的

重大举措来抓。要进一步加大舆论宣传力度，凝聚各方面力量，形成全社会关心、支持特

色小镇培育建设的良好氛围。同时，要及时总结特色小镇建设的经验做法和建设成果，不断提升特色小镇的影响力和知名度。

（三）强化用地保障。区政府每年从新增建设用地计划指标中安排建设用地指标支持“特色小镇”创建。按照“多规合一”的要求，结合城乡规划修编和土地利用总体规划调整完善，将特色小镇建设用地有序纳入城镇建设用地扩展边界。推进低效用地再开发，调剂出的规划用地指标优先用于特色小镇建设。鼓励特色小镇盘活存量建设用地，实施城镇低效用地再开发，促进土地集约高效利用，对转型升级项目优先安排土地指标。

（四）明确财政扶持。对列入区级建设名单的特色小镇，连续三年考核合格后，规划空间范围内新增财政收入上交区财政统筹部分（仅限主体税种），前三年全额返还、后两年返还一半（所在街道、园区）。各区级部门牵头管理的现有各类专项资金（有明确用途和性质等限制的除外）应优先向特色小镇倾斜。特色小镇规划范围内的产业及项目优先支持申报国家及省市各类专项资金。

关于印发《雨花台区违法建设专项治理实施方案（2016–2020年）》的通知

雨政发〔2016〕222号

（2016年11月18日）

为深入贯彻落实《中共江苏省委省政府关于进一步加强城市规划建设管理工作的实施意见》（苏委〔2016〕35号）和市委、市政府《关于进一步加强城市规划建设管理工作的实施意见》（宁委发〔2016〕53号）和《南京市违法建设专项治理实施方案（2016年–2020年）》（宁政发〔2016〕246号）等文件精神，增强城市规划实施的规范性和违法建设管控的严肃性，坚决遏制新增违法建设和全面清查处理违法建设，切实提升城市空间品质和保障公民合法权益。按照省政府和市政府工作部署，区委、区政府决定，结合环境综合整治工作，在全区行政区域范围内开展违法建设专项治理行动。现制定实施方案如下：

一、指导思想

全面贯彻落实中央、省、市有关城市工作的会议精神，深入贯彻习近平总书记系列重要讲话特别是视察江苏重要讲话精神，牢固树立创新、协调、绿色、开放、共享的发展理念，坚持规划刚性、统筹协调、以人为本、民生优先、分类实施、分步推进原则，进一步强化城乡规划的强制性，切实净化城市空间，提升城市精神，增强城市活力。

二、工作目标

结合我区违法建设管控实际情况，采取“属地管理、条块联动、统筹协调、创新方法、分类实施、分步推进”等方式方法，坚决遏制新增违法建设。用5年左右时间，全面清查并处理现有违法建设，改善城市人居环境，营造良好的生态、生活、生产空间。2016年完成违法建设底数普查登记和查处进度计划制定工作，并在完成年初确定的查处计划基础上，确保年内违法建设查处数量不低于普查登记总数量的10%。2017年至2019年每年违法建设查处数量不低于普查登记总数量的60%、85%和95%。对违法建设普查登记的菜单实行销账管理，一一对应，逐一落实。到2020年末，全面完成违法建设治理任务，并形成更为实用的违法建设防控网格责任体系和更为高效的防控违法建设长效治理机制。

三、工作原则

（一）坚决遏制新增违法建设。采取强有力措施，对在建违法建设“零容忍”，坚持发现一起、制止一起、查处一起。

（二）全面摸清违法建设底数。全面普查梳理存量违法建设总量，排查中发现属于违法建设的，应当对违建人和使用人、建设位置、建设面积和图纸、用途、执法查处等信息逐一造册。

（三）区分类型查处违法建设。严格按照《中华人民共和国城乡规划法》等法律法规、住建部《关于规范城乡规划行政处罚裁量权的指导意见》（建法〔2012〕99号）和城乡规划专业技术规范等文件要求，结合我区违法建设治理实际情况，进一步明确和细化违法建设性质和危害程度的认定标准，按照法律规定区分不同类型，实施分类查处，做到有法必依、违法必惩、执法必严。既要坚决杜绝不法得利和非法牟利，也要关注本区居住确实困难家庭的合法权益和老旧小区公共配套设施的现实需求，彰显社会正气，维护社会和谐稳定。

（四）限期完成违法建设治理。将违法建设治理与消除城市安全隐患相结合、与环境综合整治相结合、与规划实施管理相结合，制定违法建设治理的年度、季度、月度计划表和查处进度表，按计划逐项实施，逐一销账。

（五）建立违法建设长效管理机制。进一步完善政府相关部门协调配合、社会公众共同参与的违法建设治理工作机制，对违法建设实行联防群治，并健全城市管理网格化巡防体系，实施长效化管理，提升现代城市治理水平。

四、组织领导

区政府成立区违法建设专项治理领导小组。由分管副区长担任组长，区政府办、区住建局、区城管局、区法制办、区规划分局、软件谷规建局主要领导担任副组长。指挥部成员单位由区委宣传部、区住建局、区财政局、区城管局、区市场监管局、区环保局、区卫计局、区交通局、区水务局、区司法局、区法制办、区公安分局、区国土分局、区规划分局、区消防大队、软件谷规建局、各街道（园区）组成，负责全区违法建设治理工作的组织、指导、协调和监督。领导小组定期召开全区违法建设治理专项工作会议，总结分析全区违法建设治理工作进展情况，专题研究违法建设治理工作中的复杂疑难问题，部署阶段性工作任务，研究违法建设治理工作经费保障和考核奖励措施。

区违法建设专项治理领导小组下设办公室，办公地点设在区城管（行政执法）局，负责全区违法建设专项治理的指导、协调、督查、考核等日常工作。区城管局局长兼任办公室主任，区住建局、区城管局、区规划分局、软件谷规建局分管领导任办公室副主任。

各街道(园区)成立相应的违法建设专项治理领导小组。

五、责任分工

区城市治理委员会办公室、违法建设专项治理领导小组办公室:负责加强对全区违法建设治理工作的组织领导,对全区违法建设治理工作的检查、考核、督办;制定年度违法建设治理工作计划,明确阶段性重点治理目标,组织推进违法建设治理实施部门和各街道(园区)的违法建设治理工作;定期召开违法建设治理工作例会,总结和部署阶段性违法建设治理工作,分析研究违法建设治理工作中的疑难问题;协调重大拆违行动,必要时会同街道(园区)进行风险评估;及时上报相关信息数据等资料。

区委宣传部:负责扎口集中整治的宣传工作,负责宣传工作的统筹协调,制定违法建设治理工作宣传方案,把握宣传导向,为违法建设治理工作营造良好的舆论氛围。区文化局(有线电视台)协助做好有关宣传活动。

区住建局:负责配合其他部门对违法建设进行依法查处,对从事违法建设的建设、施工、设计、监理等单位进行警示教育,对承担违法建设工程的建设单位和施工单位实行行政处罚,将建设单位的违法建设行为纳入信用不良记录并依法公示;对是否改变房屋载重墙体结构等违反《南京市房屋安全管理条例》行为认定和查处。指导物业服务企业依法履行违法建设行为劝阻、制止和报告职责,对物业服务企业制止违法建设不力,影响小区环境的,取消其参加评选物业管理优秀、示范住宅小区的资格,并根据有关规定对其征集不良信用记录。

区财政局:按规定及时拨付违法建设治理工作经费。

区城市管理(行政执法)局:负责对违反城乡规划管理法律法规规定,未取得建设工程规划许可证(含临时建设工程规划许可证)或未按照建设工程规划许可要求进行建设、建设工程规划许可证失效或临时建设工程规划许可失效违法建设等行为的查处。

区市场监管局、区环保局、区卫计局:对违法建设用于生产经营等活动的,不予办理许可,已办理的责令限期整改;无照的,依法查处。

区交通局:负责对占用公路的违建进行查处。

区水务局:负责对侵占堤坝的违建进行查处。

区司法局:负责加强法制宣传,做好违法建设治理中矛盾纠纷的人民调解工作。

区法制办:负责加强行政执法监督,协调行政执法部门之间执法管辖不明或者有争议的事项,妥善处理涉及违法建设治理的相关行政复议案件。

区公安分局:负责保障行政执法人员执行公务行为,依法查处阻碍公务、破坏查封现场等违法行为;构成犯罪的,追究其刑事责任。负责对擅自占用或损毁公私财物等违反治安管理法律法规规定的违法行为进行查处。根据相关部门的通报,对将违法建设作为居住场所的,不予办理居住证件。

区国土分局:负责对违反《中华人民共和国土地管理法》,占用、破坏耕地的土地违法行为进行查处。造成严重后果的,依法移送追究相关人员党纪政纪责任;涉嫌犯罪的,依法移送追究刑事责任。

区规划分局和软件谷规建局:负责对违法建设及其对城乡规划影响程度的认定,以及对经批准获得规划许可的建设工程的许可实施情况进行检查。

区消防大队：负责对存有消防隐患违法建设的查处。依照《中华人民共和国消防法》和《建设施工现场消防安全技术规范》，加强对建设工程消防安全监督管理，对未依法取得建设工程规划许可或违反规划许可的建设工程，抄告城市管理行政执法部门；对依法取得建设工程规划许可的建设工程，存在消防安全违法行为的，依照《中华人民共和国消防法》予以查处。

街道(园区)：负责具体组织实施辖区内的违法建设治理工作，建立网格化巡防机制，加强日常巡查和快速处置。

供水、供电、供气等企业：负责在受理用水、用电、用气报装申请时，对城乡规划、城市管理行政执法等部门确认的违法建设，应当不予办理。

各有关职能部门要细化方案、硬化指标、强化责任，所有职能、职责范围内的事宜，全部一包到底，围绕责任分工和目标任务，把违法建设治理工作做好。

六、治理步骤

违法建设专项治理工作要在全面普查登记和系统梳理的基础上，按照"整体出新、统筹兼顾"的方法和"六先六后"(先新增后存量，先遗漏后历史，先单位后个人，先党员干部后居民群众，先经营型、舒适型后困难应急型，先自拆助拆后强拆)的原则有序推进。

第一阶段，排查登记阶段(2016 年 9 月—12 月)。各街道(园区)要在 2014 年普查登记的基础上，迅速组织开展违法建设的排查补漏、复查复核、分类梳理工作。2016 年 12 月完成普查登记工作，并于 2016 年 12 月 31 日前将电子数据和纸质台账加盖本单位行政印章后报区违法建设治理领导小组办公室。排查登记工作要做到全面排查、按户建档、一户一图、不留死角。排查登记完成后，由区城管部门对档案信息进行电子录入，实施动态管理，强化对违法建设的源头管控。各街道(园区)要结合环境综合整治三年行动计划和城市精细化管理实施意见要求，制定违法建设治理方案，制定各项政策和预案，明确具体的查处时间和进度。

第二阶段，实施阶段(2017 年 1 月—2019 年 12 月)。区城管局每月 10 日前向市城管局报送本区上月查处情况和进度，首次上报时间为 2016 年 9 月 10 日。各街道(园区)应于每月 5 日前向区城管局（区违法建设专项治理领导小组办公室）报送本辖区上月查处情况和进度，首次上报时间为 2016 年 9 月 5 日，首次报送数据可不包含查处进度。区城管局(区违法建设专项治理领导小组办公室)每月对各街道(园区)违法建设治理情况进行督查督办，并将督查督办情况适时予以通报。

第三阶段，巩固、深化阶段(2020 年 1 月—2020 年 12 月)。2020 年底前，通过专项治理工作，查找现行违法建设长效防控机制的短板，并加以完善，形成更为实用的违法建设防控网格责任体系和更为高效的防控违法建设长效治理机制。

七、工作要求

(一)切实落实领导负责制度。各级行政机关要高度重视，主要领导是违法建设管控工作第一责任人，分管领导是直接负责人。行政机关、直属单位、国有企事业单位自建违法建设的，由自建单位领导承担责任。各街道(园区)应当履行管控职责而不履行或者不作为，致使违法建设发生的，由属地领导承担责任。违法建设监管单位应当实施巡查发现、当场制止、责令拆除、强制拆除等措施而不实施或者拖延实施的，由部门领导承担责任。

（二）切实落实网格巡查制度。落实区、街道（园区）、社区（居委会、村委会）三级巡查机制，及时发现、制止、处置违法建设行为。社区（居委会、村委会）负责辖区内村庄、小区、企业、公共场所各类建设活动巡查，发现违法建设行为立即制止并及时上报。街道（园区）负责对社区（居委会、村委会）巡查工作进行监督，落实辖区内网格化巡查制度，明确责任人及其工作职责并上墙公示，发现违法建设行为立即告知城管派驻机构查处。区城管部门负责违法建设上报信息登记汇总，指导监督街道（园区）违建管控工作，向街道（园区）派驻执法中队，查处违法建设行为。区各相关职能部门按照分工履行违法建设查处职责。

（三）切实落实综合治理制度。相关职能部门结合各自职责，齐心协力，严格按照《中华人民共和国城乡规划法》、《中华人民共和国土地管理法》、《中华人民共和国消防法》、《中华人民共和国防洪法》、《中华人民共和国公路法》、《中华人民共和国治安管理处罚法》、《中华人民共和国物业管理条例》、《中华人民共和国居住证暂行条例》、《建筑工程施工许可管理办法》以及《南京市城市治理条例》、《南京市城乡规划条例》等法律法规的规定，对违法建设以及与违法建设行为相关联的行为进行联防群治，对违法建设实行“一处违法、处处受限”的管控机制，并将违法建设信息纳入相关信息系统，告知相关部门和社会征信部门，并依法向社会公开。

（四）切实加强纪律监督制度。根据《城乡规划违法违纪行为处分办法》（监察部、人社部、住建部联合发布，住建部令第 29 号）、《南京市党员和国家工作人员违反拆违和拆迁管理规定行为责任追究暂行办法》（宁委办发〔2010〕41 号）和《南京市动迁拆违治乱整破暨环境综合整治重点任务干部考核工作的实施意见（试行）》（宁委办发〔2012〕56 号）等规定，对重大拆违项目实施督办，对拆违控违不力的相关责任人进行问责。

（五）切实落实公众参与制度。畅通举报渠道，完善违法建设行为受理流程。依托区城市网格化综合管理平台，并对接“12345”、“12319”等热线，实时将各类受理案件录入违法建设治理信息系统，及时组织查处、信息反馈和结果公示。建立物业服务企业发现报告制度，物业服务企业在其服务区域内承担对违法建设行为的发现、劝阻和报告责任。住建部门应当对物业服务企业落实发现报告制度进行监督。

（六）切实落实主动宣传制度。各级、各部门要重视抓好违法建设治理宣传的组织和策划工作。要大力宣传政府违法建设治理工作的决心和工作政策；大力宣传违法建设对城市居民和城市形象的危害；大力宣传违法建设治理工作过程中涌现出的好人好事和典型；大力宣传违法建设治理工作是城市建设和城市发展的必然要求；大力宣传拆违出新后，城市出现的新面貌、新景观；公开曝光一些违法建没治理工作开展不力的单位及暴力抗法的个别事件，积极营造良好的社会氛围。

雨花台区人民政府关于2016年度法治政府建设情况的报告

雨政发〔2016〕230号

（2016年12月27日）

市人民政府：

2016年，区政府深入贯彻落实党的十八届四中、五中、六中全会精神和《法治政府建设实施纲要（2015—2020年）》，全面落实省市对推进依法行政、建设法治政府的各项要求，紧紧围绕基本建成法治政府的总体目标，坚持以改革促发展，完善依法决策机制，规范行政权力运行，强化行政执法监督，推动政府职能转变，不断提高依法决策、依法管理、依法行政水平，为我区“抓产业发展、促城市建设、补民生短板”三大攻坚战营造了良好法治环境。现将有关情况报告如下：

一、2016年法治政府建设情况

（一）统筹实施各项改革，加快推进政府职能转变

1.完成新一轮机构改革。一是优化组织结构。对职责有交叉或作重大调整的区卫计局、区水务局等10个部门重新下发了“三定”规定，并对所涉事业单位进行调整，推进精干高效的地方政府组织体系的形成。二是优化部门“三定”。把部门“三定”优化工作与简政放权、加强监管、优化服务衔接起来，把该取消的权力坚决取消，该管的事情真正管住管好。今年共优化28个部门“三定”，有力地促进了政府职能转变。三是整合部门职责。细化24个部门的责任清单，并在政府门户网站向社会公布。清理部门间职责交叉和分散事项共111项，逐项划定牵头和协办部门责任，明确管理权限主次，切实解决部门推诿扯皮问题。

2.稳步推进行政审批制度改革。一是对权力清单、中介清单实行动态管理。针对上级陆续取消、下放和调整的权力以及机构改革期间调整的职责，对各部门18项行政权力事项进行调整，其中取消2项，新增1项，承接上级下放5项，在部门间划转10项，同时对中介清单进行动态梳理。二是制定公共服务事项目录清单。根据我区行政权力事项清单中的公共服务事项类别，制定《雨花台区政府各部门公共服务事项清单》，共涉及23个部门222个事项。三是加强行政权力分类监管。市场监管局制定《雨花台区区级商事登记后置许可监管事项目录》，加强全区商事制度改革后续监管工作，涉及13个部门的46项行政审批权。法制办拟定《雨花台区行政审批事中事后监管办法》，建立权力运行监管体系，加强审批事项的事中事后监管。监察局制定《关于建立全区行政审批制度改革工作责任追究机制的意见》，开展督查工作，对未按照相关要求开展工作的进行责任追究。四是编制行政审批流程图。要求24家部门、113项审批事项编制流程图，规范其法律依据、要件材料、办理流程、结果样本等信息，压缩审批环节，切实优化审批环境。五是开展“告知承诺制”改革试点。区编办召开专题座谈会，就告知承诺制的内涵、范围、程序、后续监管等关键问题开展讨论研究，形成告知承诺制改革

试点方案草案。

3.努力打造改革创新品牌。一是积极探索功能园区体制机制改革。按照"小管委会、大公司"改革思路,深入推进软件谷建设,创造了三年打造"千亿级软件产业基地"的良好业绩。截至目前,软件谷集聚各类软件企业超1000家、软件从业人员超19万人、软件产业建筑面积达650万平米,软件和信息服务业收入占全市比重40%。二是深入推进"两桥"地区城市更新改造。"两桥" 改造项目在全市率先探索采用PPP模式,得到市政府领导的充分肯定。目前,累计完成授信126.37亿元,下款56.71亿元,圆满完成龙翔路涉及的"三集中"房屋收(退)回工作,累计完成拆迁量约143.8万平方米,正在加快推进龙翔路一期、机场二通道和马家店保障房建设。三是聚力打造众创空间创业载体品牌。全区已建成众创空间创业载体21家,总建筑面积约5.3万平方米,集聚创业项目281项。在楚翘城成功打造了江苏首个包含多功能设施的"创业大街"。以软件大道为核心,集聚周边众创空间、科技企业孵化器、创业服务机构,经省科技厅认定为 "省级众创空间集聚区"。四是聚焦提升社会民生事业建设水平。推进教育"内强外引"、卫生"医疗联合体"和民政"社会组织特区"建设。我区"社会组织可持续发展支持体系"荣获南京市第二届社会建设创新成果一等奖。全省"三个一"工程试点成效明显,我区铁心桥社区卫生服务中心积极探索实施家庭医生签约服务,2016年8月18日,中央电视台《新闻联播》以"医改决胜攻坚再提速"为题对其进行了报道。

(二)全面规范决策行为,提高制度建设质量

4.严格规范性文件审查制度。一是建立第三方评价评估机制。聘请律师事务所加入规范性文件后评估工作,提供全面系统的分析意见。今年重点对《雨花台区区级行政事业单位国有经营性资产监督管理办法》运行情况进行后评估,取得良好效果。二是完善公众参与机制。要求送审的草案,都必须附送征求意见情况、专家论证会情况、群众座谈会情况等。三是严格执行审查备案程序。规范性文件上政府常务会讨论前,必须通过合法性审查。制发后,严格按流程上报市政府、区人大备案,确保规范性文件报备率、及时率、规范率达100%。今年制定《雨花台区知识产权战略专项资金管理办法》、《雨花台区残疾居民社会保险补贴暂行办法》等2件规范性文件。

5.完善政府法律顾问制度。4月份,成立区政府法律顾问委员会,委员会主任由分管法制工作的副区长担任,副主任由区政府法制办主任、区司法局局长、区政府办分管副主任担任,委员由2名资深法学专家、10名知名律师组成。全年组织召开专题论证会8次,为区政府重大行政决策、规范性文件制定、疑难行政复议诉讼案件、重大合同等提供法律意见,取得了良好的成效。区级机关、街道(园区)、社区三级法律顾问体系均已建成,法律顾问全年共提供咨询近1800次、草拟合同630份、出具法律意见书370份、代理诉讼225件。

6.发挥法制机构把关作用。所有政府合同、协议、涉及法律问题的文件、请示一律要经过法制部门审查把关。截止目前,区法制办对42份重大合同进行了审查,涉及合同标的额近3亿元,提出150条建议,对重大涉法事务,提供42份法律意见书;所有重大行政执法决定一律经过法制部门备案,截止目前,共备案35件重大行政执法决定。通过法制部门严格把关,确保政府决策的合法性、有效性。

7.健全政府购买法律服务机制。将律师担任区政府法律顾问费用纳入财政预算。区政府在重大工程决策、重大项目安排、重点工程建设、重大民生工作及规范性文件和政策制定、调整时,都聘请律师参与,将律师的审查评价和法律意见作为审批、核准的重要依据。今年,“两桥”地区“三集中”房屋收(退)回工作,聘请了北京盈科律师事务所全程参与,在决策环节,提供法律意见,保障依法行政;在执行环节,提供法律服务,及时有效化解矛盾纠纷。

8.进一步提升决策的科学化、民主化。区政府在实施民生工程等重大项目、重大决策过程中,通过网上公开征求意见、召开座谈会、论证会、听证会等形式,分层次进行研讨,广泛征求人大代表、政协委员、媒体代表、企业代表、网民代表等社会各界人士对决策草案的意见,确保各项决策充分体现民意。建立重大事项社会稳定风险评估和集体讨论机制。所有重大项目实施前,均进行可行性、安全性、合法性、合理性评估,并提交区政府常务会议具体讨论决定,增强民主决策的科学性。

(三)坚持严格规范公正文明执法,法治环境再上新台阶

9.提升行政执法能力。一是执法模式有突破。区安监局将部分安全生产执法权委托给街道(园区)实施,并加强指导和监督,确保权力“接得住,运行好”。二是执法力度有强化。围绕重大节日,对交通运输、建筑施工、危险化学品、人员密集场所等行业领域,开展安全生产大检查。狠抓违建管控,切实开展动态巡查,全年共拆除各类违建186处,计83723.16平方米。紧守食品、药品、特种设备三大安全底线,开展日常监督检查1245次,专项检查10余次,营造有序市场环境。三是执法方式有转变。区安监局要求全区456家工贸企业开展隐患自查自报自改,今年累计上报一般隐患4939条,整改率100%,上报率和整改率均位居全市前列。区城管局强化渣土运输源头管理,建立渣土运输企业诚信档案,健全相应的企业准入机制。区国土局建立项目用地会审制度,出台《土地指标使用会商办法》,《用地指标有偿使用办法》,保障新兴产业项目用地,对调查发现的闲置低效用地和批而未供未用土地,逐宗研究制定盘活利用措施,今年我区被国土资源部评为“国土资源节约集约模范区”。

10.提高政务服务成效。一是不断提升工作效能。全区262项行政审批与公共服务事项全部进驻区政务中心,全年共办理各类行政许可、其他行政权力与公共服务事项12.7万余件次,综合办结率100%,综合满意率99.9%。承诺件办件平均用时从法定的22.11个工作日降至1.54个工作日,节约率为93.02%,在全市综合考核中位居城区组前列。二是简化投资建设项目审批手续。区各相关部门依托市级平台,有序推进多规合一、多图联审、多评合一、联合测绘、联合验收、区域性联合评价等制度措施。三是深化“提升民生服务质量专项行动”。持续开展“提升民生服务质量专项行动”,区卫计局开展“院院合作”,把三甲医院医疗引入社区,开展改善医疗服务行动计划。区人社局多项举措提升市民卡办理效率,新办卡由45个工作日减少至45天,补卡10个工作日减少至7个工作日,新办卡不收费,补卡由30元减为20元。区民政局婚姻登记中心通过提前取号、当日办结、重点日期提前预判、增加窗口、延长服务时间等一系列举措方便群众办理婚姻登记事项。四是完善政务服务体系。全区8个街道(园区)9个便民服务中心已全部建成,并实现

政务综管系统上线运行，共有97项进驻便民服务中心窗口办理。全年通过政务综管系统已办结公共服务事项1.8万余件次，建设运行情况在全市领先。五是全面实施企业登记制度改革。今年前三季度，通过省企业注册登记并联审批平台累计办结1万余家企业“三证合一、一照一码”注册登记。10月启动“多证合一、一照一码”改革，整合社会保险登记证和统计登记证，进一步释放市场活力，激发“双创”热情。探索建立行政审批代办制，为企业注册登记开辟绿色通道，着力降低企业制度性交易成本，推动“放管服”改革落地见成效。

11.加大执法监督力度。一是开展行政执法案卷评查活动。今年4月、10月，区法制办牵头组织区依法治区办、检察院、监察局、档案局成立评查小组，在自查的基础上，抽查20个执法部门的案卷共250卷，从案件办理程序、法律适用、文书制作等方面提出意见或者建议150余条，并通报了检查情况。二是落实重大执法行为备案制度及零处罚报告制度。区法制办建立重大执法行为备案台账，逐一审查并造册登记，对报备时效、证据、程序、文书、法律适用等要素作重点审查，对存在的问题及时向部门提出整改意见。今年以来共审查备案35件，对存在法律瑕疵的1件发出行政执法监督建议书。实行零处罚半年报，各部门如有零处罚情况的，需向区政府作出情况说明。全年，共有4家单位上报了零处罚情况报告。三是落实行政执法责任制。区法制办组织开展行政执法公示制度、执法全过程记录制度、重大执法决定法制审核制度等三项制度自查活动，加强对《南京市规范行政执法裁量权规定》、《南京市行政执法机关聘用协管员管理规定》、《南京市行政执法争议协调办法》、《南京市联合执法工作规则》、《南京市特邀行政执法监督员工作规则》等五个文件落实情况的督查。

12.推进行政执法与刑事司法无缝衔接。一是协作联动，形成打击合力。采取公安机关、检察机关提前介入、共同参与环境污染、食品药品等领域的行政执法联动模式，各部门通过联合调查、共同办案，有力形成打击合力，从而有效弥补行政执法机关刑事法律知识不足、对涉嫌犯罪的标准把握不到位的问题，又为司法机关提供业务支持和技术支撑，解决犯罪侦破的技术难题。二是突出重点，加大执法力度。全区组织开展环境污染、假酒窝点、化妆品等专项联合执法活动，2016年区有关部门移送公安机关环境污染案件2起、食品药品案件5起，配合公安机关捣毁制售假酒窝点4个。三是强化监督，务求工作实效。将两法衔接工作情况纳入区政府依法行政工作考核、法治雨花建设考核体系。构建政府法制机构、检察机关、监察机关联合监督机制，通过开展专项检查、立案监督、责任追究等监督措施，确保两法衔接工作依法、规范、有序开展。2016年监督公安机关立案1件1人，建议行政执法机关移送涉嫌犯罪案件1件1人。

13.打造阳光透明政务环境。一是主动公开政府信息。坚持以公开为常态、不公开为例外原则，推动政府及其工作部门积极推进决策公开、执行公开、管理公开、服务公开、结果公开。着重推进财政预决算、部门预决算、重大建设项目和公共资源配置等领域信息公开。所有面向社会服务的政府部门都通过网站、政务服务中心等平台，依法公开办事依据、条件、要求、过程和结果，充分告知办事项目有关信息。深入推进行政权力网上公开透明运行，积极推进行政执法文书在“信用中国”网上公开。改善依申请公开工作，明确办理流程，规范受理、交办、承办和答复等环节，提高答复质量，共依法办理依申请信息公开案件73件。二是自觉接受各方监督。建立健全党内监督、人大监督、民主监督、行政监督、司法监督、审计监督、社会监督、舆论监督等综合协调的监督体系，增强监督合力与实效。自觉接受行政监察、审计等专门监督机关的监督，畅通群众投诉举报和舆论监督的渠道。坚持向人大报告、向政协通报的工作机制，主动接受人大依法监督和政协民主监督。

（四）依法化解社会矛盾，维护社会和谐稳定

14.推进行政复议规范化建设。一是推进行政复议体制改革。健全工作机构，成立区行政复议委员会，聘任相关行政机关负责人、行政复议专职人员、律师及基层工作者等20人任委员，审议重大、疑难、复杂的行政复议案件。设立行政复议受理中心，在8个街道（园区）设立行政复议联系点，有效缩短相对人跑腿时间，方便相对人申请行政复议。今年共收到案件15件，不予受理2件，维持9件，驳回2件，确定违法2件。二是提高案件听证比例。今年以来针对违法建设和三无产品类型的案件，召开听证会7场，涉案行政机关负责人到场率达100%，进一步提高行政复议公信力。三是提高办案质量。严格依法审理每件案件，对行政行为违法的，坚决予以撤销，提升案件办理质量。今年制发行政复议建议书2份，督促责任单位尽快整改，避免同类执法过错再次发生。四是加大行政复议宣传力度。区法制办制作《行政复议指南》及行政复议工作宣传彩页2000份发放区内企业及群众，举办行政复议专场知识讲座及咨询会，有效提升行政复议知晓率。

15.切实提升行政应诉能力。一是建立行政诉讼情况沟通反馈制度。区法制办加强与法院的沟通，及时听取法院对行政诉讼情况的意见，对行政诉讼案件中反映的依法行政方面的问题，及时反馈相关单位，采取有针对性的措施加以改进。二是完善行政负责人出庭应诉工作制度。要求行政机关负责人出庭应诉时要做到“出庭、出声、出效果”。强化对行政机关负责人出庭应诉的考核，将考核结果纳入年底依法行政考核。三是提升行政应诉能力。建立行政诉讼案件定期分析制度，由区法制办每半年对全区诉讼情况进行分析，查找不足，分析成因，提出改进措施。组织行政诉讼案件的庭审观摩，并就行政机关负责人行政诉讼出庭应诉的实务进行培训，着力提高行政机关的行政应诉质量。全年办理区政府出庭应诉案件10件，无案件败诉，区政府领导出庭率达100%。

16.积极推进调解工作。完善政府负总责、政府法制部门牵头、职能部门为主体的行政调解工作体制，实行行政调解月报、季报、半年总结制度，截止目前，全区受理涉及公安、市场监管、物价等方面的行政调解23993件。推进人民调解、行政调解、司法调解联调联动、相互衔接，引导社会组织、社会力量参与矛盾纠纷化解工作，切实提升“大调解”工作实效。今年以来，共开展纠纷排查2299次，预防纠纷742起，劝阻群体性上访278批次（2921人次）；处理社会矛盾纠纷1621件，涉及金额2483.05万元，调处成功1602件，成功率98.82%。

（五）夯实依法行政工作基础，提高依法行政意识

17.强化组织领导。坚持区依法行政领导小组统筹协调全区依法行政工作，各部门、各街道（园区）建立行政一把手负责的法治政府建设工作领导机构和相应的工作协调机制。区政

府常务会议全年听取依法行政工作汇报2次，及时解决依法行政中存在的突出问题，研究部署推进依法行政、加快建设法治政府的具体任务和措施。各部门、各街道(园区)结合实际，制定依法行政工作计划，并在年中、年末向区政府提交依法行政工作报告。实行全程动态考核，要求各部门、各街道(园区)双月报报表，半年报总结，并进行统计分析，对发现的问题，及时提出整改建议。

18.注重统筹安排。年初，根据省、市推进依法行政建设法治政府工作要点，结合区委区政府中心工作，制定《2016年推进依法行政加快建设法治政府工作计划》。该计划以落实《雨花台区关于深入推进依法行政加快建设法治政府的意见》为主线，细分了6大块工25项重点任务，并要求各单位对照制定落实方案，层层分解，落实到人。

19.提升法治能力。落实政府及其部门领导班子集体学法制度，推进和完善领导干部学法用法工作，把法治教育列入领导干部学习内容，要求领导干部在本职岗位和工作中牢固树立法治思想，切实提高运用法治思维和法治方式深化改革、推动发展、化解矛盾、维护稳定的能力，不断让法治精神落实到基层。今年，对全区拟提拔的25名非人大任命的区管干部进行任前法律知识考试，参考率、合格率均达100%，组织区管领导旁听庭审活动。

20.加强源头管理。严格做好证件年度年审工作，强化证件档案管理，备案执法证件625件、监督证65本，新办执法(监督)证件68本。严格执行行政执法人员培训制度，制定2016年行政执法人员法律业务培训计划，组织全区588人参加执法证件换证培训及考试工作。严格开展行政执法主体及行政执法人员清理工作，认真审核、严格把关，特别是对工勤、临聘、合同制、内勤、执法辅助人员等不具备执法资格的人员一律清理，其持有的执法证件，一律予以收回注销。

21.加强法制宣传。制发《2016年度雨花台区法治宣传教育工作要点》，制定在全区公民中开展法治宣传教育的第七个五年规划，开通雨花台区普法微信，完成区创新创业法治宣传与法律服务中心挂牌工作，成立区普法志愿者大队，梅山街道梅欣社区完成省级民主法制社区创建工作。圆满完成“六五”终期考核验收工作，取得较好的社会效果。

过去的一年，全区法治政府建设工作制度得到了健全完善，工作措施得到了有效落实，工作成绩得到了全面彰显，但仍然存在一些问题和不足，主要是法治政府建设工作的组织、指导、协调机制有待进一步健全；依法行政保障经济社会发展的作用有待进一步强化；行政执法监督机制有待进一步完善。对上述问题我们将认真对待，并切实加以改进。

二、2017年工作打算

深入推进依法行政，加快建设法治政府，任重而道远，2017年，我区将继续贯彻《法治政府建设实施纲要（2015—2020年）》的精神和省、市决策部署，着力增强法治思维，提升依法行政能力；着力推进简政放权，提升依法全面履职能力；着力健全决策机制，提升政府公信力；着力强化执法监督，提升行政执法规范化水平；着力构建多元化解机制，维护社会和谐稳定；着力补齐短板，提升法治政府建设水平；积极探索区级政府运用法治思维、法治方式组织推进依法行政工作的新举措、新机制，推动我区法治政府建设再上新台阶，重点做好以下几个方面工作：

一是进一步推进深化改革任务。坚定改革信心，增强改革定力，提升深化改革的思想自觉和行动自觉，持续深入推进政府职能转变，规范政府权力运行，探索在机制体制上打破束缚经济社会发展的梗阻，积极向上争取政策支持和实体支持，以各种实际举措降低制度性交易成本，激发市场活力，增强人民群众对改革成果的获得感。

二是进一步完善重大决策机制。完善重大行政决策公开征求意见制度，建立公示、调查、座谈、听证等公开征求意见方式的规则和程序。切实执行重大决策法制机构合法性审查制度。健全完善规范性文件备案审查、评估清理制度，注重源头把关、事后评估，全面强化规范性文件起草、审查、备案、清理等环节的管理力度。

三是进一步严格规范行政权力运行。严格要求各部门根据公布的"权力清单"和"责任清单"行使职权，不得法外设定权力，没有法律法规依据不得作出减损公民、法人和其他组织合法权益或者增加其义务的决定，做到"法定职责必须为、法无授权不可为"。根据法律法规立改废释和机构职责调整变化的情况，及时调整"三张清单"，不断优化行政职权运行，构建权责一致、分工合理、决策科学、执行顺畅、监督有力的行政管理体制。继续推行行政执法责任制，强化行政执法责任追究，坚决纠正不作为、乱作为和坚决惩处失职、渎职行为。继续规范行政自由裁量权，根据执法实践及时调整修改自由裁量标准，规范裁量范围、种类、幅度，消除权力寻租的空间。

四是进一步强化行政执法监督。严格落实行政执法责任制，完善重大行政许可、行政强制、行政征收等案件备案制度，全面推行行政执法监督员制度。加强深化改革的执法检查，围绕机构改革、权力下放等改革重点，明确执法主体和执法责任，加强执法协调，防止执法脱节。

五是进一步加强行政复议应诉工作。完善行政复议规范化建设，充实行政复议人员，加强立案管理、完善行政复议接待制度、听证程序制度等举措。加大对行政复议法的宣传力度，畅通行政复议渠道，通过舆论宣传引导人民群众通过行政复议渠道反映利益诉求，维护其合法权益，使行政复议化解行政争议的功能和作用进一步得到发挥。积极应诉，适应新《行政诉讼法》的要求，进一步落实行政机关负责人出庭应诉制度，支持法院受理、审理行政诉讼案件，尊重并执行法院生效裁判。

特此报告。

文件目录选编

2016年中共雨花台区委员会文件目录(选编)

表22

文　号	发文日期	标　　题
雨委发〔2016〕1号	4月25日	关于印发《雨花台区2016年国民经济和社会发展目标一级分解方案》的通知
雨委发〔2016〕2号	2月6日	关于印发《雨花台区2015年政治建设工作目标》的通知

续表

文　　号	发文日期	标　　　题
雨委发〔2016〕3号	2月10日	关于印发《雨花台区2015年文化建设工作目标》的通知
雨委发〔2016〕4号	2月10日	关于印发《雨花台区2015年社会建设工作目标》的通知
雨委发〔2016〕5号	2月16日	关于印发《雨花台区2015年生态文明建设工作目标》的通知
雨委发〔2016〕6号	1月15日	关于区领导"工作经费"有关情况的自查报告
雨委发〔2016〕7号	1月15日	关于印发《南京市雨花台区人民政府职能转变和机构改革实施意见》的通知
雨委发〔2016〕8号	1月21日	关于中共南京市雨花台区委常委会"三严三实"专题民主生活会情况的报告
雨委发〔2016〕9号	2月3日	关于转发省委第八巡视组《关于对雨花台区巡视情况的反馈意见》的通知
雨委发〔2016〕10号	1月29日	区委2015年度落实党风廉政建设责任制暨党委主体责任的汇报
雨委发〔2016〕11号	2月3日	中共南京市雨花台区委落实省委第八巡视组反馈意见整改工作实施方案
雨委发〔2016〕12号	2月3日	关于表彰2015年度先进集体、先进个人的决定
雨委发〔2016〕13号	2月24日	关于印发《雨花台区2016年社会建设工作目标》的通知
雨委发〔2016〕14号	2月25日	中共南京市雨花台区委班子"不严不实"问题及整改措施
雨委发〔2016〕15号	2月25日	雨花台区"三严三实"专题教育工作总结报告
雨委发〔2016〕16号	3月4日	关于转发《雨花台区人大常委会2016年常委会会议及主任会议议题安排》的通知
雨委发〔2016〕17号	3月4日	关于转发《政协南京市雨花台区委员会2016年度工作要点和协商议题安排》的通知
雨委发〔2016〕18号	3月7日	中共南京市雨花台区委常委会2016年工作要点
雨委发〔2016〕19号	3月11日	雨花台区2016年政治建设工作目标
雨委发〔2016〕20号	3月20日	雨花台区落实市党风廉政建设责任制季度巡查整改情况的自查报告
雨委发〔2016〕21号	3月25日	中共南京市雨花台区委关于对中央巡视组、省委巡视组反馈意见整改落实情况"回头看"自查自纠的报告
雨委发〔2016〕22号	3月25日	中共南京市雨花台区委关于巡视整改情况的报告
雨委发〔2016〕23号	4月1日	中共南京市雨花台区委关于印发《中共南京市雨花台区委关于巡视整改情况的通报》的通知
雨委发〔2016〕24号	4月19日	关于印发《雨花台区2016年重点民生工作》的通知
雨委发〔2016〕25号	5月4日	区领导进一步改进工作作风密切联系群众的有关规定
雨委发〔2016〕26号	5月4日	中共南京市雨花台区委关于加强"三重一大"事项决策和监管的意见
雨委发〔2016〕27号	5月9日	关于印发《2016年雨花台区防汛防旱工作意见》的通知
雨委发〔2016〕28号	5月17日	省委巡视组移交问题线索办理情况专题报告
雨委发〔2016〕29号	5月24日	雨花台区过去五年工作总结及未来五年工作打算
雨委发〔2016〕30号	6月3日	中共南京市雨花台区委印发《关于贯彻中国共产党统一战线工作条例
雨委发〔2016〕31号	6月6日	关于表彰2015年度区政务服务暨12345政务热线群众诉求办理工作先进集体、先进个人的决定
雨委发〔2016〕32号	6月14日	关于印发《雨花台区关于以"院府合作"为抓手，加快建设全市一流的健康服务强区的实施意见》的通知
雨委发〔2016〕33号	6月23日	区委区政府印发关于推进供给侧结构性改革的意见的通知
雨委发〔2016〕34号	6月28日	雨花台区2016年上半年工作总结和下半年工作打算

续表

文　　号	发文日期	标　　　题
雨委发〔2016〕35 号	6 月 28 日	中共南京市雨花台区委关于表彰优秀共产党员、优秀党务工作者、先进基层党组织的决定
雨委发〔2016〕36 号	7 月 9 日	关于印发《中共南京市雨花台区区委关于给予你不强化中央巡视组、省委巡视组反馈意见整改落实工作实施方案》的通知
雨委发〔2016〕37 号	7 月 25 日	雨花台区学习贯彻习近平总书记在庆祝中国共产党成立 95 周年大会上的重要讲话精神的报告
雨委发〔2016〕38 号	7 月 25 日	关于 2016 年上半年雨花台区意识形态工作责任制落实情况的报告
雨委发〔2016〕39 号	8 月 1 日	关于中国共产党雨花台区第十一次代表大会和中国共产党雨花台区第十一届纪律检查委员会第一次全体会议选举结果的报告
雨委发〔2016〕40 号	8 月 15 日	转发《区委宣传部、区司法局关于在全区公民中开展法制宣传教育的第七个五年规划（2016—2020 年）》的通知
雨委发〔2016〕41 号	8 月 13 日	关于调整区委常委联系点安排的通知
雨委发〔2016〕42 号	8 月 13 日	关于印发《中国共产党南京市雨花台区委工作规则》的通知
雨委发〔2016〕43 号	8 月 25 日	关于成立雨花台区社区党组织换届工作领导小组的通知
雨委发〔2016〕44 号	8 月 29 日	关于转发《区人大常委会党组关于做好人大换届选举工作的意见》的通知
雨委发〔2016〕45 号	8 月 31 日	关于上报《雨花台区全国社区治理和服务创新实验区工作汇报》的报告
雨委发〔2016〕46 号	9 月 26 日	关于加强和改进新形势下党校工作的实施意见
雨委发〔2016〕47 号	9 月 28 日	关于印发党风廉政考核办法（试行）的通知
雨委发〔2016〕48 号	10 月 12 日	中共南京市雨花台区委关于开展党委巡查工作的实施办法（试行）
雨委发〔2016〕49 号	10 月 14 日	关于举办中兴通讯冠电子项目签约仪式的请示
雨委发〔2016〕50 号	10 月 17 日	关于印发《雨花台区 2016 年经济和社会发展目标考评办法》的通知
雨委发〔2016〕51 号	10 月 25 日	关于推进我区特色小镇建设的实施意见
雨委发〔2016〕52 号	10 月 27 日	关于通报表彰 2016 年防汛抗洪有功集体、有功（先进）个人的决定
雨委发〔2016〕53 号	11 月 4 日	关于媒体反映雨花功德园旁非法占地违规建设私人会所问题核处情况的报告
雨委发〔2016〕54 号	11 月 4 日	关于批转组织部、统战部、政协党组《关于政协雨花台区第九届委员会人事安排的意见》的通知
雨委发〔2016〕55 号	11 月 22 日	雨花台区 2016 年工作总结
雨委发〔2016〕56 号	11 月 28 日	关于黄村居民反映被供水淹等问题的处理情况报告
雨委发〔2016〕57 号	12 月 6 日	雨花台区 2016 年度党风廉政建设责任制工作自查报告
雨委发〔2016〕58 号	12 月 7 日	关于市民王红霞反映问题的调查情况报告
雨委发〔2016〕59 号	12 月 13 日	关于雨花台区“十三五”期间保障性住房建设工作的请示
雨委发〔2016〕60 号	12 月 13 日	关于进一步加强人民防空工作的意见
雨委发〔2016〕61 号	12 月 15 日	关于贯彻落实江苏省第十三次党代会精神的情况报告
雨委发〔2016〕62 号	12 月 16 日	区委关于雨花台区工商联（总商会）换届工作的实施意见
雨委发〔2016〕63 号	12 月 16 日	关于对市违规吃请和公款吃喝问题专项整治检查组反馈区政府办有关情况的核查整改情况报告
雨委发〔2016〕64 号	12 月 22 日	雨花台区 2016 年工作总结和 2017 年工作安排

2016年中共雨花台区委员会文件目录(选编)

表23

文　号	发文日期	标　题
雨政发〔2016〕1号	1月7日	南京市雨花台区关于深入推进依法行政加快建设法治政府工作自查报告
雨政发〔2016〕3号	1月13日	雨花台区人民政府关于2015年度实行最严格水资源管理制度自查情况的报告
雨政发〔2016〕7号	1月19日	关于国家统计局对我区开展统计执法检查工作查出问题的整改情况报告
雨政发〔2016〕9号	2月2日	关于雨花台区2015年省、市级生态红线区域保护工作的自查报告
雨政发〔2016〕10号	2月2日	关于做好2016年春节运输安全工作的通知(附通知:宁政办发〔2016〕13号)
雨政发〔2016〕16号	2月15日	关于下达2016年度一般公共预算收入预期目标任务的通知
雨政发〔2016〕21号	2月19日	关于区政府领导同志工作分工调整的通知
雨政发〔2016〕22号	2月24日	关于切实做好第三次全国农业普查工作的通知
雨政发〔2016〕23号	2月24日	关于雨花台区纪委书记谢祖国带团考察加拿大美国的总结报告
雨政发〔2016〕24号	2月25日	关于印发《雨花台区国民经济和社会发展第十三个五年规划纲要》的通知
雨政发〔2016〕25号	3月4日	关于印发《2016年全区安全生产工作意见》的通知
雨政发〔2016〕27号	3月8日	关于印发《2016年雨花台区城市建设任务组织实施方案》的通知
雨政发〔2016〕30号	3月15日	关于雨花台区2014年度省级生态红线考核整改落实情况的报告
雨政发〔2016〕32号	3月16日	关于成立南京市雨花台区人民政府教育督导委员会的通知
雨政发〔2016〕33号	3月17日	关于印发雨花台区2016年城市治理标准化工作实施意见的通知
雨政发〔2016〕37号	3月22日	关于成立雨花台区校园足球工作领导小组的通知
雨政发〔2016〕39号	3月24日	关于成立雨花台区河湖和水利工作管理范围划定工作领导小组的通知
雨政发〔2016〕41号	3月29日	雨花台区关于财政教育投入及使用管理情况的自查报告
雨政发〔2016〕43号	2月5日	关于对“两桥”地区2015年建设情况报告的审议意见落实情况的报告
雨政发〔2016〕44号	3月31日	关于2016年稳定外贸增长的工作意见
雨政发〔2016〕45号	4月7日	关于表彰人民武装工作先进单位和个人的通报
雨政发〔2016〕48号	4月13日	关于印发《2016年区政府经济社会发展主要工作目标任务分解落实方案》的通知
雨政发〔2016〕49号	4月12日	关于印发《雨花台区“拆、清、治、绿”环境综合整治行动计划》的通知
雨政发〔2016〕51号	4月12日	关于印发《雨花台区水污染防治行动计划》的通知
雨政发〔2016〕52号	4月12日	关于印发《雨花台区2016年水污染防治实施方案》的通知
雨政发〔2016〕53号	4月12日	关于印发《雨花台区2016年大气污染防治实施方案》的通知
雨政发〔2016〕54号	4月12日	关于成立雨花台区大气污染防治工作领导小组的通知
雨政发〔2016〕55号	4月12日	关于调整区犬类管理工作领导小组成员的通知
雨政发〔2016〕56号	4月13日	关于做好2016年度民兵整组工作的通知
雨政发〔2016〕59号	4月18日	关于区人大常委会2015年第9号审议意见办理情况的报告（附函：雨文字〔2016〕4号）
雨政发〔2016〕60号	4月18日	关于调整雨花台区质量强区工作领导小组成员的通知
雨政发〔2016〕62号	3月1日	雨花台区人民政府关于2012年至2014年预算执行和决算以及其他财政收支审计的审计决定中相关问题落实情况的报告(附审计决定:宁审财决〔2015〕38号)

续表

文　　号	发文日期	标　　　　题
雨政发〔2016〕63 号	4 月 22 日	关于雨花台区建宁一村实施危旧房改造项目的情况报告（附函：宁信联访函〔2016〕5 号
雨政发〔2016〕64 号	4 月 27 日	关于印发《2016 年度南京华润热电有限公司重大危险源（液氨）泄漏事故应急演练方案》的通知
雨政发〔2016〕66 号	5 月 4 日	关于印发《2016 年雨花台区为民办实事工作实施方案》的通知
雨政发〔2016〕67 号	5 月 5 日	关于落实黄书记调研河道整治工作时所提问题的情况报告（附函：宁督通〔2016〕7 号）
雨政发〔2016〕69 号	5 月 5 日	关于印发《南京市雨花台区水环境综合规划》的通知
雨政发〔2016〕71 号	5 月 9 日	关于对统计违法案件深刻反省和整改落实情况的报告
雨政发〔2016〕72 号	5 月 9 日	区政府关于印发盘活财政存量资金推进财政资金统筹使用试行办法的通知
雨政发〔2016〕75 号	5 月 18 日	关于印发《雨花台区 2016 年度地质灾害防治方案》的通知（附请求：雨花国土〔2016〕3 号）
雨政发〔2016〕76 号	5 月 20 日	关于印发《雨花台区开放型经济考核奖励办法》的通知（附通知：宁政发〔2016〕51 号）
雨政发〔2016〕77 号	5 月 19 日	关于转发《市政府关于进一步加强统计工作的意见》的通知（附函：宁政发〔2016〕109 号）
雨政发〔2016〕80 号	3 月 10 日	关于调整雨花台区基层中医药工作领导小组的通知
雨政发〔2016〕83 号	5 月 30 日	关于调整雨花台区招生委员会组成人员的通知
雨政发〔2016〕85 号	5 月 27 日	关于成立雨花台区公立医院管理委员会的通知
雨政发〔2016〕87 号	6 月 13 日	关于印发《雨花台区危险化学品安全专项整治实施方案》的通知
雨政发〔2016〕89 号	6 月 27 日	关于同意办理普德花园 A-4 幢商品房现售备案及房屋初始登记手续
雨政发〔2016〕90 号	6 月 20 日	关于雨花台区谢山出访英国爱尔兰的总结报告
雨政发〔2016〕93 号	6 月 22 日	关于雨花台区人民政府虞辉等 2 人出访香港的总结报告
雨政发〔2016〕94 号	6 月 22 日	关于雨花台区副区长汪东明带团考察加拿大美国的总结报告
雨政发〔2016〕95 号	6 月 22 日	关于雨花台区人民政府李世峰等 6 人出访香港的总结报告
雨政发〔2016〕96 号	3 月 28 日	中共南京市雨花台区人民政府党组议事规则
雨政发〔2016〕97 号	6 月 30 日	关于市政府 01 第 768 号督查件办理情况的报告
雨政发〔2016〕98 号	7 月 4 日	关于《政风热线省市联动直播走进南京》曝光反映雨花台区有关问题的调查情况报告
雨政发〔2016〕101 号	7 月 11 日	关于区人大常委会审议意见书（第 4 号）办理情况的报告（附函：雨住建字〔2016〕70 号
雨政发〔2016〕102 号	7 月 12 日	关于舆情快报《地沟油加工厂被查不停产，城管渣土堵门殃及居民》的调查报告
雨政发〔2016〕103 号	7 月 13 日	关于成立雨花台区迎接中央环保督察工作领导小组的通知
雨政发〔2016〕105 号	7 月 20 日	关于宁府办文（2016）961 办文单办理情况的报告（附回复）
雨政发〔2016〕106 号	7 月 21 日	关于将军山风景区有关问题的情况汇报
雨政发〔2016〕107 号	7 月 25 日	关于落实区人大常委会《关于对区政府档案管理工作情况报告的审议意见》的报告

续表

文号	发文日期	标题
雨政发〔2016〕111号	7月28日	关于雨花功德园违法建筑处置情况的报告
雨政发〔2016〕112号	8月1日	关于区政府领导同志工作分工调整的通知
雨政发〔2016〕113号	8月4日	关于雨花台区2016年度保障性安居工程目标任务进度情况的报告
雨政发〔2016〕114号	5月30日	关于印发《雨花台区集体土地不动产登记发证试点实施方案》的通知
雨政发〔2016〕115号	8月5日	关于印发《雨花台区贯彻2016年市生态文明建设工程考核任务分解落实方案》的通知
雨政发〔2016〕116号	7月28日	关于印发《雨花台区保障G20峰会环境空气质量管控强化方案》的通知
雨政发〔2016〕117号	8月5日	雨花台区关于进一步明确2016年大气污染防治工作目标任务的通知
雨政发〔2016〕118号	8月8日	关于成立雨花台区集体土地不动产登记发证试点工作领导小组的通知
雨政发〔2016〕119号	8月11日	关于近三年来全区政府投资项目审计情况报告审议意见落实情况的报告
雨政发〔2016〕120号	8月11日	关于工农河黑臭河道整治推进情况的自查报告
雨政发〔2016〕121号	8月12日	雨花台区病死动物无害化收集处理工作自查报告(附函:宁政督〔2016〕22号
雨政发〔2016〕122号	8月13日	关于曹红伟等同志职务调整的通知
雨政发〔2016〕124号	8月22日	关于建立雨花台区拟征地块备选库和征地项目库的通知
雨政发〔2016〕125号	8月22日	关于建宁一村棚户区改造工作情况的报告
雨政发〔2016〕126号	8月23日	关于市长信箱162524号办理情况的报告
雨政发〔2016〕127号	8月23日	关于滕染琴信访问题的报告(附函:雨信字〔2016〕21号)
雨政发〔2016〕129号	8月23日	关于08-216号文件传阅单办理情况的报告(附函:宁信查批字〔2016〕17号)
雨政发〔2016〕130号	8月24日	关于市长办公会议纪要第14号落实情况的报告
雨政发〔2016〕131号	8月24日	关于上报《雨花台企业畜禽养殖禁养区划定及整改工作方案》的报告
雨政发〔2016〕135号	8月18日	关于调整雨花台区无偿献血工作领导小组的通知
雨政发〔2016〕136号	8月29日	关于印发《秦淮新河节制闸断面水质改善工作方案》的通知
雨政发〔2016〕138号	10月21日	关于同意雨花台区窗口地区道路交叉口杆线整理下地工程立项的复函(附请示:雨政发〔2016〕141号)
雨政发〔2016〕139号	9月5日	雨花台区关于开展清理违法用地及违法建设专项整治行动的通告
雨政发〔2016〕143号	9月18日	关于雨花台区征地程序履行自查情况的报告
雨政发〔2016〕148号	9月23日	关于对区人大常委会《关于对我区2016年国民经济和社会发展计划上半年执行情况报告的审议意见》落实情况的报告
雨政发〔2016〕150号	9月23日	关于成立雨花台区创建省创新型试点区工作领导小组的通知
雨政发〔2016〕152号	9月30日	关于上报《雨花台区存量用地清理工作推进方案》的报告
雨政发〔2016〕154号	10月10日	关于印发《雨花台区城市地下管线基础信息动态更新与成果提供暂行方案》的通知
雨政发〔2016〕155号	11月7日	关于陈迎春信访事项办理情况的报告(附函:宁信查批字〔2016〕18号)
雨政发〔2016〕156号	10月10日	关于天隆寺项目推进情况的汇报
雨政发〔2016〕157号	10月10日	关于尹媛信访事项办理情况的报告
雨政发〔2016〕158号	10月12日	关于调整雨花台区安全生产委员会组成人员的通知

续表

文　号	发文日期	标　　题
雨政发〔2016〕159号	10月13日	关于贯彻落实缪市长视察岱山社区卫生服务中心有关医疗服务工作要求的情况报告
雨政发〔2016〕161号	10月13日	雨花台区关于划定禽畜养殖禁养区的通告
雨政发〔2016〕162号	10月20日	关于成立深化国有企业负责人薪酬制度改革工作领导小组的通知
雨政发〔2016〕165号	10月20日	关于雨花台区城市品质提升三年行动计划推进情况的自查报告
雨政发〔2016〕167号	10月24日	关于市政府办公厅文件传阅单(分类10-437号)办理情况的报告(附函:宁南站综办〔2016〕33号
雨政发〔2016〕171号	10月28日	关于印发《雨花台区产业用地调查工作实施方案》的通知
雨政发〔2016〕172号	10月28日	关于印发《雨花台区冬春季节大气环境质量保障管控方案》的通知
雨政发〔2016〕173号	10月31日	关于市政府办文单(01第1633号)办理情况的报告
雨政发〔2016〕174号	11月2日	关于新华传媒地块闲置土地处置工作的情况报告
雨政发〔2016〕176号	11月8日	雨花台区对规模以上统计调查单位完整性开展专项督查的自查报告
雨政发〔2016〕178号	11月14日	关于上报雨花台区村发展留用地实施情况及资金使用方案的报告
雨政发〔2016〕181号	11月15日	关于印发《雨花台区有关部门安全生产工作职责规定》的通知
雨政发〔2016〕183号	11月16日	关于贯彻落实11月12日缪市长调研工作指示精神的报告
雨政发〔2016〕184号	11月17日	关于上报《雨花台企业秦淮新河重点断面水质应急保障工作方案》的报告
雨政发〔2016〕188号	11月19日	关于印发《2016-2017年度雨花台区扫雪防冻工作方案》的通知
雨政发〔2016〕197号	11月22日	关于印发《雨花台区关于新形势下深入推进就业创业工作的实施意见(试行)》的通知
雨政发〔2016〕198号	11月23日	关于雨花外国语小学西善花苑分校场地积水处理情况汇报(附函:雨教〔2016〕123号
雨政发〔2016〕199号	11月25日	关于雨花台区黄唯佳同志出访丹麦、瑞典的总结报告
雨政发〔2016〕200号	11月26日	关于印发《雨花台区梅山9号路环境综合整治工作方案》的通知
雨政发〔2016〕206号	11月30日	关于批准《南京市雨花台区永久基本农田划定方案》的请示(附意见)
雨政发〔2016〕207号	11月30日	关于市政府01第1739号督办件办理情况的报告
雨政发〔2016〕209号	12月5日	关于市政府01-1873号批示件办理情况的报告
雨政发〔2016〕222号	11月18日	关于印发《雨花台区违法建设专项治理实施方案(2016-2020年)》的通知
雨政发〔2016〕223号	12月20日	区政府关于进一步加强政府投资建设项目审计监督的实施意见
雨政发〔2016〕226号	12月23日	关于梅山9号路环境综合整治工作的情况报告
雨政发〔2016〕228号	12月26日	关于"雨花台区郁金香花苑居民投诉关于小区内私占住房问题"的调查情况报告
雨政发〔2016〕230号	12月27日	雨花台区人民政府关于2016年度法治政府建设情况的报告
雨政发〔2016〕231号	12月29日	关于宁府办文〔2016〕2324号办文单办理情况的报告

统计资料

·综　合·

2016年全区主要指标实绩

表24

指　标	计量单位	2016年	2015年	2016年比2015年±%
一、综合				
街道(园区)	个	9	9	–
其中:园区	个	3	3	–
社区居民委员会	个	59	–	–
行政村	个	–	–	–
村民小组	个	204	204	–
年末总户数(户籍)	万户	9.82	9.36	4.9
年末总人口(户籍)	万人	26.92	25.83	4.2
常住人口	万人	43.63	42.69	2.2
乡村实有从业人员	万人	1.61	1.64	−1.8
土地面积	平方公里	132.39	132.39	–
地区生产总值(现价)	亿元	444.69	406.58	8.6
第一产业	亿元	0.85	0.89	−9.2
第二产业	亿元	74.7	80.36	−0.8
#工业	亿元	46.1	51.56	−1.3
第三产业	亿元	369.14	325.33	11
二、农业				
农林牧渔总产值(现价)	万元	15108	15834	−4.6
(1)农业总产值	万元	2264	2380	−4.9
(2)林业总产值	万元	10076	11196	−10.0
(3)牧业总产值	万元	1867	1330	40.4
(4)渔业总产值	万元	901	928	−2.9
(5)农林牧渔服务总产值	万元	–	–	–
三、工业				
规上工业企业单位数	个	64	64	–
规模以上工业总产值	亿元	114.35	118.02	−3.1
规模以上工业主营业务收入	亿元	117.64	121.01	−2.8

续表

指　标	计量单位	2016 年	2015 年	2016 年比 2015 年±%
规模以上工业利税总额	亿元	8.30	12.12	−31.5
规模以上工业产品产销率	%	101.8	101.3	0.5
四、全社会固定资产投资	亿元	242.01	260.52	−7.1
其中:工业投资	亿元	1.66	7.9	−79.0
房地产投资	亿元	179.27	133.89	33.9
五、批发零售贸易和餐饮业				
社会消费品零售总额	亿元	366.62	–	10.0
六、外经外贸				
外资实际到账	亿美元	2.79	–	–
地方外贸出口	亿美元	21.71	–	–
服务外包执行额	亿美元	26.4	26.7	−1.1
其中:离岸外包执行额	亿美元	6.2	11.48	−46.0
七、财政				
财政收入(全口径)	亿元	122.9	101.84	20.7
公共财政预算收入	亿元	69.7	61.29	13.7
八、人民生活				
城镇人均可支配收入	元	48289.3	44485.7	8.6
农民人均可支配收入	元	22460.6	20783.4	8.1

注:1.地区生产总值 2016 年比 2015 年增长速度采用可比价增长速;

2.经核定,存在于涉农社区居委会中的村民小组 2015 年调整为 204 个。

2016 年全区人口状况(一)

表 25　　　　计量单位:户、人、%

街道名称	总户数	总　人　口			性别比
		合计	男	女	
雨花台区	98175	269179	137165	132014	103.90
雨花街道	24792	73215	37966	35249	107.71
赛虹桥街道	17604	48558	24878	23680	105.06
西善桥街道	8934	22390	11142	11248	99.06
板桥街道	7318	18784	8342	10442	79.89
铁心桥街道	13315	36989	18911	18078	104.61
梅山街道	9754	27799	15195	12604	120.56
开发区	7135	18056	8769	9287	94.42
板桥新城	9323	23388	11962	11426	104.69

注:此人口数据为户籍人口数据,来源于区公安分局。

2016 年全区人口状况(二)

表 26　　　　　　　　　　　　　　　　　　　　　　　　　　　　计量单位:人、‰

街道名称	出生人口			出生率	死亡人口			死亡率	自然增长人口			自然增长率
	合计	男	女		合计	男	女		合计	男	女	
雨花台区	3611	1833	1778	13.69	1295	746	549	4.91	2316	1087	1229	8.78
雨花街道	812	407	405	11.18	364	217	147	5.01	448	190	258	6.17
赛虹桥街道	717	350	367	14.97	190	113	77	3.97	527	237	290	11.00
西善桥街道	466	250	216	25.70	115	56	59	6.34	351	194	157	19.36
板桥街道	407	218	189	20.60	118	63	55	5.97	289	155	134	14.63
铁心桥街道	404	198	206	11.02	193	109	84	5.26	211	89	122	5.76
梅山街道	223	115	108	7.81	150	92	58	5.25	73	23	50	2.56
开发区	212	106	106	11.87	90	53	37	5.04	122	53	69	6.83
板桥新城	370	189	181	18.28	75	43	32	3.71	295	146	149	14.57

注:此人口数据为户籍人口数据,来源于区公安分局。

2016 年涉农街道组织情况

表 27

单位名称	村委会（个）	村民小组（个）	乡村总户数（户）	乡村总人口（人）	乡村实有从业人员（人）	土地面积（平方公里）
合　计	–	204	9489	23807	16108	132.39
西善桥	–	16	695	1369	797	17.04
板　桥	–	62	4355	12149	8828	30.51
铁心桥	–	39	1537	2614	1751	27.71
开发区	–	59	1377	3105	1510	26.69
板桥新城	–	28	1525	4570	3222	11.07

注:1.2016 年村居合一的村,民政部门不计算村委会个数。

2.非涉农街道中:赛虹桥土地面积为 7.31 平方公里,雨花街道土地面积为 12.06 平方公里。梅山街道土地面积已含在板桥、西善桥土地面积中。

2016年各街道地区生产总值

表28 单位:亿元

单位名称	地区生产总值	一产	二产	三产
全区合计	444.69	0.85	74.7	369.14
1.软件谷	199.76	0.29	25.94	173.53
其中:铁心桥	26.82	0.29	11.21	15.32
2.开发区	51.3	0.05	12.35	38.9
3.板桥新城	15.69	0.05	1.94	13.7
4.雨花街道	55.32	0.00	0.02	55.3
5.板桥街道	23.5	0.45	14.81	8.24
6.西善桥街道	32.77	0.01	16.43	16.33
7.赛虹桥街道	39.43	0.00	3.19	36.24
8.梅山街道	26.92	0.00	0.02	26.9

·软件产业·

2016年软件及信息服务业、科技创新情况

表29

内　容	2016年	备注
新增涉软企业数(家)	132	
新增涉软从业人员(人)	26100	
新增软件产业建筑面积(万平方米)	60.8	
软件和信息服务业收入(亿元)	1900.4	
服务外包执行额(亿美元)	26.4	
离岸外包执行额(亿美元)	6.2	
信息传输、计算机服务和软件业增加值(亿元)	167.52	占地区生产总值37.7%
发明专利申请量(件)	1707	
发明专利授权量(件)	419	

注:规模以上工业企业是指年主营业务收入在2000万元及以上的工业企业。

2016年规模以上工业总产值分区域情况

表30　　　　单位：亿元

类　　别	2016年完成
软件和信息服务业收入	1900
其中：1.软件开发收入	870.2
2.信息技术服务收入	951.9
3.嵌入式系统软件收入	77.9

2016年各街道（园区）软件及信息服务业指标完成情况

表31

街道名称	软件和信息服务业收入（亿元）	信息服务业销售收入（亿元）	新增软件产业建筑面积（万平方米）	新增涉软企业（家）	新增涉软从业人员（名）
全区合计	1900.4	241.0	60.8	132	26100
软件谷	1721.0	212.0	30.0	96	20800
其中：铁心桥	12.0	–	–	–	–
开发区	52.2	7.7	24.0	15	1270
板桥新城管委会	8.0	1.08	0.8	2	400
雨花街道	26.1	4.5	1.5	5	810
板桥街道	24.05	3.3	1.0	4	710
西善桥街道	24.05	3.3	1.5	4	710
赛虹桥街道	28.12	5.5	1.5	5	1000
梅山街道	17.0	3.2	0.56	1	400

·工　业·

2016年规模以上工业总产值汇总

表32　　　　单位：亿元

指标	本年累计	增速%
总计	114.35	-3.1
按单位规模分：	–	–
大型	8.49	0.2
中型	66.97	4.4

续表

指标	本年累计	增速%
小型	38.03	-14.4
微型	0.86	-13.7
按登记注册类型分:	-	-
内资企业	106.34	-1.3
有限责任公司	59.12	-1
股份有限公司	14.51	0.6
私营企业	32.72	-2.8
港、澳、台商投资企业	3.53	-3.6
与港澳台商合资经营企业	0.09	-60.8
港澳台商独资经营企业	1.73	13.4
港澳台商投资股份有限公司	1.71	-10.2
外商投资企业	4.48	-31.9
中外合资经营企业	2.17	-14.9
外资企业	2.31	-42.7

注:规模以上工业企业是指年主营业务收入在2000万元及以上的工业企业。

2016年规模以上工业总产值分区域情况

表33 单位:亿元

单位名称	本年累计	增长%
软件谷	57.61	3.3
其中:铁心桥	32.76	22.4
开发区	28.19	-2.7
板桥新城	-	-
雨　花	-	-
板　桥	10.82	-12.9
西善桥	6.06	-18.7
赛虹桥	9.72	-14.2
梅　山	1.95	-4.1

2016年规模以上工业总产值分行业大类

表 34　　单位:亿元

分　行　业	本年累计	增长%
农副食品加工业	3.19	-37.4
纺织服装、服饰业	10.14	-2.5
木材加工和木、竹、藤、棕、草制品业	0.36	-5.4
家具制造业	2.78	11.4
印刷和记录媒介复制业	1.36	-18.1
文教、工美、体育和娱乐用品制造业	2.27	15.6
石油加工、炼焦和核燃料加工业	0.86	-13.7
化学原料和化学制品制造业	0.84	-40.4
医药制造业	5.16	15.2
橡胶和塑料制品业	3.67	5.4
非金属矿物制品业	9.98	-16.2
金属制品业	0.84	-42.2
通用设备制造业	7.08	-23.1
专用设备制造业	12.69	-12.7
汽车制造业	27.41	38.7
铁路、船舶、航空航天和其他运输设备制造业	2.77	-7.1
电气机械和器材制造业	1.72	-13.3
计算机、通信和其他电子设备制造业	7.67	-29.1
仪器仪表制造业	2.62	-6.5
废弃资源综合利用业	0.59	-27.1
电力、热力生产和供应业	10.35	10.2

2016年规模以上工业企业主要产品产量

表 35

产品名称	计量单位	本年累计	增长%
饲料	吨	28648	-43.3
服装	万件	595.9	-18.0
人造板表面装饰板	平方米	799880	2.1
家具	件	172356	3.5
初级形态塑料	吨	2521	-49.3
中成药	吨	2926.86	26.0

续表

产品名称	计量单位	本年累计	增长%
塑料制品	吨	30507	13.6
商品混凝土	万立方米	228.83	0.7
砖	万块	5998	-20.2
钢材	吨	19315	-33.9
滚动轴承	万套	189	-7.8
齿轮	吨	16126	-38.7
汽车	辆	9568	103.4
程控交换机	线	6760	-15.0
工业自动调节仪表与控制系统	万台(套)	2.37	44.1
电工仪器仪表	台	47578	1.2
环境监测专用仪器仪表	台	258	-78.8
发电量	亿千瓦时	31.06	16.7

2016年规模以上工业财务状况

表36　　　　单位:亿元

指标名称	本年累计	增长%
一、年初存货	19.73	1.6
二、期末资产负债	–	–
资产总计	166.82	4.3
负债合计	99.11	7.5
三、损益及分配	–	–
营业收入	118.35	-3.9
其中:主营业务收入	117.64	-2.8
营业成本	98.10	-1.7
其中:主营业务成本	97.73	-1.3
营业税金及附加	0.56	-10.9
销售费用	5.43	-4.4
管理费用	9.05	2.1
财务费用	1.55	-5.1
资产减值损失	0.34	121.5
公允价值变动收益	0.00	–
投资收益	0.42	5.7
营业利润	3.71	-44.1
营业外收入	0.56	-5.9

续表

指标名称	本年累计	增长%
营业外支出	0.52	498.1
利润总额	3.78	−48.0
四、人工成本及增值税	–	–
应付职工薪酬	10.35	3.6
应交增值税	3.75	−7.2
五、平均用工人数(万人)	1.31	−2.9

2016 年规上工业企业能源消费情况表

表 37　　　　单位:万吨标准煤

单位名称	能源消费	增长%
全区合计	465.5128	−3.8
1.软件谷	59.1413	13.4
其中:铁心桥	0.2406	3.4
2.开发区	58.8627	13.4
3.板桥新城	–	–
4.雨花	–	–
5.板桥	2.8302	5.0
6.西善桥	0.1739	−33.7
7.赛虹桥	0.4297	0.5
8.梅山	402.9377	−5.9

注:2016 年梅山街道含梅山钢铁 402.7891 万吨标准煤

·商　业·

2016 年商务完成情况

表 38

项目内容	2016 年完成	同比增长%
外资实际到账	2.79 亿美元	–
服务外包执行额	26.4 亿美元	−1.1
其中:离岸执行额	6.2 亿美元	−46.0
外贸出口总额	21.71 亿美元	–
社会消费品零售总额	366.62 亿元	10.0

2016年社会消费品零售总额情况

表39 单位:万元

指标名称	2016年	2015年	增幅%
社会消费品零售总额	3666208	3332916	10.0
一、按行业分			
(一)批发和零售业小计	3510141	3208230	9.4
限额以上	2454079	2423870	1.2
个体经营户(大个体)	98129.7	84063.2	16.7
限额以下	1056062	784360.2	34.6
限下企业	183654.6	145240.5	26.4
限下个体	872407	639119.7	36.5
1.批发业	706668.4	587297.3	20.3
限额以上	446838.8	385718	15.8
个体经营户(大个体)	1651.9	1268.5	30.2
限额以下	259829.6	201579.3	28.9
限下企业	101750.8	79456.1	28.1
限下个体	158078.8	122123.2	29.4
2.零售业	2803473	2620933	7.0
限额以上	2007241	2037186	-1.5
个体经营户(大个体)	96477.8	82797.7	16.5
限额以下	796232	583746.6	36.4
限下企业	140440.3	82173.6	70.9
限下个体	655791.7	501573	30.7
(二)住宿和餐饮业小计	156067	124685.9	25.2
限额以上	111617.2	90157.5	23.8
个体经营户(大个体)	59941.8	49740.2	20.5
限额以下	44449.8	34528.4	28.7
限下企业	33527.7	32549.1	3.0
限下个体	10922.1	1979.4	451.8
1.住宿业	5289.8	4529.8	16.8
限额以上	4878.2	4441.8	9.8
个体经营户(大个体)			
限额以下	411.6	88	367.7
限下企业	232.2	49.8	366.3
限下个体	179.4	38.2	369.6
2.餐饮业	150777.2	120156.1	25.5
限额以上	106739	85719	24.5

续表

指标名称	2016 年	2015 年	增幅%
个体经营户(大个体)	59941.8	49740.2	20.5
限额以下	44038.2	34437.1	27.9
限下企业	33295.5	32509.6	2.4
限下个体	10742.7	1927.5	457.3
二、按规模分			
(一)限额以上小计	2565697	2514210	2.0
1.企业(单位)	2407625	2380426	1.1
2.个体经营户(大个体)	158071.5	133783.7	18.2
限额以上小计中去年本月后开业	471.1	–	–
批零业	254.6	–	–
住餐业	216.5	–	–
限额以上可比口径	2565226	2477042	3.6
批零业	2453825	2387403	2.8
住餐业	111400.7	89639.2	24.3
(二)限额以下小计	1100511	818888.6	34.4
1.限下企业	217182.3	177789.6	22.2
2.限下个体	883329.1	641099.1	37.8

·规上服务业·

2016 年规上服务业分行业营业收入完成情况

表 40　　　　单位:亿元

合　计	2016 年营业收入	增幅%
	558.80	20.6
交通运输、仓储和邮政业	39.44	57.8
房地产业	1.90	21.2
其他营利性服务业	448.18	20.7
其中:信息传输、软件和信息技术服务业	354.23	17.4
租赁和商务服务业	87.79	34.3
居民服务、修理和其他服务业	1.86	34.7
文化、体育和娱乐业	4.30	41.7
非营利性服务业	69.27	5.8

续表

合　计	2016年营业收入	增幅%
	558.80	20.6
其中:科学研究和技术服务业	61.70	8.0
教育	6.94	−10.0
卫生和社会工作	0.64	4.0

规上服务业2016年财务状况汇总表

表41　　　　单位:亿元

指　标　名　称	2016年
一、年初存货	37.56
二、期末资产负债	–
流动资产合计	707.49
其中:应收账款	280.06
存货	30.26
固定资产原价	120.67
累计折旧	52.47
其中:本年折旧	8.52
资产总计	1134.43
应付账款	108.97
负债合计	738.20
所有者权益合计	396.23
三、损益及分配	–
营业收入	558.80
其中:主营业务收入	531.22
营业成本	391.00
其中:主营业务成本	364.95
营业税金及附加	5.67
其中:主营业务税金及附加	5.50
销售费用	61.80
管理费用	82.62
其中:税金	1.44
财务费用	7.52
其中:利息收入	5.42
利息支出	11.79
投资收益(损失以"−"号记)	17.79

续表

指　标　名　称	2016 年
营业利润	29.08
营业外收入	22.38
其中:政府补助	6.03
营业外支出	0.90
利润总额	50.57
应交所得税	9.11
四、人工成本及增值税	–
应付职工薪酬(本年贷方累计发生额)	130.73
应交增值税	13.77
五、从事服务业活动的从业人员平均人数	0.67

规模以上服务业 2016 年营业收入分街道情况

表 42

街道(园区)	营业收入(亿元)	增幅(%)
总计	558.79	20.6
软件谷	396.65	17.7
其中:铁心桥	10.84	-1.4
开发区	90.61	48.5
雨花	6.70	-6.2
赛虹桥	13.61	21.8
西善桥	4.30	3.5
板桥	2.20	51.9
梅山	44.72	9.6

·财政收入支出·

2016 年财政收入完成情况

表 43

单　位	2016 年	
	财政总收入(万元)	其中:公共财政预算收入(万元)
一、国税	541044	250991
1.增值税	290377	121613

续表

单　　位	2016 年	
	财政总收入(万元)	其中:公共财政预算收入(万元)
2.营改增	172839	98301
3.企业所得税	77828	31077
二、地税	670818	428107
1.营业税	181228	152963
2.企业所得税	111687	44675
3.个人所得税	241206	96482
4.房产税	21142	21142
5.印花税	9616	9616
6.车船税	1920	1920
7.耕地占用税	1250	1250
8.土地增值税	2	2
9.教育费附加收入	24279	24279
10.地方教育费附加	16186	16186
11.城市维护建设税	56876	56876
12.增值税	5419	2709
13.税务部门罚没收入	7	7
三、财政	18459	18459
1.罚没收入	2896	2895
2.行政性收费	12321	12322
3.文化事业建设费	648	648
4.国有资源有偿使用收入	2594	2594
5.国有资本经营收入		
6.其他		
四、特派办退增值税	-926	-327
合计	1229395	697230

2016 年全区财政支出

表 44

单位:万元

	2016 年
1.一般公共服务	37945
2.国防支出	8
3.公共安全支出	15225
4.教育支出	79040

续表

	2016 年
5.科学技术支出	35084
6.文化体育与传媒支出出	4411
7.社会保障和就业支出	40226
8.医疗卫生支出	19032
9.节能环保支出	6506
10.城乡社区支出	194630
11.农林水支出	8252
12.交通运输支出	30703
13.资源勘探信息等支出务	45800
14.商业服务业等支出	7140
15.金融支出	205
16.援助其他地区支出	2135
17.国土海洋气象等支出	1441
18.住房保障支出	12889
19.其他支出	12023
20.债务付息费用支出	1696
21.债务发行费用支出	27
一、公共预算支出	554418
二、基金预算支出	620905
三、支出合计	1175323

·教育卫生、文化体育·

2016 年教育基本情况

表 45

指　　标	学校数(所)	在校学生数(人)	教职工数(人)
全　区	90	52723	4993
高等学校	–	–	–
中等专业学校	–	–	–
市电大雨花分校	1	57	29
普通中学	12	12950	1220
职业中学	1	2248	102
技工学校	–	–	–

续表

指　　标	学校数(所)	在校学生数(人)	教职工数(人)
小　学	20	20527	1272
特殊教育	–	–	–
幼儿园	56	16941	2370
小学毕业生升学率(%)	100		
初中阶段毛入学率(%)	100		

2016 年各类中学概况(一)

表 46

学　校		单位数(个)			班级数(个)		
		计	初中	高中	合计	初中	高中
总　计		12	8	4	324	225	99
教育部门办	普中 (不含铁中)	10	7	3	266	185	81
民办	实验学校	2	1	1	58	40	18

2016 年各类中学概况(二)

表 47

学　校		学生数(人)			教职工数(人)		
		合计	初中	高中	计	全民	民办
总　计		12950	9021	3929	1220	992	228
教育办	普中	10688	7418	3270	992	992	–
民　办	实验学校	2262	1603	659	228	–	228

2016 年各类小学概况

表 48

学校数(所)		班级数(个)	学生数(个)	教工数(人)		
				计	全民	民办
总计	20	498	20527	1272	1104	168
教育部门办	18	439	18193	1104	1104	–
民办	2	59	2334	168	–	168

2016 年教育部门办中学基本情况

表 49

学校	班级(个)	在校学生数(人)			教职工数(人)
		合计	初中	高中	
合 计	266	10688	7418	3270	992
雨花台中学	92	3917	2141	1776	313
板桥中学	33	1363	709	654	133
共青团路中学	24	916	916	–	81
金陵中学西善分校	12	412	412	–	48
雨花台中学春江分校	12	522	522	–	44
孙家中学	15	533	533	–	60
铁心桥中学	–	–	–	–	32
梅山第一中学	24	956	956	–	86
梅山第二中学	19	705	705	–	59
梅山高级中学	19	840	–	840	102
金陵中学岱山分校	16	524	524	–	34

2016 年民办中学基本情况

表 50

校 名		单位数(个)	班级数(个)	学生数(人)
民办中学	小 计	2	58	2262
	初 中	1	40	1603
	高 中	1	18	659

2016 年职业教育基本情况

表 51

单位:人

校 名			班级数						学生数						教职工数
			三年制				高职		三年制				高职		
			计	一	二	三	四	五	计	一	二	三	四	五	
教育办:附中专概况	合计		67	21	17	16	5	8	2305	655	623	550	173	304	131
	中华中专	合计	65	21	17	16	5	6	2248	655	623	550	173	247	102
		职专	34	13	11	10	–	–	1239	466	404	369	–	–	102
		高职	31	8	6	6	5	6	1009	189	219	181	173	247	
	电大(师校)		2	–	–	–	–	2	57	–	–	–	–	57	29

2016年教育部门办小学基本情况一览表

表52

学　校	班级数(个)	学生数(人)	教工数(人)
合　计	439	18193	1104
雨花台区实验小学	33	1473	108
雨花外国语小学	65	2631	152
共青团路小学	21	894	70
景明佳园小学	22	915	49
雨花台中学春江分校	25	1106	55
铁心桥小学	28	1207	68
小行小学	24	774	59
雨花台小学	26	1017	77
板桥小学	36	1811	80
古雄小学	24	1060	47
西善桥中心小学	25	1111	60
雨花外国语小学西善花苑分校	17	744	36
梅山第一小学	24	810	81
梅山第二小学	18	529	52
力学小学金地自在城分校	27	1268	60
岱山实验小学	12	502	29
雨花台区实验小学善水湾分校	7	208	10
雨花外国语小学花神庙分校	5	133	11

2016年民办小学基本情况

表53

学　校		班级数(个)	学生数(人)	教工数(人)
民办学校	合　计	59	2334	168
	实　验	43	1560	142
	力行小学	16	774	26

2016年幼儿园基本情况

表54

园　名		班级数(个)	幼儿数(人)	教师数(人)		
				计	全民	其他
教育部门办	合计	131	4030	576	20	556
	板桥新城附属幼儿园	12	390	50	6	44

续表

园　名		班级数（个）	幼儿数（人）	教师数（人）		
				计	全民	其他
教育部门办	西善花苑附属幼儿园	13	437	68	5	63
	小行附属幼儿园	12	334	57	9	48
	岱山实验幼儿园	14	476	61	–	61
	金叶花园幼儿园	9	304	38	–	38
	板桥小学附属灵动之星幼儿园	15	447	58	–	58
	板桥小学附属岱山第一幼儿园	12	401	50	–	50
	区实验幼儿园	13	393	60	–	60
	善水湾幼儿园	11	312	45	–	45
	长虹路幼儿园	9	248	38	–	38
	花神美境幼儿园	8	236	35	–	35
	永安花苑幼儿园	3	52	16	–	16
集体办	合计	58	1867	255	–	255
	普德村幼儿园	8	267	44	–	44
	春江第一幼儿园	9	294	39	–	39
	春江第二幼儿园	11	358	43	–	43
	铁心桥中心幼儿园	11	362	46	–	46
	龙福幼儿园	10	306	43	–	43
	春蕾幼儿园	9	280	40	–	40

2016年教育部门办中小学校园、校舍面积及固定资产

表55

校　名	校园面积		校舍面积（平方米）	校　名	校园面积		校舍面积（平方米）
	平方米	亩			平方米	亩	
总计	818460	1228.27	424333	雨花台中学春江分校	32095	48.14	7554
一、中学合计	413239	619.86	202477	铁心桥中学	31632	47.45	7370
雨花台中学	93059	139.59	52685	孙家中学	30481	45.72	8077
板桥中学	56267	84.40	44532	二、师职校电大合计	62140	93.79	35216
共青团路中学	15128	22.69	8811	教师进修学校	17576	26.36	12142
金陵中学西善分校	20706	31.06	8547	雨花电大分校	2400	3.6	1213
金陵中学岱山分校	24453	36.68	26000	中华中专	42164	63.25	21861
梅山第一中学	23182	34.77	9502	三、小学合计	343081	514.62	186640
梅山第二中学	21621	32.43	6902	雨花台区实验小学	12200	18.30	6942
梅山高级中学	64615	96.92	22497	共青团路小学	6316	9.47	3998

续表

校　名	校园面积		校舍面积（平方米）	校　名	校园面积		校舍面积（平方米）
	平方米	亩			平方米	亩	
铁心桥小学	18863	28.29	5704	力学小学金地自在城分校	22000	33.00	11823
景明佳园小学	18216	27.32	6314	西善桥中心小学	16000	24.00	6996
小行小学	6196	9.29	4564	板桥小学	36000	54.00	12512
雨花台小学	6724	10.09	4822	古雄小学	13240	19.86	4870
梅山第一小学	29550	44.33	11396	雨花外国语小学西善花苑分校	36230	54.35	27659
岱山实验小学	23500	35.25	20500	雨花外国语小学	28180	42.27	20694
雨花台区实验小学善水湾分校	29500	44.25	16092	梅山第二小学	9541	14.31	5552
雨花台中学春江分校	11964	17.95	6147	雨花外国语小学花神庙分校	18861	28.29	10055

2016 年医疗卫生事业基本情况

表 56

指　标	单　位	2016 年
医疗卫生机构	个	98
其中：政府办医疗卫生机构	个	8
政府办医疗卫生机构职工	人	716
卫生技术人员	人	575
新型农村合作医疗筹资	元 / 人	1076
婴儿死亡率	‰	控制在 2.17
孕产妇死亡率	1/10 万	0
居民平均预期寿命	岁	82.45

2016 年文化基本情况

表 57

指　标	单　位	2016 年
组织大型文化活动	次	40
群众文化活动	场	1265
群文团体演出观众人次数	万人次	20
公共图书馆藏书	万册	12.5
电视节目平均每日播出时间	小时	7
广播节目平均每日播出时间	小时	0.13

2016年雨花台区体育基本情况

表58

指　　标	单　位	2016年
人均公共体育设施面积	平方米	3.2
市级以上运动会金牌数	块	33.5
体育场地数	个	1080
体育场地面积	万平方米	134.45

·人民生活·

2016年城镇居民家庭全年人均收入

表59　　单位：元

指标名称	2016年	增长%
城镇居民人均可支配收入	48289.3	8.6
（一）工资性收入	36105.0	8.5
（二）经营净收入	3064.0	8.5
（三）财产性收入	7156.0	8.5
（四）转移性收入	1964.3	8.7

2016年城镇居民家庭全年人均消费支出

表60　　单位：元

指标名称	2016年	增长%
城镇居民人均生活消费支出	29515.0	7.2
（一）食品烟酒	7515.0	7.1
（二）衣着	2171.0	7.0
（三）居住	5925.0	7.1
（四）生活用品及服务	1799.0	7.3
（五）交通通信	5628.0	6.8
（六）教育文化娱乐	5013.0	7.6
（七）医疗保健	826.0	9.4
（八）其他用品和服务	638.0	7.4

2016年城镇居民住户调查主要指标(一)

表61

指标名称	总量(元)	人均(元)
一、可支配收入	13714161.2	48289.3
二、消费支出	8382260	29515.0
1.食品烟酒	2134260	7515.0
2.衣着	616564	2171.0
3.居住	1682700	5925.0
4.生活用品及服务	510916	1799.0
5.交通通信	1598352	5628.0
6.教育文化娱乐	1423692	5013.0
7.医疗保健	234584	826.0
8.其他用品和服务	181192	638.0

2016年城镇居民住户调查主要指标(二)

表62

指标名称	计量单位	总量	人均
一、期末家庭人口	人	284	1
二、年末拥有住房面积	平方米	13337.75	46.96
三、年末耐用物品			
1.家用汽车	辆	54	0.20
2.摩托车	辆	10	0.04
3.助力车	辆	66	0.23
4.洗衣机	台	104	0.39
5.电冰箱(柜)	台	104	0.39
6.微波炉	台	102	0.36
7.彩色电视机	台	182	0.64
其中:接入有线电视	台	171	0.60
8.空调	台	239	0.84
9.热水器	套	112	0.39
其中:太阳能热水器	架	20	0.07
10.消毒碗柜	架	15	0.05
11.洗碗机	件	4	0.01
12.排油烟机	台	103	0.36
13.固定电话	台	77	0.22

续表

指标名称	计量单位	总量	人均
14.移动电话	台	234	0.83
其中:接入互联网	台	186	0.70
15.计算机	套	120	0.42
其中:接入互联网	部	119	0.42
16.摄像机	部	13	0.04
17.照相机	部	77	0.26
18.中高档乐器	架	6	0.02
19.健身器材	台	5	0.02
20.组合音响	套	15	0.05

·固定资产投资·

2016年全社会固定资产投资

表63　　单位:万元

投资种类	2016年	上年同期	增减(%)
全社会投资合计	2420074	2605171	-7.1
#服务业投资	2402928	2522680	-4.7
#私、个经济	1715235	1938017	-11.5
一、城镇固定资产投资	627415	1266237	-50.5
#私、个经济	285529	913215	-68.7
二、房地产开发投资	1792659	1338934	33.9
#私、个经济	1429706	1024802	39.5

规模以上投资起报点均为500万元以上。

2016年分街道全社会固定资产投资额

表64　　单位:亿元

名　称	2016年	增长%
全区合计	242.01	-7.0
软件谷	65.08	-5.7
开发区	29.34	-41.4

续表

名　称	2016 年	增长%
板桥新城	32.26	14.4
雨花街道	56.00	21.7
板桥街道	15.10	−28.1
西善桥街道	8.11	−52.1
赛虹桥街道	33.42	64.9
梅山街道	2.10	−12.6
新城规建办	0.60	−90.9

2016 年房地产开发投资

表 65

指　标	单位	2016 年	增减(%)
房地产开发投资额	亿元	179.2659	33.9
1.按工程用途分			
住宅	亿元	118.0355	38.6
办公楼	亿元	22.6173	15.3
商业用房	亿元	17.0837	20.2
其他	亿元	21.5294	44.6
2.房屋建筑面积			
施工面积	万平方米	506.5002	32.0
#住宅	万平方米	303.6263	43.9
竣工面积	万平方米	115.9950	117.0
#住宅	万平方米	92.9458	143.6
3.商品房屋销售面积	万平方米	134.8684	34.4
#住宅	万平方米	1121998	47.5
4.商品房屋销售额	亿元	309.7344	83.5
#住宅	亿元	271.2630	103.8

索引

雨花年鉴

2017 YUHUA ALMANAC

2017 YUHUA ALMANAC

Index

说　明

一、本索引采用主题索引方法，依据首字汉语拼音字母顺序排列，同音字按声调顺序排列；首字同音同调按笔画排列；首字音序相同，按第二字音序排列，依次类推。

二、类目、分目、副分目标题和人名作索引词的均用黑体字标明。

三、索引词后数字表示内容所在页码或参见页码（用黑体排列在索引词后第一位置的为主出处项），数字后字母表示从左至右内容所在栏别，索引词后括注“表”字样表示表；索引词后括注其他内容为说明项。

四、“附见”内容悬挂缩进两格排印，附于相关款目之下。

五、彩页、特载、专文、人物、大事记、统计资料、附录、随文图片均不作索引。

A

B

C

D

F

G

K

L

M

R

S

T

Y